前 言

2021年是"十四五"规划的开局之年。我国统筹疫情防控和经济发展，国民经济呈复苏态势，宏观经济的主要指标均处于合理区间，GDP总量达到114.9万亿元，全年GDP同比增长8.4%，"十四五"开局良好。而全球经济复苏乍暖还寒，尤其是美国周期矛盾制约、欧洲主权债务问题凸显，外部经济环境复杂多变，经济下行风险仍然存在。持续统筹疫情防控与经济发展的关系，兼顾夯基稳业与开拓进取是经济工作的重中之重。

按照党中央、国务院决策部署，金融运行始终坚持稳中求进的总基调，扎实做好"六稳"工作，全面落实"六保"任务，加强宏观政策跨周期和逆周期调节，加大对实体经济精准支持，推进金融供给侧结构性改革和扩大对外开放，筑牢金融风险防范化解的底基。

《2022中国金融发展报告》由主报告和专题研究两大部分组成。主报告围绕金融宏观调控、金融机构改革、金融市场运行、金融国际化、金融监管创新和金融数智化六个方面展开，系统阐释了2021年度我国金融运行的重大变革、面临的困境和求解之策。专题研究则重点追踪金融科技发展的前沿动态和热点问题。

金融宏观调控：为高质量发展营造适宜环境。 2021年，我国金融宏观调控统筹疫情防控和经济发展，在总体稳健的基础上，灵活精准、合理适度，强化跨周期调节，政策措施多管齐下，实现了融资状况全年保持宽松，为经济高质量发展营造了适宜环境。金融宏观调控在现代货币政策框架、预期管理、支持区域协调发展、直达实体货币政策接续转换、气候风险压力测试等方面不断深入推进。一方面人民银行按照稳健的货币政策要灵活精准、合理适度的要求，坚持稳字当头，搞好跨周期设计，综合运用降准、中期借贷便利（MLF）、再贷款、再贴现和公开市场操作等货币政策工具投放流动性，进一步提高操作的前瞻性、灵活性和有效性。另一方面则进一步完善宏观审慎评估（MPA）框架和考核机制，突出对总量和结构的双重引导作用，动态调整优化相关考核指标，引导金融机构增强信贷总量增长的稳定性，继续加大对实体经济特别是普惠小微企业和制造业中长期融资的支持力度。

数字人民币是人民银行借助金融科技发行的一种数字形式的法定货币，本质上是人民银行的负债，属于本位货币或基础货币。在数字人民币不断扩大试点范围的背景下，从兼顾安全性和便捷性的角度，本报告提出了一种基于数字人民币的支付体系创新方案构想。

金融机构改革：转型升级向纵深推进。 2021年，《中华人民共和国国民经济和社会发展第十四个五年规划和2035年远景目标纲要》发布，提出要深化金融供给侧结构性改革，构建金融有效支持实体经济的体制机制，健全金融风险预防、预警、处置、问责制度体系。银行业金融机构既要坚持以内循环为主、外循环赋能，实现经营绩效高速增长，积极履行社会责任，助力脱贫攻坚圆满收官，持续推进数字化转型，不断深化零售金融发展战略；又要聚焦数字化转型中存在的信息安全问题，加大不良贷款处置力度，深化内控合规管理建设，同时加速盈利增长点转型布局。保险业金融机构已经历了发展和转型阵痛，在疫情和改革冲击下，保险机构利润整体下滑，偿付能力呈现下行趋势，保险公司治理有效性有待提升，中小保险公司资本压力增大，倒逼保险机构数字化转型加速，加快全方位推进模式转变升级，实现从追求规模增长到追求规范的质量提升，从攫取流量变现到数字化转型和智能化定制升华。在证券业金融机构中，一方面，证券公司总体维持高质量发展，经纪资管能力全面提升，证券公司规模保持高质量增长，进一步向"重资产化"与"高效化"转化，另一方面，金融强监管带来业务萎缩和转型风险，应加快限薪令下的内部制度改革，构建完善的信用体系。信托公司进入艰难转型阶段，整体趋于平稳。期货公司和基金公司创新发展，资本实力增强，加快服务实体经济步伐。

新金融业态在我国疫情常态化的背景下乘势而上，数字金融新基建稳步推进，金融业数字化转型加快，绿色金融产品不断创新，普惠金融持续发力，推动金融业高质量发展。与此同时，新金融发展应不断完善相关的法律法规，加强对金融机构的监督。元宇宙的出现将引领金融业开启全新的金融元宇宙时代，加快金融科技创新和数字金融人才的培养迫在眉睫。

金融市场运行：多措并举保持总体稳定。 2021年，我国经济高质量发展取得新成效，构建新发展格局迈出新步伐，金融市场运行维持稳健，多市场发展韧性增强。主要表现在：货币市场交易活跃；股票市场成交量和筹资额同比增加；债券市场资产证券化规模稳步扩大；人民币兑美元汇率总体保持稳定，并在合理范围内波动，汇率市场人民币跨境双向投融资持续活跃；保险市场整体承压发展，保险业正处于转型升级的关键期，车险综改、人身险监管新规、保险资管新规等都在共同推动行业从"高速度"向"高质量"发展转变；黄金市场交易规模持续增长；期货市场交易量和成交额同比上升。在世纪疫情和外部环境复杂性叠加影响下，国内各类金融市场风险屡现："三重压力"

2022 中国金融发展报告
CHINA FINANCIAL DEVELOPMENT REPORT 2022

教育部、科技部「数字技术与现代金融学科创新引智基地」资助项目（B21038）
「产业升级与区域金融湖北省协同创新中心」重点资助项目
中南财经政法大学金融学科五年规划建设方案资助项目

主编 朱新蓉 李志生 吕勇斌

中国金融出版社

责任编辑：王　君
责任校对：刘　明
责任印制：陈晓川

图书在版编目（CIP）数据

2022 中国金融发展报告/朱新蓉，李志生，吕勇斌主编 . —北京：中国金融出版社，2023.11

（教育部哲学社会科学发展报告文库）

ISBN 978 − 7 − 5220 − 2147 − 8

Ⅰ.①2… Ⅱ.①朱…②李…③吕… Ⅲ.①金融业—经济发展—研究报告—中国—2022 Ⅳ.①F832

中国国家版本馆 CIP 数据核字（2023）第 171808 号

2022 中国金融发展报告
2022 ZHONGGUO JINRONG FAZHAN BAOGAO

出版 发行	中国金融出版社
社址	北京市丰台区益泽路 2 号
市场开发部	（010）66024766，63805472，63439533（传真）
网上书店	www.cfph.cn
	（010）66024766，63372837（传真）
读者服务部	（010）66070833，62568380
邮编	100071
经销	新华书店
印刷	北京七彩京通数码快印有限公司
尺寸	185 毫米×260 毫米
印张	18
字数	363 千
版次	2023 年 11 月第 1 版
印次	2023 年 11 月第 1 次印刷
定价	71.00 元

ISBN 978 − 7 − 5220 − 2147 − 8

如出现印装错误本社负责调换　联系电话（010）63263947
编辑部邮箱：jiaocaiyibu@126.com

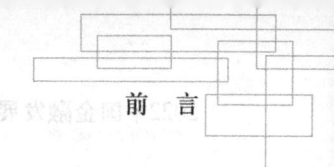

下货币市场承压加大，股票市场的市场风险有所加剧，信用债市场流动性风险加大，信托业违约频出暴露信用风险，多重风险交织影响保险市场功能实现。针对这些问题，本报告给出相应的对策建议：贯彻跨周期调节和稳增长防风险的动态平衡，激发金融市场活力；防范"市场操纵"行为，保护投资者合法权益；加强政府风险监管，维持债券市场信用稳定；强化信托监管体系，化解高风险信托资产；多管措施齐下，积极应对保险市场风险。

金融国际化：全球经济周期共振下的艰难复苏之路。2021年，全球经济总体复苏，全球经济增长率约为5.3%，创近50年来的最高，但复苏不充分、不均衡，且节奏放缓，主要是2021年下半年，新冠变异病毒奥密克戎（Omicron）加速蔓延，干扰全球供应链修复。我国国际收支格局继续保持基本平衡格局，经常账户顺差3 157亿美元，与国内生产总值（GDP）之比为1.8%，且外汇储备稳定在3.2万亿美元左右；人民币国际使用规模与市场认可程度总体延续增长态势，绿色低碳经济已成为高质量发展的内在要求，低碳发展将有利于增强人民币硬实力与软实力，帮助人民币更好地全面发挥国际货币职能。

深圳市人民政府和人民银行在年初开展了第二轮"数字人民币红包"试点活动。"深圳试点"表明稳步推进数字人民币的计划已经从小规模的封闭测试进入大规模的开放测试，应用场景的不断拓展也让人们对以数字人民币为主导的数字货币有了更直观的认识。数字人民币持续试点推广是一项优秀的数字货币大规模用户教育活动，也是数字货币领域的"破环"活动，这将有助于数字货币和数字经济在普通消费者的观念中不断清晰和深化，从B端推动C端，再从C端帮助B端继续繁荣和发展。

金融监管创新：金融科技"强监管谋合规"双管齐下。2021年以来，金融监管当局颁发了一系列相关政策，从平台金融、金融合规、数据安全等数字金融领域强化监管。对数字金融服务和竞争监管的深化是平衡金融稳定与效率、保护消费者合法权益、维护市场公平竞争的当务之急。金融服务实体经济质效明显提升，重点机构和重点领域的金融风险得到稳妥化解，"影子银行"、房地产泡沫化、地方政府隐性债务等各种突出风险点的传染性外溢性明显收缩。2021年末，高风险影子银行规模较历史峰值压降约25万亿元，同业投资和非标融资大幅减少，保本理财和不合规短期理财产品接近清零；金融监管部门整治金融乱象，社会金融秩序基本实现"由乱到治"转变；经过集中攻坚，我国金融体系积累的突出风险点得到有效处置，制度短板逐步补齐。部分金融机构自身违法违规经营、金融脱实向虚导致的"内生"风险基本得到整肃。

金融监管部门在大力提升监管科技水平的同时，为保障并推动金融科技的高质量发展，还需要科学把握好金融科技变革与监管创新的动态平衡以及"放"与"管"的平衡，创新政府监管理念。与此同时，科技是一把"双刃剑"，应高度关注金融科技在金融监管上的过度应用。

金融数智化：“数据+技术”加快银行业数字化转型。 新一轮科技革命和产业变革的深入发展进一步推动了各领域数字化发展进程，随着数字经济蓬勃发展，金融与科技加速融合，金融服务形态正发生根本性变化。从市场和用户需求出发，积极探索场景金融赋能数字化转型的新路，已成为银行业高质量发展新的增长极。

"数据+技术"双轮驱动的金融创新成为了商业银行数字化转型的核心。立足于金融服务实体经济的基本定位，商业银行数字化转型呈现出服务智能化、业务场景化、渠道一体化、平台开放化和融合深度化等特点。特别地，商业银行在金融场景切入、开拓再到深耕的过程中产生并沉淀的金融和非金融数据将为获客活客、精准营销、产品优化、风险防控注入新动力。

商业银行在数字化转型中可能面临风险隔离、消费者权益保护、技术迭代、考评机制和战略定力等五个方面的挑战。本报告主要聚焦数字化时代银行业迎来的发展契机与面临的挑战，从业务重塑、科技引领、数据治理三个维度分析商业银行数字化转型中的重大前沿问题。

编者

2022 年 12 月

目 录

第一部分 主报告

第一章 金融宏观调控为高质量发展营造适宜环境 ········· 3
- 一、全球通胀高企引发货币政策收紧 ················· 3
  - (一) 扩张渐缓与通胀高企共频 ················· 3
  - (二) 市场动荡与政策转向同步 ················· 4
- 二、中国金融宏观调控灵活精准、合理适度 ·············· 5
  - (一) 推进金融市场制度建设 ··················· 5
  - (二) 完善宏观审慎管理框架 ··················· 6
  - (三) 防范化解金融风险 ······················ 7
  - (四) 深化利率、汇率市场化改革 ················ 7
  - (五) 执行稳健的货币政策 ···················· 8
- 三、中国融资状况总体保持宽松 ···················· 11
  - (一) 融资价格稳中有降 ····················· 11
  - (二) 融资规模稳定增长 ····················· 15
- 四、中国金融宏观调控在重点领域深入推进 ············· 18
  - (一) 健全现代货币政策框架 ··················· 18
  - (二) 完善货币政策预期管理机制 ················ 19
  - (三) 货币政策支持区域协调发展 ················ 21
  - (四) 两项直达实体的政策工具接续转换 ············ 22
  - (五) 探索开展气候风险压力测试 ················ 23
- 五、基于数字人民币的支付体系构想 ················· 23
  - (一) 支付体系创新方案的基本构成 ··············· 24
  - (二) 批发数字人民币和代币化存款 ··············· 25
  - (三) 零售数字人民币和快速支付系统 ············· 26

1

第二章　金融机构转型发展向纵深推进 ·· 28
一、金融机构新发展格局奠定"十四五"规划良好开端 ························ 29
（一）银行业金融机构贯彻可持续发展战略 ································ 29
（二）保险业金融机构经历转型调整阵痛 ································ 36
（三）证券业金融机构于改革浪潮中稳中有进 ···························· 38
（四）新金融业态推动金融机构革故鼎新 ································ 47
二、金融机构转型创新发展之路迎来新挑战 ···································· 51
（一）银行业金融机构潜在风险凸显 ······································ 51
（二）保险业金融机构粗放型经营模式行至终局 ·························· 52
（三）证券业金融机构面临发展转型风险 ································ 54
（四）金融机构新业态体系建设阻力重重 ································ 54
三、金融机构以"思变行稳"布局转型新发展 ································ 56
（一）推动银行业金融机构供给侧结构性改革 ···························· 56
（二）全方位推进保险公司经营模式转变 ································ 57
（三）布局证券业金融机构转型风险治理 ································ 58
（四）加强金融机构新业态基础体系建设 ································ 59

第三章　金融市场多措并举保持总体稳定 ·· 61
一、金融市场运行维持稳健，多市场发展韧性增强 ···························· 61
（一）货币市场交易活跃，市场利率窄幅波动 ···························· 61
（二）资本市场呈现结构式市场行情，成交筹资双量齐攀升 ·············· 64
（三）外汇市场汇率合理区间波动，交易韧性显著增强 ·················· 68
（四）保险市场面临发展瓶颈，转型阵痛中前行 ························ 70
（五）黄金市场产量略降整体平稳，交易规模持续增量 ·················· 72
（六）衍生产品市场成交量创新高，交易主体不断扩展 ·················· 75
二、内外压力下各类金融市场风险屡现 ·· 77
（一）"三重压力"下货币市场承压加大 ································ 77
（二）股票市场操纵市场风险有所加剧 ·································· 79
（三）信用债市场流动性风险加大 ·· 83
（四）信托业违约频出暴露信用风险 ···································· 85
（五）多重风险交织影响保险市场功能实现 ······························ 87
三、深化金融体制改革以健全市场风险防范功能 ································ 89
（一）贯彻跨周期调节和稳增长防风险的动态平衡 ······················ 89
（二）防范"市场操纵"，保护投资者合法权益 ·························· 90

（三）加强政府风险监管，维持债券市场信用稳定 93
　　（四）强化信托监管体系，化解高风险信托资产 96
　　（五）措施多管齐下，积极应对保险市场风险 97

第四章　全球经济周期共振下的艰难复苏之路 99
一、新冠疫情冲击下中国经济维持高水平对外开放 100
　　（一）中国2021年国际收支格局为"双顺差" 100
　　（二）中国国际投资头寸规模稳定结构优化 101
　　（三）人民币汇率保持稳定与外汇市场规模创新高 102
　　（四）人民币国际化程度居于历史高位 105
　　（五）数字金融国际化引领全球 106
二、全球经济承压之际中国与各经济体政策调控难度加大 109
　　（一）疫情反复冲击全球供应链，全球贸易低迷阻碍中国与全球经济复苏 ... 109
　　（二）前期纾困释放流动性叠加大宗商品价格上涨，引发发达经济体通胀
　　　　 严重，全球各国经济复苏不确定性加大，加大政策调控难度 110
　　（三）美国货币政策转向导致新兴市场经济体系统性金融风险上升 111
三、"数字"+"绿色"驱动经济高质量发展 113
　　（一）以"数字化"为依托，推动产业链与供应链自主可控性 113
　　（二）以"双碳目标"为指导，坚持绿色高质量发展之路 114
　　（三）扩大金融双向开放，稳慎推进人民币国际化，多措并举防范系统性
　　　　 风险 116

第五章　金融科技"强监管谋合规"双管齐下 118
一、2021年中国金融监管重大事件梳理与评析 118
　　（一）数字金融反垄断监管强化 118
　　（二）房地产金融审慎监管加强 119
　　（三）银行业强化负债质量管理 120
　　（四）资本市场深化制度建设 121
　　（五）中美监管合作任重道远 122
　　（六）重大风险事件处置得当 123
二、平台金融科技公司监管治理的内在逻辑 125
　　（一）平台金融科技公司潜在风险表现 125
　　（二）平台金融科技公司监管框架构建 127
　　（三）数字金融平台数据治理特有原则 129

三、金融监管科技存在"立法—标准—能力"问题 ……………………………… 129
  （一）发展与应用顶层设计不足 ………………………………………… 129
  （二）规则和标准制定相对滞后 ………………………………………… 130
  （三）监管部门科技能力待提高 ………………………………………… 131
  （四）科技应用可能引发新风险 ………………………………………… 131

四、构建"规则—数据—保护"金融科技监管体系 ……………………………… 132
  （一）制定金融监管科技发展基本规则体系 …………………………… 132
  （二）建立基于大数据的金融风险预警体系 …………………………… 135
  （三）强化平台金融科技公司数据治理规则 …………………………… 136
  （四）保护数字经济时代的金融消费者权益 …………………………… 138
  （五）加强金融科技监管的国际合作与交流 …………………………… 139

第六章 "数据+技术"加快银行业数字化转型 ……………………………… 140

一、"数据+技术"驱动银行业务模式创新 ……………………………………… 140
  （一）研发投入稳步增加强化核心竞争力 ……………………………… 141
  （二）科技引领银行业务全面提质增效 ………………………………… 147
  （三）组织架构调整适应数字化转型需求 ……………………………… 153
  （四）疫情防控形势加速线下业务线上化 ……………………………… 156
  （五）平台化发展助力商业银行合作共享 ……………………………… 157
  （六）数据治理助力银行业务深度融合 ………………………………… 159

二、数据要素化程度不足严重阻碍商业银行数字化转型的步伐 ……………… 164
  （一）技术迭代速度加快，中小银行数字化转型成本高 ……………… 164
  （二）数据潜能释放不足，数据资产管理体系建设待突破 …………… 164
  （三）数据保护认知欠缺，数据风险防控体系有待完善 ……………… 165
  （四）数字化人才缺口大，数字化管理体系不完善 …………………… 166

三、商业银行数字化转型需全方位推进数据要素化进程 ……………………… 167
  （一）搭建数字银行生态系统，协同推进银行业数字化转型 ………… 167
  （二）实施数据全生命周期管理，充分释放数据资产价值 …………… 167
  （三）构建数据风险防控体系，推进数字化转型健康发展 …………… 168
  （四）构建新型人才培养体系，提升未来银行工作效率 ……………… 168

主报告参考文献 ……………………………………………………………………… 170

第二部分 专题研究

全球价值链参与对国际收支失衡的影响 ………………………………… 181
- 一、文献综述与研究假设 …………………………………………………… 181
  - （一）全球价值链的测度及其影响 …………………………………… 181
  - （二）全球价值链和国际收支风险 …………………………………… 182
  - （三）研究假设 ………………………………………………………… 182
- 二、样本、变量及模型 ……………………………………………………… 182
  - （一）样本和变量说明 ………………………………………………… 182
  - （二）模型设计 ………………………………………………………… 184
- 三、实证结果及其分析 ……………………………………………………… 184
  - （一）描述性统计 ……………………………………………………… 184
  - （二）基准回归结果 …………………………………………………… 186
  - （三）分组检验 ………………………………………………………… 187
  - （四）影响机制检验 …………………………………………………… 189
  - （五）进一步分析 ……………………………………………………… 191
  - （六）稳健性检验 ……………………………………………………… 193
- 四、斯里兰卡的案例分析 …………………………………………………… 196
- 五、结论与建议 ……………………………………………………………… 197

科技赋能加快形成银行业增长新模式 …………………………………… 199
- 一、商业银行金融科技发展渐成"积厚"之势 …………………………… 199
  - （一）银行业数字化转型迈向数字化升级阶段 ……………………… 199
  - （二）零售业务依托金融科技发展迅猛 ……………………………… 202
  - （三）金融科技助力"滴灌"绿色金融及普惠金融 ………………… 204
- 二、转型趋同中人才和数据治理短板明显 ………………………………… 205
  - （一）银行数字化转型呈同质化趋势 ………………………………… 205
  - （二）科技人才匮乏成为发展瓶颈 …………………………………… 206
  - （三）数据治理能力不足 ……………………………………………… 207
- 三、以差异化理念驱动银行业数字化转型高质量发展 …………………… 208
  - （一）寻求金融科技创新与新利润增长点的结合 …………………… 208
  - （二）科技精准赋能差异化服务目标客群 …………………………… 209
  - （三）深耕"开放银行"，拓展服务边界 …………………………… 210

（四）加强数据治理，培育科技人才，突破盈利壁垒 212
　四、元宇宙金融思维将重塑银行业生态系统 213

保险科技：国际格局、发展现状及趋势展望 215
　一、全球保险科技多维度多极化迅猛发展 215
　　（一）投融资规模强劲增长 215
　　（二）地域多元化格局显现 215
　　（三）业务领域全面覆盖 216
　　（四）监管政策包容审慎 217
　二、中国保险科技由"科技服务保险"转向"科技赋能保险" 218
　　（一）投融资规模突破性增长，投资水平不断升级 218
　　（二）头部险企成立科技子公司，加码科技领域布局 220
　　（三）互联网保险规范发展，持续优化业务结构 220
　　（四）数字化转型进程加速，构建数字保险生态体系 221
　　（五）监管政策审慎务实，明确保险科技发展方向 222
　　（六）凸显科技普惠属性，服务社会经济高质量发展 223
　三、深度融合开启保险科技新挑战 225
　　（一）经济环境复杂多变，市场竞争加剧 225
　　（二）科技创新引发风险外溢，保险体系脆弱性增加 225
　　（三）消费升级融合技术进步，激发全新消费行为偏好 226
　四、中国保险科技发展趋势与展望 226
　　（一）市场主体不断丰富，多元融合趋势将更加凸显 226
　　（二）技术与业务双向驱动，自主创新能力将显著提升 227
　　（三）保险"新基建"升级再造，保险"信创"将全面提速 228
　　（四）数据智能技术加速演进，保险业数据要素价值将进一步释放 228

金融科技成为实施高效普惠金融支持的重要手段 230
　一、研究背景 230
　二、理论分析与研究假设 232
　三、研究设计 233
　　（一）样本选择和数据来源 233
　　（二）模型设定与变量定义 234
　四、数字化转型降低融资成本的经验证据 235
　　（一）基准回归 235

（二）数字化转型程度的细分口径 ………………………………… 236
　　（三）内生性问题 …………………………………………………… 237
　　（四）异质性效果 …………………………………………………… 238
　五、数字化转型降低融资成本的作用机制 ……………………………… 241
　六、结论与展望 …………………………………………………………… 242

专题研究参考文献 ………………………………………………………… 244

附录　2021年中国金融发展大事记 …………………………………… 250

主报告图表索引

图 1-1　货币市场利率月走势（2017—2021 年）　11
图 1-2　Shibor 月走势（2017—2021 年）　12
图 1-3　LPR 走势（2019—2021 年）　12
图 1-4　3 个月期国债发行利率走势（2019—2021 年）　14
图 1-5　A 股期末收盘指数（2018—2021 年）　14
图 1-6　人民币汇率指数走势（2019—2021 年）　15
图 1-7　金融机构本外币贷款增速（2018—2021 年）　16
图 1-8　货币供应量增长情况（2018—2021 年）　17
图 1-9　社会融资规模存量及其增速（2019—2021 年）　18
图 2-1　国有六大行 2018—2021 年归母净利润同比增速变化　29
图 2-2　国有六大行 2017—2021 年不良贷款率变化　30
图 2-3　国有六大行 2020—2021 年普惠金融贷款余额变化　31
图 2-4　12 家股份行 2017—2021 年营业收入和利息依存度变化情况　33
图 2-5　12 家股份行 2018—2021 年不良贷款变化情况　33
图 2-6　2019—2021 年城商行和农商行普惠型小微企业贷款余额变化　36
图 2-7　2019—2021 年证券公司整体业绩　39
图 2-8　2020—2021 年证券公司收入分布　40
图 2-9　2019—2021 年信托资产规模　41
图 2-10　2019—2021 年信托公司营业收入　42
图 2-11　2019—2021 年信托公司固有资产投资　42
图 2-12　2020—2021 年期货公司交易额　43
图 2-13　2018—2021 年公募基金发行数量和规模　44
图 2-14　2021 年新发行公募基金类型分布　45
图 2-15　2015 年和 2021 年私募基金管理人数量结构　46
图 2-16　2015 年和 2021 年私募基金管理人规模结构　47
图 2-17　2021 年数字人民币钱包数量　48

图 2-18	2021 年数字人民币交易规模	48
图 2-19	2017—2021 年我国网络支付情况	49
图 2-20	2020—2021 年国有行对公房地产不良贷款率变化	52
图 3-1	2001—2021 年我国银行间同业拆借交易额变化情况	62
图 3-2	2015—2021 年银行间同业拆借利率	63
图 3-3	2021 年上证指数	65
图 3-4	2021 年深证成指	65
图 3-5	2021 年人民币兑美元中间价走势	69
图 3-6	1978—2021 年国际黄金价格走势	73
图 3-7	2021 年国内黄金价格	74
图 3-8	2016—2021 年中国宏观杠杆率	77
图 3-9	2017—2021 年证监会打击证券违法活动情况	80
图 3-10	2016—2021 年中国信用债市场债券违规情况	83
图 3-11	2017—2021 年中国信托业资产规模变化情况	85
图 4-1	全球主要经济体经济增长率	99
图 4-2	人民币对美元汇率中间价	103
图 4-3	在岸与离岸人民币对美元汇率中间价	103
图 4-4	人民币有效汇率走势	104
图 4-5	2021 年比特币价格走势	108
图 4-6	2008 年以来波罗的海干散货指数走势	109
图 4-7	2015 年以来 OPEC 原油价格走势	109
图 4-8	2000 年以来美国通货膨胀走势	111
图 4-9	2021 年美国美元指数走势	112
图 4-10	中国数字普惠金融指数趋势	114
图 4-11	中国宏观经济景气指数之先行指数	117
图 4-12	中国总债务水平	117
图 5-1	2021 年海外中概股市场表现	122
图 5-2	2016—2021 年三种口径的中国宏观杠杆率走势	123
图 6-1	我国商业银行研发投入金额	142
图 6-2	我国商业银行研发投入占营业收入比例	142
图 6-3	不同规模商业银行研发投入金额	143
图 6-4	不同规模商业银行研发投入占营业收入比例	143
图 6-5	研发投入人员数量	144
图 6-6	研发投入人员占银行总员工比例	144

图 6-7	不同规模商业银行研发投入人员数量	145
图 6-8	不同规模商业银行研发投入人员比例	145
图 6-9	专利申请数量	146
图 6-10	各类别专利申请数量	146
图 6-11	不同规模商业银行专利申请数量	147
图 6-12	已上市商业银行专利申请效率变化趋势	147
图 6-13	各类别专利申请效率	148
图 6-14	不同规模商业银行专利申请效率	148
表 1-1	2021年金融机构人民币贷款利率区间占比	13
表 2-1	国有六大行2021年绿色金融表现	31
表 2-2	2021年城商行数字化转型措施一览	36
表 2-3	2019—2021年证券公司评级情况	39
表 2-4	2021年新上市期货种类	43
表 2-5	2019—2021年期货公司业务收入	44
表 2-6	金融时代的发展过程	50
表 3-1	2013—2021年全国银行间同业拆借市场交易期限分类统计	61
表 3-2	2013—2021年全国银行间市场债券质押式回购交易期限分类统计	63
表 3-3	2017—2021年我国新三板市场发展概览	66
表 3-4	2021年国内各类债券发行情况统计	67
表 3-5	2021年资产支持证券发行情况	67
表 3-6	2016—2021年外汇市场交易情况	69
表 3-7	2020年和2021年保险业务经营情况及同比变化	70
表 3-8	2012—2021年保险资金运用结构	71
表 3-9	2021年及当年12月黄金成交量	74
表 3-10	2021年及当年12月黄金交易额	74
表 3-11	四大期货交易所交易量和交易金额	75
表 3-12	2017—2021年信托业务资金来源及投向变化情况	86
表 4-1	我国国际收支格局	100
表 4-2	2020年末和2021年末中国国际投资头寸表	101
表 4-3	2021年人民币外汇市场交易概况	104
表 5-1	2021年数字金融监管政策汇总（含征求意见稿）	118
表 5-2	2021年银行重要监管政策汇总	120
表 5-3	2021年部分金融风险监管政策	124
表 6-1	代表性银行数字化转型组织架构	155

第一部分
主报告

统筹经济发展与疫情防控　兼顾夯基稳业与开拓进取

第一章　金融宏观调控为高质量发展营造适宜环境

2021年,由于新冠疫情管控措施较2020年有所放宽,加之宽松财政政策和货币政策持续刺激,全球经济收获了普遍较快增长。但随着时间推移,全球扩张动能逐渐减弱,与此同时通货膨胀节节攀升,甚至超过了大部分中央银行的通胀目标。发达经济体和新兴经济体央行对不断高企的通胀均做出了反应,全球货币政策风向转变,由原来应对疫情的持续宽松,开始转向应对通胀的收紧。受此影响,全球金融市场的融资状况也开始大幅收紧。

与其他国家不同,我国金融宏观调控在2021年统筹经济发展和疫情防控,在总体稳健的基础上,灵活精准、合理适度,强化跨周期调节,政策措施多管齐下,实现了融资状况全年保持宽松,为经济高质量发展营造了适宜环境。同时,金融宏观调控在现代货币政策框架、预期管理、支持区域协调发展、直达实体货币政策接续转换、气候风险压力测试等方面不断深入推进。

此外,在数字人民币不断扩大试点范围的背景下,我们从兼顾安全性和便捷性的角度,提出了一种基于数字人民币的支付体系创新方案构想。

一、全球通胀高企引发货币政策收紧

(一)扩张渐缓与通胀高企共频

全球经济增长在2021年的大部分时间里都颇具韧性。据推算,2021年全球GDP增长率为6.3%,系近50年来的最高值。与此同时,全球经济扩张也是广泛的。由于与新冠疫情相关的管控措施不断放松和非常宽松的财政和货币政策的持续,除日本外的发达经济体,大多数增长强劲。新兴市场经济体(不包括中国)的增长虽各不相同,但在全球商品贸易活跃、融资状况宽松以及对大宗商品出口国较有利的贸易条件支持下,新兴市场经济体整体增长了6.5%。

随着时间的推移,全球扩张逐渐失去了动力。2021年底,新冠病毒奥密克戎变异株出现后,感染人数激增,导致消费支出减少和一些国家的劳动力供应减少。与此相伴的是,全球通胀攀升至几十年来的高点,与之前的情况截然不同。到2021年底,通胀在几乎所有的发达经济体中都超过了央行的目标。其中,超过75%的发达经济体的通胀率高于5%。通货膨胀率在5%以上的新兴市场经济体所占的比例几乎与发达经济体相同。虽然亚洲没有出现普遍较高的通货膨胀率，但随着时间的推移，通胀也普遍超过了央行所定的目标。

通货膨胀的加剧令大多数人感到意外。2020年底时对下一年的通胀率预测普遍为低于或达到央行目标。即使在2021年年中，通胀已经开始上升的时候，大多数预测者也低估了其上升的程度或持续性。导致通胀率预期较低的原因是，最初的价格上涨集中在耐用品、食品和能源等少数领域，并被普遍看作是对疫情引起的供需变化所做的一次性或临时性相对价格调整。但通货膨胀逐渐高企，到2021年底，服务价格的增长更加持久，在世界许多地区甚至超过了疫情前的水平。

（二）市场动荡与政策转向同步

通货膨胀的高企影响到了金融市场。从2021年下半年起，融资状况大幅收紧，特别是在2021年底，资产价格对通胀上升的前景以及由此导致的预期货币政策收紧做出了反应。融资状况紧缩的程度因国家和资产类别而异，反映出它们对经济变化的不同敞口。宏观经济形势变化的后果首先在主权债券上显现出来。在核心债券市场，名义收益率于2021年10月开始大幅上升，期限较短的债券尤其如此。从12月开始，随着美联储暗示将更早、更快地收紧政策，长期收益率开始上升。

在货币政策收紧速度快于预期的情况下，美国债券收益率曲线形状的变化引发了人们对经济前景的担忧。从2021年10月开始，由于短期收益率的升幅超过了长期收益率，美国国债收益率曲线趋于更加平坦。收益率的这种变化并没有出现在欧元区和日本的主权债券上，这反映出它们收紧货币政策的步伐较慢。

在新兴市场经济体，主权债券收益率也随着通胀而上升。最初，拉丁美洲的利率上升更多，那里的通胀压力最强，许多央行已经在2021年初开始收紧政策。亚洲经济体的主权债券收益率增幅普遍较小，因为该地区的通胀增长速度较慢。

随着时间的推移，企业信贷状况明显收紧。相对于全球金融危机以来的表现，投资级信用息差的增长最为明显，尽管所有评级类别的息差都从历史低点升至超过全球金融危机后的中值水平。高收益债券息差的上升相对温和，部分原因是投资者对浮动利率债券的需求不断上升，在预期的未来政策利率上升之际，浮动利率债券在高收益债券领域更为普遍。这也可能反映了高收益公司债券市场的流动性下降，特别是在欧元区，这推迟了风险较高债券的全面重新定价。

股票市场出现了广泛的行业分化，同时伴随着大幅波动。2021年，股票价格普遍上涨，尽管由于通胀上升和新冠病毒奥密克戎变异株的出现影响了投资者情绪，股票价格出现了波动。但到了2021年底，由于美联储向紧缩政策转变和其他国家央行纷纷效仿的预期，股价开始下跌。全球大多数地区估值均有所下降，尽管总体上仍高于全球金融危机后的中值。

一些新兴市场经济体央行对不断上升的通货膨胀迅速做出了反应。在拉丁美洲，截至2021年底，许多国家已数次提高政策利率。在通胀普遍较低的亚洲，政策收紧的时间较晚，也较为缓慢。即使如此，到2021年底，亚洲大多数新兴市场央行已经开始退出宽松政策。

在发达经济体中，央行的反应更为缓慢。最初，人们普遍认为通胀上升只是短暂的。但随着时间推移，各国央行取消了前瞻指导，表明政策正常化比预期更早。特别是美联储，在2021年12月转向加快货币政策紧缩步伐。截至2021年底，一些小型开放经济体的央行也多次上调利率。在欧元区，市场参与者对加息时机的预期提前了，欧洲央行也逐渐调整了其指引，以提高更早收紧政策的可能性。日本央行是唯一的例外，它继续保持着高度宽松的立场。

二、中国金融宏观调控灵活精准、合理适度

（一）推进金融市场制度建设

1. 债券市场制度建设

完善债券市场制度建设。2021年4月，人民银行发布《中国人民银行公告》（修订银行间债券市场债券交易流通有关公告），进一步优化债券交易流通机制安排，提高债券交易流通效率，增强债券市场服务实体经济能力。8月，人民银行、发展改革委、财政部、银保监会、证监会联合发布《关于促进债券市场信用评级行业健康发展的通知》，提升信用评级质量和区分度，推动信用评级行业更好服务于债券市场健康发展大局。同月，人民银行、发展改革委、财政部、银保监会、证监会、外汇局联合发布《关于推动公司信用类债券市场改革开放高质量发展的指导意见》，完善债券市场法制，建立完善制度健全、竞争有序、透明开放的多层次债券市场体系。

推动债券市场稳步实现高水平双向开放。2021年9月，人民银行、香港金融管理局发布联合公告，开展内地与香港债券市场互联互通南向合作（以下简称"南向通"），人民银行发布《关于开展内地与香港债券市场互联互通南向合作的通知》。10月，富时罗素公司正式将中国国债纳入富时世界国债指数（WGBI）。至此，全球三大债券指数提供商已先后将中国债券纳入其主要指数。这充分反映了国际投资者对于中国经济长期健康发展、金融持续扩大开放的信心。金融市场开放有利于中国实现高质量的经济增长，也有利于全球投资者分享中国经济的发展成果。12月，为深化"放管服"改革，进一步统一和规范境内金融机构赴境外发行债券管理框架，提升境外发行债券便利度和灵活性，人民银行和发展改革委共同废止《境内金融机构赴香港特别行政区发行人民币债券管理暂行办法》。该暂行办法废止后，境内金融机构赴香港及香港之外的其他国家（地区）发行本、外币债券不受影响，并且程序将更加简便、优化，在核准额度内可自主选择具体发行区域和发行窗口。

2. 证券市场改革和制度建设

全面深化资本市场改革。2021年1月，证监会批准设立广州期货交易所，广州期货交易所立足服务实体经济、服务绿色发展，助力粤港澳大湾区和国家"一带一路"建设。4月6日，深交所主板与中小板合并正式实施，形成不同板块间各有侧重、相互补充的新发展格局。4月，我国首单证券纠纷特别代表人诉讼落地，对维护投资者合法权益、促进资本市场健康发展具有重要意义。11月15日，北交所正式开市，进一步健全多层次资本市场体系，打造服务创新型中小企业主阵地。

强化资本市场监管制度建设。2020年12月30日，证监会发布《关于加强私募投资基金监管的若干规定》，重申和细化私募基金监管底线要求，引导私募基金行业规范发展。2021年2月，证监会发布《监管规则适用指引——关于申请首发上市企业股东信息披露》，强化对突击入股、入股价格异常、利益输送、"影子股东"等行为的监管约束，着力防范违法违规"造富"。7月，中共中央办公厅、国务院办公厅印发《关于依法从严打击证券违法活动的意见》，夯实资本市场法治和诚信基础，推动形成崇法守信的良好市场生态。

3. 深化外汇管理体制改革

在部分区域开展跨境贸易投资高水平开放试点。2021年底，经国务院批准，国家外汇管理局在上海自由贸易试验区临港新片区、广东自由贸易试验区南沙新区片区、海南自由贸易港洋浦经济开发区、浙江省宁波市北仑区等区域开展跨境贸易投资高水平开放试点。试点政策涵盖9项资本项目改革措施、4项经常项目便利化措施，以及2项加强风险防控和监管能力建设的相关要求。

进一步完善QDII额度发放机制，优化额度宏观审慎管理和风险防范。坚持常态化、规则化发放QDII额度，2021年全年共分7批，合计为57家机构发放408亿美元QDII额度，较好满足了境内居民跨境投资需求。

进一步促进跨境投融资便利化，支持实体经济发展。2021年10月，印发《国家外汇管理局关于支持开展成渝外债便利化试点的批复》，同意在成都市和重庆市开展异地办理外债登记、非金融企业一次性外债登记等4项试点。

（二）完善宏观审慎管理框架

发挥好宏观审慎评估（MPA）在优化信贷结构和促进金融供给侧结构性改革中的作用。2021年，人民银行进一步完善MPA评估框架和考核机制，突出对总量和结构的双重引导作用，动态调整优化相关考核指标，引导金融机构增强信贷总量增长的稳定性，继续加大对实体经济特别是普惠小微企业和制造业中长期融资的支持力度。

发布《宏观审慎政策指引（试行）》。2021年12月31日，人民银行发布《宏观审慎政策指引（试行）》（以下简称《指引》）。《指引》从我国实际出发，明确了建立健全我国宏观审慎政策框架的要素，包括：一是界定了宏观审慎政策相关概念，如宏观审慎政策框架、系统性金融风险、宏观审慎管理工作机制等；二是阐述了宏观审慎政策框架的主要内容，如宏观审慎政策目标、系统性金融风险评估、宏观审慎政策工具、传导机制和治理机制等；三是提出了实施好宏观审慎政策所需的支持保障和政策协调要求。发布《指引》是建立健全我国宏观审慎政策框架的重要举措，有助于构建运行顺畅的宏观审慎治理机制，推动形成统筹协调的系统性金融风险防范化解体系，促进金融体系健康发展。

完善系统重要性金融机构监管框架。为完善我国系统重要性银行监管框架，人民银行会同银保监会起草了《系统重要性银行附加监管规定（试行）》，于2021年4月2日向社会公开征求意见，并于10月15日正式发布，明确了附加监管指标要求、恢复与处置计划要求以及审慎监管要求，为实施系统重要性银行监管提供了指导和依据。10月15日，人民银行、银保监会发布了我国系统重要性银行名单，基于2020年数据评估认定的国内系统重要性银行共19家，包括6家国有商业银行、9家股份制商业银行和4家城市商业银行。

继续完善金融控股公司监管制度体系。2021年以来，人民银行积极做好金融控股公司行政许可相关工作，并于3月31日发布《金融控股公司董事、监事、高级管理人员任职备案管理暂行规定》（以下简称《规定》）。《规定》明确由人民银行负责对金融控股公司董事、监事和高级管理人员进行任职备案和监督管理，规定人员任职条件和备案程序，并加强任职管理，规范金融控股公司运作，防范经营风险。

（三）防范化解金融风险

防范化解金融风险取得新成效。坚持市场化、法治化处置风险，金融风险总体收敛。重点集团、大型企业风险处置稳妥推进。推动存量高风险机构持续压降，高风险机构数量明显减少。发布《中国金融稳定报告（2021）》，不断完善银行业、证券业、保险业、金融市场风险监测。制定实施《全球系统重要性银行总损失吸收能力管理办法》，保障我国全球系统重要性银行具有充足的损失吸收和资本重组能力。完成2021年每季度央行金融机构评级工作，对全国4 000多家银行业金融机构开展评级，摸清风险底数，精准识别高风险机构。对4 000多家银行业金融机构开展年度压力测试，按季度开展大型企业风险监测。

持续深化开发性、政策性金融机构改革。推动全面落实开发性、政策性金融机构改革方案，厘清职能定位，明确业务边界，落实分类核算，完善公司治理，强化约束机制，防范金融风险，引导开发性、政策性金融机构坚守定位，聚焦主业，在加强风险防控的基础上，发挥好在支持经济结构转型和高质量发展中的作用。

（四）深化利率、汇率市场化改革

1. 深化利率市场化改革

2021年以来，人民银行用改革的办法畅通货币政策传导，持续释放贷款市场报价利率（LPR）改革红利，推动企业综合融资成本稳中有降。一是推动金融机构充分运用贷款市场报价利率定价，增强小微企业信贷市场竞争性。2021年12月下调支农支小再贷款利率0.25个百分点，当月1年期LPR下行5个基点，推动实际贷款利率在2020年大幅下降的基础上进一步下行。12月，贷款加权平均利率为4.76%，同比下降0.27个百分点。企业贷款加权平均利率为4.57%，同比下降0.04个百分点。二是落实优化存款利率监管措施，维护存款市场竞争秩序。将存款利率自律上限改为在存款基准利率上加点确定，引导中长期存款利率下行，优化存款期限结构，稳定银行负债成本，推动企业综合融资成本稳中有降。三是推进信用卡透支利率市场化改革。2021年1月1日起，取消信用卡透支利率上下限管理，信用卡透支利率由发卡机构与持卡人自主协商确定。四是持续推动各类放贷主体明示贷款年化利率，保护金融消费者合法权益。五是继续推动境内国际基准利率改革有关工作。组织发布境内美元浮动利率贷款推荐协议文本和中国银行间市场交易商协会（NAFMII）主协议银行间拆借利率（IBOR）后备机制标准文本，为境内机构进行贷款和衍生品定价基准转换提供有效参考。指导和督促各主要银行在协议签署、客户沟通、内部培训、系统改造等方面做好基准转换准备工作，稳妥应对LIBOR改革。

2. 完善人民币汇率市场化形成机制

继续推进汇率市场化改革，完善以市场供求为基础、参考一篮子货币进行调节、有管理的浮动汇率制度，增强人民币汇率弹性，发挥汇率调节宏观经济和国际收支自动稳定器的作用。加强预期管理，保持人民币汇率在合理均衡水平上的基本稳定。

2021年，人民币对美元汇率中间价最高为6.3498元，最低为6.5713元，243个交易日中128个交易日升值、115个交易日贬值。最大单日升值幅度为1.0%（648点），最大单日贬值幅度为0.8%（543点）。人民币对国际主要货币汇率有所升值。2021年末，人民币对美元、欧元、英镑、日元汇率中间价分别较2020年末升值2.3%、升值11.2%、升值3.3%和升值14.1%。2005年人民币汇率形成机制改革以来至2021年末，人民币对美元汇率累计升值29.8%，对欧元汇率累计升值38.7%，对日元汇率累计升值31.8%。银行间外汇市场人民币直接交易成交较为活跃，流动性平稳，降低了微观经济主体的汇兑成本，促进了双边贸易和投资。

2021年末，在人民银行与境外货币当局签署的双边本币互换协议下，境外货币当局动用人民币余额为615.32亿元，人民银行动用外币余额折合3.42亿美元，对促进双边贸易投资发挥了积极作用。

（五）执行稳健的货币政策

1. 发挥信贷政策的结构引导作用

进一步推进金融支持稳企业保就业。深入开展中小微企业金融服务能力提升工程，促进小微企业融资"量增、面扩、价降"。截至2021年末，普惠小微贷款余额为19.2

万亿元，同比增长27.3%；支持小微经营主体4 456万户，同比增长38%。2021年新发放的普惠小微企业贷款加权平均利率为4.93%，比2020年下降0.22个百分点，降幅大于企业贷款利率整体降幅。聚焦重点支持群体和重点企业，创新开展多种形式的政银企对接活动，提高融资对接有效性、精准性。开展"贷动小生意，服务大民生"金融支持个体工商户发展专项活动，通过强化融资信息对接、金融服务窗口前移等形式，解决个体工商户面临的"急难愁盼"问题。加大对文化旅游、住宿餐饮、零售、外贸等领域企业的金融支持。截至2021年末，共建立包含51.5万家受疫情影响行业企业和供应链核心企业的重点企业名录库，金融机构累计发放贷款8.3万亿元，带动和稳定就业3 500万人。

2. 积极发挥结构性货币政策工具作用

积极运用支农支小再贷款、再贴现等工具，引导金融机构加大对国民经济重点领域、薄弱环节和区域协调发展的支持力度。发挥好支农支小再贷款的精准滴灌和正向激励作用，引导地方法人金融机构增加对小微、民营企业、"三农"等领域的信贷投放。扶贫再贷款按照现行规定进行展期，支持巩固脱贫攻坚成果同乡村振兴有效衔接。继续引导10个信贷增长缓慢省份地方法人金融机构用好2 000亿元再贷款额度，增强对区域内涉农、小微和民营企业等经济发展薄弱环节的支持力度，促进区域协调发展。加大对市场主体特别是中小微企业纾困帮扶力度，新增的3 000亿元支小再贷款额度充分使用完毕，有效满足受大宗商品涨价、疫情影响较大的小微企业和个体工商户的融资需求，切实降低融资成本。2021年末，全国支农再贷款余额为4 967亿元，支小再贷款余额为12 351亿元，扶贫再贷款余额为1 750亿元，再贴现余额为5 903亿元。2021年，人民银行对政策性银行和开发性银行净收回抵押补充贷款共4 334亿元。

继续实施好两个直达实体经济的货币政策工具，持续支持小微企业发展。截至2021年末，人民银行通过普惠小微企业贷款延期支持工具累计提供激励资金217亿元，直接带动地方法人银行对2.17万亿元普惠小微企业贷款实施延期，撬动全国银行业金融机构共对16万亿元贷款本息实施延期，减轻了小微企业阶段性还本付息压力。通过普惠小微企业信用贷款支持计划累计提供优惠资金3 740亿元，直接带动地方法人银行发放小微企业信用贷款1.05万亿元，撬动全国银行业金融机构累计发放普惠小微信用贷款10.3万亿元，有效缓解了小微企业融资难问题。

实施碳减排支持工具和支持煤炭清洁高效利用专项再贷款，助力科学有序实现碳达峰碳中和目标。人民银行创设碳减排支持工具和支持煤炭清洁高效利用专项再贷款两个工具，分别支持清洁能源、节能环保、碳减排技术三个重点减碳领域和煤的大规模清洁生产、清洁燃烧技术运用等七个煤炭清洁高效利用领域。2021年11月，《中国人民银行关于设立碳减排支持工具有关事宜的通知》《中国人民银行 发展改革委 能源局关于设立支持煤炭清洁高效利用专项再贷款有关事宜的通知》发布，明确两个工具采取"先贷后借"的直达机制，金融机构在自主决策、自担风险基础上，向相关领域内的企业发放优惠利率贷款后，可向人民银行申请资金支持。

3. 调整金融机构存款准备金率

自2021年12月15日起，全面下调金融机构人民币存款准备金率0.5个百分点（不含已执行5%存款准备金率的机构），同时对参加普惠金融定向降准考核的金融机构统一执行最优惠档存款准备金率，释放长期资金约1.2万亿元。下调后金融机构加权平均存款准备金率为8.4%。此次降准是货币政策常规操作，目的是加强跨周期调节，优化金融机构的资金结构，提升金融服务实体经济能力。

提高金融机构外汇存款准备金率，加强金融机构外汇流动性管理。自2021年12月15日起，上调金融机构外汇存款准备金率2个百分点，由7%提高到9%，冻结外汇流动性约200亿美元。2021年两次上调金融机构外汇存款准备金率各2个百分点，共冻结外汇流动性约400亿美元。

4. 开展常备借贷便利和中期借贷便利操作

适时开展中期借贷便利（MLF）操作。保障中长期流动性合理供给，发挥中期政策利率信号作用和引导功能。2021年，累计开展MLF操作45 500亿元，期限均为1年，利率均为2.95%，四个季度分别开展中期借贷便利操作8 000亿元、4 500亿元、13 000亿元、20 000亿元，年末余额为45 500亿元，比年初减少6 000亿元。

推动常备借贷便利（SLF）操作电子化改革。有序实现SLF操作全流程电子化，提高操作效率，稳定市场预期，增强银行体系的流动性和稳定性。2021年，累计开展SLF操作760.3亿元，四个季度分别开展SLF操作475.1亿元、115.5亿元、27.5亿元、142.2亿元，年末余额为126.8亿元。发挥SLF利率作为利率走廊上限的作用，维护货币市场利率平稳运行。2021年末，隔夜、7天、1个月SLF利率分别为3.05%、3.20%、3.55%，与2021年第三季度末持平。

5. 灵活开展公开市场操作

人民银行加强市场监测和流动性跨周期调节，在运用降准、中期借贷便利（MLF）等货币政策工具投放中长期流动性的基础上，通过每日连续不间断开展公开市场操作，灵活调节操作力度，及时对冲财政收支、政府债券发行，以及国庆长假、年末等临时性、季节性因素的影响，保持银行体系流动性合理充裕。

引导市场利率围绕央行政策利率合理波动。2021年以来，公开市场操作机制建设取得显著成效。一方面，每日均开展公开市场操作，向市场持续释放央行短期政策利率信号，稳定市场预期；另一方面，明确公开市场操作利率为短期政策利率，引导银行间市场存款类机构7天期回购加权平均利率（DR007）围绕短期政策利率上下波动。季末、年末等关键时点金融机构的流动性预期更为稳定，预防性资金需求显著减少，货币市场利率保持平稳。全年DR007均值为2.17%，贴近2.20%的央行7天期公开市场操作利率。

连续开展央行票据互换（CBS）操作。2021年，人民银行以每月一次的频率稳定开展 CBS 操作，对于提升银行永续债的二级市场流动性，支持银行特别是中小银行发行永续债补充资本、增强信贷总量增长的稳定性发挥了积极作用。

常态化在香港发行人民币央行票据，推出回购做市机制。2021 年，人民银行累计在香港发行 12 期共 1 200 亿元人民币央行票据。2021 年 1 月，中银香港推出香港人民币央行票据回购做市机制，2021 年全年共达成央行票据回购交易 3 090 亿元人民币，参与机构范围不断扩大。香港央行票据常态化发行和回购做市机制的推出，丰富了香港市场人民币投资产品系列和流动性管理工具，对于促进离岸人民币货币市场和债券市场健康发展，带动境内外市场主体在离岸市场发行人民币债券及开展人民币业务发挥了积极作用。据统计，2021 年，除香港人民币央行票据以外的离岸人民币债券发行超过 1 800 亿元，比 2020 年增长约 38%，离岸人民币货币市场和债券市场活跃度持续提升。

三、中国融资状况总体保持宽松

（一）融资价格稳中有降

1. 货币市场利率平稳

货币市场总体平稳。2021 年 12 月，同业拆借月加权平均利率为 2.02%，质押式回购月加权平均利率为 2.09%，比 9 月水平分别下降 14 个和 10 个基点。银行业存款类金融机构间利率债质押式回购月加权平均利率为 1.94%，比 9 月水平下降 12 个基点，低于质押式回购月加权平均利率 15 个基点。2021 年末，隔夜和 1 周 Shibor 分别为 2.13% 和 2.27%。2017—2021 年货币市场利率月走势见图 1-1。2017—2021 年 Shibor 月走势见图 1-2。

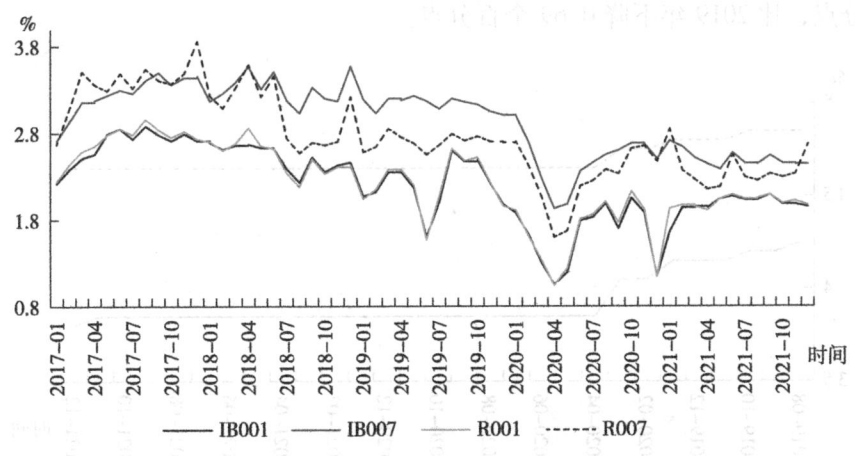

注：IB001 和 IB007 分别表示当月银行间同业拆借隔夜和 7 天期加权平均利率；R001 和 R007 分别表示当月质押式回购隔夜和 7 天期加权平均利率。

图 1-1 货币市场利率月走势（2017—2021 年）

（数据来源：中国外汇交易中心暨全国银行间同业拆借中心）

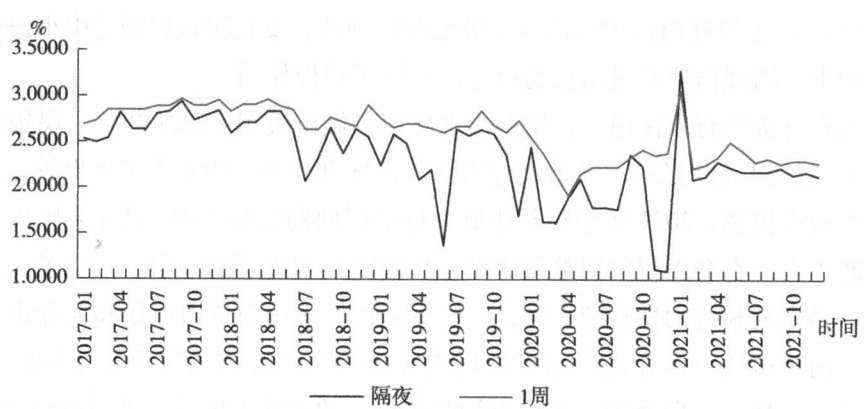

注：本表数据为当月最后一个交易日数据。

图 1-2　Shibor 月走势（2017—2021 年）

（数据来源：中国外汇交易中心暨全国银行间同业拆借中心）

2. 企业贷款利率创新低

持续深化利率市场化改革，发挥贷款市场报价利率（LPR）改革效能。发挥 LPR 的指导性作用，2021 年 12 月 1 年期 LPR 下降 0.05 个百分点。优化存款利率监管，下调支农支小再贷款利率 0.25 个百分点，推动实际贷款利率稳中有降。12 月，1 年期和 5 年期以上 LPR 分别为 3.80% 和 4.65%，分别较 2020 年 12 月下降 0.05 个百分点和持平（见图 1-3）。12 月，贷款加权平均利率为 4.76%，同比下降 0.27 个百分点。其中，一般贷款加权平均利率为 5.19%，同比下降 0.11 个百分点；企业贷款加权平均利率为 4.57%，同比下降 0.04 个百分点。2021 年全年企业贷款利率为 4.61%，比 2020 年下降 0.1 个百分点，比 2019 年下降 0.69 个百分点。

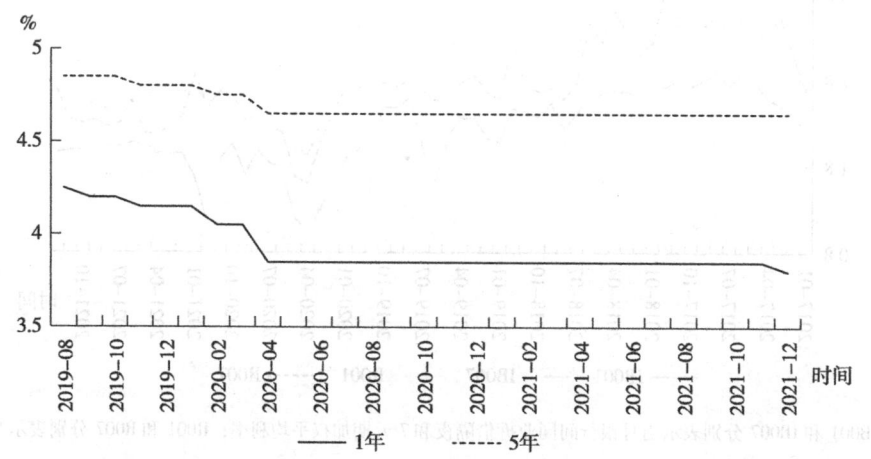

图 1-3　LPR 走势（2019—2021 年）

（数据来源：中国外汇交易中心暨全国银行间同业拆借中心）

12月一般贷款中利率高于LPR的贷款占比为67.75%，利率等于LPR的贷款占比为6.98%，利率低于LPR的贷款占比为25.27%（见表1-1）。人民币贷款利率区间较9月整体下移。

表1-1　　　　　　　　2021年金融机构人民币贷款利率区间占比　　　　　　单位:%

月份	LPR减点	LPR	LPR加点					
			小计	(LPR, LPR+0.5%)	[LPR+0.5%, LPR+1.5%)	[LPR+1.5%, LPR+3%)	[LPR+3%, LPR+5%)	LPR+5%及以上
1	23.93	7.51	68.56	15.45	24.38	13.24	8.09	7.39
2	26.24	7.02	66.74	14.26	23.59	12.28	8.25	8.36
3	22.03	8.42	69.54	14.98	24.79	13.56	8.76	7.45
4	21.08	7.46	71.46	14.45	23.88	14.78	9.69	8.68
5	22.89	7.38	69.73	14.27	23.6	14	9.04	8.82
6	24.25	8.07	67.67	15.46	23.79	13.36	8.1	6.97
7	22.37	7.15	70.48	14.18	24.18	13.76	9.25	9.1
8	22.48	7.42	70.1	14.2	23.25	13.91	9.37	9.37
9	23.52	8.36	68.13	14.94	23.42	13.24	8.49	7.93
10	24.62	7.38	68	13.22	22.05	13.45	9.35	9.93
11	25.48	7.36	67.17	14.4	22.33	13.31	8.77	8.36
12	25.27	6.98	67.75	16.17	22.98	13.25	8.49	6.86

数据来源：中国人民银行。

外币存款利率和贷款利率均有所下降。2021年12月，美元活期存款利率、3个月以内大额美元存款加权平均利率分别为0.10%和0.31%，分别较2020年12月下降0.06个和0.28个百分点；3个月以内、3个月（含）～6个月美元贷款加权平均利率均为1.11%，分别较2020年12月下降0.11个和0.25个百分点。

3. 债券发行利率总体下行

债券发行利率下行。2021年12月，财政部发行的10年期国债收益率为2.82%，较9月下降3个基点；国开行发行的10年期金融债收益率为3.02%，较9月下降10个基点；主体评级AAA的企业发行的一年期短期融资券（债券评级A-1）平均利率为3.07%，较9月下降79个基点。2019—2021年3个月期国债发行利率走势见图1-4。

国债收益率下行。2021年12月末，1年期、3年期、7年期和10年期国债收益率分别为2.24%、2.46%、2.78%、2.78%，较9月末分别下行9个、5个、7个、7个基点。1年期和10年期国债利差为53个基点，较9月末收窄1个基点。信用利差有所收窄，3年期AAA级、AA级中短期票据与国开债收益率利差分别为34个、109个基点，较9月末分别收窄8个、4个基点。

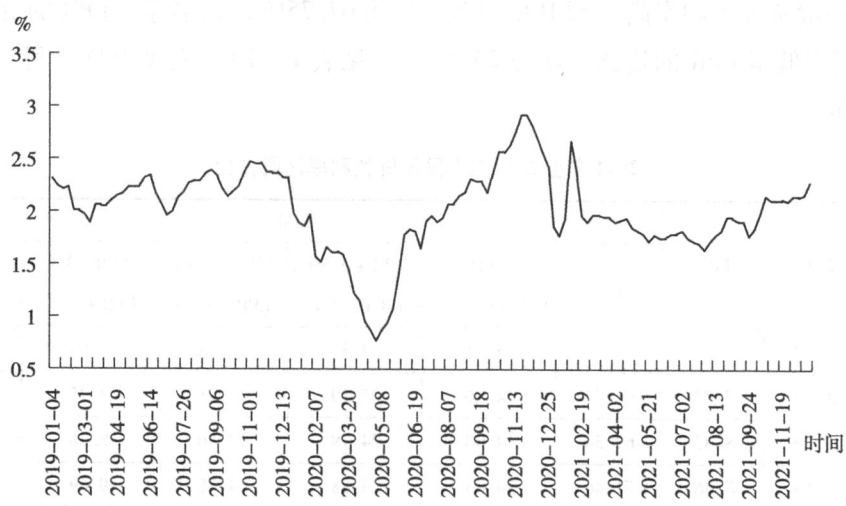

注：3个月期国债发行利率为财政部最新发行的3个月期国债发行价格所对应的参考收益率。

图1-4 3个月期国债发行利率走势（2019—2021年）

（数据来源：中国外汇交易中心暨全国银行间同业拆借中心）

4. 股票市场指数上涨

股票市场指数上涨。2021年末，上证综合指数收于3 640点，比2020年末上涨4.8%；深证成分指数收于14 857点，比2020年末上涨2.7%（见图1-5）。股票市场成交量增加，全年沪、深股市累计成交258万亿元，日均成交1.1万亿元，同比增长24.7%。股票市场筹资额同比增加。全年累计筹资1.5万亿元，同比增长27.5%。

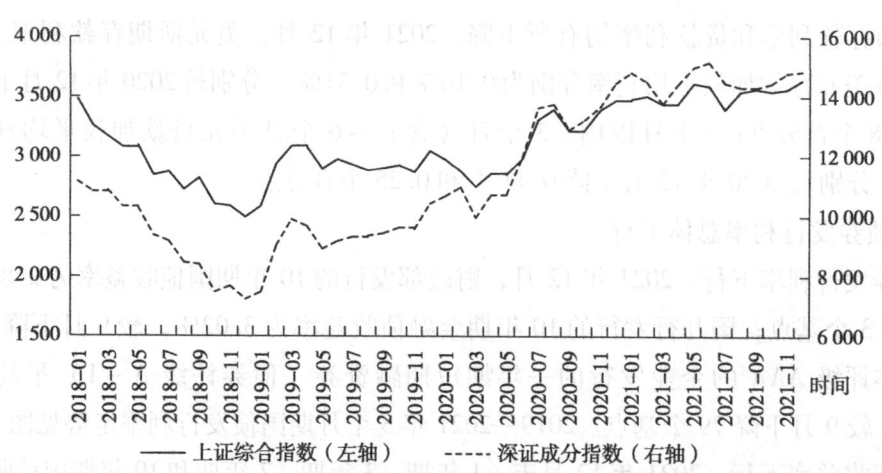

图1-5 A股期末收盘指数（2018—2021年）

（数据来源：中国证券监督管理委员会）

5. 人民币有效汇率温和升值

2021年，跨境资本流动和外汇供求基本平衡，市场预期总体平稳。以市场供求为基础、参考一篮子货币调节、有管理的浮动汇率制度运行良好，人民币汇率以市场供求为基础，双向波动，弹性增强，发挥了宏观经济和国际收支自动稳定器功能。市场因素和政策因素对汇率偏离有效纠正，人民币汇率保持在合理均衡水平上基本稳定。

全年，人民币对一篮子货币汇率有所升值。2021年末，中国外汇交易中心（CFETS）人民币汇率指数报102.47，较2020年末升值8.1%；参考特别提款权（SDR）货币篮子的人民币汇率指数报100.34，较2020年末升值6.5%。根据国际清算银行测算，2020年末至2021年末，人民币名义和实际有效汇率分别升值8.0%和4.5%；2005年人民币汇率形成机制改革以来至2021年末，人民币名义和实际有效汇率分别升值48.7%和58.2%。2021年末，人民币对美元汇率中间价为6.3757元，较2020年末升值2.3%，2005年人民币汇率形成机制改革以来累计升值29.8%。2021年，人民币对美元汇率年化波动率为3.0%。

图1-6 人民币汇率指数走势（2019—2021年）

（数据来源：中国外汇交易中心暨全国银行间同业拆借中心）

（二）融资规模稳定增长

1. 银行体系流动性合理充裕

2021年，人民银行按照稳健的货币政策灵活精准、合理适度的要求，坚持"稳"字当头，搞好跨周期设计，综合运用降准、中期借贷便利（MLF）、再贷款、再贴现和公开市场操作等货币政策工具投放流动性，进一步提高操作的前瞻性、灵活性和有效性。7月、12月两次降准各0.5个百分点，分别释放长期流动性约1万亿元和1.2万亿元。同时，通过多种方式稳定市场预期，引导货币市场利率围绕公开市场操作利率运行。银行间市场存款类机构7天期回购加权平均利率（DR007）全年均值为2.17%，贴近2.2%的7天期公开市场操作利率，利率的波动性进一步下降。2021年末，金融机构超额准备金率为2.0%，处于年内高点，银行体系流动性合理充裕。

2. 金融机构贷款合理增长

信贷总量增长的稳定性明显增强。2021年初，经济增长的积极因素较多，贷款需求比较旺盛，人民银行引导金融机构稳住上半年尤其是第一季度贷款节奏，为应对下半年的不确定性创造条件。下半年，国内经济出现下行压力，信贷需求大幅放缓，人民银行前瞻引导金融机构增强信贷总量增长的稳定性，着力统筹做好信贷跨年度衔接，稳固金融支持实体经济力度，人民币贷款实现了全年同比多增。2021年末，金融机构本外币贷款余额为198.5万亿元，同比增长11.3%，比年初增加20.1万亿元，同比多增3 088亿元。人民币贷款余额为192.7万亿元，同比增长11.6%，比年初增加19.95万亿元，同比多增3 150亿元（见图1-7）。2021年四个季度贷款增量分别为7.7万亿元、5.1万亿元、4.0万亿元和3.2万亿元，季度增量占比分别为38.5%、25.5%、19.9%和16.2%，比重与上年同期基本持平。

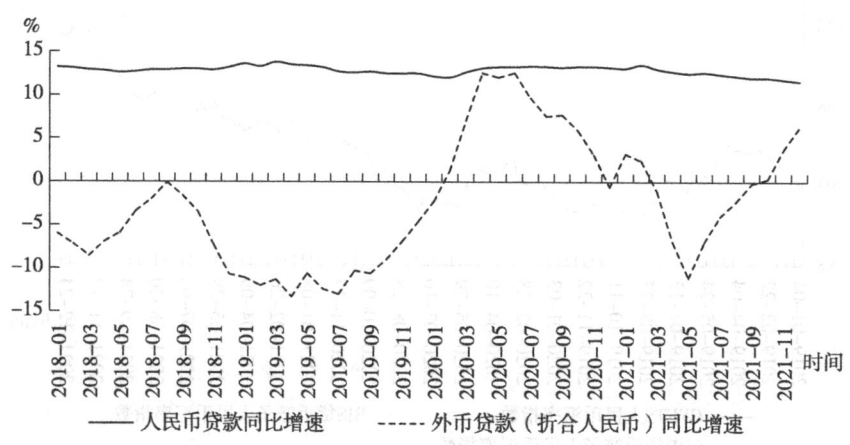

图1-7 金融机构本外币贷款增速（2018—2021年）

（数据来源：中国人民银行）

信贷结构持续优化。2021年末，企（事）业单位中长期贷款比年初增加9.2万亿元，在全部企业贷款中占比达76.8%。制造业中长期贷款增速为31.8%，其中高技术制造业中长期贷款同比增长达32.8%。普惠小微贷款余额为19.2万亿元，同比增长27.3%，普惠小微授信户数为4 456万户，同比增长38%。

3. 票据融资稳定增长

票据承兑业务稳定增长。2021年，企业累计签发商业汇票24.2万亿元，同比上升9.3%；年末商业汇票未到期金额为15.0万亿元，同比上升6.3%。2021年，票据承兑余额增加8 853亿元，由中小微企业签发的银行承兑汇票占比67.8%。

票据融资稳中有增，利率总体平稳。2021年，金融机构累计贴现45.9万亿元，同比上升13.7%。2021年末，票据融资余额为9.9万亿元，同比上升17.9%，占各项贷款的比重为5.1%，同比增加0.3个百分点。2021年，票据市场利率总体平稳，呈先升后降趋势。

4. 债券发行量增加

债券发行同比增加。2021年累计发行各类债券61.4万亿元，同比增长7.8%，比上年增加4.4万亿元，其中地方政府债券累计发行7.48万亿元，同比增长16.1%，实现净融资4.82万亿元，同比增长10.4%。2021年末，国内各类债券余额133.5万亿元，同比增长14.1%。

银行间现券交易量下降，交易所交易量增长。2021年债券市场现券总成交243.1万亿元，同比减少3.8%，其中银行间债券市场现券成交214.4万亿元，同比减少7.9%；交易所债券现券成交28.7万亿元，同比增长43.9%。

5. 货币供应量与社会融资规模合理增长

货币信贷总量合理增长，有力支持实体经济。2021年末，广义货币供应量（M2）余额为238.3万亿元，同比增长9.0%。狭义货币供应量（M1）余额为64.7万亿元，同比增长3.5%。流通中货币（M0）余额为9.1万亿元，同比增长7.7%。2021年现金净投放6 510亿元，同比少投放615亿元（见图1-8）。

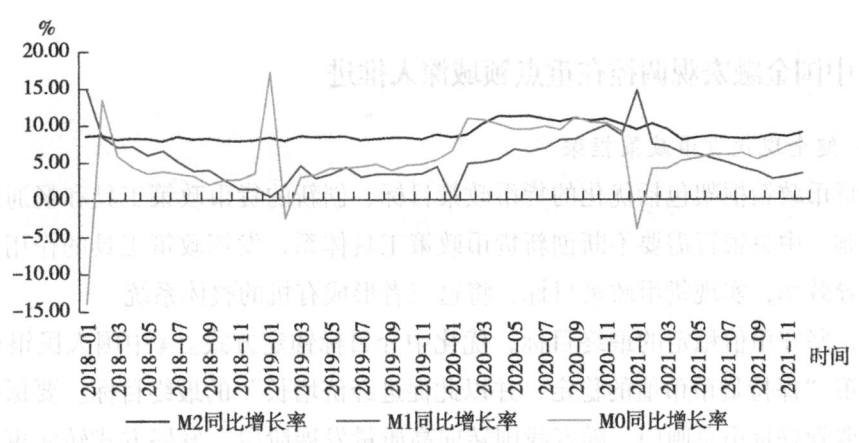

图1-8 货币供应量增长情况（2018—2021年）

（数据来源：中国人民银行）

2021年12月末社会融资规模存量为314.13万亿元，同比增长10.3%，增速比2020年末低3个百分点（见图1-9）。2021年社会融资规模增量累计为31.35万亿元，比2020年少3.44万亿元。社会融资规模主要有以下特点：一是金融机构对实体经济发放的贷款保持平稳。2021年金融机构对实体经济发放的本外币贷款增加20.11万亿元，与2020年基本持平，比2019年多增3.36万亿元。二是债券融资回归常态，股票融资多增较多。2021年政府债券净融资为7.02万亿元，比2020年少1.31万亿元，主要是2020年发行了1万亿元抗疫特别国债。非金融企业债券净融资3.29万亿元，比2020年少

1.09 万亿元；非金融企业境内股票融资 1.24 万亿元，比 2020 年多 3 434 亿元。三是表外融资减少较多。委托贷款、信托贷款、未贴现的银行承兑汇票三项表外融资净减少 2.67 万亿元，比 2020 年多减 1.35 万亿元。

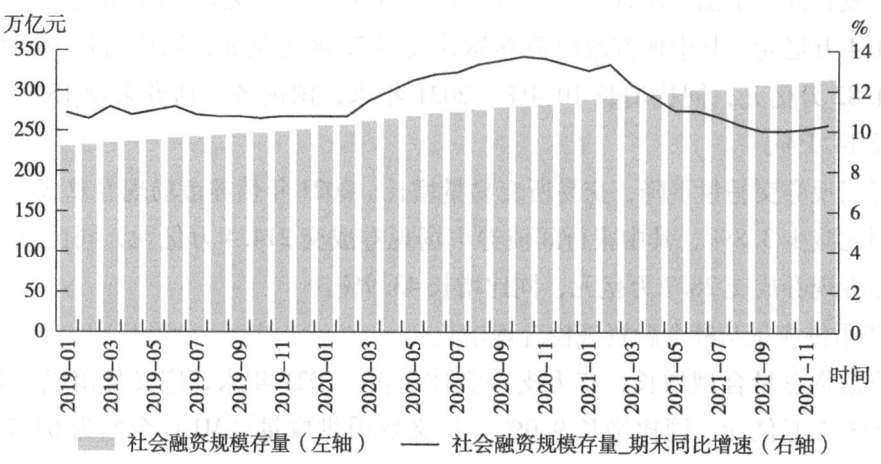

图 1-9　社会融资规模存量及其增速（2019—2021 年）

（数据来源：中国人民银行）

四、中国金融宏观调控在重点领域深入推进

（一）健全现代货币政策框架

现代货币政策框架包括优化的货币政策目标、创新的货币政策工具和畅通的货币政策传导机制。中央银行需要不断创新货币政策工具体系，发挥政策工具的作用，提高货币政策传导效率，实现货币政策目标，将这三者形成有机的整体系统。

第一，坚守币值稳定的最终目标，优化中介目标锚定方式。《中国人民银行法》赋予货币政策"保持货币币值的稳定，并以此促进经济增长"的最终目标。要保持物价稳定，关键要管好货币总闸门。随着我国转向高质量发展阶段，发展方式转向更多依靠创新驱动，实体经济发展所需要的货币增速应与名义经济增速更趋适应，以适度的货币增长支持高质量发展。2020 年中央经济工作会议、《"十四五"规划和 2035 年远景目标纲要》提出，保持货币供应量和社会融资规模增速同名义经济增速基本匹配，从而清晰明确地界定了货币政策框架的"锚"。这一中介目标锚定方式，有利于搞好跨周期政策设计，在长期稳住货币总量；有利于根据宏观经济形势变化，使 M2 和社会融资规模增速向反映潜在产出的名义经济增速靠拢，为实施宏观政策提供更加科学合理的"锚"；有利于引导市场形成理性、稳定的预期；内嵌了稳定宏观杠杆率的机制，有利于实现稳增长和防风险长期均衡。同时，要增强人民币汇率弹性，保持人民币汇率在合理均衡水平上基本稳定，把握好内部均衡和外部均衡的平衡。

第二，健全中央银行操作目标体系，疏通货币政策传导。近年来，人民银行深化利率市场化改革，推动完善贷款市场报价利率（LPR）形成机制，货币政策传导效率明显提升。LPR作为信贷市场的定价基准，具有调节信贷供求，进而影响货币供应的重要作用，保持LPR在合理水平有利于稳住货币供应的"锚"。LPR基于政策利率报价形成，坚持市场化方向，人民银行通过完善以公开市场操作利率为短期政策利率和以中期借贷便利利率为中期政策利率的政策利率体系，引导DR007为代表的市场利率围绕政策利率为中枢波动，健全从政策利率到LPR再到实际贷款利率的市场化利率形成和传导机制，以此调节资金供求和资源配置，实现货币政策目标。

值得注意的是，国际上央行实现货币政策操作目标主要有两类做法，一类是将市场利率作为操作目标，通过流动性调节引导市场利率在操作目标附近运行；另一类是将货币政策工具利率作为央行政策利率，并以此为操作目标，从而将操作目标、政策利率和货币政策工具利率结合起来。2008年国际金融危机之后，第二类做法提高货币政策有效性和传导效率的优势显现，逐渐成为主流。人民银行操作目标体系也采取了第二类做法，更为直观，市场和公众观察货币政策取向时，只需看政策利率是否发生变化即可，无须过度关注公开市场操作数量，也无须过度关注个别机构的市场成交利率，或受短期因素扰动的市场利率时点值。

第三，创新货币政策工具，完善货币供应调控机制。总量方面，完善中央银行调节银行货币创造的流动性、资本和利率约束的长效机制。抓准作为货币创造直接主体的银行，综合运用多种货币政策工具，保持流动性合理充裕；以永续债为突破口，促进银行多渠道补充资本；推动LPR改革，打破利率隐性下限，引导贷款利率下行，缓解银行货币创造面临的流动性、资本、利率约束，保持货币供应量和社会融资规模增速同名义经济增速基本匹配。结构方面，构建金融有效支持实体经济的体制机制。持续健全结构性货币政策工具体系，通过设计激励相容机制，将流动性的量价与银行贷款创造存款的行为联系起来，根据经济发展不同时期的需要动态调整支持重点，引导金融资源流向科技创新、小微企业、绿色发展等国民经济重点领域和薄弱环节，促进提升经济发展的可持续性和韧性。

总的来看，货币政策坚守币值稳定的最终目标，保持货币供应量和社会融资规模增速同名义经济增速基本匹配的中介目标在制度上更加定型，与健全市场化利率形成和传导机制、完善货币供应调控机制形成有机整体，共同构建了现代货币政策框架。这一框架更为公开、透明、直观，提升了央行与公众的沟通效率，降低了沟通成本，有效引导预期的同时增强了公众获取信息的公平性，提高了货币政策传导的有效性，有利于为经济高质量发展提供适宜的货币金融环境。

（二）完善货币政策预期管理机制

构建货币政策预期管理机制是健全现代货币政策框架的重要一环。增强货币政策操作规则性和透明度，建立制度化的货币政策沟通机制，有利于有效管理和引导公众预期，促进市场主体和政策目标的一致性，进而稳定宏观经济。《中华人民共和国国民经济和社会发展第十四个五年规划和 2035 年远景目标纲要》提出，要完善宏观政策制定和执行机制，重视预期管理和引导。近年来，人民银行在制定和执行货币政策的过程中，不断改进预期管理，形成了科学有效的货币政策预期管理和引导机制，提高了中央银行透明度和公信力。

健全现代货币政策框架，提高货币政策透明度。现代货币政策框架下，明确保持货币供应量和社会融资规模增速同名义经济增速基本匹配的中介目标，使得货币政策目标锚定方式更加清晰。完善以公开市场操作利率为短期政策利率和以中期借贷便利利率为中期政策利率的政策利率体系，并以此为操作目标，使得机构和公众观察货币政策取向更为直观。深化贷款市场报价利率（LPR）改革，健全从政策利率到 LPR 再到贷款利率的市场化利率形成和传导机制，既明显提升了政策传导效率，也大大地提升了央行信息传导效率。

完善常态化货币政策沟通机制，促进市场形成稳定预期。货币政策的预期管理频率逐步固定，形成每日连续开展公开市场操作，每月月中固定时间开展中期借贷便利（MLF）操作的惯例，并提前发布有关操作安排，稳定市场预期；每季度首月召开金融统计数据新闻发布会，季度中月发布《中国货币政策执行报告》，季度末月召开货币政策委员会季度例会并发布新闻公告，全年 12 个月全覆盖，逐月阐明货币政策立场，释放货币政策信号；年初和年中召开人民银行工作会并发布新闻稿；每年发布《中国人民银行年报》和《中国区域金融运行报告》，客观反映货币政策实施效果。

形成多元化的货币政策沟通方式，有效提升与公众沟通效率。人民银行通过参加国务院政策例行吹风会、国新办新闻发布会、在人民银行网站发布政策答记者问及新闻发布会（吹风会）文字实录、接受国内外媒体专访和发表署名文章等多种方式回应市场关切；向全国人大财经委和全国政协汇报人民银行对经济金融形势的判断和下一步工作思路，召开金融专家咨询会和行业协会专业咨询会，向专家学者介绍货币政策工作情况并交流意见，建立双向互动机制；有效发挥微信公众号、微博等人民银行政务新媒体矩阵和人民银行中英文网站宣传合力，形成了多元化、立体式的预期管理和引导工作体系。

货币政策预期管理的有效实施，根本在于央行的"言行一致"。央行政策操作与对外沟通相互印证协同，增强了货币政策公信力。从市场的流动性预期看，人民银行引导金融机构关注利率而不是过多关注流动性数量，并每日开展公开市场操作，释放短期政策利率信号。2021 年以来流动性和货币市场利率运行平稳，月末、季末都没有出现大的波动，DR007 相对公开市场 7 天期逆回购操作利率的偏离幅度处于近年同期低位，为金融机构流动性管理创造了平稳的环境，也稳定了市场预期。市场预期平稳又进一步降低了预防性流动性需求，增强了流动性的稳定性。

总体来看，货币政策预期管理取得明显成效，货币政策框架更为公开、直观，货币政策操作更具规则性和透明度，货币政策沟通更趋定期化、机制化，人民银行与公众的沟通效率大幅提升，货币政策传导的有效性得到提高。下阶段，人民银行坚持贯彻以人民为中心的执政理念，注重提高货币政策框架的透明度，保持预期管理的效率与公平，进一步增强公众获取信息的公平性，增强货币政策传导有效性和央行公信力。

（三）货币政策支持区域协调发展

党的十九大提出，我国社会主要矛盾已经转化为人民日益增长的美好生活需要和不平衡不充分的发展之间的矛盾。党的十九届五中全会要求"十四五"时期城乡区域发展协调性明显增强，同时新发展理念强调要协调发展。当前，部分地区经济下行与金融问题相互交织，经济金融循环不畅，信贷增长较为缓慢。为促进区域协调发展，需要有针对性地采取措施，因地制宜增加信贷增长缓慢地区的信贷投放，畅通经济金融良性循环。

人民银行高度重视区域协调发展工作，多措并举、协同发力引导各类金融机构在管控好风险的前提下，加大对信贷增长缓慢地区的信贷支持力度。一是指导政策性银行补足区域短板。要求国家开发银行、中国农业发展银行、中国进出口银行三家开发性、政策性银行2021年对相关地区新增贷款占本行全部新增贷款的比例不低于2020年，并力争有所提升。二是发挥全国性商业银行尤其是国有大型银行信贷支持"排头兵"作用。引导银行按照市场化、法治化原则，在管控好风险的前提下，优化内部考核和激励措施，因地制宜增加相关地区信贷投放，支持区域协调发展。要求中国农业银行用好"三农"金融事业部优惠存款准备金率政策，加大对信贷增长缓慢地区的信贷支持力度，"三农"金融事业部2021年相关地区新增贷款占其新增各项贷款比例应高于2020年。三是充分调动地方法人金融机构积极性，对相关地区新增2 000亿元再贷款额度，并在保障资金安全的前提下，适当放宽再贷款发放对象的条件，引导当地地方法人金融机构在管控风险的前提下，加大对区域内涉农、小微和民营企业等薄弱环节的支持。

一系列有针对性措施取得积极成效。一是再贷款支持政策有序推进，对相关地区地方法人金融机构贷款的撬动效果明显。截至2021年6月末，人民银行发放再贷款1 600亿元，发放进度达80%。2021年上半年相关地区地方法人金融机构新增贷款同比明显多增。二是政策性银行和全国性商业银行积极落实政策要求，加大对信贷增长缓慢地区的支持力度。通过加大信贷资源倾斜配置、优化内部资金转移定价和资本占用、实行差异化内部考核和激励措施等，增加对相关地区的信贷投放。2021年上半年，一家开发性银行、两家政策性银行和六家国有大型商业银行对相关地区新增贷款占本行全部新增贷款的比例较去年同期提升，中国农业银行"三农"金融事业部对相关地区新增贷款占其全部新增贷款的比例高于2020年。总体来看，信贷增长缓慢地区的信贷形势明显改善，2021年上半年相关地区新增人民币贷款实现同比多增，占全部新增贷款的比例也在提升。

（四）两项直达实体的政策工具接续转换

小微企业在国民经济中具有重要地位，小微市场主体量多面广，是经济活力的主要代表，也是带动就业的主力军。为缓解新冠疫情对小微企业的冲击，人民银行坚决贯彻落实党中央、国务院部署，自 2020 年 6 月至 2021 年末，实施普惠小微企业贷款延期支持工具和普惠小微企业信用贷款支持计划两项直达实体经济的货币政策工具，支持地方法人银行对暂时遇到困难小微企业的贷款延期还本付息，鼓励地方法人银行加大对小微企业信用贷款投放力度。两项直达工具有效减轻了小微企业阶段性还本付息压力，缓解了小微企业抵押品短缺、融资难问题，对"保主体""保就业"发挥了积极作用。

当前，我国经济面临下行压力，小微企业经营面临困难，继续加大金融支持小微企业力度，有利于稳企业保就业，有利于稳定宏观经济大盘。按照国务院常务会议关于进一步采取市场化方式加强对中小微企业金融支持的精神，人民银行及时下发通知，自 2022 年 1 月 1 日起实施两项直达工具接续转换。

第一，将"普惠小微企业贷款延期支持工具"转换为"普惠小微贷款支持工具"。从 2022 年开始，金融机构与企业按市场化原则自主协商贷款还本付息。同时，从 2022 年起至 2023 年 6 月底，人民银行对符合条件的地方法人银行发放的普惠小微贷款，按照余额增量的 1% 提供资金，鼓励新增普惠小微贷款。

"普惠小微贷款支持工具"内嵌了激励机制，可充分调动地方法人银行服务小微企业积极性，促进小微企业融资"增量、降价、扩面"。一是工具支持的机构范围为符合要求的地方法人银行，包括城市商业银行、农村商业银行、农村合作银行、农村信用社、村镇银行和民营银行（含互联网银行）等六类。二是以普惠小微贷款余额增量为依据向地方法人银行提供资金。人民银行通过货币政策操作，向地方法人银行提供资金，金额按照普惠小微贷款余额季度环比增量（即本季度末比上季度末增量）的 1% 确定。资金按季审核发放，当季余额增量为负的，后续季度补足后再计算增量，以此推动普惠小微贷款余额持续增长。按普惠小微贷款余额增量进行激励，既有利于引导地方法人银行市场化持续支持原客户贷款需求，也可激励地方法人银行挖掘新客户贷款需求。三是坚持稳健原则。为防范道德风险，相关贷款的信用风险仍由地方法人银行承担，以此鼓励经营稳健、有潜力的地方法人银行在做好风险防控的前提下，加大对小微企业的支持力度。

第二，从 2022 年起，将"普惠小微企业信用贷款支持计划"并入"支农支小再贷款"管理。原来用于支持普惠小微信用贷款的 4 000 亿元再贷款额度可以滚动使用，必要时可再进一步增加再贷款额度。符合条件的地方法人银行发放普惠小微信用贷款，可向人民银行申请支农支小再贷款优惠资金支持。此举旨在强化支农支小再贷款的精准性、直达性、有效性，引导地方法人银行持续扩大涉农、小微和民营企业信贷投放。

（五）探索开展气候风险压力测试

2021年人民银行组织部分银行业金融机构开展气候风险敏感性压力测试，评估我国碳达峰碳中和目标转型对银行体系的潜在影响，增强银行业金融机构管理气候变化相关风险的能力。

参试银行包括1家开发性银行、2家政策性银行、6家大型商业银行、12家股份制商业银行和3家城市商业银行。测试重点针对火电、钢铁和水泥行业年排放量在2.6万吨以上二氧化碳当量的企业（参考生态环境部关于温室气体重点排放单位的界定标准），考察碳排放成本上升对企业还款能力的影响，以及进一步对参试银行持有的相关信贷资产质量和资本充足水平的影响。

测试采用如下方法和假设：压力情景方面，设置轻度、中度和重度三种碳价情景，主要参考国内碳排放权交易市场的碳价变动情况和央行与监管机构绿色金融网络（NGFS）的碳价情景。关键假设方面，一是假设企业需为其排放的二氧化碳等温室气体支付一定比例的费用，且费用逐年递增；二是假设无技术进步，单一企业对上游、下游均不具备议价能力；三是假设资不抵债的企业无还款能力，相应贷款违约。风险传导路径方面，假设测试目标企业因需要支付碳排放费用，导致生产成本上升、盈利能力下降，贷款违约概率上升，银行预期损失增加、资本充足水平受到影响。测试以2020年末为基期，期限为10年。如果参试银行2030年的核心一级资本充足率、一级资本充足率和资本充足率可同时满足监管要求（包括系统重要性银行附加资本要求），则认为通过压力测试。

从测试结果看，如果火电、钢铁和水泥行业企业不进行低碳转型，在压力情景下，企业的还款能力将出现不同程度的下降。但是，参试银行火电、钢铁和水泥行业贷款占全部贷款比重不高，整体资本充足率在三种压力情景下均能满足监管要求。截至2020年末，参试银行拨备覆盖率为222.56%，贷款拨备率为3.22%，资本充足率为14.89%。到2030年，在轻度、中度和重度压力情景下，参试银行整体资本充足率将分别下降至14.57%、14.42%和14.27%，高于监管要求。

本次测试是人民银行评估气候风险对金融体系影响的初步探索，测试所用的压力情景和关键假设不代表我国现行政策及未来政策导向。从测试开展情况看，我国碳排放信息披露程度低、数据缺口大是测试面临的最主要问题，测试方法也有待改进，测试结果不作为政策制定依据。下一步，人民银行将继续完善气候风险敏感性压力测试方法，拓展测试覆盖行业范围，并探索开展气候风险宏观情景压力测试。

五、基于数字人民币的支付体系构想

数字人民币是中国人民银行借助金融科技发行的一种数字形式的法定货币，本质上是中国人民银行的负债，属于本位货币或基础货币。数字人民币对实物现金（纸币和硬币）具有替代性，同样具有无限法偿能力。由于数字人民币运用了先进的数字技术，如应用程序接口（API），极大地增强了服务的互操作性和相关的网络效应。数字人民币在支付方面支持广泛的创新活动，因此基于数字人民币的支付系统具有很强的可塑性。在此，从兼顾安全性和便捷性的角度，我们提出一种基于数字人民币的支付体系创新方案。

（一）支付体系创新方案的基本构成

该创新方案主要由数字人民币批发层面和零售层面两部分组成，前者是指被金融中介机构持有的数字人民币，后者为被企业和个人使用的数字人民币。

在批发层面，数字人民币可以提供新的功能，使金融中介机构之间的交易超越传统的央行储备媒介。使用许可分布式记账技术（DLT）进行交易的批发数字人民币具有可编程性并可提供原子结算，因此在满足设置的条件时，交易将自动执行。它们允许将许多不同的功能组合起来并一起执行，从而促进事务的可组合性。这些新功能不仅允许扩大交易类型，还允许在更广泛的金融中介机构之间进行交易，而不仅仅是商业银行。

在批发数字人民币解锁的新功能中，有一组应用值得特别关注，即代币化存款（M1）和其他形式的货币的应用，这些货币在许可的分布式记账技术网络上表示。银行存款可以作为支付媒介，是因为银行能够借记付款人的账户，贷记收款人的账户。存款代币化继续采用这一原则，通过在分布式记账技术平台上创建存款的数字表示，并以分散的方式结算它们，将操作转换为DLT。这可能促进新的交换形式，包括证券和实物资产的部分所有权，使创新金融服务的范围远远超出支付。

在面向客户或"零售"层面，金融中介机构能力的增强使用户受益，其形式是中介机构提供的面向客户平台之间的互操作性得到改善。这种互操作性的核心是应用程序接口（API），通过应用程序接口，一个平台的用户可以轻松地进行通信，并向其他相互链接的平台发送指令。通过这种方式，零售层面的创新可以促进更大的竞争，从而降低成本，扩大普惠金融覆盖面。

具体来说，快速支付系统（FPS）和零售数字人民币构成了新支付体系的核心。快速支付系统是一种支付信息的传输和最终资金的可用性几乎实时发生的系统，由中央银行运营。零售数字人民币和FPS都允许终端用户通过一系列接口和相互竞争的私人支付机构（PSP）进行即时支付。因此，它们建立在中央银行和金融机构的两层体系之上。零售数字人民币和快速支付系统都由具有数字识别和应用程序接口的数据架构支持，这些数据架构支持安全的数据交换，从而支持用户对金融数据的更大控制。通过提供一个开放的平台，它们可以提高私人支付机构之间的效率和更大的竞争，从而降低支付服务的成本。通过普惠设计功能，两者都可以为目前无法使用数字支付的用户提供普惠金融支持。

这种以数字人民币为基础的支付体系支持了一个多样化、多层次、充满活力的参与者和功能生态系统，在这个生态系统中，相互竞争的支付机构可以充分发挥其创造力和独创性，更好地为用户服务。这些好处背后是由数字身份和应用程序接口组成的数据架构所产生的网络效应所引发的良性循环，这使国内和跨境都能实现互操作性。

（二）批发数字人民币和代币化存款

批发数字人民币也提供支付和结算的新功能，面向的中介机构类型也远超国内商业银行，它们可以开启一系列金融服务领域的重大创新。

批发数字人民币可以让中介机构获得商业银行存放在央行的准备金无法提供的新能力。这些在被许可的分布式记账技术网络中尤其相关，在这种网络中，由受信任的参与者组成的分散网络访问共享账本。然而，原则上这些功能可以通过更集中的支付系统提供，关键是自动执行智能合约，让参与者使他们的交易可编程。在自动执行智能合约中，只有在满足某些预先指定的条件时，交易才会结算。在证券交易中，这种自动化可以具有支付对支付和交割对支付两种机制，这意味着证券的支付和交割只能一起进行，或者根本不进行。这种即时结算可以显著加快结算速度，降低交易对手风险。

批发数字人民币的一个好处是，它们可以提供给包括国内商业银行在内的更广泛的中介机构。允许非银行支付机构用数字人民币进行交易可能会带来更大的竞争和活力。构建在批发数字人民币基础上的新协议可以是开源的，源代码可以免费提供给开发人员社区进行开发和检查。这一特性将允许使用协议库来组合函数，从而促进不同函数的可组合性，并支持数字人民币在可编程功能之上构建新服务。

批发数字人民币将允许终局性支付，其本质可以通过与实体纸币的简单类比来解释。实体钞票的接受者希望确保纸币是真的，而不是伪造的。要确保在数字系统中支付的是真正的货币，就必须证明所转移货币的来源。密码技术允许支付人证明钱是从有效的过去交易中获得的，而不必张贴所有交易的完整历史。根据具体的实现，可能需要一个"公证人"来防止同一个数字令牌被使用两次，通常情况下，中央银行可以扮演这个角色。

作为本位货币的发行者，央行可以支持零售存款等受监管金融工具的代币化。代币化存款是分布式记账技术平台上商业银行存款的数字表示。就像普通存款一样，它们将代表储户对商业银行的一种债权，并可按面值兑换为现金或数字人民币。储户能够将他们普通存款与代币存款进行相互兑换，并用代币存款兑换商品、服务或其他资产。代币化存款也将受到存款保险的保护，但与传统存款不同的是，代币化存款还将是可编程的，并且可以全天候使用，因此在零售支付中有更广泛的用途——例如在自主生态系统中。通过这种方式，它们可以促进股票或债券等其他金融资产的代币化。这种功能可以允许资产的部分所有权独立出来，并进行全天候的交易。最关键的是，这可以在一个受监管的体系中用批发数字人民币结算完成。

数字人民币的代币化存款系统建立在许可的分布式记账技术平台上，该平台记录所有由参与机构发行的代币交易，如商业银行（代表存款）、非银行支付机构（代表电子货币）和中央银行（代表法定货币）。企业或个人将在数字钱包中持有代币，并通过在钱包之间转移代币进行支付。分布式记账技术平台上的金融机构之间清算将使用批发数字人民币作为结算货币。

可编程数字人民币还可以支持自主生态系统中的机器对机器支付。自主机器和设备越来越多地通过物联网（连接设备的网络）进行交流和执行交易，而无须人工干预。展望未来，机器彼此之间可以直接购买商品和服务，并管理自己的预算。它们的互联将增加对智能合约和可编程货币的需求。例如，它们可能配备钱包，收取一定预算的数字货币。智能合约可在满足某些条件时自动触发付款（如货物到达）。这可能会带来显著的效率提高，例如在货物物流部门，交易往往需要几天时间，而且仍然主要以纸张为基础。只有机器对机器的交易能够立即结算，从而消除任何结算风险，这些技术发展的全部潜力才能实现。

（三）零售数字人民币和快速支付系统

零售数字人民币和快速支付系统有许多相似之处，前者以数字形式向个人和企业提供央行货币，后者是银行和非银行支付机构提供面向零售的支付服务。两者之间的关键区别在于，数字人民币这种工具是对央行的一种合法债权，因此，零售数字人民币有时被视为"数字现金"——央行向公众提供的另一种形式的货币。在许多由中央银行运营的零售快速支付系统中，被交换的工具是对私人中介机构（如银行存款或电子货币）的要求。尽管如此，零售数字人民币和零售快速支付系统都建立在公共数据架构和应用程序接口之上，这些应用程序接口确保了不同银行和非银行支付机构之间的安全数据交换和互操作性。之所以两者都具有快速性和便捷性，是因为传输都是全天候实时或接近实时完成的。

这些零售支付基础设施在提高支付体系的效率和包容性方面已经显示出了优势。数字人民币和零售快速支付系统允许网络效应形成更多用户、更低成本和更好服务的良性循环。由于央行的明确授权，它们可以从头开始设计系统来实现这些目标。这种系统具有开放性，它们建立在竞争性私营支付机构提供的服务之上，可以挑战集中的银行部门的租金，并降低终端用户的支付成本。

中国的第三方支付（比如支付宝、微信支付等）在降低成本和支持非银行用户的普惠金融方面已经取得了令人印象深刻的进展。零售数字人民币可以扮演与已有快速支付系统类似的角色，同时提供额外的技术功能，例如通过新颖的接口和离线支付等。通过允许新的（非银行）机构提供数字人民币钱包，它们还可以克服对金融机构缺乏信任的问题（虽然截至目前中国还未出现过对非银行支付机构的挤兑）。

零售数字人民币和快速支付系统都可以设计为保护隐私并授予用户对数据更大的控制权。在数字经济中，每笔交易都会留下痕迹，引发了人们对隐私、数据滥用和个人安全的担忧。此外，由此产生的数据具有巨大的经济价值，目前这些价值主要由收集、存储和变现用户个人数据的金融机构和大型科技公司拥有。

对单个支付机构数据的掌控源于这样一个事实，即在传统支付系统中，没有单一的、完整的所有交易记录，每个支付机构只保留自己的交易记录。虽然跨支付机构的支付是通过一个集中系统进行的，并需要向中央运营商发送指令，但这些指令可能涉及批量支付或关于支付目的的不完整信息。因此，即使是中央运营商也没有所有支付的完整情况。因此，通过孤立的记录保存和中央运营商的保密承诺这两种脆弱的结合，支付的隐私得以维护，但这并没有得到保障。在某些情况下，数据隐私法让消费者有机会批准或拒绝第三方使用他们的数据。但这一选择往往难以有效执行。这样的设置意味着消费者可能并不总是知道他们的数据是否正在被收集以及目的是什么。

零售快速支付系统和数字人民币基础的数据架构可以让用户更好地控制个人数据，同时保护隐私和消费者福利。事实上，央行对个人数据没有商业利益，因此可以可靠地设计符合公共利益的系统。数据治理系统可以确保用户同意、使用限制和保留限制。与开放银行类似，这些数据架构还允许用户以给自身带来经济利益的方式移植数据，例如用户申请贷款、使用财务规划服务时可使用自己的数据等。重要的是，这种系统是建立在身份识别的基础上的，而这种身份信息可能通常只由支付机构而不是中央银行持有。身份识别的使用使金融中介机构能够筛选借款人，评估他们的信用，从而确保稀缺的资本得到最佳利用。

在这个过程中，央行可以利用现代密码学提供保护用户隐私和确保交易安全的解决方案。这可以通过零知识证明技术（Zero - Knowledge Proof）来实现，零知识证明技术可以在不暴露交易内容的情况下验证交易的真实性。尽管如此，该系统将基于用户真实的、经过验证的身份，即他们将使用真实姓名进行交易。

以身份为基础的设计与金融体系的完整性是兼容的。有了明确的任务和公共问责制，就可以设计使司法机构能够在必要的法律保障下获得信息的系统。这些方法已经以银行保密制度的形式普遍存在，零售数字人民币也可以考虑采用这些方法。重要的是，交易不会被记录在所有人都可见的公共区块链上。在企业领域，新的企业数字身份解决方案可以改善对受益所有权的监管，从而减少欺诈、避税和逃避制裁的可能。再加上受区块链启发的新的监管科技工具和功能，有可能更好地跟踪非法活动。

最后，零售数字人民币和快速支付系统相当于为当前的支付系统提供了改善监管的机会。事实上，构建新的支付系统并不仅仅是央行的任务，但需要央行推动更新法律授权以及适当的监管跟进。建立在公共基础设施上的制度也将确保私营支付机构纳入健全的管理和监督框架。在新的支付系统中，可能会出现新的商业模式，这些模式可能与当前的监管框架相冲突，但监管框架可以进行调整，以适应新的创新活动类型。

第二章　金融机构转型发展向纵深推进

2021年,《中华人民共和国国民经济和社会发展第十四个五年规划和2035年远景目标纲要》发布,引导金融机构加大对实体经济健康发展的有力支撑,明确金融机构持续深化金融供给侧结构性改革的工作方针,强调金融机构进一步健全金融风险防控体系的底线思维。面对严峻的国内外形势,我国金融机构持续做好疫情防控和经济社会发展金融服务,以科技赋能激活转型动力,不断提升服务实体经济质效,助力构建两个"循环"。

"十四五"开局之年,我国银行业金融机构坚持以内循环为主、外循环赋能,实现经营绩效高速增长,积极履行社会责任,助力脱贫攻坚圆满收官,持续推进数字化转型,不断深化零售金融发展战略。保险业金融机构经历发展和转型阵痛,在疫情和改革冲击下,保险机构利润整体下滑,偿付能力呈现下行趋势,保险公司治理有效性有待提升,中小保险公司资本压力增大,倒逼保险机构数字化转型加速。在证券业金融机构中,证券公司总体维持高质量发展,经纪资管能力全面提升,证券公司规模保持高质量增长,进一步向"重资产化"与"高效化"转化。信托公司进入艰难转型阶段,整体趋于平稳。期货公司和基金公司创新发展,资本实力增强,加快服务实体经济步伐。新金融业态在我国疫情常态化的背景下乘风破浪,数字金融新基建稳步推进,金融业数字化转型加快,绿色金融产品不断创新,普惠金融持续发力,推动金融业高质量发展。同时,元宇宙的出现将引领金融业开启全新的金融元宇宙时代。

金融风险防范化解仍是"十四五"期间的重要工作内容之一。银行业金融机构应聚焦数字化转型中存在的信息安全问题,加大不良贷款处置力度,深化内控合规管理建设,同时加速盈利增长点转型布局。保险机构应全方位推进模式转变升级,实现从追求规模增长到追求规范的质量提升,从攫取流量变现到数字化转型和智能化定制升华。证券业金融机构面临金融强监管带来的业务萎缩和转型风险,应加快限薪令下的内部制度改革,构建完善的信用体系。新金融发展应不断完善相关的法律法规,加强对金融机构的监督,加快推进绿色金融标准体系建设,保障绿色金融和普惠金融的发展,助力乡村振兴,同时也要加大金融科技创新和数字金融人才培养的力度,推进我国金融业数字化转型,实现高质量发展。

一、金融机构新发展格局奠定"十四五"规划良好开端

(一)银行业金融机构贯彻可持续发展战略

1. 国有行积极发挥示范引领作用

(1) 国有行财富管理转型开拓收入新引擎

从归母净利润来看,2021年国有六大行①均实现了双位数增长。其中,工商银行依旧处于领先地位,实现归母净利润3 483.38亿元,同比增长10.27%;建设银行归母净利润也突破3 000亿元大关,同比增长11.61%;邮储银行实现归母净利润761.70亿元,排名国有行末位,但同比增长高达18.65%,为国有行中增速最快的银行(见图2-1)。

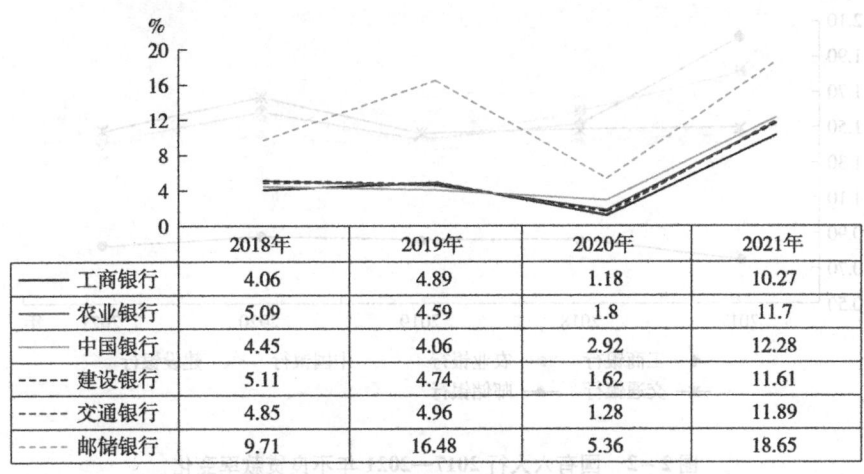

图2-1 国有六大行2018—2021年归母净利润同比增速变化

(数据来源:中国银行保险监督管理委员会,http://www.cbirc.gov.cn/)

受全球利率持续走低、银行让利实体经济、LPR下调、银行负债成本高等影响,2021年六大行的净息差均有所下降,其中,2021年末中国银行净息差同比下降10个基点至1.75%,降幅最大。随着净息差持续下降,2021年,零售金融以其高成长性和跨周期的特性,正成为我国商业银行拓展市场的"新蓝海"和业绩稳健增长的新引擎。在财富管理转型背景之下,银行零售金融逐渐打破壁垒,从关注个人存款转向关注零售客户AUM(资产管理规模)。除农业银行外,其余五大国有行均在2021年公布了AUM数据,其中中国银行是首年披露,建设银行和中国银行未公布AUM增速或增量。具体来看,工商银行以16.96万亿元的AUM居于榜首,同比增长6%;邮储银行2021年AUM规模为12.53万亿元,增长超过万亿元,较2020年同比增长11.40%;中国银行和建设银行AUM规模分别超过11万亿元和15万亿元。国有六大行中仅交通银行AUM未超过

---

① 指中国工商银行、中国农业银行、中国银行、中国建设银行、交通银行、中国邮政储蓄银行。

10万亿元，2021年AUM规模为4.26万亿元，同比增速为9.26%。①

（2）国有行整体资产提质增效

在资产规模上，工商银行的总资产依旧稳居第一，突破35万亿元；邮储银行的总资产规模增速依旧位列榜首，达10.9%。在资产质量方面，截至2021年末，国有六大行的不良贷款率均较2020年有所下降，但只有工商银行和交通银行实现不良贷款余额、不良贷款率"双降"。从具体数据来看，不良贷款率最低的为邮储银行，为0.82%；交通银行不良贷款率最高，达1.48%，但同时，其不良贷款率较2020年末降幅也最快，下降了0.19个百分点（见图2-2）。

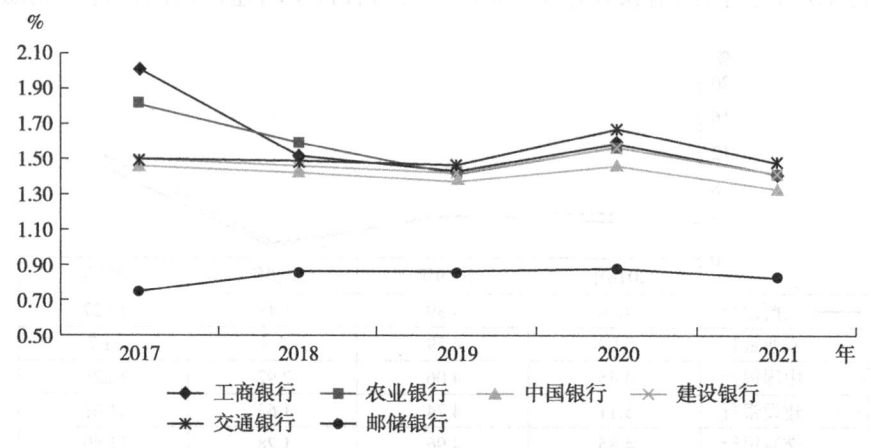

图2-2 国有六大行2017—2021年不良贷款率变化

（数据来源：中国银行保险监督管理委员会，http://www.cbirc.gov.cn/）

为增强风险抵御能力，国有六大行持续增厚拨备。截至2021年末，邮储银行拨备覆盖率仍维持在六家国有大行最高位，拨备覆盖率为418.61%，较上年末增长10.55个百分点；农业银行、建设银行、工商银行拨备覆盖率均超过200%，分别为299.73%、239.96%和205.84%，较上年末分别上涨33.53个百分点、26.37个百分点和25.16个百分点；中国银行拨备覆盖率则增长9.21个百分点至187.05%；交通银行拨备覆盖率为166.5%，较上年末上升22.63个百分点。②

（3）国有行助推绿色金融高速发展

绿色金融作为推进经济社会绿色低碳转型发展的重要抓手，自"双碳"目标提出以来，银行机构纷纷加大对绿色信贷的投放力度。截至2021年末，我国绿色贷款余额共计15.9万亿元，同比增长33%。国有六大行方面，截至2021年末，工商银行绿色贷款余额以24 806亿元保持领先，较上年末增长34.4%；中国银行增速最快，同比增长

---

① 资料来源：国有六大行2021年度财务报告。
② 资料来源：中国银行保险监督管理委员会，http://www.cbirc.gov.cn/。

57.1%至14 086亿元（见表2-1）。除绿色贷款外，各大行在年报中纷纷披露绿色贷款支持项目折合减排二氧化碳当量，其中，中国银行以25 380万吨位居第一，建设银行以12 510万吨位居第二。

表2-1　国有六大行2021年绿色金融表现

国有行	绿色贷款余额（境内）		支持项目折合减排二氧化碳当量/万吨
	2021年/亿元	同比增速/%	
工商银行	24 806	34.4	9 885
农业银行	19 778	30.6	9 554
中国银行	14 086	57.1	25 380
建设银行	19 631	46.2	12 510
交通银行	4 768	31.4	66
邮储银行	3 723	32.5	3 152

注：交通银行披露的绿色贷款余额采用央行口径，其余银行均按照银保监会口径披露。
数据来源：国有六大行2021年度财务报告。

在绿色金融战略定位上，各大行将绿色金融上升到战略高度。工商银行提出将建设国际领先的绿色银行，成为具有良好国际声誉的绿色银行，同时以绿色金融促进实体经济发展；农业银行提出将深化交流合作，融入国际标准，不断提升绿色银行形象；中国银行提出将紧扣碳达峰、碳中和发展目标，主动融入全球绿色治理，打造"绿色金融"首选银行；建设银行提出将主动融入经济社会绿色低碳转型发展大局，落实国家关于"碳达峰、碳中和"重大战略部署，研究制订全行绿色金融发展战略规划。

（4）国有行推进普惠业务加速迈向"云端"

在普惠金融方面，2021年国有六大行的普惠金融贷款余额均较上年末有所增长，其中，中国银行、工商银行、交通银行增速较快，增幅分别为53.2%、52.5%和49.2%（见图2-3）；从普惠金融贷款余额来看，建设银行、农业银行、工商银行均突破1万亿

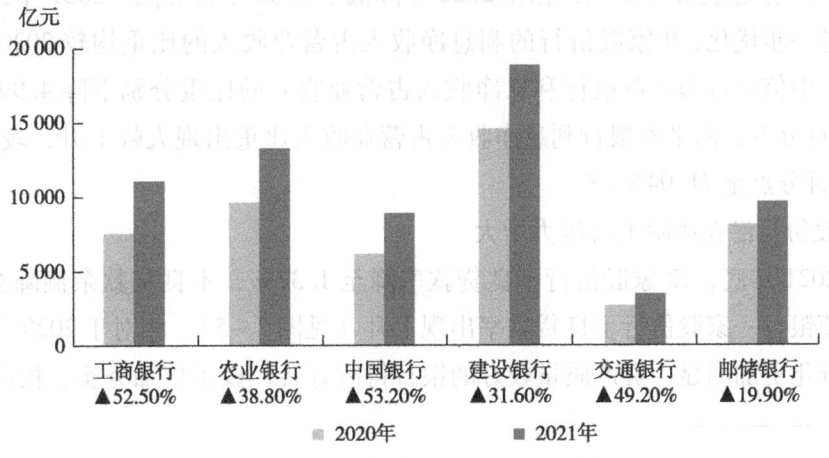

图2-3　国有六大行2020—2021年普惠金融贷款余额变化

（数据来源：国有六大行2020—2021年度财务报告）

元大关，分别为 18 736.83 亿元、13 219.62 亿元和 10 990.12 亿元。在普惠型涉农贷款方面，截至 2021 年末，国有六大行涉农贷款合计金额约为 15.3 万亿元，占当年全部涉农贷款余额的 35.42%。

在数字化转型助力普惠金融层面，银行业机构积极推进网点金融服务持续向着综合化、场景化、智能化、人性化、全渠道方向转型，加强线上线下渠道协同联动，不断拓展数字化发展新模式，构建"智能+人工"客户闭环服务，加快延伸金融服务触角，拓展了普惠金融交易边界。截至 2021 年末，2021 年银行业金融机构离柜交易笔数达 2 219.12 亿笔；离柜交易总额达 2 572.82 万亿元，同比增长 11.46%；行业平均电子渠道分流率为 90.29%。国有六大行也不断推进线上产品注入新动能，2021 年工商银行推出的工银"兴农通"品牌，拓展金融支持乡村振兴的广度和深度，普惠贷款全年增长超过 50%。交通银行依托该行"普惠e贷"打造线上综合融资产品体系，实现线上标准产品与个性化场景定制产品"双轮驱动"，实现抵押、信用、保证等多种方式自由组合，满足客户差异化需求。

2. 股份行加速改革转型成为主旋律

（1）股份行利息依存度下降

从营业收入来看，2021 年多数股份行营业收入实现增长，而浦发银行、民生银行、广发银行和渤海银行营业收入出现负向增长。招商银行营业收入突破 3 000 亿元，以 3 312.34 亿元的营业收入位列首位，而浦发银行、民生银行、广发银行和渤海银行的营业收入分别较上年同比下降 2.75%、8.72%、6.98% 和 10.15%。

在净息差和利息依存度方面，2021 年 12 家股份行[①]的净息差大部分出现了下降，对利息依存度降低，其中，仅平安银行、浙商银行和恒丰银行净息差较 2020 年同比上升（见图 2-4）。平安银行以 2.79% 排在第一位，相比 2020 年增加了 0.26 个百分点。渤海银行以 1.72% 排在股份行末位，相比 2020 年降低了 0.63 个百分点。2021 年，股份行的盈利模式进一步优化，9 家股份行的利息净收入占营业收入的比重均较 2020 年有所下降。其中，中信银行和兴业银行利息净收入占营业收入的比重分别下降 4.99 个百分点和 4.80 个百分点，而平安银行利息净收入占营业收入比重出现大幅上升，较 2020 年上升 6.14 个百分点至 71.04%。[②]

（2）股份行潜在风险上行压力增大

截至 2021 年底，12 家股份行不良贷款率降至 1.37%，不良贷款余额降至 4 977 亿元，仅浙商银行一家股份行不良贷款率出现上升（见图 2-5）。相对于 2020 年，股份行资产质量分化更加明显，资产质量较好的银行持续好转，拨备更加夯实。招商银行不良

---

① 我国现有 12 家全国性股份制商业银行：招商银行、浦发银行、中信银行、中国光大银行、华夏银行、中国民生银行、广发银行、兴业银行、平安银行、浙商银行、恒丰银行、渤海银行。

② 资料来源：各行 2021 年度财务报告。

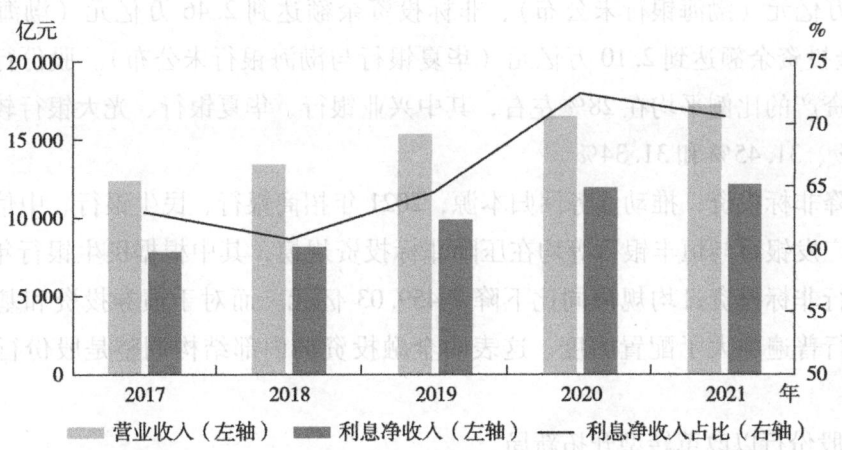

图 2-4　12 家股份行 2017—2021 年营业收入和利息依存度变化情况

（数据来源：中国银行保险监督管理委员会，http://www.cbirc.gov.cn/）

贷款率同比降低 0.16 个百分点至 0.91%，拨备覆盖率高达 483.87%，是资产质量最好的股份行。兴业银行和平安银行不良贷款率次之，拨备覆盖率超过 200%。

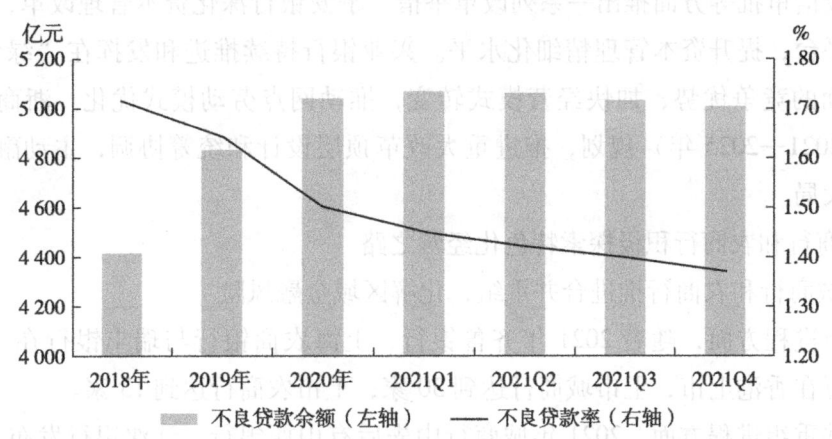

图 2-5　12 家股份行 2018—2021 年不良贷款变化情况

（数据来源：中国银行保险监督管理委员会，http://www.cbirc.gov.cn/）

从关注贷款率来看，半数股份行关注贷款率出现同比上升。作为观察银行不良贷款变化的先行指标，关注贷款率可以反映银行资产质量的下一步走势，关注贷款规模增长，意味着资产质量下降压力增大。截至 2021 年末，平安银行、兴业银行、光大银行、浙商银行和招商银行关注贷款率均出现上升，其中招商银行关注贷款率出现大幅上涨，相较于 2020 年上升了 1.83 个百分点，表明虽然招商银行当下资产质量表现稳定，但未来潜在风险上行压力不容忽视，需要持续做好问题贷款规模处理。

（3）股份行着力推动业务回归本源

截至 2021 年末，12 家股份行的金融投资余额达到 18.36 万亿元、债券投资余额达到11.09万亿元（渤海银行未公布）、非标投资余额达到2.46万亿元（渤海银行未公布）、基金投资余额达到2.10万亿元（华夏银行与渤海银行未公布）。股份行的金融投资占其总资产的比例平均在28%左右，其中兴业银行、华夏银行、光大银行较高，分别为32.64%、31.45%和31.34%。[①]

为压降非标投资，推动业务回归本源，2021年招商银行、民生银行、中信银行、光大银行、广发银行与恒丰银行等均在压降非标投资规模，其中根据民生银行年报，2021年民生银行非标投资日均规模同比下降2 459.03亿元。而对于债券投资和基金投资而言，股份行普遍加大了配置力度，这表明金融投资的内部结构调整是股份行正在做的事情。

（4）股份行以改革转型开拓新局

2021年，上市股份制银行普遍将改革转型作为应对变局和开拓新局的主要抓手，改革转型持续深化。中信银行制定《2021—2023年发展规划》，加快推进向轻型集约发展方式转型。光大银行设立乡村振兴金融部，加大涉农业务发展力度，探索发展新路。民生银行制定《五年发展规划（2021—2025年）》，提出新的战略定位，在组织架构、业务营销、授信审批等方面推出一系列改革举措。平安银行深化资本管理改革，打造智慧资产负债平台，提升资本管理精细化水平。兴业银行持续推进和发挥在"绿色、财富、投行"方面的竞争优势，加快经营模式转变，推动网点劳动模式优化。浙商银行制定"四五"（2021—2025年）规划，推进重大改革顶层设计和统筹协调，主动融入浙江数字化改革大局。

3. 城商行和农商行积极探索特色化经营之路

（1）城商行和农商行推进合并重组，化解区域金融风险

在上市进程方面，随着2021年齐鲁银行、上海农商银行与瑞丰银行在A股上市，东莞农商行在香港上市，上市城商行达到30家，上市农商行达到13家。

在合并重组进程方面，2021年城商行中先后有山西银行、辽沈银行发布合并公告，这意味着城商行在历经减量改制、更名重组、增资扩股、引智引技和跨省经营五个阶段后，正式过渡到合并重组阶段。农商行中，2021年10月27日，由乐山三江农商银行、五通桥农信联社、沙湾农信联社和金口河农信联社四家行社合并组建的乐山农商银行正式挂牌开业。8月13日，绵阳农商银行挂牌开业，这家农商行由绵阳涪城农信联社、游仙农信联社、安州农商银行三家金融机构合并组建。7月12日，黑龙江银保监局批准哈尔滨市呼兰区、阿城区、双城区三家农信联社，合并组建哈尔滨联合农商银行。2021年，浙江农信辖内19家农商行战略入股温州银行40亿元，合计持股比例为20.26%，温州银行新任董事长、行长及监事长均为浙江省农村信用社联合社选派，创造了农信机

[①] 资料来源：各行2021年度财务报告。

构入股城商行、助力防范化解金融风险的先例。

（2）城商行和农商行多措并举提升资产质量

在经历了资本充足率的普降后，上市农商行在2021年都较为重视资本管理工作。除了3家2021年挂牌上市的机构，其他农商行也在通过内源性或外源性资本补充方式提升资本充足率指标。2021年财政部安排了2 000亿元专项债，用于补充其资本，这在一定程度上缓解了中小银行资本补充压力。

在其他风控举措方面，多家城商行和农商行加大创新调整力度。常熟农商银行在实地调查环节运用移动贷款平台结合交叉检验技术，真实还原调查现场，提高小微业务风险识别能力。张家港农商银行通过挖掘存量信息建立了呆账成因分析机制，通过分析不良成因，加强溯源管理，以提升信用风险防控质效。东莞农商银行在2021年严格执行了"逾期60天以上贷款纳入不良"的新要求，并将部分大额关注类贷款及时下调为不良贷款。青岛农商银行通过流程再造强化系统建设，定期开展重点领域排查，高度关注大额贷款业务、信用或弱担保业务、经营性物业贷款业务等重点领域风险，及时评估企业当年债务与资金压力。

（3）城商行和农商行大力发展普惠业务

从涉农贷款来看，截至2021年末，重庆农商行的期末涉农贷款余额较高，约为1 931.79亿元。江苏农商银行的涉农贷款规模偏小，截至2021年末，该行贷款余额为177.01亿元。从增速来看，农商行的涉农贷款普遍增长，6家银行涉农贷款增速超过两位数。其中，2021年常熟银行的涉农贷款增速排名第一，同比增长50.1%。

从普惠型小微企业贷款来看，截至2021年末，全国城商行普惠型小微企业贷款余额达26 669亿元，同比增长20.27%，农商行普惠型小微企业贷款余额达60 547亿元，同比增长16.93%（见图2-6）。城商行中，宁波银行和江苏银行2021年普惠型小微企业贷款余额均超过1 000亿元，较2020年分别增长35%和32%；上海银行的普惠型小微企业贷款余额增速最快，同比增长64.55%。农商行中，重庆农商行2021年普惠型小微企业贷款余额为961.72亿元，同比增长28.70%；江阴农商行2021年普惠型小微企业贷款余额为197.1亿元，较2020年增长42.3%。[①]

（4）城商行借助金融科技持续发力"专精特新"

2021年，城商行越来越重视数字化转型工作，但是不同类型的城商行在推进数字化转型的方式上有所区别。头部城商行选择全面数字化转型，将数字化转型看作一项长期的系统性工程来推动；非头部城商行更倾向于通过业务试点切入，再由点及面，为后续的规模化转型提供经验借鉴。2021年城商行数字化转型措施见表2-2。

---

① 资料来源：各行2021年度财务报告。

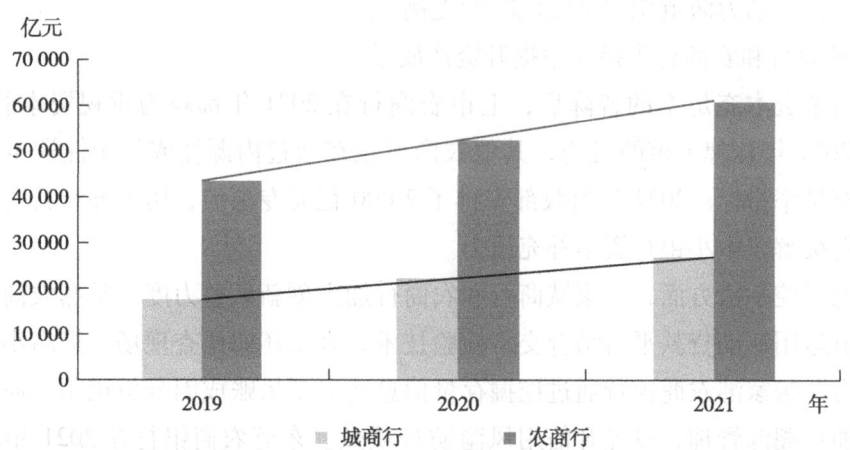

图2-6 2019—2021年城商行和农商行普惠型小微企业贷款余额变化

(数据来源：中国银行保险监督管理委员会，http://www.cbirc.gov.cn/)

表2-2　　　　　　　　　　2021年城商行数字化转型措施一览

城商行	转型目标与路径
南京银行	科技成为新五年战略规划中的两大主题之一，未来以大数据为基础，以金融科技为支撑，建设智慧银行。
苏州银行	采用"数据＋人"双轮驱动的模式，做到"以人为本，数据驱动"，计划用三年时间，通过数据的"三化"，实现客户的"三优"和员工的"三提"。
大连银行	从零售业务开始积极探索数字化转型，逐步推广到其他条线，最终实现运营效率提升。
承德银行	由点到线，再由线到面，重点业务探索突破，相关条线补齐短板，不断优化经营管理。

资料来源：作者根据各行年报整理。

部分城商行在科技手段加持下，运用供应链金融与场景化服务，双管齐下推进"专精特新"客群业务。一方面，将大数据、人工智能、云计算、区块链等科技手段持续融入供应链金融业务，为"专精特新"客群提供全方位、一站式综合金融服务，让更多链上的"专精特新"中小企业享受到数字化融资"红利"；另一方面，城商行通过深度介入"专精特新"客户所在行业，捕捉客户信息，将金融需求与各种场景深度融合，把金融产品完美嵌入客户的日常生产经营环节，满足客户在特定场景下的金融需求。例如，长沙银行深度剖析制造业供需矛盾，量身打造"智造通"专属金融产品包，为制造业全产业链注入新动能；徽商银行交易家平台以"线上化、场景化、平台化""智慧金融"为内涵，为客户提供全方位、一站式综合金融服务。

（二）保险业金融机构经历转型调整阵痛

1. 保险机构利润整体下滑

扣除天安财险影响，2021年，保险公司实现净利润1 773.62亿元，同比下降37.89%。人身险公司利润大幅下降，盈利情况两极分化。受个险渠道拖累、新单业务收缩影响，人身险公司实现净利润1 338.65亿元，同比大幅下降44.65%。86家人身险公司中，47家同比净利润下降，实现盈利的公司64家，同比增加3家，占比74.42%，盈利在100亿元以上的公司有5家，多数公司盈利在50亿元以下，净利润排名前十的寿险公司获得行业93.69%的利润。22家发生亏损，其中亏损10亿元到5亿元公司共4家，剩余18家公司亏损不足5亿元。

财产险公司净利润小幅上涨。2021年财产险公司共实现净利润434.97亿元，同比增长6.49%。利润上升的原因主要是2020年净利润大幅下滑，导致2021年同比基数较小。财产险公司在承保和投资端均面临较大经营压力：受车险综改和自然灾害频发的影响，2021年保险赔付额增加较快；股市震荡加剧，投资环境弱于2020年同期，也导致财险公司投资端承压。在披露数据的83家财险公司中，45家净利润有所下降，有57家公司盈利，盈利机构比2020年减少4家，实现盈利的公司仍为行业大多数，盈利总额同比上升11.19亿元至546.19亿元；24家公司亏损38.42亿元，亏损额较上年同期增加2.42亿元。42家财险公司奋力挣扎在盈亏边缘，占财险公司总数量的50.60%。

外资公司盈利能力总体优于中资公司。2021年，22家外资产险公司中，亏损5家，亏损面为22.73%，比中资公司低11.70个百分点。27家外资人身险公司中，亏损6家，亏损面为22.22%，比中资公司低13.37个百分点。

2. 保险机构偿付能力呈现下行趋势

2021年第四季度末，银保监会披露的保险公司平均综合偿付能力充足率为232.1%，同比下降5.77%，其中财产险公司、人身险公司、再保险公司的平均综合偿付能力充足率分别为283.7%、222.5%和311.2%。平均核心偿付能力充足率为219.7%，同比下降6.23%。2021年保险行业偿付能力呈现一定下行趋势，但总体仍保持充足水平，风险处于较低水平。由于"偿二代"对保险公司资本的约束性较强，预计未来一段时间内保险公司偿付能力充足率将保持稳定。

部分保险公司偿付能力水平下降，影响承保端和投资端业务开展，风险综合评级水平趋向下移。在陆续公布的2021年第四季度偿付能力情况中，91家保险公司风险综合评级被评为A类，75家保险公司被评为B类，8家保险公司被评为C类，4家保险公司被评为D类，未达到偿付能力标准的8家保险公司为安心财险、渤海财险、渤海人寿、合众人寿、前海人寿、阳光信保、信泰人寿和上海人寿。在经济增速放缓、去杠杆防风险的背景下，业内对保险公司的风险评级也会更加谨慎。

3. 保险公司治理有效性有待提升

据167家保险公司披露信息统计，2021年共28家保险公司发生股权变更，其中8家公司年内变更2次；年末约五分之一的保险公司存在股东股权质押或冻结，其中4家公司质押或冻结股权比例超过50%。股权结构变化、股权质押比例较高、高管人员频繁变更或长期空缺等情形不利于保险公司长期战略的持续性和有效性，将直接影响公司稳健经营和长远发展。另外，少数公司股东关系复杂，股权代持、隐性股东等问题较为突出，部分公司长期存在违规股权待清退问题。股权结构不稳定，直接带来高管的频繁变动和长期空缺。2021年发生股权结构变化的公司中，有10家同时存在董事长或总经理变更情况，有7家同时存在董事长或总经理空缺情况。

4. 中小保险公司资本压力增大

保险业资本供需不匹配导致保险公司面临资本不足风险，中小保险公司资本压力增大。从需求端看，受保险经营盈利周期较长、多数中小保险公司盈利能力不足等因素影响，保险业对资本的需求持续增加，145家公开披露2021年财务报告的中小财产险和中小人身险公司中，90家2021年末未分配利润为负数，无力通过自身经营积累利润转增资本。从供给端看，社会资本进入保险业的意愿降低，2021年增资发债金额下降、非上市保险公司牌照热度大幅降低。外部资本供给减少的主要原因在于：一是多数中小保险公司难以提供长期稳定的资本回报，导致现有股东缺乏增资意愿，对潜在投资人的吸引力不足；二是保险监管部门从严监管公司治理，社会资本更加理性、不再盲目进入保险业，有意愿、有实力、满足资质要求的投资人较少；三是整体经济环境承压，部分保险公司现有股东经营面临较大压力，增资能力和增资意愿下降。

5. 保险机构数字化转型加速

2021年以来，针对平台经济、互联网金融、互联网保险的举措陆续出台，为各大保险机构提供了新的解题思路。在当前国家政策引导金融高科技积极合规发展的大背景下，保险机构积极顺应趋势，以保险科技赋能行业的各个运营环节，全面深化"场景+科技赋能"的经营模式，加强互联网保险产品与场景的紧密结合，同时引入高科技、大数据来辅助保险产品定价，将科技手段嵌入保险经营的各个环节。以中国平安、中国人寿、中国太保、中国人保为代表的大型险企将"保险+科技"提到战略高度，并且积极构建科研创新机制。如中国太保出资7亿元设立科技子公司太保金科，同时建立专注于创新研发的数智研究院，并新设科技创新与消费者权益保护委员会，初步构建集"应用—管理—研发"于一体的创新体系。中小险企也借助科技不断挖掘内生动力，通过创新业务模式、技术手段等深挖价值业务潜力，并积极寻求外援，通过与众多头部科技企业建立合作伙伴关系打造科技生态合作圈，持续探索价值转型和高质量发展之路。

（三）证券业金融机构于改革浪潮中稳中有进

1. 证券公司维持高质量发展

（1）证券公司进一步向"重资产化"与"高效化"转化

随着注册制改革持续深化，继科创板、创业板试点注册制成功落地之后，当前注册制进一步拓展至新设的北交所，资本市场服务创新型中小企业的能力进一步增强，多层次资本市场体系进一步健全完善。证券公司整体经营情况稳步向好，营收与净利润维持双位数增长，2021年实现营业收入5 024.1亿元，同比增长12.03%；净利润1 911.19

亿元,同比增长 21.32%,在经营业绩不断改善的同时,证券公司的规模也持续增长,证券公司 2021 年总资产达到了 105 900 亿元,同比增长 19.07%;净资产达到了 25 700 亿元,同比增长 11.34%(见图 2-7)。同时证券公司 2021 年的净资产收益率为 7.44%,同比增长了 9.05%。全行业杠杆率的增长、净利润率和资产周转率的提升共同驱动了 ROE 增长,体现出整个行业进一步向"重资产化"与"高效化"转化。

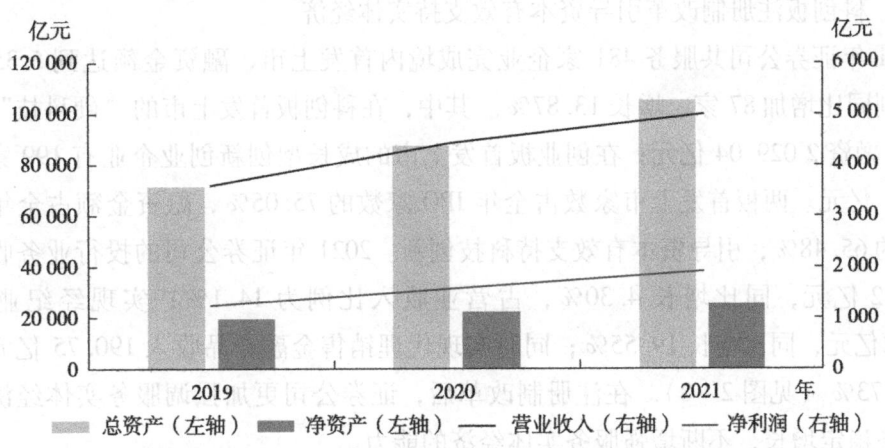

图 2-7　2019—2021 年证券公司整体业绩

(数据来源:同花顺 iFinD)

(2)证券公司分类监管加速证券公司评级分化

2021 年,共有 102 家证券公司参与评级,较上年增加了 5 家,分别是高盛高华、金圆统一、摩根士丹利华鑫、瑞信方正、甬兴证券,评级分别为 BBB、B、BBB、A、BB。其中,高盛高华、摩根士丹利华鑫、瑞信方正为外资控股券商,金圆统一为台资参股券商。在 2021 年 102 家证券公司中 50 家获得 A 类评级,占比为 49.02%;39 家证券公司获得 B 类评级,相较上年数量没有发生变化;13 家证券公司获得 C 类评级,其中 CCC 类评级的证券公司较上年增加了 5 家(见表 2-3)。

表 2-3　　　　　　　　　2019—2021 年证券公司评级情况

分类评级	2021 年/家	占比/%	2020 年/家	占比/%	2019 年/家	占比/%
证券公司级别:AA	15	15	15	15	10	10
证券公司级别:A	35	34	32	33	28	29
证券公司级别:BBB	18	18	23	24	28	29
证券公司级别:BB	16	16	10	10	12	13
证券公司级别:B	5	5	6	6	10	10
证券公司级别:CCC	11	11	6	6	5	5
证券公司级别:CC	1	1	4	4	2	2
证券公司级别:C	1	1	1	1	1	1

数据来源:同花顺 iFinD。

从整体变动情况来看，2021 年，有 53 家证券公司的评级相较于 2020 年发生变化，其中有 26 家成功升级。从上调角度来看，东海证券表现最为出色，评级由 2020 年的 CC 类上调 5 级跃升 A 类队列。金元证券、首创证券均被上调 4 级，华林证券、长城证券两家证券公司均被上调了 3 级，还有 5 家券商均被上调 2 级，16 家券商均被上调 1 级。此外，有 12 家券商被调入 A 类评级。

（3）科创板注册制改革引导资本有效支持实体经济

2021 年证券公司共服务 481 家企业完成境内首发上市，融资金额达到 5 351.46 亿元，分别同比增加 87 家、增长 13.87%。其中，在科创板首发上市的"硬科技"企业有 162 家，融资 2 029.04 亿元；在创业板首发上市的成长型创新创业企业有 199 家，融资 1 475.11 亿元。两板首发上市家数占全年 IPO 家数的 75.05%，融资金额占全年 IPO 融资总额的 65.48%，引导资本有效支持科技创新。2021 年证券公司的投行业务收入达到了 699.52 亿元，同比增长 4.30%，占营业收入比例为 14.1%；实现经纪业务收入 1 529.62 亿元，同比增长 19.55%；同时实现代理销售金融产品收入 190.75 亿元，同比增长 51.73%（见图 2-8）。在注册制改革后，证券公司更加强调服务实体经济，实现投行业务稳定增长，不断增强服务实体经济的能力。

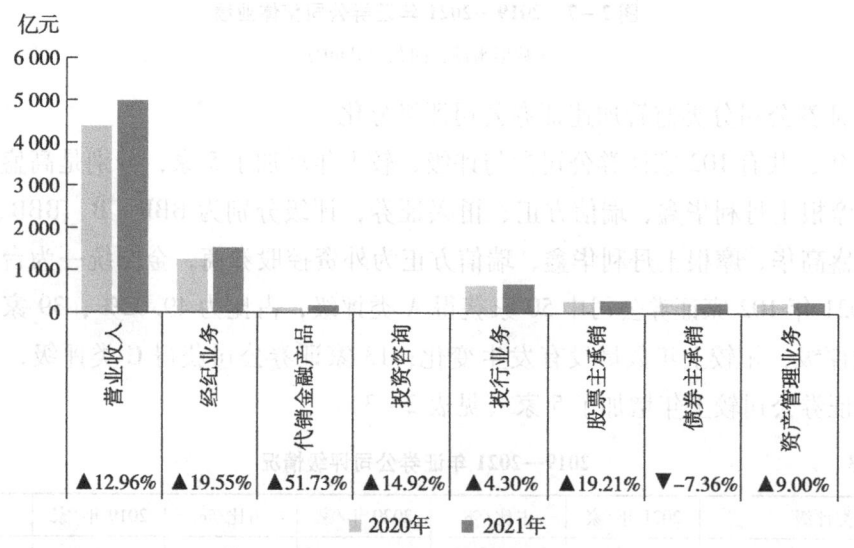

图 2-8 2020—2021 年证券公司收入分布

（数据来源：中国证券业协会根据各证券公司经审计数据统计）

2. 信托公司处于艰难转型阶段

（1）信托公司资产规模先下滑后稳定

当前金融运行总体平稳，货币供应量和社会融资规模的增速同名义经济增速基本匹配，宏观杠杆率保持稳定，流动性保持合理充裕。作为金融行业的重要组成部分，信托行业面临资管新规过渡期即将结束和"两压一降"严监管的双重压力,行业转型亟待取得实质性进展。资管新规发布以来,信托业进入艰难转型阶段,信托资产规模从2017年第四季度末的高点持续滑落。随着资管新规过渡期临近结束,信托资产规模渐趋平稳,并在2021年第二季度首次出现回升。截至2021年第四季度末,信托业受托管理的信托资产余额为20.55万亿元,同比增长0.5%(见图2-9)。自资管新规发布以来,信托行业在严监管的引导下,信托资产规模持续压降,规模变化趋向平稳。

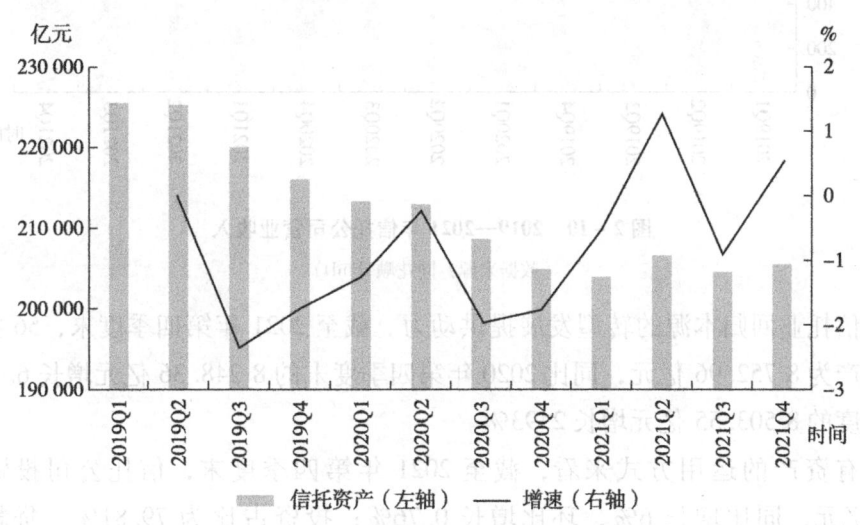

图2-9　2019—2021年信托资产规模

(数据来源:同花顺iFinD)

(2)信托公司间盈利分化正在加剧

随着新冠疫情得到控制,中国经济运行逐步回到正轨,疫情对信托公司的负面冲击得以减弱,全行业经营收入和利润同步增长。2021年第一季度信托公司利润扭转颓势实现正增长,第二季度信托公司利润增长进一步提速。2021年四个季度营业收入除第四季度实现营业收入1 207.98亿元,较2020年第四季度的1 228.05亿元下降1.63%以外,其他三个季度分别上升11.84%、9.41%和3.69%(见图2-10)。第四季度营业收入比第三季度增长38.43%,体现了信托公司年末业绩冲高的行业特征。

信托公司间盈利分化正在加剧。56家信托公司中,在29家信托公司实现营收正增长情况下,有35家信托公司实现了净利润正增长,占已有数据企业六成以上。虽然部分企业实现了提质增效,盈利增速超过营收,但净利润增速超过20%的有14家,下降幅度超过20%有12家,分化较2020年进一步加剧。中粮信托在营收大幅增长54.74%达12.24亿元的同时,净利润大幅增长96.01%达到5.9亿元。

(3)信托公司通过增加固有资产增强企业抗风险能力

信托公司应对风险的重要对策之一是提高资本金,这一方面提升投资者的信心,另

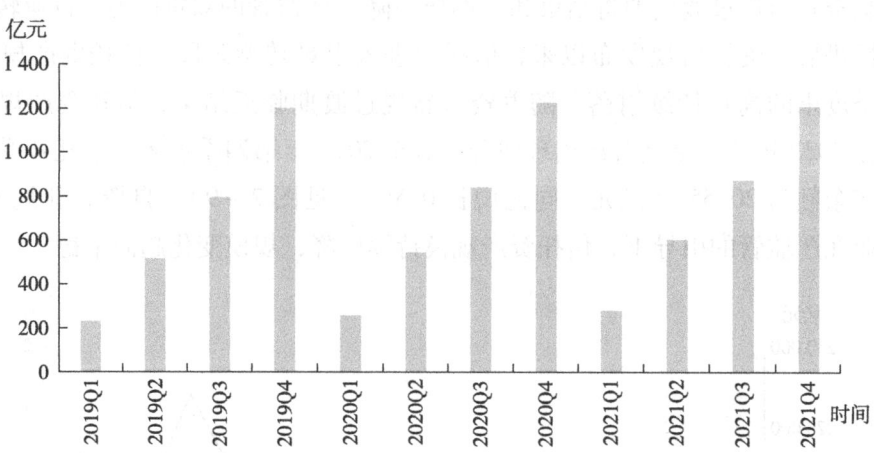

图 2－10　2019—2021 年信托公司营业收入

（数据来源：同花顺 iFinD）

一方面为信托业回归本源的转型发展提供动力。截至 2021 年第四季度末，56 家信托公司固有资产为 8 752.96 亿元，同比 2020 年第四季度末的 8 248.36 亿元增长 6.12%，环比第三季度的 8 503.55 亿元增长 2.93%。

从固有资产的运用方式来看，截至 2021 年第四季度末，信托公司投资规模为 6 995.92 亿元，同比增长 6%，环比增长 0.76%；投资占比为 79.81%。贷款规模为 643.03 亿元，同比增长 11%，环比增长 4%；贷款占比为 7.35%。货币类资产规模为 652.13 亿元，同比增长 10%，环比上升 4%；货币类资产占比为 7.45%，同比上升 0.29 个百分点，环比上升 2.46 个百分点（见图 2－11）。

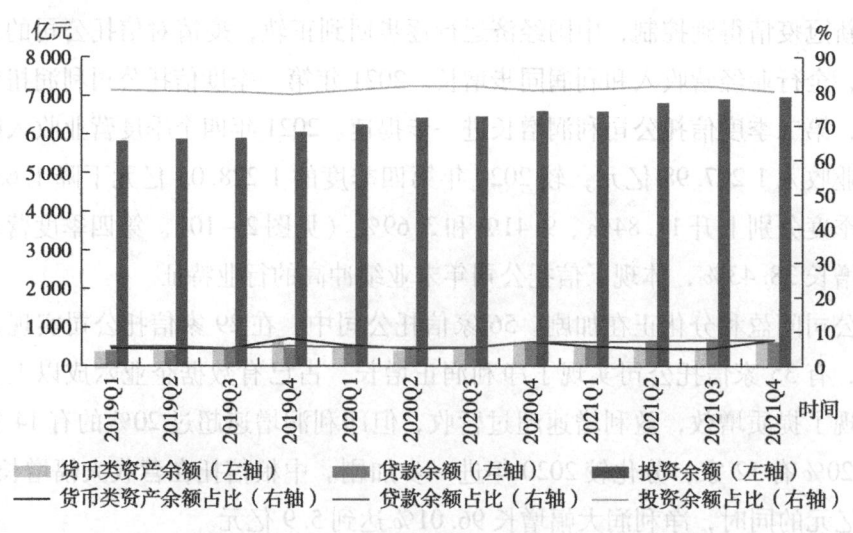

图 2－11　2019—2021 年信托公司固有资产投资

（数据来源：同花顺 iFinD）

3. 期货公司走上发展快车道

（1）期货公司帮助产业企业实现稳定经营

全球疫情反复、宏观环境变化加快等因素使得市场波动加剧，国内期货市场积极服务保供稳价，帮助产业企业利用衍生品实现稳定经营。面对经营环境的变化，尤其是原材料价格的剧烈波动，实体企业逐步建立起系统的风险管理体系，实现参与期货市场从工具利用到战略层面应用的转变，推动经营模式升级。2021年，中国期货市场成交量和成交额分别为75.14亿手（单边，下同）和581.2万亿元，同比分别增长22.13%和32.84%（见图2-12）。全球期货市场成交625.84亿手，中国期货市场成交量占全球期货市场总成交量的12%，较2020年占比13.2%下降了1.2个百分点。

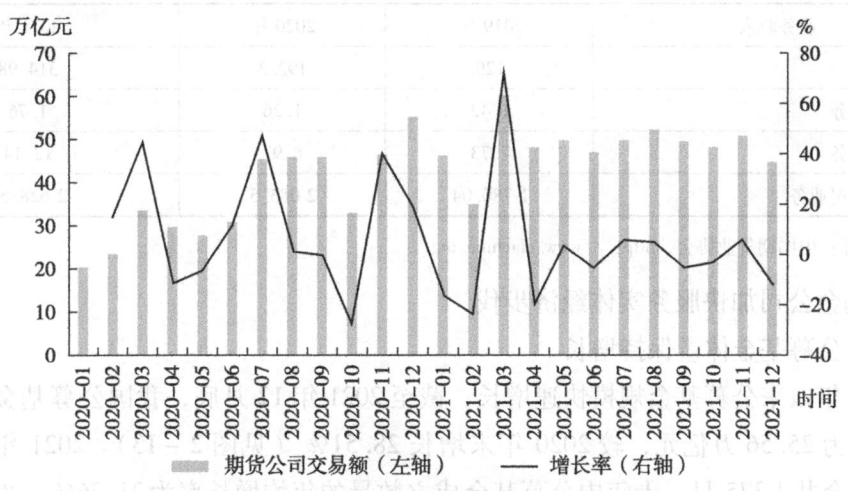

图2-12　2020—2021年期货公司交易额

（数据来源：同花顺 iFinD）

（2）期货公司持续创新

2021年，中国期货市场全年一共上市了4个品种，包括2个期货品种、2个期权品种。其中，上期所下属上海国际能源交易中心上市了原油期权；郑商所上市了花生期货；大商所上市了生猪期货和棕榈油期权（见表2-4）。

截至2021年底，中国期货与衍生品市场上市品种数量达到94个，其中商品类84个（期货64个、期权20个），金融类10个（期货6个、期权4个）。

表2-4　　　　　　　　　　2021年新上市期货种类

交易所	上市品种	上市时间
上期所	原油期货	6月21日
郑商所	花生期货	2月1日
大商所	生猪期货	1月8日
	棕榈油期权	6月18日

资料来源：中国期货业协会，http://www.cfachina.org/。

(3) 期货公司收入结构优化

截至2021年底,期货公司总资产为1.38万亿元,净资产为1 614.46亿元,同比分别增长40.8%和19.56%,资本实力有所增强。期货公司的主要业务包括经纪业务、投资咨询业务、资产管理业务和风险管理公司业务。具体来看,截至2021年底,经纪业务收入为314.98亿元,同比增长63.80%;投资咨询业务收入为1.76亿元,同比增长39.68%;资产管理业务累计收入为12.14亿元,同比增长35.34%,截至2021年底,期货公司资管产品数量共1 726只,产品规模为3 542.65亿元,产品规模同比增长62.42%。风险管理公司业务2021年累计业务收入为2 628.59亿元,同比增长26.16%(见表2-5)。

表2-5　　　　　　　　2019—2021年期货公司业务收入　　　　　　单位:亿元

业务收入	2019年	2020年	2021年
经纪业务	129	192.3	314.98
投资咨询业务	1.42	1.26	1.76
资产管理业务	7.73	8.97	12.14
风险管理公司业务	1 780.04	2 083.5	2 628.59

数据来源:中国期货业协会,http://www.cfachina.org/。

4. 基金公司加快服务实体经济步伐

(1) 公募基金体量保持增长

2021年以来公募基金规模快速增长,截至2021年12月底,我国公募基金资产管理规模合计为25.56万亿元,较2020年末增长28.51%(见图2-13)。2021年,新成立的公募基金共1 375只,十年内公募基金成立数量的年均增长率为31.26%,发行份额年均增长率为27.79%,行业体量快速增长。

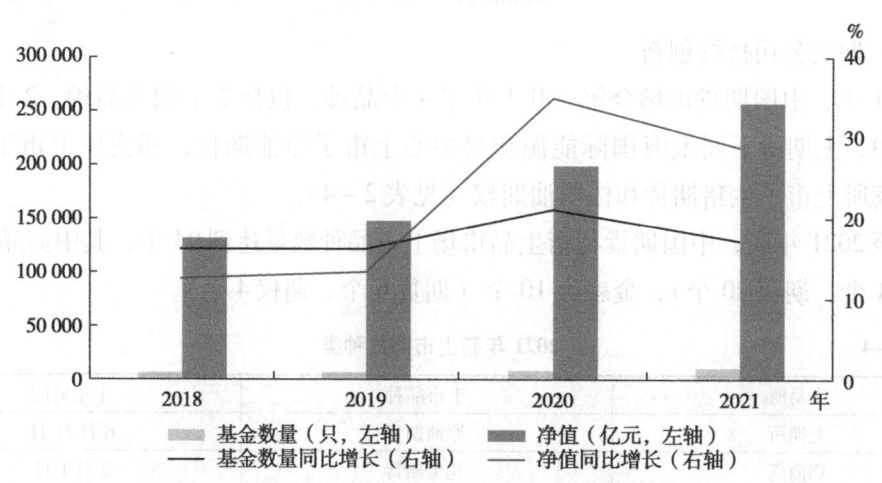

图2-13　2018—2021年公募基金发行数量和规模

(数据来源:中国证券投资基金业协会,https://www.amac.org.cn/)

2021年新发行的公募基金中,数量排名前三的基金类型分别是混合型基金、股票型基金、债券型基金(见图2-14)。从公募基金发行份额看,2021年新发行基金的发行份额总计29 338.69亿份,其中16 598.46亿份为混合型基金,占比为56.58%;3 773.78亿份为股票型基金,占比为12.86%;7 328.92亿份为债券型基金,占比为24.98%。当前国内的公募基金配置大多为回报较稳定、流动性较高的上市债券;相较于公募基金发展较为成熟的美国及其他发达国家,我国股票型基金和债券型基金仍有较大的发展空间,预计未来将有较明显的增量。

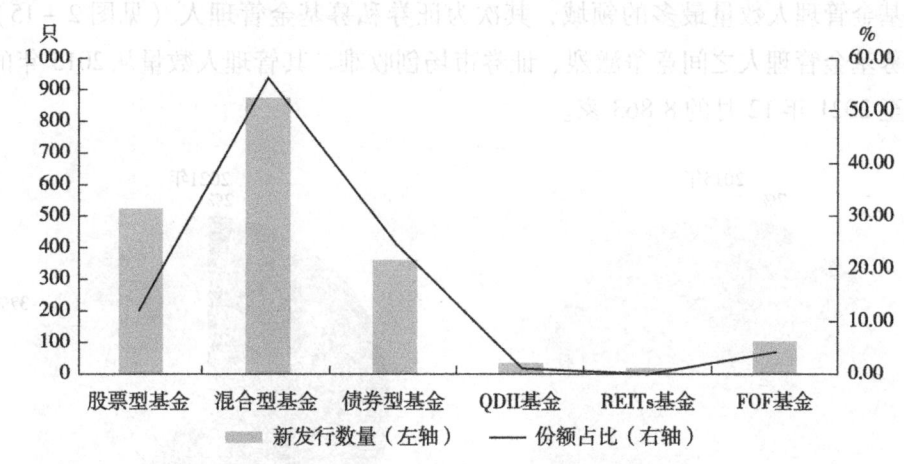

图2-14 2021年新发行公募基金类型分布

(数据来源:同花顺iFinD)

(2) REITs首次上市进一步完善房地产金融框架

2021年6月,首批6只公募REITs产品(房地产信托投资基金)上市。截至2021年末,共有11只公募REITs上市,发行规模合计360亿元。REITs在全球主要市场的年化投资回报率超过8%,介于股债之间,表现出较强的抗通胀能力。中国引入房地产信托投资基金有着非常重要的作用,通过引入房地产信托投资基金不仅有利于完善中国房地产金融框架,还有利于分散与降低系统性风险,提高金融安全。此外,引入房地产信托投资基金有助于疏通房地产资金循环的梗阻,可以避免单一融通体系下银行相关政策对房地产市场的硬冲击,减缓某些特定目的的政策对整个市场的整体性冲击力度,有助于缓解中国金融体系的错配矛盾。

(3) 中国ESG基金市场加速发展

据财新智库统计,2021年前三季度,ESG公募基金数量"井喷式"增长,新发ESG基金产品48只,接近此前五年新发行ESG基金数量的总和。截至2021年9月底,全市场ESG公募基金资产管理总规模跃升至近2 500亿元,接近2020年同期的两倍。中央财经委员会第九次会议强调,我国力争2030年前实现碳达峰,2060年前实现碳中和。低碳转型和碳减排将会持续多年。在资本市场,我国上市公司ESG报告披露将趋于严格，强制披露或将成为趋势。在此大环境下，ESG 投资理念在资本市场逐渐受到重视，越来越多的投资者和资产管理公司将 ESG 因素引入公司研究和投资决策的框架。无论从投资收益角度还是资本责任角度，将 ESG 因素纳入投资时的考虑范围都是更优选择。

（4）私募基金管理人结构优化

在管理人数量方面，自 2015 年底以来，股权及创投私募基金管理人数量增长最快，短短不到 6 年，管理人数量增长至 2021 年 12 月底的 14 886 家，数量占比高达 61.2%，为私募基金管理人数量最多的领域，其次为证券私募基金管理人（见图 2-15）。我国证券私募基金管理人之间竞争激烈、证券市场创收难，其管理人数量从 2015 年的 10 965 家下降至 2021 年 12 月的 8 863 家。

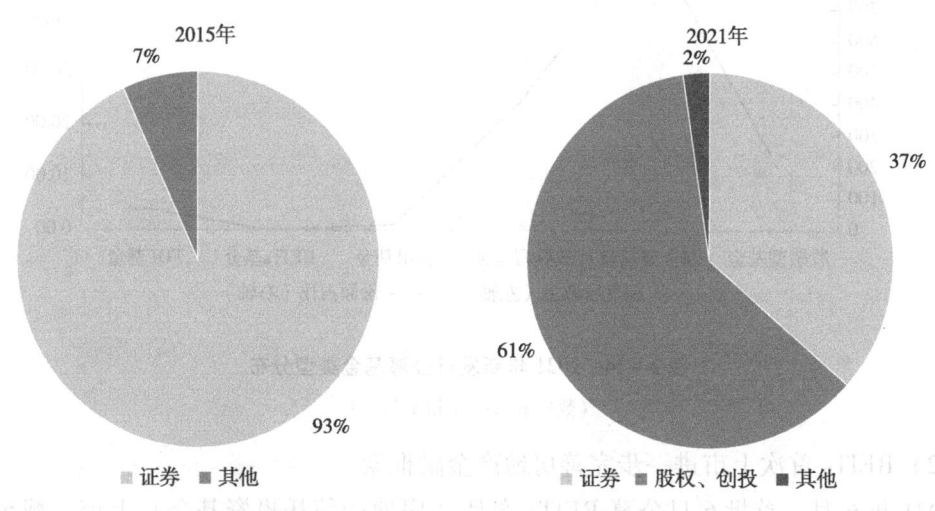

图 2-15 2015 年和 2021 年私募基金管理人数量结构

（数据来源：同花顺 iFinD）

私募基金规模方面，其中同样以创投及股权私募基金管理规模最大，管理规模由 3.21 万亿元增长至 2021 年 12 月底的 12.59 万亿元，超过 2015 年底的 4 倍，证券私募基金管理规模份额下降至 28.7%，管理规模是 2015 年的 3 倍。

（5）政府产业基金引导城市产业转型升级

2022 年的《政府工作报告》提出"要发挥重大项目牵引和政府投资撬动作用，完善相关支持政策，充分调动民间投资积极性"，2022 年以来全国至少有 15 家百亿元母基金设立。例如，湖北省整合设立 500 亿元母基金，由规模分别为 100 亿元和 400 亿元的两只母基金组成。前者主要培育孵化高新技术领域中小企业，后者则主要承担湖北省级战略性重大产业项目招引和龙头企业发展壮大任务。政府引导基金约占中国母基金规模的三分之二。政府引导基金主要通过参股子基金、直投等方式，传导扩大落实政府引导方向。以引导基金为主力的政府产业基金之所以在近期快速增长，与城市内在发展逻辑

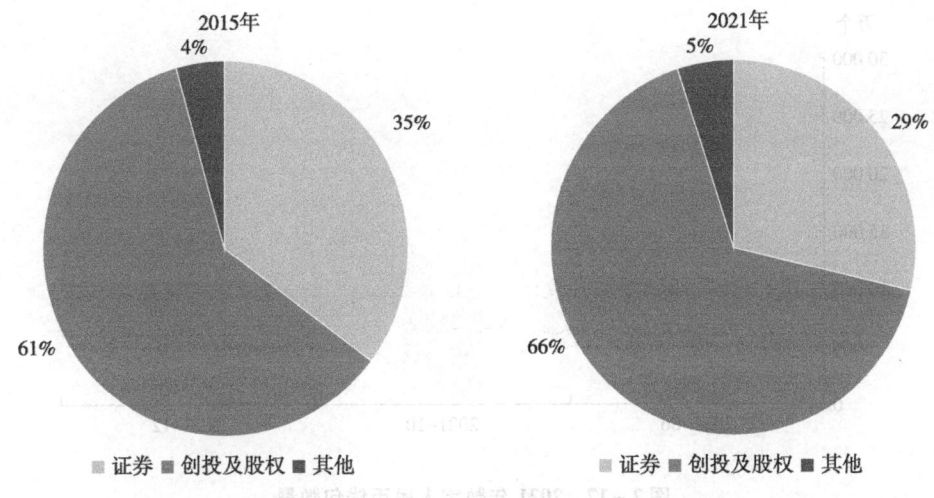

图 2-16 2015年和2021年私募基金管理人规模结构

（数据来源：同花顺 iFinD）

的变化息息相关。过去城市的发展，注重用良好的基础建设吸引人口，然后用人口来消化房地产，再用房地产收入来平衡财政收入。但是当下，地方政府更青睐依靠产业直接吸引更多的人口。同时各个城市通过陆续设立引导基金，引导城市产业转型升级。

（四）新金融业态推动金融机构革故鼎新

1. 金融机构全方位数字化转型激发数字金融新业态

（1）央行数字货币的加速落地，推进数字金融创新发展

2021年，我国数字人民币发展速度大幅提高。中国人民银行发布的《中国数字人民币的研发进展白皮书》显示，截至2021年6月30日，数字人民币试点开立个人钱包2 087万余个、对公钱包351万余个，而截至2021年12月31日，数字人民币累计开立个人钱包2.61亿个，在半年的时间里，数量增长超过了年中的10倍，我国数字人民币交易规模从2021年6月的345亿元，上升至2021年12月的875.7亿元，交易规模的增长也超过了年中的2倍（见图2-17和图2-18）。

2021年，金融科技进一步发展，持续推动着传统金融向数字金融转型，数字金融迅速发展，而数字人民币作为数字金融发展的核心要素和升级的金融基础设施，其影响范围覆盖了金融与非金融主体。数字人民币区别于传统账户体系的特性创造出新的支付逻辑，将为商业银行、第三方支付机构、清算机构带来新的合作模式与市场博弈，同时也将为相关的技术和解决方案供应商带来新的商业机会。数字人民币的普及也进一步推动数字人民币的创新应用，为金融行业数字化新业态提供新的动力。

（2）网络支付业务规模持续增长

随着网络的快速发展和智能手机的普及，网络支付得到了蓬勃发展，在全球处于遥遥领先的地位。根据中国支付产业年报，2021年，我国银行机构共处理网上支付业务金

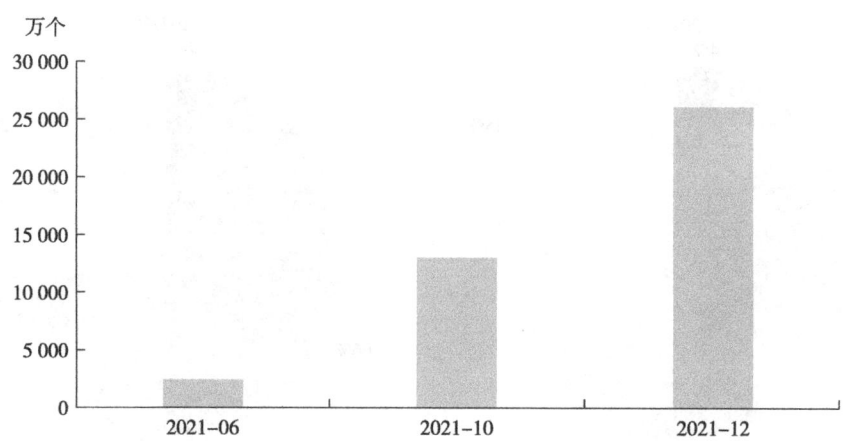

图 2-17　2021 年数字人民币钱包数量

(数据来源：中国人民银行、前瞻产业研究院，http://www.gov.cn/xinwen/2021-07/16/content_5625569.htm)

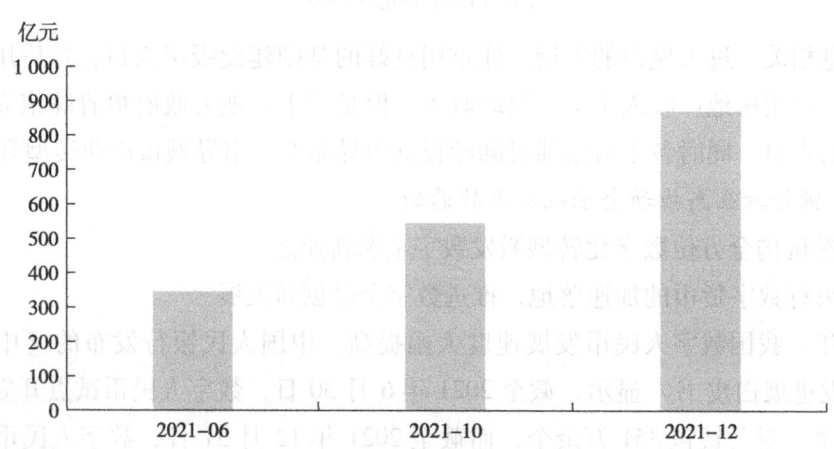

图 2-18　2021 年数字人民币交易规模

(数据来源：中国人民银行、前瞻产业研究院，http://www.gov.cn/xinwen/2021-07/16/content_5625569.htm)

额2 353.96万亿元，为2012年的2.86倍。而移动支付业务量的增速更让人惊叹，2021年国内银行处理的移动支付业务金额为2012年的228.13倍。

2021年我国网络支付业务规模继续保持增长态势，银行机构处理网上支付业务金额较上年增长8.25%，处理移动支付业务金额较上年增长21.94%。从业务金额上看，银行机构仍然保持主导地位。银行机构处理的网上支付业务和移动支付业务的金额分别是支付机构处理同类业务金额的41.03倍和1.47倍。

随着市场竞争的逐步充分，网络支付的市场集中度略有下降。中国支付清算协会统计数据表明，2021年网络支付交易金额排名全国前10位的银行机构业务量之和占协会银行类会员单位网络支付业务总金额的83.75%，较上年减少7.63个百分点；网络支付交易金额排名全国前 10 位的支付机构业务量之和占支付机构网络支付业务总金额的 96.25%，较上年减少 0.48 个百分点。2017—2021 年我国网络支付情况见图 2-19。

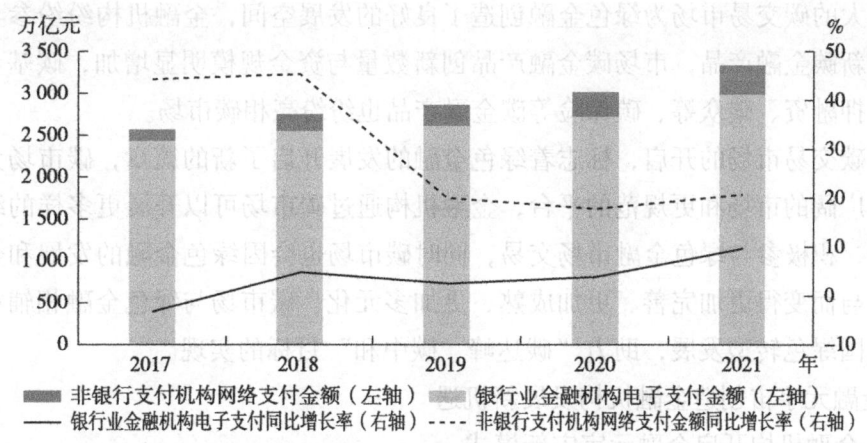

图 2-19　2017—2021 年我国网络支付情况
（数据来源：中国人民银行、作者自行整理）

2. 绿色金融新业态推动金融机构多层次绿色转型发展

（1）金融机构绿色金融创新产品层出不穷

在银行机构大步发展绿色信贷和绿色债券的同时，信托公司、消费金融公司等其他金融机构紧跟步伐，在绿色金融市场中大放光彩。根据中国信托业协会发布的《中国信托业社会责任报告（2020—2021）》，绿色信托连续八年快速发展，资产规模从 2013 年末的 468.83 亿元快速增加至 2020 年末的 3 592.82 亿元，绿色信托项目数量从 248 个增加为 888 个。

在 2021 年里，信托机构纷纷发力，诸多绿色信托创新类型的"首个"产品成功设立。例如，中航信托与中国节能协会碳交易产业联盟等联合设立了国内首单"碳中和"主题绿色信托计划；中海信托成立了全国首单国家核证自愿减排量（CCER）碳中和服务信托；华润信托新增绿色信托业务 13 单，规模合计约 47 亿元。另外，中建投信托、五矿信托、兴业信托、英大信托、长安信托等机构，都通过各种方式，积极开展绿色信托业务实践与创新。

2021 年，碳中和债首次被提出，其作为绿色债券的子品种，在交易商协会与交易所的文件中对其有着明确的定义，文件指出碳中和债是募集资金专项用于具有碳减排效益的绿色项目的债权融资工具。2021 年 2 月，首批 6 只碳中和债发行，助力绿色金融产品创新。截至 2021 年末，碳中和债券累计发行 1 807 亿元，分布在 84 个发行主体。在"碳中和、碳达峰"社会背景下，绿色金融以及碳中和债的发展如火如荼。

（2）全国统一碳排放权交易市场加速金融机构绿色发展

2021 年 7 月 16 日，全国碳市场正式启动上线交易，中国的碳市场建设进程迈入了崭新的阶段。全国统一碳排放权交易市场的运行分为两个部分，全国碳排放权注册登记系统（以下简称"中碳登"）落户湖北，交易系统落户上海。上海环交所公布的数据显示，截至 2021 年底，全国碳排放权交易市场共运行 114 个交易日，累计成交额为 76.61 亿元。庞大的碳交易市场为绿色金融创造了良好的发展空间，金融机构纷纷参与碳交易市场，创新碳金融产品，市场碳金融产品创新数量与资金规模明显增加，碳基金、碳托管、碳质押融资、碳众筹、碳保险等碳金融产品也纷纷亮相碳市场。

全国碳交易市场的开启，标志着绿色金融的发展开启了新的篇章，碳市场为绿色金融提供了广阔的市场和更规范的平台，金融机构通过碳市场可以开展更多样的绿色金融产品设计，积极参与绿色金融市场交易，同时碳市场也会因绿色金融的发展和金融机构的广泛参与而变得更加完善、更加成熟、更加多元化。碳市场与绿色金融相辅相成，共同推进我国绿色转型发展，助力"碳达峰、碳中和"目标的实现。

3. 金融元宇宙创造金融机构发展新机遇

（1）金融机构开启金融元宇宙新模式

2021 年 10 月，社交媒体平台公司脸书（Facebook）宣布将公司名称更改为"Meta"，中文翻译为"元"，该词取自尼尔·斯蒂芬森（Neal Stephenson）撰写的《雪崩》一书中的网络虚拟世界 Metaverse。自此之后，"元宇宙"概念在全球范围内广泛传播开来，渗透到了各个领域，消费元宇宙、体育元宇宙、动画元宇宙等众多领域与元宇宙的结合体也纷纷出现，银行、保险等金融机构也积极探索金融元宇宙的应用模式，期望借助元宇宙进一步提升金融服务质量。金融行业在经历了互联网金融时代的去伪存真、金融科技时代的科技探索后，对金融元宇宙的需求与渴望，使 2021 年成为金融元宇宙爆发的元年。金融元宇宙时代也是继金融触网、金融线上化、互联网金融和金融科技时代后，又一个全新的时代。

虽然元宇宙的定义、概念和解释尚未完全明确，但其作为一个基于多种技术融合而成的全新产物，引起了社会各界的广泛关注。金融元宇宙作为金融业和元宇宙的有机结合，将通过技术支撑，优化金融机构对于资金流量的管理，强化信息传递，增强企业的金融安全。金融元宇宙具有巨大的发展潜力，将影响全球的金融发展创新方向。元宇宙作为虚拟的数字空间，其与现实的物理空间深度融合，金融元宇宙也将加快金融行业数字化转型，形成新型金融产业机遇。

表 2-6 金融时代的发展过程

时代	时间	代表	特征
金融触网时代	2000 年之前	个人计算机、宽带网络	业务通过计算机办理
金融线上化时代	2000—2010 年	手提电脑、无线网络	业务可线上办理
互联网金融时代	2010—2015 年	移动互联、智能手机	互联网公司进军金融业务，金融机构搭建线上平台
金融科技时代	2015—2021 年	人工智能、云计算	数字化、智能化、强调科技
金融元宇宙时代	2021 年至今	AR/VR、虚拟、物联	虚拟现实、互动化、个性化、综合化、虚拟化

资料来源：未来智库、作者自行整理。

（2）金融机构积极探索金融元宇宙发展新战略

元宇宙从被提出来开始，其热度持续攀升，与元宇宙相关的动态也频频传出，2021年11月，国内首家货币的元宇宙行业协会成立，引得元宇宙概念股票集体异动。元宇宙的出现，引起了社会对其实际应用场景和前景的话题讨论，在金融行业中也引起了较大反响，部分金融机构提出要在未来进军元宇宙的战略计划。2021年11月，招联金融正式进军元宇宙，提交申请注册了"招联金融元宇宙"商标，后续也将推出新品牌"买它消费金融"（Metacfc）。同时期，百信银行发行了"4 in love"四周年纪念数字藏品，并同步推出了"AI虚拟品牌官"的二次元形象，成为国内首家进军元宇宙的商业银行，这也是国内银行机构首次表态要"迎接元宇宙"。

二、金融机构转型创新发展之路迎来新挑战

（一）银行业金融机构潜在风险凸显

1. 银行业金融机构面临系统性金融风险隐患

2021年，部分房企违约风险暴露，使得商业银行不良贷款生成压力有所抬升，银行系统性金融风险有待防范。作为拉动我国经济增长的重要支柱产业之一，房地产市场的价格波动与系统性金融风险的产生密不可分。2021年，监管层对房地产企业调控力度不断加强，部分头部高杠杆房企的融资压力快速积累，商业银行信用风险敞口不断扩大，银行表内外相关资产质量下滑，对公房地产行业不良贷款率边际抬升。除了交通银行、邮储银行外，另外4家国有行房地产业不良贷款率均在2021年出现攀升，其中，工商银行房地产业不良贷款率达到4.79%，较2020年增长2.47个百分点，增速最高（见图2-20）。截至2021年末，已披露业绩的股份制银行房地产业不良贷款率全面抬升，上市中小银行的表现则出现分化，苏州银行、重庆银行、郑州银行房地产业不良贷款率较高，分别为6.65%、4.71%、3.47%，较上年均有所抬升。①

2. 银行业金融机构传统业务盈利能力受到挑战

近年来，随着净息差持续收窄，商业银行传统业务存贷盈利能力受到挑战。2021年上市银行平均的净息差是2.06%，较2020年下降9个基点。按不同银行类型来看，2021年国有行平均净息差为2.03%，较2020年下降6个基点；股份行2021年平均净息差为2.19%，较2020年下降14个基点；城商行2021年平均净息差为1.97%，较2020年下降10个基点；农商行2021年平均净息差为2.12%，较2020年下降9个基点。② 一方面，监管层持续引导银行加大减费让利的力度，主推实体经济综合融资成本稳中有降，导致贷款利率有所下降。另一方面，2021年LPR利率下调，客观上增大了银行的

---

① 资料来源：各上市银行2021年度财务报告。
② 资料来源：各上市银行2021年度财务报告。

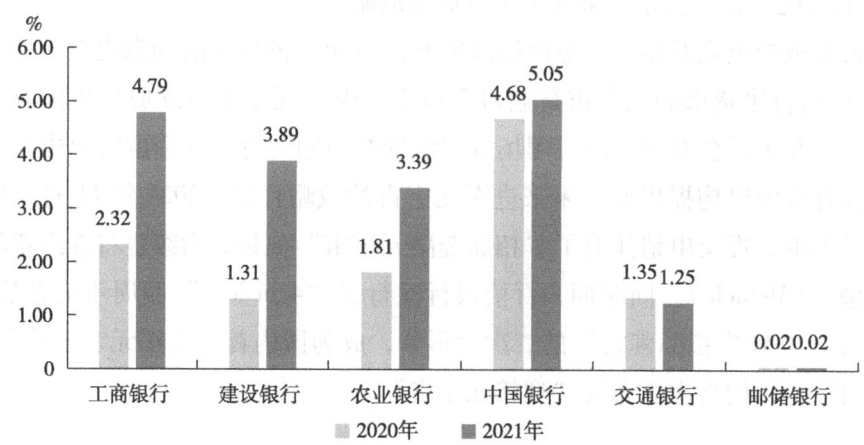

图 2-20 2020—2021 年国有行对公房地产不良贷款率变化

（数据来源：国有六大行 2020 年度、2021 年度财务报告）

净息差管理的压力，导致我国商业银行利息净收入及净利润增速受到拖累。此外，随着互联网金融与社区金融等新金融模式方兴未艾、金融脱媒加剧以及民营银行试点的兴起，商业银行的存贷款规模扩张也会受限，存贷业务盈利能力纷纷承压。

3. 部分中小银行内控合规管理缺失

近年来，部分地方金融机构存在公司治理薄弱、资产负债结构不合理、信用风险逐年上升、关联交易、大股东与实际控制人行为不规范、外部监管不到位、流动性风险及声誉风险监测不完善等问题，尤其是部分中小银行存在公司治理问题、负债端过度金融创新和利用同业存单获取资金进行金融投资业务的问题，不同金融机构之间的关联性增强，一旦出现信用风险或声誉风险，流动性紧张会跨市场、跨行业传染，影响整体金融稳定。

2021 年 11 月 12 日，根据《银行保险机构公司治理监管评估办法（试行）》，银保监会对银行保险机构开展了 2021 年公司治理监管评估，参评机构共计 1 857 家，其中商业银行 1 673 家，保险机构 184 家。评估结果显示，股东入股资金不实、违规股权代持、大股东违规干预的现象在部分机构依然较为严重；董事会运作不规范，董事的独立性欠缺、履职有效性不足，内部制衡监督失灵失效的情况在部分机构仍然存在；信息披露不充分，利益相关者权益保护不到位的问题仍较为普遍。

（二）保险业金融机构粗放型经营模式行至终局

受新冠疫情影响，保险机构粗放式经营积累的问题加速暴露，保险业务经营困难甚至出现负增长，尤其是 2021 年，财产险、人寿险、健康险无一例外都举步维艰、进退失据。车险产品、年金产品和重疾险产品曾为保险公司创造了最主要的业务价值，但是，随着车险综改的推进，车险业务发展面临瓶颈，高价值的终身年金细分市场基本上消失，重疾险的新业务价值因为竞争过于激烈也增长乏力。保险公司新业务规模、规模人力、上市公司股价都在持续下行，发展形势日益严峻。

1. 产品和服务模式粗放

保险行业快速发展阶段，保险公司一般通过迅速做大规模实现盈利。财险公司将目光聚焦车险，寿险公司则不会放弃增额终身寿险、年金保险这类产品，导致产品同质化问题严重。如在寿险业务中，银保渠道85%以上的业务都来自增额终身寿险，产品保障功能和特点基本趋同，不同的是现金价值的高与低；个险渠道中，开门红期间大部分公司都聚焦在快返年金上，基本在10年内完成返还，保险经纪代理渠道将增额终身寿险进一步推到了精算定价的极致；疾病保险产品之间的差异也只是病种的分类与数量、给付的次数。产品同质化使市场竞争越发聚焦在价格、佣金、激励费用上，导致负债成本持续上升。在激烈的市场竞争下，产品定价日益从成本加成转为市场定价，当期定价费用、定价发生率均无法匹配和覆盖当期的成本。在强大的保费增长指挥棒下，保险公司不断提高未来的风险暴露以换取当期的确定财务结果，不断有更多激进的产品上市，客户、渠道、公司三方的利益平衡难以维持，既无法真正提供符合消费者需求的产品，也影响了保险机构和保险市场的长期可持续健康发展。

2. 销售方式粗糙

保险公司尤其是寿险公司的营销难题大多以增员模式解决。公司依靠增员维持代理人队伍的架构和业绩上涨。这种粗糙的销售模式对依靠费用和激励投放产生了严重的路径依赖，保险公司在销售环节投入了大量资源，而在服务方面投入的资源相对有限。保险产品和服务单一，基础服务与增值服务混为一谈。销售队伍受各种考核和利益的牵引，只要有利益就卖产品，服务往往是促销和获客的手段，导致对整个行业客户的"粗挖滥采"，销售误导问题久治不愈。而且销售人员专业程度低、平均收入低，新人没有经过专业的培训，对保险知识的掌握和对行业的认知，都不足以支撑为客户提供专业化的服务。这种营销模式侵蚀了保险公司可持续发展的根本基础，随着人口增长率下降，以及重疾险、年金险的新单业务增速的放缓，"人海战术"的增员营销模式遭遇困境，新单业务下滑、新业务价值下降，新业务对利润的贡献不断下降。

3. 科技运用粗浅

尽管保险公司利用科技转型已有相当长时间，但仍呈现出技术手段相对薄弱、运用层面和场景"碎片化"的状态，在产品开发与创新中缺乏从点到面的系统化规划，导致保险科技产生的价值有限。多数保险公司尚处于数字化转型的探索期，经验不足、方法不够，且对科技运用于产品开发所需的投入和效果缺少跟踪和管理，导致效果不理想。另外，数字化较为成熟的互联网企业，多数采取敏捷灵活的组织架构和响应机制，而大多数保险公司组织架构庞杂、机构繁多，很难在原有基础上推行数字化。

（三）证券业金融机构面临发展转型风险

1. 北交所成立既带来机遇也对证券业金融机构形成多重挑战

2021年成立了北京证券交易所，让我国资本市场的改革又迈出了非常关键的一步，不仅完善多层次资本市场体系、平衡全国的金融格局，还激活了"科技+资本"的聚集效应。北交所成立在带来机遇的同时，也对金融机构带来了一些挑战。

企业成长性、盈利能力等具有较大不确定性，传统估值方法可能不适用北交所上市企业，金融机构可能面临估值的风险。北交所主要服务创新型中小企业，企业多处于成长期，规模可能偏小，企业上市后的持续创新能力、收入及盈利水平等仍具有较大不确定性；由于允许未盈利企业上市，因此可能存在企业上市后仍无法盈利、持续亏损、无法进行利润分配等情况。

2. 金融强监管下证券业金融机构面临的转型风险

对于信托机构而言，资管新规的实施使得信托的风险尚在释放过程中，信托收益率将继续下降。由于信托非标投资主要在地方融资平台和房地产，这两个领域的风险在逐步提升，随着这两个领域风险的稳步释放，信托的投资收益率也将继续下降，同时，信托需求在减少。货币政策持续宽松，利率处于低位，传统的融资方式能够满足融资主体的需求，非标需求在下降，信托需求将持续萎缩；信托的类型调整，投资类信托、事务管理类信托在继续保持增长，但是融资类信托将继续压缩。

对于证券公司而言，资管新规的实施使得通道业务规模进一步受限，主动管理业务规模成长性提高。证券投资基金业务和资产证券化（ABS）业务没有受到杠杆和嵌套等相关规定影响，成为主动管理业务的重点发展方向，券商资管申请获得公募牌照将成为重要方向。

3. 证券公司过度薪酬激励不利于长期稳健发展

Wind数据显示，2021年有17家上市券商人均薪酬超过50万元。中金公司以98.30万元的人均薪酬水平排名第一，中信证券、广发证券紧随其后，人均薪酬分别达89.37万元、82.97万元。2022年以来，证券业和基金业也迎来了"限薪令"。2022年5月，中国证券业协会发布了《证券公司建立稳健薪酬制度指引》，以指导证券公司建立稳健的薪酬制度，健全薪酬激励约束机制，要求券商风控与创新并重。为了追求业务规模，部分证券公司往往降低审查薪酬，增加业务风险。从这些情况看，行业内部管理和员工管理、合规管理和内控机制不健全、不完善。另外，还存在不少资金管理、投资管理、合同管理、薪酬管理、财务管理及财务核算等方面问题。另外，在资本市场迅猛发展的今天，现行的监管框架已不能适应金融混业综合发展的需要。

（四）金融机构新业态体系建设阻力重重

1. 数字金融人才储备难以满足新金融业态发展需求

数字金融本质是通过数字化技术给金融服务使用者带来全新的金融服务体验，让使用者感到更加高效便捷。数字化金融的发展需要依靠现代信息技术、计算机技术以及网络技术的支撑，整体的支付流程以及清算环节都比较复杂。当前，金融科技迅速发展，金融借助先进的科学技术来实现数字化转型，数字基础设施的发展也成为数字金融发展的助推器，而在由传统金融向新型数字金融转型的过程中，不仅仅依靠科学技术的应用，还需要更多的数字金融人才，数字金融人才更是发展金融科技的关键。而当前由于我国传统的教育方式更加注重专业型的人才，对于复合型的人才培养欠缺，因此无论是数字金融业务，还是金融科技，数字金融人才都是十分匮乏的，不能满足金融数字化转型的需求。在推进金融业数字化转型以驱动金融业高质量发展的时代要求之下，对于复合型数字人才的培养是十分重要的，其数量决定了我国数字经济发展的核心竞争力。

2. 绿色金融体系发展尚不完善且监管缺位

一是绿色信贷体制机制不健全，标准不统一。当前，我国绿色金融体系的发展尚不完善，各省之间的绿色信贷沟通机制尚不健全，各地区产业结构、经济规模、环保现状的差异，导致各地区的绿色信贷规定和标准参差不齐，在不同地区环境监管能力也不尽相同。从金融机构的角度来看，虽然大多数金融机构出台了自己的绿色信贷标准，但并没有一个统一的绿色项目融资的环境考核评估标准，不同金融机构之间存在着差异，导致同一企业在不同的金融机构可以获得不同程度的绿色贷款。

二是法律依据不足，绿色信贷实施过程中的道德风险难以规避。由于我国绿色金融发展起步较晚，相应的法律法规不健全，还处于逐步完善的过程中，因此在绿色金融快速发展的过程中，产生了许多新的问题，例如绿色金融的标准不统一，对于绿色金融产品的认定不同，对绿色产业和绿色项目也无法精准识别，在绿色信贷实施过程中的道德风险难以规避等。

三是绿色金融监管不完善，存在"洗绿"问题。在"双碳"目标的背景下，我国大力发展绿色金融，人民银行鼓励绿色金融创新，金融机构纷纷参与绿色金融项目，增大绿色投资，创新了多种绿色金融产品，但在绿色金融迅速发展的同时，相对应的法律法规和监管措施不够完善，存在"洗绿"问题。"洗绿"问题的存在会导致绿色金融的发展不能真正地解决环保问题，不能有效地促进"双碳"目标的实现。

3. 新金融业态潜在风险敞口需及时收敛

一是金融元宇宙依赖于金融科技的高度发展，加大了金融机构数字化转型的要求。金融元宇宙建立在高度科技水平之上，对于数字基础建设和金融科技技术有着较高的要求。目前，我国金融业数字化转型尚不充分，金融科技发展还有待进一步提高，面对高度数字化的金融元宇宙，若没有充足的金融科技支撑，将会放大金融机构面临的传统金融风险，并产生更多的新风险点。

二是数据安全和隐私保护是金融元宇宙发展面临的关键问题。元宇宙是高度数字化发展的产物，是基于网络技术的提高和多方面科学技术的创新，但由于当前技术的不成熟，可能会产生数据安全性问题和隐私安全性问题，因此作为元宇宙技术驱动的金融创新，金融元宇宙的数据安全和隐私保护问题更为突出，数据和隐私的储存、传输和计算都无法得到充分保障，监管审查也非常困难。对于金融业而言，数据安全和隐私保护直接与金融机构的风险相关。

三是高度虚拟化的金融元宇宙会增加金融波动。金融元宇宙是一个高度虚拟化的金融世界，但其依然是在法律管辖范围内。目前元宇宙处于萌芽阶段，容易引起投机者进行炒作和投机，甚至成为少数机构借机"圈钱"的新场景，会对金融业稳定性产生不利影响。

三、金融机构以"思变行稳"布局转型新发展

（一）推动银行业金融机构供给侧结构性改革

1. 银行业金融机构加强防范系统性金融风险

银行业金融机构应加快房地产领域不良贷款的处置力度，实现房地产调控"软着陆"。商业银行应当落实好延期还本付息政策，密切监测有关企业经营风险变化情况，稳妥应对部分大型企业债务风险，通过成立债委会、实施债务重组、市场化债转股等多种方式有序化解风险，保持不良贷款处置力度不减，避免房贷信用风险敞口进一步扩大。与此同时，还要降低房地产领域新增不良贷款，搭建覆盖贷前、贷中、贷后的数字化智能风控平台，自动开展组合监测和集中度预警，实现首检、定检自动化，大幅提升风控水平。在房贷集中度监管制度的指引下，银行业金融机构要明确向监管要求边际收敛的时间安排和具体措施，逐步制订调整方案，从而推动住房保交，实现房地产调控"软着陆"。

2. 银行业金融机构加速盈利增长点转型布局

银行业金融机构应加速盈利增长点转型布局，将经营转型发展提升到全行战略高度。首先，商业银行应当重视零售业务发展，树立以客户为中心的服务理念，运用多样化客户服务手段大力、广泛开展普惠金融业务，确立"多角度、全覆盖"的客户经营指导思想和模式，提升市场占有率。其次，商业银行还应加强资产业务、负债业务、中间业务及交易业务创新，通过努力推进信贷资产证券化、信贷资产出售、并购贷款以及供应链融资、应收账款抵押贷款等贷款业务方面的创新，满足当前银行管理流动性、盘活不良资产等方面的现实需求；通过积极研究和打造有助于吸收存款、控制存款成本的负债业务创新工具和手段，加强负债业务创新；在防范中间业务创新风险的前提下，加大中间业务尤其是理财业务、金融衍生业务、私人银行业务创新力度，同时注重商业银行新兴中间业务如投资银行业务、信息咨询业务、投资基金业务及国际中间业务创新，减少对利差收入业务的依赖，拓展商业银行盈利空间。

3. 中小银行持续深化内控合规管理建设

一方面，中小银行应充分利用资本市场等多渠道补充资本，加快建立中小银行资本补充长效机制，增强发展的稳健性。中小银行需要内外源相结合进行资本补充。内源性资本补充主要依靠提升盈利能力，通过利润留存补充资本，并适当控制风险资产的增长速度。外源性资本补充则要根据市场情况统筹运用境内外各类资本工具适当补充，比如适时通过优先股、可转债、永续债、二级资本债等资本工具补充资本。

另一方面，银行业金融机构应充分落实内控合规责任。2021年11月24日，银保监会发布《关于持续深入做好银行机构"内控合规管理建设年"有关工作的通知》，督促银行机构落实内控合规主体责任。银行业金融机构应明确各方内控合规管理职责，一体推进合规文化与清廉金融文化建设，构筑"不敢违规、不能违规、不想违规"的长效机制。高风险村镇银行应明确关联交易的标准、审批程序、信息披露办法等相关制度规定，严格按照内部控制制度处理关联交易有关事项，为经营管理提供坚实的制度保障。

（二）全方位推进保险公司经营模式转变

1. 实现存量业务从追求规模增长到追求规范的质量提升

在保险业快速发展期，保险公司可以通过新业务发展逐渐实现规模效应，提升运营效率，实现常规盈利。但伴随着市场重心逐渐从增量市场向存量市场的转移，一方面新业务已较难实现高速增长，另一方面规模增长的边际效应也在逐步递减，因此做好存量业务管理将成为保险公司未来长期稳健盈利的关键。保费增长从"新单拉动"转向"存量拉动"，利润增长从"向规模增长要效益"转向"向存量管理要效益"，客户维系和资源的深度挖掘将成为行业持续增长的主要驱动力量。保险公司应转变观念，适时调整业务发展和管理重点，从对营运偏差的管理，落实到产品管理、核保核赔管理、费用投产管理和保单继续率管理；从注重利差，落实到久期管理、成本收益管理、流动性管理等。

2. 实现产品服务体系从注重以销售为主线到注重以服务为主线转化

一方面，要丰富产品体系，充分培育和激发客户加保的弹性需求。保险和服务供给要从提供单一财产、疾病、意外、责任等基本风险保障，转变到围绕客户在健康、养老、教育、财富管理方面的需求，提供差异化、高品质、持续的"一站式"解决方案，实现管理的闭环；从单一生命周期提供个人保障，转变到多维度的全生命周期，以个人和家庭生活全面保障和服务为出发点，提供综合性计划；要从以线下作业为基础的金融保险服务，转变到以数字化和智能化为支撑、线上与线下融合的全生态配套服务。另一方面，树立"销售人员就是服务人员"的理念，从客户的视角出发，针对不同年龄层、不同收入阶段客户的需求，用不同的方法拓客，提升从购买到结束保障整个区间，包括前端的核保、承保，中间的保全、客服，最后的理赔、退保，每个环节的客户体验。

3. 实现营销队伍从"以量取质"转向"以质提量"

销售人员的专业程度与客户差异化需求的不匹配严重影响了保险公司获取及维系业务,销售队伍成长需从"以量取质"转向"以质提量",通过高标准的选才、培训、客户经营,建立高素质、高产能、高收入"三高"队伍,构建"高质量—高产能—高收入"的正反馈闭环。在选才方面,要明确招募要求,标准化招募流程;在教育培训上,应搭建专业化培育体系,系统化培训内容;在测评上,应设置从基础到进阶及专业认证的多个层次,围绕与销售人员日常工作相关的各项能力设置细化能力测评体系,智能化、精准化匹配培训诉求,制订专属成长计划。

4. 借力科技实现从攫取流量变现到数字化转型和智能化定制升华

大数据等新型科技与保险的深度融合,能助力保险公司实现在客户洞察、产品创新、渠道发展、运营服务、风险管理等领域的突破发展。因此,保险公司应强化互联网思维,要在人才、组织、文化等方面进行深刻变革,加大保险科技的运用力度,将科技应用于保险经营管理的各个业务流程、服务环节与价值链,提升科技赋能的水平,促进保险产品创新、销售渠道变革、业务管理模式变革以及推动商业模式创新,提升服务的便捷性和可得性。

(三)布局证券业金融机构转型风险治理

1. 我国证券业金融机构面临转型风险的防范对策

进入"新常态"以来,中国实体经济结构发生重大变化,经济结构转型对金融市场与金融服务均提出更高要求,金融行业在促进经济发展中的作用越来越大。金融供给侧结构性改革将全面推动证券公司主营业务转型。主要表现为:一是投行业务转型。投行将承担更多对拟上市公司资质的审查义务,通过提高定价能力与专业能力筛选出优秀的新兴产业代表企业。二是经纪业务转型。经纪业务通过以交易服务为本围绕客户需求开展经营,随着佣金率的持续下滑,经纪业务逐渐由传统通道向财富管理转型。三是资本中介业务转型。通过增强资本实力,解决成长型企业尤其是优质新兴企业的融资问题。同时要进一步推进政府简政放权与放管结合,优化金融资源配置效率,激发市场活力;建立层次丰富、流动性较强且无缝对接的资本市场;发展机构投资者,以企业年金等资金作为资本市场长期投资的基础;强化上市公司主体责任,督促中介机构归位尽责,凝聚各方合力,从而共同营造支持上市公司高质量发展的良好环境。

2. 新经济环境下我国证券业金融机构风险管理的防范对策

为应对金融风险问题,金融机构需要实时跟进金融市场动态,充分重视金融风险存在的潜在问题,全面增强金融风险管理意识,并根据可能出现的金融风险,制定完善的科学管理制度,实施动态化金融市场监管模式,有效地提升金融风险应对能力。同时还要加强相关人员的培训和管理,提高他们自身风险防范能力和综合素质,能够在日常工作中及时地发现金融风险管理存在的问题,加强对金融风险的监督与管理,并且可以高效地解决问题。

为了加强金融风险管理的整体水平，完善金融风险管理的防范体系，应构建完善的金融监督管理机构，根据我国国情制定完善的金融风险管理防范措施以增强金融风险抵抗能力。同时应严格落实国家制定的金融风险管理措施，并贯彻落实到日常的各项工作中，有效防范金融风险，提升金融风险监督水平，推动我国金融市场的稳步发展。

3. 金融强监管环境下我国证券业金融机构风险管理的防范对策

为能够保障金融市场有序发展，提升整体金融风险管理力度，金融机构需要不断优化信息披露制度，做好财务信息披露工作，给投资者提供公开、透明、正确的财务信息内容，以便进行合理投资。同时各金融机构应该为各实体企业构建完善的信用体系，及时披露企业信用信息，使信息不对称问题得以解决。也要建立符合我国金融经济发展的新型法律法规，加大打击金融行业存在内部操作情况的力度，结合市场发展大环境对规章制度适时调整，严格地进行监督，提高金融市场稳定性，促进金融市场健康发展。

4. "限薪令"下证券业金融机构的内部改革

薪酬委员会的决策应与金融机构的财务状况及未来发展保持一致；在评估激励机制时，薪酬委员会应与风险委员会协作；为了保证独立性，在适当时可考虑将年度薪酬评定外包，并向监管当局报告结果，或向社会公众披露。要优化金融机构高管的薪酬治理，在内部设计上，薪酬委员会成员构成、职能、信息披露等是关键，而在这之中薪酬委员会的人员构成则是重点。为了加强薪酬委员会的中立性，其可以由若干人构成，其成员来源可包括金融机构的董事、监事、同业机构的董事、监事，对应的监管者，非金融机构的社会专业人士（如会计师、律师、审计师、评估师等）。在决策程序上，可由社会专业人士担当薪酬委员会的主席，采取一人一票、少数服从多数的决策机制。

（四）加强金融机构新业态基础体系建设

1. 金融机构应数字化技术与数字金融人才并重

数字金融人才是推动数字化技术与金融业融合的关键，也是金融科技高质量发展的关键，增强对数字金融人才的培养才能够进一步推动金融机构数字化转型。对于数字金融人才的培养，应该从三个方面展开，一是要加强现有金融业务人员的数字化水平，要求金融行业人员能够具备数字化思维，掌握一些数字化技术，熟练操作创新出的数字化金融工具，加快推进金融机构数字化转型进程。二是要完善数字金融人才培养体系，当前高等院校对于金融科技人才的培养绝大多数是将金融学科和计算机学科简单叠加，没有深度融合，导致真正掌握数字化金融的人才数量短缺，因此应该加强金融学科与计算机学科的深度融合，培养合格的数字金融人才，同时也要引导人才向多领域、多层次的方向发展，满足数字化金融全面协同发展，避免人才结构培养失衡。三是要重视复合型人才的培养，明确金融科技人才能力要求，强调数字技术与金融的综合学习能力，制定衡量微观个体的、统一的能力量化标准，全面评估金融科技人才能力成熟度。

2. 推进绿色金融标准体系与法律法规的形成和完善

一是要持续推进绿色金融标准体系建设与全国绿色金融标准统一。强化各部门之间的信息共享，创新推进绿色金融的行政管理体制，建构起必备而重要的监管制度，避免绿色金融市场中的"洗绿"问题，让绿色金融发展真正落实到绿色发展之中。同时还要不断完善绿色金融标准体系，推动绿色金融标准与绿色产业标准、碳排放有关标准相联系，形成彼此支撑的综合标准体系。

二是要不断完善绿色金融相关的法律法规。完善绿色金融政策框架，制定绿色金融法，明确绿色金融范畴、基本原则、发展目标和要求、保障措施等，加快绿色金融顶层设计。同时补充并完善绿色金融配套政策，对现有绿色金融各项规章、规范性文件和政策进行整理，并按绿色金融法的立法思路和原则进行整合、修改和完善，作为绿色金融法在相关领域的配套政策和实施细则，对金融机构和企业进行规范。

3. 前瞻性预防金融元宇宙潜在的金融风险

一是金融机构应加快数字化转型进程，增强自身数字化发展，开创更多数字金融应用场景，结合实际用户需求进行创新，激发金融科技创新思考和启发，并积极培养传统金融从业者数字化思维。二是社会科研工作者以及社会机构应加强对元宇宙以及金融元宇宙的研究，充分探讨元宇宙的性质和技术体系，考虑元宇宙经济原理与我国金融体系的结合，准确把握金融元宇宙带来的机遇和挑战，提出合理的金融元宇宙的模式构建设想和发展建议。三是政府和国家机关应提高对元宇宙的关注，对于创新产品及时监督，补充和完善相关的法律法规，预防违法违规行为的产生和发展，积极引导金融机构的金融元宇宙发展，在确保金融安全、货币安全以及国家安全的基础上，充分调动金融机构的积极性，把握金融元宇宙带来的新机遇，使我国金融业发展再上新台阶。

第三章 金融市场多措并举保持总体稳定

2021年，我国统筹疫情防控和经济社会发展，国民经济持续稳定恢复，金融市场全年稳中有进，高质量发展取得新成效，构建新发展格局迈出新步伐，"十四五"实现良好开局。货币市场交易活跃，股票市场成交量和筹资额同比增加，债券市场资产证券化规模稳步扩大，人民币跨境双向投融资持续活跃，保险市场整体承压发展，黄金市场交易规模持续增长，期货交易量和成交额同比上升。在受新冠疫情冲击和外部环境日趋复杂交织的影响下，国内各类金融市场风险屡现："三重压力"下货币市场承压加大，股票市场操纵市场风险有所加剧，信用债市场流动性风险加大，信托业违约频出暴露信用风险，多重风险交织影响保险市场功能实现。针对这些问题，本报告给出相应的对策建议：贯彻跨周期调节和稳增长防风险的动态平衡，激发金融市场活力；防范"市场操纵"行为，保护投资者合法权益；加强政府风险监管，维持债券市场信用稳定；强化信托监管体系，化解高风险信托资产；措施多管齐下，积极应对保险市场风险。

一、金融市场运行维持稳健，多市场发展韧性增强

（一）货币市场交易活跃，市场利率窄幅波动

1. 同业拆借市场成交额小幅下降

从长期来看，同业拆借市场成交额处于持续上升的状态。2020年同业拆借市场小幅下降，2021年仍继续小幅下降。同业拆借累计成交118.82万亿元，同比下降19%，日均成交4 753亿元。从图3-1可以看到，我国银行间同业拆借交易额整体趋势呈现不断上升的状态，在2012年达到一个小型高点，又在2015年大幅增长，2018年创得历史新高，其后进行上升或下降的小幅波动。2013—2021年全国银行间同业拆借市场交易期限分类统计见表3-1。

表3-1　　　2013—2021年全国银行间同业拆借市场交易期限分类统计　　　单位：亿元

时间	1天	7天	14天	21天	1个月	2个月	3个月	4个月	6个月	9个月	1年
2013年	289 636	44 024	11 579	1 828	5 070	1 034	1 748	67	119	2	83
2014年	294 983	61 061	11 767	899	4 665	1 237	1 670	60	100	22	163
2015年	539 953	76 974	15 305	1 372	4 243	1 006	2 445	120	146	17	553

续表

时间	1天	7天	14天	21天	1个月	2个月	3个月	4个月	6个月	9个月	1年
2016年	839 763	92 765	12 771	2 209	4 463	2 129	3 477	263	510	259	522
2017年	679 807	80 521	12 750	3 126	5 079	5 063	2 180	475	377	103	329
2018年	1 255 458	102 943	10 554	2 975	5 038	4 205	5 136	1 214	996	323	653
2019年	1 386 203	100 603	11 898	2 628	4 562	3 614	5 011	664	473	180	538
2020年	1 327 283	113 094	12 191	1 789	7 108	3 077	4 931	316	842	295	498
2021年1月	86 058	8 458	935	47	346	241	394	43	62	17	31
2021年2月	63 844	7 930	1 603	303	198	165	367	106	139	29	33
2021年3月	109 142	8 989	491	126	238	95	421	112	72	26	25
2021年4月	90 299	9 389	681	92	254	119	485	13	94	26	35
2021年5月	82 386	8 201	476	92	226	79	413	9	24	19	42
2021年6月	86 677	7 915	609	87	285	145	477	13	55	22	33
2021年7月	97 460	8 934	578	70	253	191	638	15	28	8	17
2021年8月	90 450	7 957	1 162	94	261	131	512	21	44	2	16
2021年9月	78 213	9 061	1 297	228	284	255	504	15	19	3	27
2021年10月	66 579	7 000	466	65	242	122	613	13	37	10	8
2021年11月	100 606	8 563	515	210	198	122	602	16	54	10	38
2021年12月	108 439	11 552	850	261	264	198	752	44	81	13	68
2021年	1 060 152	103 946	9 663	1 673	3 048	1 862	6 177	419	709	187	372

资料来源：中国人民银行调查统计司。

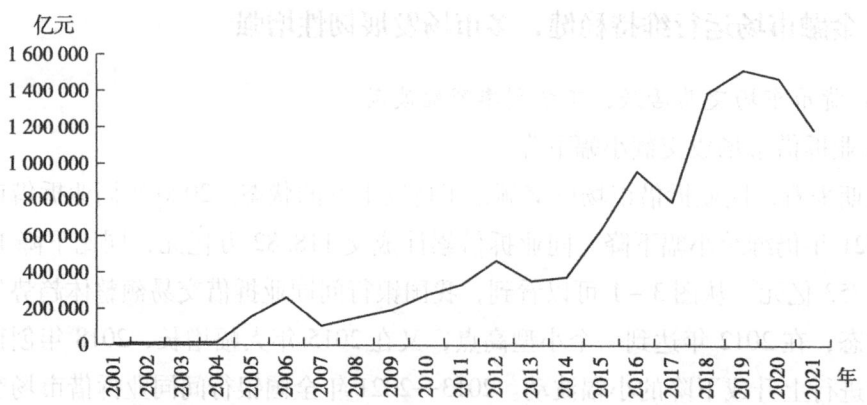

图 3-1 2001—2021 年我国银行间同业拆借交易额变化情况
（资料来源：中国人民银行调查统计司）

2021 年，同业拆借利率波动幅度较大。从全年来看，9 月同业拆借加权平均利率是 2.16%，为年内最高水平，1 月达到 1.78% 的年内最低水平（见图 3-2）。上半年呈现不断上升的态势，下半年 7 月、8 月小幅下降，在 9 月达到全年高点后，在第四季度开始小幅下降。隔夜、3个月、1年期 SHIBOR 年末分别收于 2.13%、2.50%、2.74%，较年初分别上升 123 个、下降 25 个、下降 26 个基点；隔夜拆借加权利率年末收于 2.21%，较年初上升 122 个基点。

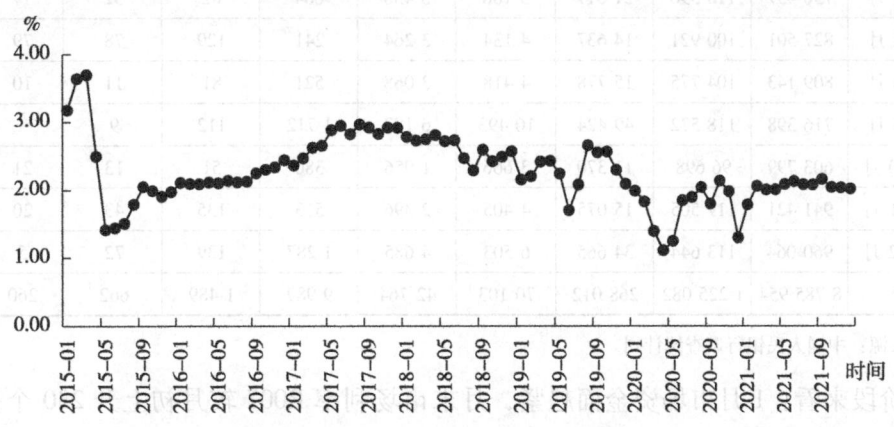

图 3-2　2015—2021 年银行间同业拆借利率

2. 回购市场交易量持续增长

2021 年，回购市场交易量持续增长。质押式回购成交 1 040.5 万亿元，相较 2020 年同比上升 9.2%；买断式回购成交 4.7 万亿元，相较 2020 年同比下降 32.6%；质押式回购日均成交量 4.2 万亿元，买断式回购日均成交量 190 亿元。从交易期限结构来看，依旧主要以隔夜品种为主：质押式回购隔夜、7 天内成交量占比分别为 84.4% 和 96.3%，隔夜与上年持平但 7 天较上年上升 1%。2013—2021 年全国银行间市场债券质押式回购交易期限分类统计见表 3-2。

表 3-2　　2013—2021 年全国银行间市场债券质押式回购交易期限分类统计　　单位：亿元

时间	1 天	7 天	14 天	21 天	1 个月	2 个月	3 个月	4 个月	6 个月	1 年
2013 年	1 201 735	196 620	64 787	14 263	24 745	8 264	7 068	613	1 045	384
2014 年	1 668 990	300 413	96 061	16 051	22 896	6 722	9 854	1 214	1 464	311
2015 年	3 700 895	461 541	114 361	11 337	18 661	5 372	10 193	768	849	73
2016 年	4 861 135	618 755	138 334	21 404	23 673	7 801	9 346	679	743	740
2017 年	4 747 267	763 744	236 560	56 307	36 925	27 043	8 445	3 533	1 694	309
2018 年	5 782 657	712 188	200 732	105 232	32 653	21 303	7 699	2 887	655	81
2019 年	6 901 147	785 310	238 267	104 249	43 621	17 956	5 961	2 764	1 333	62
2020 年	8 070 714	1 004 077	280 340	107 875	47 176	10 102	3 590	1 429	1 135	301
2021 年 1 月	686 655	89 942	16 527	5 497	5 644	1 569	234	57	7	—
2021 年 2 月	412 544	75 485	29 025	9 116	3 471	1 026	75	79	17	2
2021 年 3 月	754 862	97 227	19 507	6 964	3 757	723	162	88	46	1
2021 年 4 月	710 546	103 214	26 663	5 901	2 556	958	209	159	21	1

续表

时间	1天	7天	14天	21天	1个月	2个月	3个月	4个月	6个月	1年
2021年5月	632 564	96 710	13 725	3 820	2 346	455	78	20	18	3
2021年6月	730 457	110 390	21 617	5 186	3 438	604	82	32	17	2
2021年7月	827 501	100 921	14 637	4 134	3 264	241	129	78	79	42
2021年8月	809 143	104 775	15 778	4 418	3 068	521	81	11	10	8
2021年9月	716 398	118 572	49 424	10 493	6 182	1 712	112	9	—	5
2021年10月	603 799	96 698	11 370	3 666	1 956	380	51	13	21	—
2021年11月	941 421	117 505	15 075	4 405	2 396	513	135	43	20	2
2021年12月	960 064	113 644	34 665	6 503	4 685	1 287	139	72	5	8.90
2021年	8 785 954	1 225 082	268 012	70 103	42 764	9 989	1 489	662	260	73

资料来源：中国人民银行调查统计司。

分阶段来看：1月市场资金面趋紧，月末市场利率 R007 较月初上升 230 个基点。2月市场流动性有所缓解。3—5月，央行基本维持日均 100 亿元逆回购操作，市场流动性进一步缓解。R007 围绕政策利率波动，两者利差大多维持在 15 个基点内。6月市场通胀预期加剧，资金面整体偏紧，R007 月内上升 95 个基点。为缓解经济下行风险，保持流动性稳定，7月央行全面下调存款准备金率 0.5 个百分点，R007 随之下行。8月后，尤其是随着 12 月央行再次降准，R007 窄幅波动。

3. 票据市场运行平稳

2021 年，票据市场总体呈现稳定态势，票据承兑及融资业务稳步增长；票据市场利率稳定在较低的水平，贴现利率与转贴现利率均同比下降，更好地惠及了实体经济尤其是中小企业；市场制度及系统功能不断完善。

承兑金额平稳增长。2021 年，全市场承兑金额为 24.15 万亿元，同比增长 9.3%。其中银票和商票承兑分别达 20.35 万亿元和 3.80 万亿元，分别增长 10.2% 和 4.95%。

票据市场利率存在与同业存单利差倒挂现象。2021 年，全市场转贴现加权平均利率为 2.62%，降低了 9%。其中，银票转贴现利率为 2.5%，降低了 9%；商票转贴现利率为 3.16%，下降迅猛，降低了 42%。根据整年变动趋势来看，2月转贴现利率达到 3.27% 的年内高位，之后月份呈现下降走势，至 12 月的 1.91% 创票交所成立以来新低。转贴现也存在同业存单的利差倒挂现象，同时自下半年来整体逐步扩大。贴现利率也相应下行。基于整年视角，贴现利率与转贴现利率走势大致吻合。2月贴现利率达到 3.72% 的全年高位，之后月份利率持续下降，在 12 月降至 2.09%。

（二）资本市场呈现结构式市场行情，成交筹资双量齐攀升

1. 股票市场投融资上行

（1）沪深股票指数持续上升

2021 年末，上证综合指数以 3 474.68 点开盘，收于 3 640 点，比上年末上升 4.8%，

全年最低点3 321.72点,最高点3 731.69点(见图3-3);深证成份指数以14 516.12点开盘,收于14 857点,比上年末上升2.7%,全年最低点13 049.45点,最高点16 293.09点(见图3-4);创业板指数以2 977.32点开盘,收于3 323点,比上年末上升12%。总体而言,各大指数在连续两年上涨之后2021年出现了明显的分化,沪指实现了自1994年以来的首次三连阳,创业板指数成为全年表现最好的指数,但上证50指数出现了一成左右的下跌。A股市场整体上连续第三年上演非常明显的结构性行情。

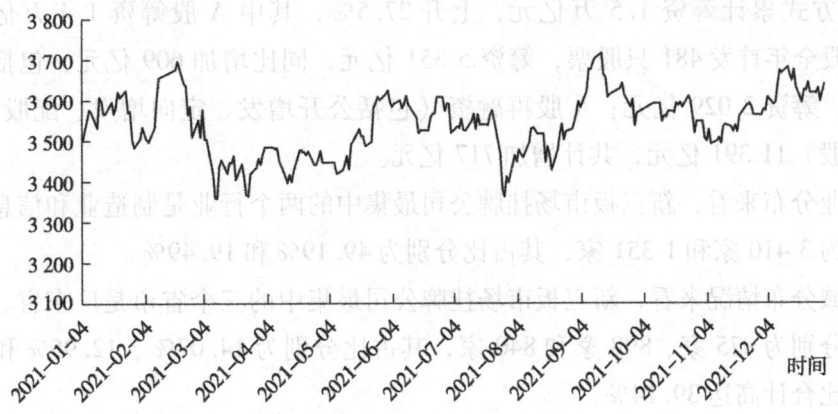

图3-3 2021年上证指数

(资料来源:Wind)

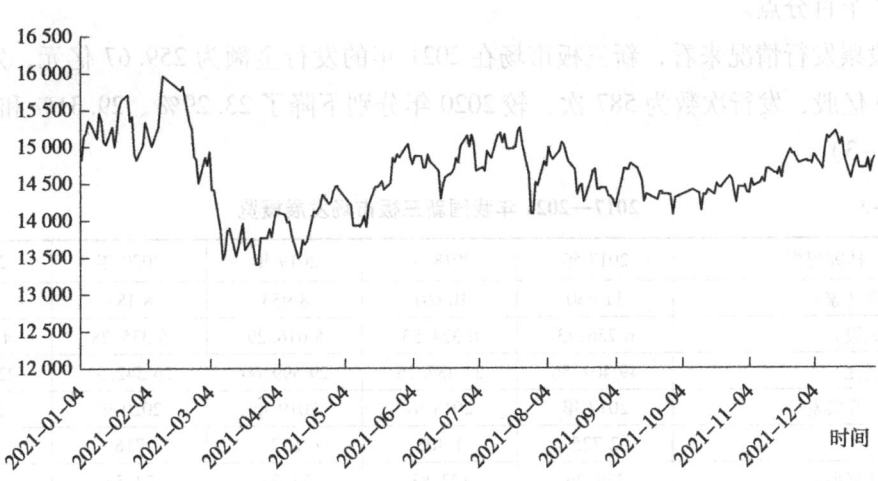

图3-4 2021年深证成指

(资料来源:Wind)

(2)股票市场成交额不断上升

从全年来看,2021年A股市场总成交量为16.74万亿股,同比增长32.2%;总成交额257.21万亿元,日均成交1.06万亿元,超过2015年的牛市,创下历史新高。分月来看,9月的股票成交量达到最高,为21 143.55亿股,其次是8月,股票成交量

19 664.65 亿股，第三是 12 月，股票成交量 19 460.91 亿股。2 月的成交量最少，为 10 175.33 亿股。对于成交额来说，排在前三的分别为 8 月、9 月和 7 月，股票成交金额分别为 29.34 万亿元、27.42 万亿元、26.49 万亿元，股票成交金额最少的月份为 2 月，股票成交金额仅为 14.47 万亿元。

（3）股票市场融资额同比增加

2021 年，境内各类企业和金融机构在境内外股票市场上通过发行、增发、配股、权证行权等方式累计筹资 1.5 万亿元，上升 27.5%，其中 A 股筹资 1.4 万亿元，上涨 29%。A 股全年首发 481 只股票，筹资 5 351 亿元，同比增加 609 亿元，包括科创板股票 162 只，筹资 2 029 亿元；A 股再融资（包括公开增发、定向增发、配股、优先股、可转债转股）11 391 亿元，共计增加 717 亿元。

从行业分布来看，新三板市场挂牌公司最集中的两个行业是制造业和信息技术服务业，分别为 3 410 家和 1 351 家，其占比分别为 49.19% 和 19.49%。

从地域分布情况来看，新三板市场挂牌公司最集中的三个省市是广东省、北京市和江苏省，分别为 975 家、898 家和 840 家，其占比分别为 14.07%、12.95% 和 12.12%；三省市占比合计高达 39.14%。

从股票转让情况来看，新三板市场在 2021 年的成交数量为 309.08 亿股，成交金额为 2 148.16 亿元，较 2020 年分别上升 18.69% 和 65.93%；换手率为 17.66%，比 2020 年上升 7 个百分点。

从股票发行情况来看，新三板市场在 2021 年的发行金额为 259.67 亿元，发行股数为 52.69 亿股，发行次数为 587 次，较 2020 年分别下降了 23.29%、29.31% 和 18.02%（见表 3-3）。

表 3-3　　　　　　　　2017—2021 年我国新三板市场发展概览

挂牌规模	2017 年	2018 年	2019 年	2020 年	2021 年
挂牌公司数（家）	11 630	10 691	8 953	8 187	6 932
总股本（亿股）	6 756.73	6 324.53	5 616.29	5 335.28	4 596.60
总市值（亿元）	49 404.56	34 487.26	29 399.60	26 542.31	22 845.40
股票发行	2017 年	2018 年	2019 年	2020 年	2021 年
发行次数	2 725	1 402	637	716	587
发行股数（亿股）	239.26	123.83	73.73	74.54	52.69
融资金额（亿元）	1 336.25	604.43	264.63	338.50	259.67
股票转让	2017 年	2018 年	2019 年	2020 年	2021 年
成交金额（亿元）	2 271.80	888.01	825.69	1 294.64	2 148.16
成交数量（亿股）	433.22	236.29	220.20	260.42	309.08
成交笔数（万笔）	282.99	150.84	154.37	—	—
换手率（%）	13.47	5.31	6.00	9.90	17.66
市盈率（倍）	30.18	20.86	19.74	21.10	20.48

数据来源：全国中小企业股份转让系统。

2. 债券市场整体活跃

（1）债券发行规模显著扩大

2021年，我国累计发行各类债券61.38万亿元，比2020年多发行4.44万亿元，同比增长7.80%，主要是非金融企业债务融资工具和政府债券发行增加较多。金融债券发行32.35万亿元，同比增长10.98%。公司信用类债券发行14.68万亿元，同比增长3.38%。国际机构债券发行857亿元（见表3-4）。截至2021年末，债券市场各类债券余额总计为133.11万亿元，同比增长14.04%。

表3-4　2021年国内各类债券发行情况统计　　　　　　　　　　　　　　　　　　单位：亿元

时间	政府债券		中央银行票据		金融债券		公司信用类债券		国际机构债券		各类债券合计	
	发行	余额	发行	余额	发行	余额	发行	余额	发行	余额	发行	余额
2021年1月	9 363	463 432	0	150	21 686	418 212	13 179	291 831	20	1 525	44 249	1 175 149
2021年2月	4 287	464 449	0	150	23 630	421 634	6 603	293 257	5	1 475	34 525	1 180 964
2021年3月	9 658	467 694	0	150	36 464	432 755	16 668	296 087	165	1524	62 955	1 198 210
2021年4月	12 717	471 432	0	150	30 587	437 519	15 107	298 054	75	1 537	58 486	1 208 693
2021年5月	12 511	478 234	0	150	25 521	442 361	6 476	296 991	60	1 514	44 568	1 219 249
2021年6月	12 961	485 915	0	150	24 183	445 063	12 316	300 676	140	1 604	49 599	1 233 407
2021年7月	12 900	487 735	0	150	27 207	449 943	12 033	303 292	50	1 562	52 191	1 242 682
2021年8月	15 444	497 767	0	150	27 768	457 729	14 435	306 916	75	1 572	57 722	1 264 135
2021年9月	13 238	506 709	0	150	21 177	460 540	12 198	308 008	120	1 633	46 733	1 277 040
2021年10月	14 956	512 912	0	150	22 529	466 914	10 142	308 769	63	1 610	47 689	1 290 355
2021年11月	13 798	521 070	0	150	35 447	478 678	14 193	312 355	47	1 561	63 485	1 313 815
2021年12月	10 828	532 744	0	150	27 317	482 241	13 454	314 477	37	1 494	51 636	1 331 106
2021年	142 662		0		323 516		146 804		857		613 839	

资料来源：中国人民银行。

2021年我国资产证券化市场规模持续快速增长，全年共发行ABS产品3.10万亿元，相较上一年增长8.01%；年末市场存量为5.93万亿元，相较上一年增长14.26%。具体来看，信贷ABS发行8 815.33亿元，同比上升9.62%，占发行总量的28%；存量为26 067.53亿元，同比增长17.31%，占市场总量的44%。企业ABS发行15 750.43亿元，同比增长1%，占发行总量的51%；存量为24 056.38亿元，同比增长6%，占市场总量的41%。ABN发行6 454.36亿元，同比增长26%，占发行总量的21%；存量为9 158.14亿元，同比增长31%，占市场总量的15%（见表3-5）。

表3-5　2021年资产支持证券发行情况

类别	发行额（亿元）	同比增长（%）	发行额占比（%）	市场存量（亿元）	同比增长（%）	存量占比（%）
资产支持证券（合计）	30 999.32	8.01	100	59 280.95	14.26	100

续表

类别	发行额（亿元）	同比增长（%）	发行额占比（%）	市场存量（亿元）	同比增长（%）	存量占比（%）
信贷 ABS	8 815.33	9.62	28	26 067.53	17.31	44
企业 ABS	15 750.43	1	51	24 056.38	6	41
资产支持票据（ABN）	6 454.36	26	21	9 158.14	31	15

资料来源：2021 年资产证券化发展报告。

（2）债券市场交易活跃

2021 年年末，中债国债总指数收盘价为 206.6，同比上涨 11.4%；中债新综合全价指数收盘价为 121.5，同比上涨 2.5%。同时，截至 2021 年 12 月末，债券市场托管余额 133.5 万亿元，相较 2020 年同期增加 16.5 万亿元。其中，银行间债券市场托管余额 114.7 万亿元，交易所市场托管余额 18.8 万亿元，商业银行柜台债券托管余额 599.9 亿元。

（3）国债收益率曲线整体震荡下行

收益率曲线的形态前陡后平，上半年偏陡峭化，下半年偏平坦化，对应上半年经济强于下半年。2021 年末，1 年期、3 年期、5 年期、7 年期和 10 年期国债收益率分别为 2.24%、2.46%、2.61%、2.78% 和 2.78%，较年初分别下行 23 个、36 个、34 个、39 个和 36 个基点。1—2 月受到资金面扰动以及市场对货币政策收紧的担忧，债券收益率呈现上行趋势，10 年期国债收益率最高升至 3.3% 附近。3—6 月，外需较内需对国内经济贡献更高，工业品价格也大幅上涨，市场担心央行收紧，债券收益率震荡下行，10 年期国债收益率降至 3.1% 附近。7 月，国常会提出"降准"，在配置需求较强背景下，债券收益率大幅下行，10 年国债收益率继续降至 2.8% 附近。8 月至年底，房地产对经济贡献趋弱，但是工业品通胀压力较大，受到各种利差压至低位，基准利率不动的影响使得债券收益率下行困难，10 年期国债收益率大体在低位震荡。

（三）外汇市场汇率合理区间波动，交易韧性显著增强

1. 人民币汇率呈非典型"M"形走势，在合理范围内波动

2021 年人民币对美元汇率总体保持稳定，在合理范围内波动。截至 12 月 29 日，人民币对美元中间价报 6.3735，较年初升值 2.62%。从全年波动来看，先后经历了先贬、后升、再震荡三个阶段，呈非典型"M"形走势（见图 3-5）。

1 月至 3 月底，人民币汇率在波动中贬值。受美国经济强势复苏、美元指数上行、中美利差收窄等因素影响，1 月至 3 月底，人民币对美元汇率中间价由 6.4760 跌至 6.5713，小幅贬值了 1.47%。

4 月至 6 月初，人民币汇率持续升值。受美元指数由强转弱、跨境资本加速流入、中国经济开局良好等因素影响，自 4 月起人民币呈现回升态势，人民币对美元汇率中间

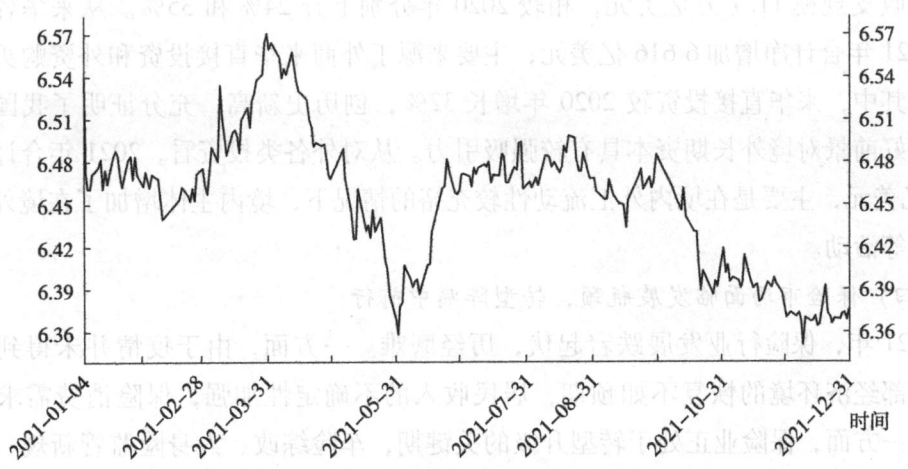

图 3-5　2021 年人民币对美元中间价走势

(资料来源：Wind)

价由 4 月初的 6.5584 升至 6 月初的 6.3572，升值了 3.06%。

6 月初至 12 月底，人民币窄幅震荡。2021 年 6 月初，人民银行宣布自 6 月 15 日起将外汇存款准备金率由 5% 提高到 7%。此举稳定了市场预期，市场主体结售汇意愿更趋理性。这期间，人民币对美元汇率整体在 6.46 上下窄幅震荡。但 10 月以后人民币小幅升值，并超过了 6.4%。

人民币对其他国际主要货币汇率走势分化。2021 年末，人民币对欧元、英镑、日元汇率中间价分别为人民币 1 元对 0.138 欧元、人民币 1 元对 0.116 英镑、人民币 1 元对 18.08 日元，分别较 2020 年末升值 9.61%、升值 3.2% 和升值 13.85%。日元走贬，英镑走强，欧元继续承压。

2. 外汇市场成交量稳步增长

2021 年，银行间外汇市场实现总成交量相应增长。人民币外汇即期成交 10 万亿美元，同比增长 19.39%；人民币外汇掉期交易累计成交金额折合 20.3 万亿美元，较上年上升约 24.43%；人民币外汇远期市场累计成交 1 089 亿美元，同比增长 4.31%（见表 3-6）。

表 3-6　　　　　2016—2021 年外汇市场交易情况　　　　　单位：亿美元

交易品种	2016 年	2017 年	2018 年	2019 年	2020 年	2021 年
人民币外汇即期	59 268.82	63 951.768	76 332	79 374	83 782	100 028
人民币外汇掉期	99 959.74	133 731.18	165 135	164 134	163 465	203 406
人民币外汇远期	1 529	1 019.47	875	760	1 044	1 089

资料来源：国家外汇管理局。

3. 跨境双向投融资持续活跃

2021 年，我国涉外交易保持活跃，银行结汇和售汇交易合计 4.9 万亿美元，银行代客涉外收支规模 11.7 万亿美元，相较 2020 年分别上升 24% 和 35%。从来华各类投资看，2021 年合计净增加 6 616 亿美元，主要来源于外商来华直接投资和外资购买人民币资产。其中，来华直接投资较 2020 年增长 32%，创历史新高，充分证明了我国经济发展的良好前景对境外长期资本具有较强吸引力。从对外各类投资看，2021 年合计净增加 6 234 亿美元，主要是在境内外汇流动性较充裕的情况下，境内主体增加了在境外的投资和存款等活动。

（四）保险市场面临发展瓶颈，转型阵痛中前行

2021 年，保险行业发展跌宕起伏，历经磨难。一方面，由于疫情并未得到全面控制，外部经济环境的恢复不如预期，居民收入的不确定性加强，保险消费需求释放缓慢；另一方面，保险业正处于转型升级的关键期，车险综改、人身险监管新规、保险资管新规等都在共同推动行业从"高速度"向"高质量"发展转变。

1. 承保业务规模收缩

2021 年保险市场累计实现原保费收入 4.49 万亿元，同比下降 0.79%。其中，财产险业务实现原保费收入 1.17 万亿元，同比下滑 2.16%，近 20 年来首次落入负增长区间；人身险业务实现原保费收入 3.32 万亿元，同比下降 0.30%，为近 6 年来首次负增长。2021 年度保险业提供保险金额 12 146.2 万亿元，同比增长 39.45%；原保险赔付支出 1.56 万亿元，同比增长 12.24%。保险深度 3.92%，保险密度为 3 179.88 元/人，较 2020 年均有所下降。2021 年保险业务总体经营情况见表 3-7。

表 3-7　　2020 年和 2021 年保险业务经营情况及同比变化　　　　　　单位：亿元

项目	2021 年	2020 年	同比变化（%）
原保费收入	44 900	45 257	-0.79
其中：1. 财产保险	11 671	11 929	-2.16
2. 人身保险	33 229	33 329	-0.30
保险金额	12 146 1992	87 099 109	39.45
原保险赔付支出	15 609	13 907	12.24
其中：1. 财产保险	7 688	6 955	10.54
2. 人身保险	7 921	6 952	13.94

资料来源：中国银保监会。

业务结构层面，财产险险种结构持续优化。受车险综改叠加国内新车销量进一步下滑的影响，车险业务原保费收入同比下降 5.73%，车险保费在财产险总保费中的占比为 66.6%，同比下降了 2.5 个百分点；非车险保费占比连续 6 年持续提高。其中，受政策利好及需求刺激的影响，农业保险和责任险保费分别同比增长 19.75% 和 13.02%，其保费贡献度持续提升，保障功能不断强化。受业务"暴雷"以及信用保证保险新规出台的冲击，保证保险保费同比下滑 24.31%。

人身险方面，受个险渠道代理人大幅减少以及疫情持续反复带来的经济整体压力大等多因素影响，寿险业务原保费收入较 2020 年同期下降 1.71%；健康险原保费收入同比上升 3.36%，但增速较 2020 年明显放缓，主要是受重疾险排查整改、严禁炒作停售以及普惠保险快速普及带来的挤出效应的冲击；意外伤害险原保费收入同比上升 3.07%，扭转 2020 年增速为负的形势。

2. 资产业务平稳发展

保险资金运用规模继续保持平稳增长。2021 年末，我国保险业资产总额达 24.89 万亿元，同比增长 6.82%。保险资金运用余额达 23.23 万亿元，较年初增长 7.14%。保险资金为实体经济提供融资支持力度显著加大，并发挥长期投资优势，全力支持并积极参与长江经济带建设、粤港澳大湾区建设、京津冀协同发展等国家重点战略项目和重点领域建设。

保险资产配置结构基本保持稳定，资金运用收益率同比下降。2021 年，固定收益类资产仍为保险投资配置主力。其中，银行存款和债券合计占比达 50.31%，股票和证券投资基金合计占比达 12.70%，其他投资占比达 36.99%（见表 3-8）。2021 年债券投资 9.07 万亿元，资金余额较年初上升 14.31%，占比 39.04%，较年初上升 2.45%，低利率背景下债券投资仍然保持快速上升的原因是保险公司普遍面临一定的资产负债期限错配压力，而国内资本市场长久期资产较少，为保证资金安全，长久期债券仍然为资产配置的主要选择之一。股票和证券投资基金的配置比例近年来保持在 10% 以上，配置比例随市场行情波动呈现小幅波动，保险业投资股票和证券投资基金年末余额占流通 A 股市值之比达到 3.93%，占我国上市公司总市值之比达 2.98%，是 A 股和港股市场的重要机构投资者。

表 3-8　　　　　　　　2012—2021 年保险资金运用结构　　　　　　　　单位：%

年份	银行存款	债券	股票和证券投资基金	其他投资
2012	34.21	44.59	11.79	9.41
2013	29.45	43.42	10.23	16.90
2014	27.12	38.15	11.06	23.67
2015	21.78	34.39	15.18	28.65
2016	18.55	32.15	13.28	36.02
2017	12.92	34.59	12.30	40.19
2018	14.85	34.36	11.71	39.08
2019	13.62	34.56	13.15	38.67
2020	11.98	36.59	13.76	37.67
2021	11.27	39.04	12.70	36.99

资料来源：中国银保监会。

3. 保险市场改革开放向纵深推进

（1）车险综合改革平稳运行。为了解决车险长期存在的高定价、高手续费、经营粗放、竞争失序、数据失真等问题，车险综合改革于2020年9月推动实施。经过一年多的持续推动，车险综改基本实现了"降价、增保、提质"的阶段性目标，从经营指标看，消费者保费支出明显降低，车险综合费用率大幅度下降，风险保障程度显著提高，赔付水平大幅提升，行业整体成本结构显著优化。消费者在获得更多保障的同时降低了保费支出，保险机构也通过改革提升了经营管理能力。

（2）人身险转型多措并举。一方面，专属商业养老保险试点启动，第三支柱加速推进。2021年6月，中国人寿、太平人寿、人保寿险等6家人身险公司获批在浙江省和重庆市开展此项业务；2021年9月，银保监会批复同意筹建国民养老保险股份有限公司，进一步丰富了第三支柱养老保险的市场主体形态。另一方面，惠民保在规范中加快发展，助力多层次医保体系建设。2021年，已有58家保险机构在27个省（区、市）参与了超过100个惠民保项目，总参保人数超过7 000万。

（3）保险资管改革继续推进。2021年下半年，多项保险投资政策密集出台，包括取消保险资金开展财务性股权投资行业限制，明确同意保险资金投资基础设施基金，明确保险公司可发行无固定期限资本债券等。以上政策均拓宽了保险资金运用范围，助力保险机构在风险可控的范围内，可依据自身情况构建相对灵活的投资策略。

（4）保险中介市场改革加速进行。保险中介机构市场化改革启动，年内出台的《保险中介行政许可及备案实施办法》《保险中介机构信息化工作监管办法》等规定，进一步提升了保险中介机构的入行门槛，规范了中介机构的市场准入行为，对中介机构的服务品质和服务质量提供了硬性的政策保障，为保险市场经营主体市场化发展铺平了道路。独立代理人模式破冰，个险代理人的人力成本日益提高，传统发展方式面临"增员难、高成本"等困局，为了探索构建新型保险中介市场体系，深圳市出台《独立个人保险代理人登记注册事项工作指引》，独立代理人首次在我国完成工商注册。

（5）对外开放进入新阶段。继2020年安联（中国）保险控股有限公司获批成为中国内地首家外资独资保险控股公司、友邦保险上海分公司获准改制成为中国内地首家外资独资人身保险公司之后，2021年，恒安标准养老保险有限责任公司和安联保险资产管理有限公司先后获批开业。有经营特色和专长的外资保险机构进入市场，有利于激发市场活力，增加保险产品有效供给，促进行业向高质量发展迈进。

（五）黄金市场产量略降整体平稳，交易规模持续增量

1. 黄金需求略有上升，产量些许下降

与2020年的3 759.6吨相比，2021年的全球黄金需求上升到了4 021吨的水平。黄金投资成为目前黄金需求的主要方向，黄金投资需求从2020年的1 271.7吨，下降至2021年的1 006.4吨，下降率20.87%。2021年的金饰需求水平为2 134.1吨，相较于上

年增长幅度较大。2020年科技行业的用金量也有小幅增长,由2020年的302.8吨上升到330.2吨。2021年全球黄金供应有所上升,为4 666.12吨,金矿产量小幅上升至3 580.9吨。

中国黄金协会最新统计数据显示,2021年,国内原料黄金产量为328.98吨,相较于2020年同期减产36.36吨,同比下降9.95%。其中,黄金矿产金完成258.09吨,有色副产金完成70.89吨。另外,2021年进口原料产金114.58吨,同比上升0.37%。若将进口原料产金考虑在内,全国共生产黄金443.56吨,同比下降7.5%。

2021年,全国黄金实际消费量1 120.9吨,与2020年同期相比增长36.53%。其中,黄金首饰711.29吨,较上年同比增长44.99%;金条及金币312.86吨,较上年同比增长26.87%;工业及其他用金96.75吨,较上年同期增长15.44%。

2. 黄金价格小幅震荡,整体高开低走

2021年,黄金价格小幅震荡,整体呈现高开低走的态势,年末收于1 805.85美元/盎司,同比下降4.51%。1978—2021年国际黄金价格走势见图3-6。

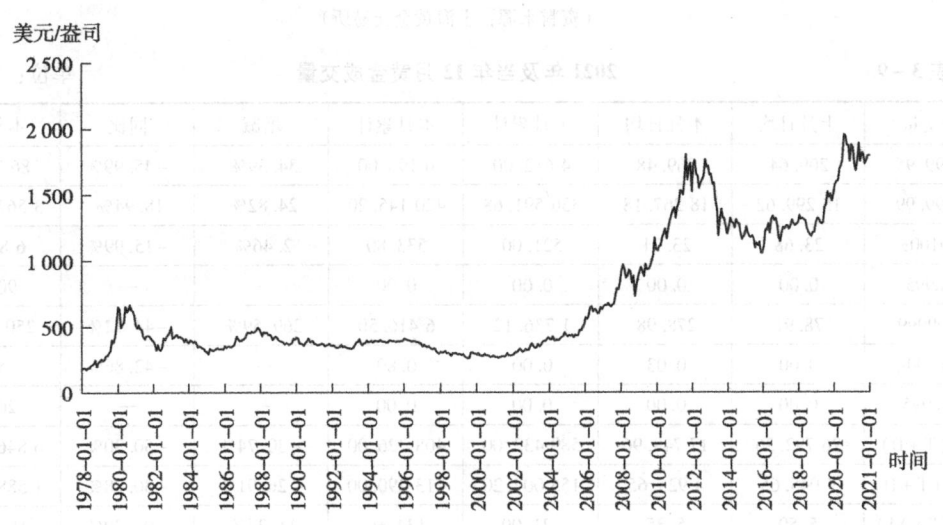

图3-6　1978—2021年国际黄金价格走势

(资料来源:世界黄金协会)

2021年,相较国际金价,我国国内金价波动幅度比较剧烈。上海黄金交易所早盘基准价最高点为401.44元/克,最低点为353.82元/克,年末收于373.29元/克,较上年末上涨30.41元/克,涨幅达8.87%(见图3-7)。

3. 黄金交易规模持续增长

2021年,全年各类黄金产品累计成交3.48万吨,同比减少40.72%(见表3-9);成交金额为13.08万亿元,同比降低42%。上海金累计成交1 184.35吨,成交金额为4 438亿元(见表3-10)。

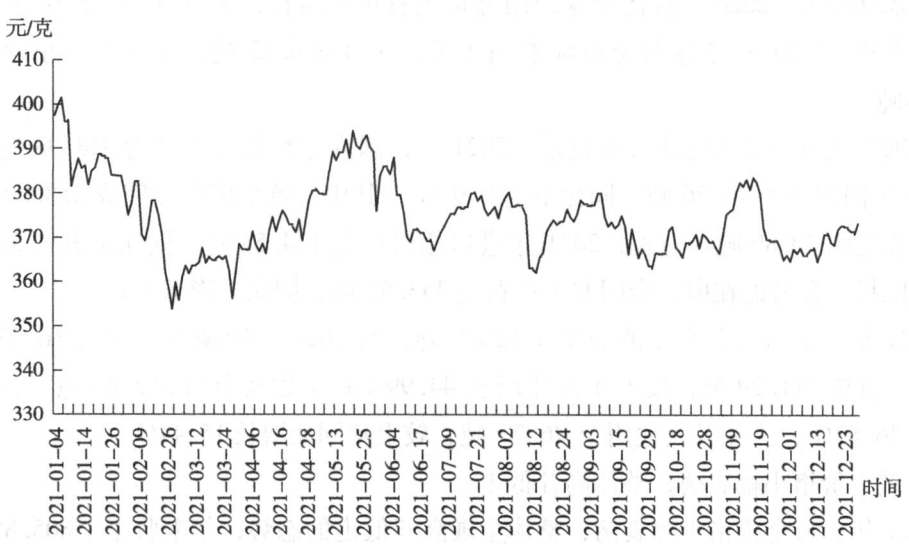

图 3-7 2021 年国内黄金价格

（资料来源：上海黄金交易所）

表 3-9　　　　　　　　　　2021 年及当年 12 月黄金成交量　　　　　　　　　　单位：千克

成交量	上月日均	本月日均	上月累计	本月累计	增减	同比	本年累计
Au99.95	209.64	269.48	4 612.00	6 198.00	34.39%	-45.99%	86 756.00
Au99.99	15 299.62	18 267.18	336 591.68	420 145.20	24.82%	18.94%	3 567 384.40
Au100g	23.68	23.21	521.00	533.80	2.46%	-15.99%	6 899.40
Au995	0.00	0.00	0.00	0.00	—	—	900.00
iAu9999	78.91	278.98	1 736.12	6 416.50	269.59%	-44.72%	250 189.86
iAu100g	0.00	0.03	0.00	0.80	—	-42.86%	5.80
iAu995	0.00	0.00	0.00	0.00	—	—	200.00
Au（T+D）	26 792.36	17 748.96	589 432.00	408 226.00	-30.74%	-50.30%	6 846 626.00
mAu（T+D）	7 045.65	4 925.65	155 004.20	113 290.00	-26.91%	-30.28%	1 588 928.20
Au（T+N1）	5.50	5.85	121.00	134.60	11.24%	-97.20%	21 418.20
Au（T+N2）	14.35	5.94	315.60	136.60	-56.72%	-49.48%	18 795.20
询价 PAg99.99	27 580.91	26 713.04	606 780.00	614 400.00	1.26%	-45.39%	6 356 580.00
询价 OAg99.99	0.00	0.00	0.00	0.00	—	—	0.00
上海银 SHAG	43 223.18	54 753.91	950 910.00	1 259 340.00	32.44%	11.61%	12 056 550.00
黄金合计	151 528.21	126 253.56	3 333 620.56	2 903 831.90	-12.89%	-14.99%	34 841 111.82

资料来源：上海黄金交易所。

表 3-10　　　　　　　　　　2021 年及当年 12 月黄金交易额　　　　　　　　　　单位：万元

成交金额	上月日均	本月日均	上月累计	本月累计	增减	同比	本年累计
Au99.95	7 844.19	9 941.33	172 572.14	228 650.70	32.50%	-48.45%	3 269 310.78
Au99.99	573 911.14	677 523.93	12 626 045.15	15 583 050.36	23.42%	15.63%	133 830 888.31

续表

成交金额	上月日均	本月日均	上月累计	本月累计	增减	同比	本年累计
Au100g	888.33	857.45	19 543.22	19 721.26	0.91%	−19.61%	258 420.78
Au995	0.00	0.00	0.00	0.00	—	—	33 727.00
iAu9999	2 904.50	10 174.71	63 898.94	234 018.32	266.23%	−48.17%	9 380 015.77
iAu100g	0.00	1.04	0.00	24.01	—	−54.50%	194.49
Au（T+D）	1 004 087.12	653 274.35	22 089 916.55	15 025 310.12	−31.98%	−52.58%	256 614 250.58
mAu（T+D）	264 044.24	181 270.45	5 808 973.30	4 169 220.26	−28.23%	−33.55%	59 445 980.20
Au（T+N1）	207.85	217.26	4 572.80	4 996.99	9.28%	−97.34%	808 345.65
Au（T+N2）	541.45	220.37	11 911.93	5 068.58	−57.45%	−50.56%	717 704.49
询价 Au99.95	426 554.38	159 761.36	9 384 196.25	3 674 511.29	−60.84%	−81.11%	42 505 856.04
询价 Au99.99	2 933 110.98	2 511 394.76	64 528 441.58	57 762 079.41	−10.49%	13.81%	688 044 436.10
询价 iAu99.99	226 308.60	188 498.06	4 978 789.14	4 335 455.40	−12.92%	53.19%	52 897 895.26
上海金 SHAU	186 844.29	200 571.25	4 110 574.38	4 613 138.66	12.23%	8.72%	44 378 109.36
黄金合计	5 700 413.05	4 668 061.00	125 409 087.14	107 365 403.00	−14.39%	−18.52%	1 308 125 694.34

资料来源：上海黄金交易所。

（六）衍生产品市场成交量创新高，交易主体不断扩展

1. 期货交易量和交易额均有上升

2021年全国期货市场成交量和成交额均有所上升。全国期货市场累计成交量约为75.14亿手，累计成交额约为581.20万亿元，相较于上年同比分别上升22.13%和32.84%。

在国内四大期货交易所中，从成交额来看，上海期货交易所持续为最大的期货交易所。2021年，上海期货交易所累计成交量约为23.71亿手，累计成交金额约为193.11万亿元，相较上年同期分别上升14.39%和37.92%，分别占全国市场的31.55%和33.23%；郑州商品交易所全年成交量为25.81亿手，成交金额为107.99万亿元，相较上年同期分别上升51.75%和79.73%，分别占全国市场的34.35%和18.58%。大连商品交易所2021年成交量为23.64亿手，成交金额为140.45万亿元，相较上年同期分别上升7.12%和28.62%，分别占全国市场的31.46%和24.17%。中国金融期货交易所全年成交量为1.22亿手，成交金额为118.16万亿元，相较上年同期分别上升5.86%和2.37%，分别占全国市场的1.62%和20.33%（见表3–11）。

表3–11　　　　　　　　四大期货交易所交易量和交易金额　　　　　单位：万手，亿元

时间	大连商品交易所		上海期货交易所		郑州商品交易所		中国金融期货交易所	
	成交量	成交金额	成交量	成交金额	成交量	成交金额	成交量	成交金额
2011年	28 904.69	168 756.22	30 823.92	434 534.35	40 643.92	334 213.37	5 041.62	437 659.55
2012年	33 131.3	194 182.82	20 555	198 114.59	17 962.25	83 737.48	5 528.68	379 985.97

续表

时间	大连商品交易所		上海期货交易所		郑州商品交易所		中国金融期货交易所	
	成交量	成交金额	成交量	成交金额	成交量	成交金额	成交量	成交金额
2013 年	70 050.07	471 527.27	64 247.4	604 167.73	52 529.9	189 000.8	19 354.93	1 410 066.21
2014 年	76 963.71	414 944.32	83 745.2	632 353.25	67 634.33	232 414.97	21 758.1	1 640 169.73
2015 年	111 632.34	410 924.87	105 049.41	635 552.63	107 033.56	309 829.86	34 052.95	4 173 852.33
2016 年	153 747.98	614 052.99	168 071.18	849 774.93	90 128.53	310 320.4	1 833.59	182 191.1
2017 年	109 766.75	520 046.94	136 424.35	899 310.34	58 457.78	213 671.53	2 459.59	245 922.02
2018 年	98 192.74	521 956.61	117 538.87	815 417.14	81 782.98	382 203.75	2 721.01	261 222.97
2019 年	135 558.42	689 253.16	141 200.96	969 475.55	109 248.60	395 389	6 641.04	696 210
2020 年	220 732.79	1 092 013.14	207 228.17	1 400 162.07	170 140.31	600 879.30	11 528.14	1 154 350.96
2021 年 1 月	18 184.36	103 309.98	20 559.09	158 561.90	20 248.50	75 832.12	1 104.19	110 361.68
2021 年 2 月	13 406.95	72 019.61	14 328.81	128 723.36	15 118.35	55 754.23	816.92	82 350.07
2021 年 3 月	23 651.02	133 841.84	26 329.50	213 619.07	28 033.34	109 073.54	1 216.88	119 878.96
2021 年 4 月	18 447.04	106 988.64	21 379.32	168 134.35	22 565.68	93 800.15	964.61	95 075.78
2021 年 5 月	17 006.52	108 938.53	21 490.82	180 823.59	23 596.35	100 586.92	952.56	92 826.45
2021 年 6 月	19 442.12	123 810.12	18 546.74	151 362.02	19 548.70	78 461.94	999.61	98 940.22
2021 年 7 月	20 924.05	133 198.67	18 034.62	149 457.19	21 024.26	87 207.12	1 137.19	108 974.66
2021 年 8 月	21 521.45	148 049.49	19 373.41	159 488.22	21 282.35	91 431.67	1 146.29	105 938.34
2021 年 9 月	20 095.46	122 968.68	18 275.15	153 865.23	21 571.59	98 649.81	1 097.90	104 357.43
2021 年 10 月	18 961.27	116 223.04	18 683.76	162 206.66	23 572.67	114 119.44	727.65	70 926.12
2021 年 11 月	22 982.75	123 084.74	23 080.67	171 894.16	22 781.07	96 882.25	997.10	93 488.89
2021 年 12 月	21 818.83	112 143.77	16 972.26	132 941.78	18 837.07	258 179.92	1 042.31	98 533.04
2021 年	236 441.83	1 404 576.70	237 054.16	1 931 077.57	258 179.92	1 079 980.82	12 203.32	1 181 651.64

资料来源：中国期货业协会。

2. 期权市场规模不断扩大

2021 年，上交所股票期权市场运行平稳，规模稳步增长，经济功能日益显现。全年，ETF 期权合约累计成交 10.97 亿张，其中认购期权 5.91 亿张，认沽期权 5.06 亿张，日均成交 451.60 万张，日均持仓 500.42 万张。累计成交面值 46.03 万亿元，日均成交面值 1 894.32 亿元，累计权利金成交 8 233.28 亿元，日均权利金成交 33.88 亿元。市场日均成交持仓比为 0.92，日均期现成交比为 0.28，日均受保现货市值为 315.10 亿元，单日受保市值最高达到 435.57 亿元。

目前，上证 50ETF 期权和沪深 300ETF 期权已经成为全球主要的 ETF 期权品种。2021 年，上证 50ETF 期权合约全年累计成交 6.29 亿张，其中认购期权 3.46 亿张，认沽期权 2.83 亿张，日均成交 258.99 万张，单日最大成交 556.90 万张。年末持仓 302.07 万张，日均持仓 305.10 万张，单日最大持仓 411.61 万张。累计成交面值 21.87 万亿元，日均成交面值900.08亿元。

3. 利率衍生品成交量获得提升

2021年，利率衍生品市场成交21.4万亿元，相较上年同期上升6.3%。其中，普通利率互换成交21.1万亿元，标准债券远期成交2 614.9亿元。普通利率互换中，按期限结构来分，1年期及以下品种成交占比80.8%，较上年同期增长17%；1~5年期品种成交占比18.2%，较上年同期增长10.6%；5年期及以上品种成交占比1.0%，较上年降低27.6%。

二、内外压力下各类金融市场风险屡现

(一)"三重压力"下货币市场承压加大

1. 市场各方动力趋弱，总体杠杆率持续下行

虽然2021年去杠杆取得了较好的成绩，但随着三重压力的加大，未来一段时间的工作重点在于稳定经济增长。本报告参考中国社科院国家资产负债表研究中心（CNBS）的定义测算了2016—2021年我国宏观杠杆率，采用非金融企业部门（简称企业部门）、政府部门、居民部门的债务余额与GDP之比来衡量。从图3-8中数据可以看出，2020年我国宏观杠杆率为272.5%，2021年我国整体杠杆率得到了很好的控制，达到了262.8%，去杠杆幅度十分乐观，但与疫情前的2019年相比仍上升了17.3个百分点。①

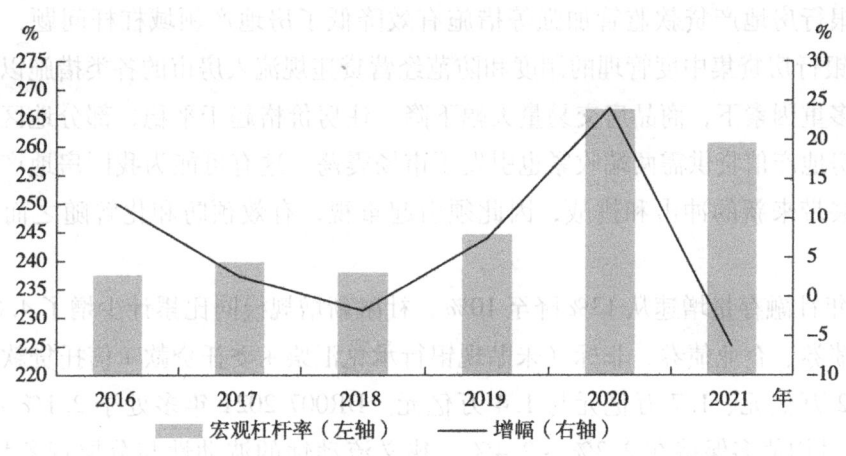

图3-8 2016—2021年中国宏观杠杆率

（数据来源：中国人民银行）

目前国内的消费和投资的需求都不足，对外出口高增长也较难持续。企业部门已经出现了主动去杠杆迹象，虽然仍能够获得较高的收入和利润增长，但从市场数据可以发现企业和个人投资和融资的需求意愿都较低。恢复市场需求、减弱供给冲击、提振市场

---

① 数据来自国家金融与发展实验室和其他政府公开信息网站。

主体信心是当前稳定我国杠杆率的重要路径。全年看，国债的增长低于预期，地方债增长略超预期。这些迹象都表明我国市场各方主体目前呈现动力不足的现状，要进一步实现杠杆率的稳定还要从保障市场稳定、有效控制市场冲击和提升市场参与主体的活动意愿等角度进行合理安排和有效施策。

2. 非金融企业杠杆骤降，投资信心不足

2021年我国非金融企业部门杠杆率出现了负增长，总计下降了7.5个百分点。从2020年末的162.3%下滑至154.8%，四个季度分别出现了0.9个、2.6个、1.6个和2.4个百分点的负增长。企业去杠杆的态势非常明显，下半年杠杆率的降幅超过了上半年。我国非金融企业杠杆率在2020年疫情冲击下共计上升了10.4个百分点，这个涨幅中的大部分已经在2021年被化解，非金融企业杠杆率较2019年末上涨了2.9个百分点。受限电限产、疫情多点扩散等因素影响，企业中长期贷款需求仍然不足，这反映出实体经济融资需求不足，资产荒问题较为突出，这导致了我国宏观经济运行目前缺乏稳定和有效的增长动力，难以保障实体经济和金融部分的协同高质量发展，不利于完善和优化市场结构，也给宏观经济稳定带来一定的负面作用。因此，稳增长举措仍然需要加大力度，为经济发展提供强有力的支撑。

此前，我国房地产贷款占比大、增速高导致了居民杠杆率居高不下的重大风险问题，也对实体经济发展造成一定的挤兑。在2020年到2021年间，政府政策引导风险落地以及对银行房地产贷款监管加强等措施有效降低了房地产领域杠杆问题，然而随着2021年对银行房贷集中度管理的制度和防范经营贷违规流入房市的各类措施以及监管压力较大的多重因素下，商品房交易量大幅下降，住房价格趋于平稳，部分地区甚至有所下降，但房地产信贷供需两端收紧也引发了市场震荡。这有可能为我国房地产市场和实体经济发展带来新的冲击和挑战，因此须引起重视，有效预防和化解随之而来的风险问题。

2021年社融存量增速从13%降至10%，社融新增规模同比累计少增了4.6万亿元，其中政府债券、企业债券、非标（未贴现银行承兑汇票+委托贷款+信托贷款）三项分别少增2.2万亿元、1.7万亿元与1.4万亿元。DR007 2021年多处于2.1%~2.2%附近，R007月均值多保持在2.2%~2.4%，狭义流动性的波动性与分层现象均不显著，无论是银行还是非银，在大部分时期对资金面的感知都偏松。此种情况不利于市场的可持续、高质量发展。

3. 政府杠杆率小幅震荡，基建投资效果尚未显现

2021年，政府部门的杠杆率总计提高1.2个百分点，与2020年末期相比，由45.6%增长为46.8%，全年各季度分别提升了-1.1个、0.1个、0.9个和1.3个百分点。详细数据显示，中央政府杠杆率出现了0.1个百分点的下滑，由2020年末的20.3%下降至20.2%，全年各季度分别提升了-0.5个、-0.4个、0.3个和0.5个百分

点；地方政府杠杆率上升了 1.3 个百分点，从 2020 年末的 25.3% 增至 26.6%，四个季度的增幅分别为 -0.6 个、0.5 个、0.6 个和 0.8 个百分点。从成因分析来看，政府杠杆率在上半年有一定幅度下降是因为上半年国债和地方债发行速度都较为缓慢。而下半年政府债券的发行速度提升，地方政府债务增速仍然快于中央政府，下半年债务规模有更大幅度的上升进而杠杆率较上半年有显著增长。2021 年末，制造业中长期贷款、普惠小微贷款分别同比增长 31.8% 和 27.3%，2021 年 11 月新发放普惠小微企业贷款加权平均利率为 4.98%，比 2020 年 12 月下降 0.1 个百分点；房地产贷款同比增长 7.9%，增速较 9 月末提高 0.3 个百分点，总体保持平稳。

这些现象成因一是受经济下行压力加大和疫情汛情、能耗双控、房地产、城投领域监管趋严等因素综合影响，融资需求偏弱；二是部分中小银行资本补充压力加大，信贷供给能力有限，同时房地产等领域违约事件频发，银行风险偏好收紧。从结构上看，信贷结构优化。从央行公布的全年金融数据来看，贷款和社会融资再度低于市场预期。从环比数据来看，贷款需求指数逐渐下降，恰好与房地产调控以及各省管控措施趋势一致。这也表明了当前社会融资主要靠企业债券和政府债券托底，是依赖政策性和基数性因素推动，并非是经济基本面高质量发展的结果，经济发展仍呈疲态，稳定增长还是重中之重。

(二) 股票市场操纵市场风险有所加剧

操纵市场严重干扰市场功能发挥，干预股票市场供求关系，破坏股票价格形成机制，侵害投资者合法权益，严重破坏资本市场秩序及诚信基础，更成为了股市健康发展的绊脚石。随着股票市场的发展，操纵市场犯罪手段的专业性和隐蔽性明显增强。

1. 操纵市场案例频发，严重破坏市场交易秩序

证监会 2021 年紧扣"建制度、不干预、零容忍"工作方针，从严打击证券违法活动，全年作出处罚决定 371 项，罚没款金额 45.53 亿元，市场禁入 95 人次（见图 3 -9）。2021 年办理操纵市场 110 起，向公安机关移送相关犯罪 41 起，同比增长 1.5 倍。[①] 从操纵主体看，操纵市场的涉案主体复杂、违法链条较长，编织了错综复杂的利益网络。上市公司内部人员联手操纵团伙，利用资金优势，持股优势等拉抬、打压股价，牟取股票价差利益；股市"黑嘴"诱骗散户接盘，按接货流量分取收益；配资中介机构为盘方提供资金，赚取配资利息差额；市场掮客以居中斡旋、提供帮助等方式进行合谋操纵。从操纵动机看，部分上市公司实际控制人与大股东为解决资金需求、实现高位减持，控制信息披露的内容、时点、节奏，影响股票的交易价格或者交易量，从中牟取利益。除此之外，避免质押股票爆仓而被强平，也是上市公司实际控制人与大股东联合外部人员实施操纵市场行为的主要动机。从操纵模式看，出现了长线"坐庄"和"快进快

---

① 数据来自中国证券监督管理委员会官网。

出"相结合、资金优势和信息优势相交互等现象,在目标选择、资金筹备、建仓洗盘、拉升出货等环节形成相对固定的操纵模式和流程。

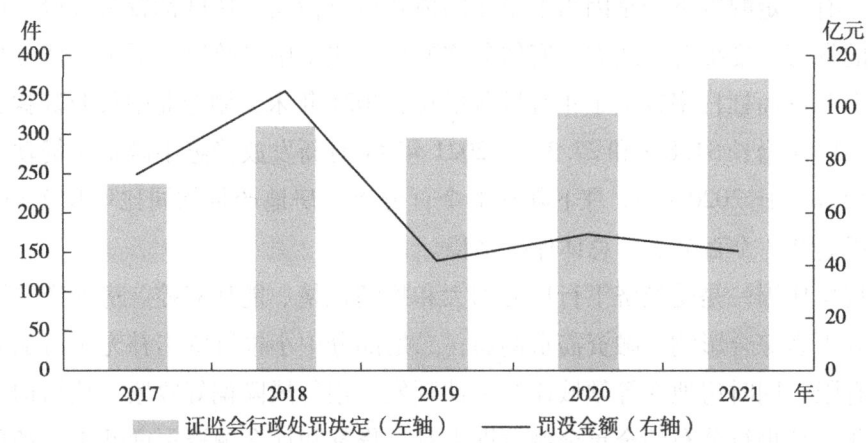

图3-9 2017—2021年证监会打击证券违法活动情况
(数据来源:中国证券监督管理委员会)

价格失真是操纵市场行为造成的不可避免的后果,即致使相关上市公司股票价格与内在价值出现偏离现象。操纵股票市场行为让包含有证券市场操纵的错误信息被价格反映,出现虚假价格,误导了资金流向,最终使股票价格不能真实地反映基本面。股票价格失真会使股票市场参与者无法再以股票价格作为发行新股、确定行权价格、投资公司或者确定股权质押合同核心条款的参数,严重破坏了股票市场的资源配置的有效性。为避免自身利益受到操纵行为的损害,股票投资者会核实发生股价异动的真实原因,这必将耗费其大量的时间和资金,增加了交易成本。因此,投资者会通过扩大买卖差价等方式来提高收益,弥补核实股价异动花费的成本,从而又降低市场的流动性。

操纵市场的另一后果是流动性降低,操纵市场通过加剧股票价格波动导致股票买卖价差扩大,增加了信息投资者的交易时间和成本,从而降低了市场的流动性。操纵行为人往往会以高于市价的价格申报买入股票,或以低于市价的价格申报卖出股票,从而获取经济利益。等操纵行为人获利离场,由于缺乏基本面支持,股票价格暴跌。该行为不仅会导致股票价格失真,加剧股票价格波动,也势必会使该股票买卖价差的扩大,进而降低该股票的流动性。相反,在健康的股票交易市场中,合法的交易行为使得股票价格更能真实地反映上市公司价值,所以交易结束之后股价会保持平稳,价格波动幅度较小。

可以看出,操纵市场行为既破坏了股票市场的价格发现功能,又增加了投资者的交易成本,破坏了股票市场的资源配置的有效性,极大损害了广大投资人的利益,影响股票市场健康发展。

2. 中昌数据实控人操纵公司股票，暴露公司治理漏洞

证监会于 2021 年 5 月 18 日发布了一则行政处罚书，对时为中昌大数据股份有限公司（以下简称中昌数据）实际控制人、中昌数据控股股东上海三盛宏业投资（集团）有限责任公司（以下简称三盛宏业）董事长及法定代表人的陈建铭及时任总经理谢晶操纵中昌数据股票一事作出处罚，对陈建铭采取 10 年证券市场禁入措施，并处约 1 147 万元罚款。

操纵股价的过程从 2018 年 2 月 9 日延续至 2019 年 1 月 16 日。226 个交易日间，有 101 个账户组被用作运转这笔套利。计划伊始，陈建铭受限于资金紧张，以及三盛宏业及其一致行动人所持中昌数据的质押风险等因素，以维护中昌数据股价稳定为由，安排时任中昌数据总经理谢晶及公司外人士胡侃，寻找、提供证券账户和配资资金以用来交易中昌数据。拉抬、对倒等用于影响交易价格及交易量的手段被阶段性地应用在不同时段内。2018 年 2 月 9 日，用户组开始建仓，持 22.2 万股，到同年 12 月 10 日，已囤至 4 619.3 万股，持股量暴涨 208 倍。随后展开的就是股价拉抬与高位减持间的"差价套利"动作。从 2018 年 12 月 11 日开始，账户组开始集中拉抬中昌数据股价，中昌数据收盘价为 13.88 元，较前一日上涨 6.20%。至 2019 年 1 月 9 日，中昌数据收盘价已达到其峰值 20.90 元。2019 年 1 月 10 日至 2019 年 1 月 16 日，是最后收割的阶段：通过几笔大笔减持完成"全身而退"。账户组通过减持中昌数据约 100% 持股量实现巨额套利，造成对应市场股价累计下跌 35.89%。股民的巨大损失之下，对应的是操纵人巨额的违法收入。陈建铭等人此次利用资金及持股优势，在自己实际控制的账户之间交易中昌数据股票，累计获利 11 472 258.06 元。

中昌数据实控人操纵公司股票案暴露了在公司治理视角下我国上市公司内部控制存在以下问题。一是公司股权结构不合理。采用董事会、监事会的双层制治理结构，形成了有效的权力制衡，促进内部控制各项职能的有效发挥。但是由于部分公司董事会任由大股东操控，将绝大部分权力揽在自己身上，致使公司董事会被架空，权力掌握在少数人手里，独立董事的监督作用也无法充分发挥。中昌数据的内控制度未能有效执行，导致公司投资活动的风险管控缺乏科学性和合理性。在这样的情况下，公司治理结构存在缺陷导致公司内部控制难以发挥应有的功效，严重制约了企业生产经营活动的开展。二是内部控制缺乏独立性。管理层需要准确把握企业的具体经营信息，对于企业生产经营活动中产生的问题，需要通过企业内部沟通获取信息情报，快速作出决策以解决问题。因此，建立通畅完备的沟通体系能够保障企业生产经营活动顺利进行。同时，企业股东也可以利用沟通体系了解公司管理现状，有效监督公司经营管理。但是由于我国证券信息披露途径缺乏规范性和实效性，部分公司会设立内部审计，防止出现公司高管侵害公司利益的行为。但是，内部审计的权力往往也由企业高层管理者掌握，或者高层管理者能够干预内部审计业务的开展，使得内部审计的独立性缺失，难以有效发挥改善企业管

理的职能。

3. 叶飞"爆料门"事件持续发酵,"市值管理"违规行为凸显

2021年3月31日,A股市场上中源家居股价暴跌8.82%,紧接着股价又出现异常走势。4月底,私募"大V"叶飞"预告"华钰矿业会被贴上ST风险警示标识,并指明下一个要举报的是中源家居。2021年5月9日,私募"大V"叶飞在社交平台爆料,中源家居为规避监管限制,通过操盘方和叶飞本人达成一致,合谋进行"市值管理",计划违规操纵股价获利非法盈利。此后叶飞联系某公募基金和券商买入中源家居股票,但操盘方暗箱操作"黑吃黑",在约定拉升股价的当日,股价不升反跌,导致公募和券商损失几百万元。于是叶飞自曝,将一众关联方拉下水。随着爆料事件的不断升级,中源家居的股价在4月29日到5月19日共计12个交易日当中,从20.37元/股跌至17.33元/股,跌势惨烈。至5月19日,中源家居市值已从"市值管理"事件前(3月30日)的23.04亿元缩水到13.83亿元。

经查,2020年9月至2021年5月,史某等操纵团伙控制并使用数十个证券账户,通过连续交易、对倒等多重违法手段影响中源家居、利通电子股票交易价格与交易量,交易金额达30余亿元。此后,法兰泰克、隆基机械、华钰矿业等10家上市公司遭叶飞点名,股价集体重挫。

证监会曾表示,市值管理的主要目的是鼓励上市公司通过制定正确发展战略、完善公司治理、改善经营管理、培育核心竞争力,实实在在地、可持续地创造公司价值,以及通过资本运作工具实现公司市值与内在价值的动态平衡。但是,"伪市值管理"却完全背离了市值管理初衷,逐渐异化为股价管理,借市值管理之名行操纵股价之实,严重危害了股票市场的健康发展。

我国上市公司市值管理违规问题产生的主要原因有以下三点:一是市值管理的实施主体不明确。在现阶段,监管层面并无具体的操作指引指导企业市值管理工作的开展,市值管理在实践发展的过程中逐渐异化。上市公司是市值管理工作最直接的操作人,同时扮演着市值管理策划者和执行者双重身份,是市值管理工作最重要的主体。上市公司股东是市值管理的最大受益者,市值管理工作能够提高公司价值,为股东创造财富。上市公司经营者是市值管理工作的推进者,企业的业务盈利能力和管理水平也是影响企业股价的关键因素。因此,必须建立科学合理的机制协调好公司、股东和经营者之间的利益关系,以保障市值管理工作高效顺畅推进。二是监管难度大。上市公司通常要求增加对外投资规模,提高投资综合效益。此时,若从市值管理的视角出发,则它们通常充分利用市场力量,共同运作大量账户,这对监管部门的反应速度、应对水平提出了考验。同时,基金公司推出的多渠道投资理财产品也让市值管理的操作变得更加隐蔽,增加了金融监管机关对这些账户穿透验证的监督难度。三是信息披露制度不完善。上市公司缺乏完善的信息披露制度,未能有效地向投资者传递公司的经营信息和发展信息,导致投

资者不能客观认知企业当前发展状况。信息过度披露,容易形成明显的信息噪声;反之,公司信息披露不够充分,就很极易发生"黑箱"运作;更甚者,如果公司信息披露缺乏真实性,会对投资者作出科学决策产生严重影响,从而不利于上市公司市值管理。

(三)信用债市场流动性风险加大

1. 信用债流动性风险屡现,违约现象聚类高发

2021年国内宏观经济逐步修复,整体发展态势稳中向好。但部分微观主体仍然表现出承压态势,市场流动性分层的特征越发显著,这一点在信用债市场上表现得尤为突出。2021年信用债市场收益率曲线平稳下移,2021年信用债发行量总计12.54万亿元,较上年增加0.73万亿元。此外不同区域间地方城投净融资额分化显著,江苏、浙江份额占半,贵州、云南、天津等城投净融资额皆为负数。利差方面,城投债除去部分区域(如天津、云南),AAA级城投债利差均处于历史较低分位,而AA+和AA级城投债利差主要是经济较为发达地区处于历史较低分位(如江苏、浙江以及广东)。从产业债看,AAA级产业债利差均处于历史较低分位,而只有少部分AA+和AA级产业债利差能处于历史较高分位(如地产、有色以及汽车家电)。

从公开数据来看,2021年中国信用债市场违规债券的数量和涉案量较2020年均有不同程度的下降(见图3-10),但是有相当数量的违规发行主体是高评级企业,因此对信用债市场整体冲击不容轻视,这也加速暴露了我国债券市场的信用债风险。2021年,共计45家发债主体发生违约(包括首次违约主体和非首次违约主体,不含美元债主体),违约总额达1545亿元,对比2020年度虽下行20%,但其中AA+级以上占比呈上升趋势,影响后果严重。违约主体新增16家,涉及10个行业。其中交通运输行业新增违约主体较多,达5家,占全部新增主体的31.25%。2021年新增交通运输行业主体均为海航系企业,主要原因是海航系企业本身存有较大的流动性风险。全国累计违约

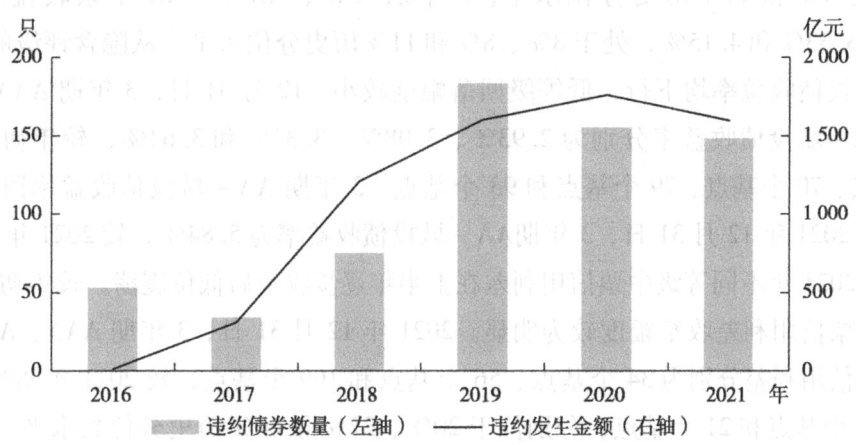

图3-10 2016—2021年中国信用债市场债券违规情况

(数据来源:Wind)

率0.62%；海南因为海航系违约导致区域内累计违约率达到20.2%，远超其他区域；此外违约率超过全国平均水平的有16个省份，其中西藏（6.5%）、青海（3.9%）、河北（3.7%）、辽宁（3.1%）、宁夏（2.8%）偏高。结合各省份的财政实力及全口径债务率来看，违约率较高的多为经济财政实力偏弱的区域。

2. 净融资额暴跌近五成，城投债分化现象突出

2021年一级信用债市场共发行17 891只债券，发行金额16.38万亿元，到期金额13.65万亿元，净融资额2.73万亿元，其中发行金额同比增长4.05%，净融资额同比下降40.12%。其中城投债的净融资额最高，达2.12万亿元，占比78%，但分化严重，江苏和浙江城投净融资额分别达到4 982亿元和4 641亿元，山东省的净融资额也超过2 000亿元。利差方面，城投债除去部分区域（如天津以及云南），AAA级城投债利差均处于历史较低分位，而AA+和AA级城投债利差主要是经济较为发达地区处于历史较低分位（如江苏、浙江以及广东）。截至2021年12月31日，金融债净发行存量为9.84万亿元，占比28%；城投债净发行存量为13.54万亿元，占比39%；产业债净发行存量为11.40万亿元，占比33%。与2020年相比，金融债净融资增加1.30万亿元，提升15%；城投债净融资增加2.12万亿元，提升18%；产业债净融资减少0.70万亿元，下降6%。

3. 二级市场收益率整体下行，利差震荡收窄

2021年中短票收益率整体呈下行趋势，8—9月短暂反弹回升。2021年12月31日，1年期AAA、AA+、AA中短票收益率分别为2.75%、2.87%和3.00%，较年初分别下降35个基点、54个基点和83个基点，处于12%、9%和6%历史分位水平。截至2021年12月31日，3年期AAA、AA+、AA中票收益率分别为2.91%、3.13%和3.66%，处于4%、4%和11%历史分位水平；5年期AAA、AA+、AA中票收益率分别为3.27%、3.53%和4.15%，处于8%、8%和11%历史分位水平。从隐含评级的角度看，各等级城投债收益率均下行，低等级回落幅度较小。12月31日，3年期AAA、AA+、AA和AA-城投债收益率分别为2.93%、3.08%、3.33%和3.64%，较年初分别下行61个基点、70个基点、79个基点和93个基点。3年期AA-城投债收益率回落幅度较小，截至2021年12月31日，3年期AA-城投债收益率为5.84%，较2021年初下降22个基点。2021年不同等级中票信用利差在上半年逐步收窄后低位震荡。较年初而言，中高等级中票信用利差收窄幅度较为明显。2021年12月31日，3年期AAA、AA+、AA等级中票信用利差分别为34个基点、56个基点和109个基点，较2021年初收窄11个基点、35个基点和21个基点，分别位于20%、22%和60%历史分位数水平。3年期与1年期期限利差方面，截至2021年12月31日，AAA、AA+、AA等级中票期限利差分别为16个基点、26个基点和66个基点，较2021年初变化-27个基点、-33个基点和10个基点，分别位于17%、30%和77%历史分位数水平。5年期与1年期期限利差处于

历史较高位，其中 AAA、AA+、AA 等级中票期限利差分别位于 42%、45% 和 75% 历史分位数。

（四）信托业违约频出暴露信用风险

1. 信托资产规模缩水，营收分化加剧

自 2018 年以来我国信托业发展屡屡受阻，加上 2019 年疫情冲击更是带来了全行业的萎靡。随着 2021 年国内经济复苏与稳定发展，我国信托业终于止跌回升，一转 2018—2020 年间的下跌态势（见图 3-11）。2021 年，中国信托业资产规模达到 20.55 万亿元，与上年相比共计增加了 0.06 万亿元，同比涨幅达 0.29%。自 2017 年我国信托资产规模达到 26.25 万亿元峰值以来，信托业资管规模连续三年缩水，2018—2020 年分别下降为 22.70 万亿元、21.61 万亿元和 20.49 万亿元，同比跌幅为 13.50%、4.83% 和 5.17%。这种下行趋势在 2021 年第四季度才止跌回升。然而 2021 年我国信托业违约现象频出。据已公开披露的数据统计，全年共发生违约 282 起，涉及金额共 1 495.2 亿元。

2021 年底，我国信托全行业实现经营收入 1 207.98 亿元，比 2020 年下降了 20.07 亿元，同比下降 1.63%。2021 年底，全行业资金信托规模为 15.01 万亿元，资金信托投向工商企业的占比小幅下降为 27.73%，同比下降 2.68 个百分点；资金信托投向证券市场的占比提升至 22.37%，同比上升 8.50 个百分点；资金信托投向基础产业、房地产和金融机构三大领域的占比分别降至 11.25%、11.74%、12.44%。从营业收入来看，前十大信托公司 2021 年全年营业收入总和达到 458.45 亿元，占全行业 1 207.98 亿元的 37.95%，这表明了信托业营收分化程度仍在加剧。由于市场环境、外部环境不确定性增加，内部经营模式重构，信托公司经营发展的适应性差别逐步显现出来导致了分化加剧的现状。

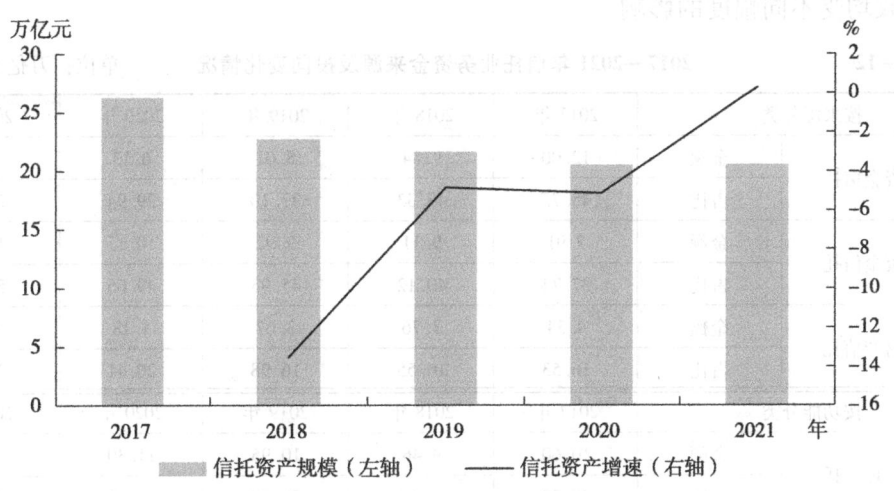

图 3-11 2017—2021 年中国信托业资产规模变化情况

（数据来源：Wind）

2. 信托业务转型加快，资金来源及投向发生结构性改变

在信托资金构成上，2018年到2020年就已经形成了逐步分化的三重态势，即单一资金信托规模和占比逐渐降低，集合资金信托规模和占比渐次升高，同时管理财产信托规模和占比也显著攀升（见表3－12）。2021年底，单一资金信托规模降至4.42万亿元，比上年末压降1.72万亿元，降幅达28.00%；占比降至21.49%，比上年末下降8.45个百分点，规模与占比的年度降幅均为近年来最大。集合资金信托继续稳步增长。2021年底，集合资金信托规模增至10.59万亿元，比上年末增长4.10%；占比提升到51.53%，比上年末上升1.89个百分点。管理财产信托快速增长。2021年底，管理财产信托规模增至5.54万亿元，比上年末增加了1.36万亿元，增幅高达32.53%；占比进一步提升到26.98%，比上年末上升6.56个百分点，规模与占比增幅均为近年来最大。

在信托管理功能上，2018—2021年间，主动管理信托表现出稳定上升，事务管理类信托出现下降颓势。这其中主动管理信托中的融资类信托持续下降，投资类信托则持续上升，事务管理类信托中的通道信托快速下降，而服务信托则稳定上升。主动管理信托继续稳步增长。2021年底，主动管理信托（融资类＋投资类）规模增至12.08万亿元，较上年末增长6.91%，占比提升到58.80%，比上年末上升了3.64%。融资类信托规模降至3.58万亿元，比上年末下滑了1.28万亿元，降幅高达26.28%，占比降至17.43%，比上年末下降了6.28%，规模与占比的年度降幅均为近年来最大。事务管理类信托继续平稳下滑。2021年底，事务管理类信托规模降至8.47万亿元，与上年末相比下降7.85%；占比进一步降至41.20%，比上年末下降了3.64个百分点。

以上数据表明我国信托业正在进行结构性转型，因此市场面临不确定性因素增多，风险控制压力随之上升。此外信托公司营收在市场转型期间受波动影响较大，各行业信托的营收均受不同幅度的影响。

表3－12　　　　2017—2021年信托业务资金来源及投向变化情况　　　　单位：万亿元，%

按来源分类		2017年	2018年	2019年	2020年	2021年
单一资金信托	金额	12.00	9.84	8.01	6.13	4.42
	占比	45.73	43.33	37.10	29.94	21.49
集合资金信托	金额	9.91	9.11	9.92	10.17	10.59
	占比	37.74	40.12	45.93	49.65	51.53
管理财产信托	金额	4.34	3.76	3.67	4.18	5.54
	占比	16.53	16.55	16.98	20.41	26.98
按功能分类		2017年	2018年	2019年	2020年	2021年
主动管理信托	金额	10.60	9.46	10.95	11.30	12.08
	占比	40.38	41.64	50.70	55.17	58.81
融资类	金额	4.43	4.35	5.83	4.86	3.58
	占比	16.87	19.15	26.99	23.71	17.43

续表

按功能分类		2017年	2018年	2019年	2020年	2021年
投资类	金额	6.17	5.11	5.12	6.44	8.50
	占比	23.51	22.49	23.71	31.46	41.38
事务管理类	金额	15.65	13.25	10.65	9.19	8.47
	占比	59.62	58.36	49.30	44.84	41.20
按投向分类		2017年	2018年	2019年	2020年	2021年
工商企业		27.84%（1）	29.90%（1）	30.60%（1）	30.41%（1）	27.73%（1）
金融机构		18.76%（2）	15.99%（2）	13.96%（4）	12.17%（6）	12.44%（4）
基础产业		14.49%（3）	14.59%（3）	15.72%（2）	15.13%（2）	11.25%（6）
证券投资		14.15%（5）	11.59%（6）	10.92%（6）	13.87%（5）	22.37%（2）
房地产		10.42%（6）	14.18%（4）	15.07%（3）	13.97%（4）	11.74%（5）
其他		14.33%（4）	13.74%（5）	13.72%（5）	14.45%（3）	14.47%（3）

数据来源：根据中国信托业协会公开数据整理。

3. 房地产信托业务规模收缩，违约事件频出

自2021年下半年以来，受个别房企流动性风险影响，房地产行业出现快速降温，在信托业务权重中占比较高的地产类信托风险持续暴露。受监管政策调控及市场环境变化因素影响，2021年信托公司房地产业务规模下滑明显。2021年房地产信托规模约为1.97万亿元，相较于2020年的2.4万亿元同比下降约18%。随着房地产行业债务风险暴露增多，房地产信托项目违约案例大幅增加，信托公司风险管控压力进一步增大，行业转型也随之进入攻坚期。在经济增长下行和监管收紧的驱动之下，存量资产的风险加速暴露。2021年，房地产类信托涉及金额较多，违约风险项目涉及金额约917.11亿元，占1 495.2亿元全部违约金额的61.34%。

（五）多重风险交织影响保险市场功能实现

2021年，国际形势错综复杂，国内改革任务艰巨繁重，新冠疫情仍持续反复，与此同时，科技创新提速、医疗水平进步、人口老龄化加快、家庭结构转变等多重因素共同带来保险行业风险成因和风险特征变化，进而重构保险市场发展格局。随着外部环境的脆弱性和复杂性进一步升级，一些长期积累的风险隐患有所暴露，一些新兴风险浮出水面，我国保险市场发展面临多重风险挑战，经济保障及资金融通等核心功能实现受到影响。

1. 重点业务承保风险加大

一是健康险经营风险加大。作为近年来最为亮眼的业务之一，健康险业务在快速发展的同时也面临较大风险：一方面重疾险和短期医疗险赔付走高。重大疾病发病率和检出率呈上升趋势，逆向选择效应凸显，人口预期寿命的延长和医疗成本增速的持续提高也进一步加大了长期重疾险和医疗险的赔付风险。另一方面，普惠型商业医疗保险是减

轻居民医疗费用负担和夯实多层次医疗保障体系的有力工具，但其经营模式尚不成熟，面临经验数据不足、易引发逆向选择，多期运营后有较大可能受到"死亡螺旋"效应影响等挑战。

二是非车险赔付风险剧增。非车业务尤其是责任险、农业险已成为财产险业务增长的主引擎，但增量不增利，行业主体在风险筛选、防控能力仍存在缺陷。其中，责任险赔付率上升压力较大，主要原因有：竞争加剧，费率长期走低，保费充足度下降；人身损害赔偿逐年提高，加大了业务赔付成本；涉及金融领域的相关职业如上市公司董事、监事、高管等面临的法律风险敞口明显增加等。农业保险面临的保险风险也逐渐增加，标的特性复杂是其业务风险的根源所在，且目前农业保险大灾风险分散的第三道防线尚不能发挥预期作用。

2. 疫情影响下保险渠道风险加剧

一是传统营销员渠道减员严重。疫情对传统营销员渠道造成明显冲击，营销员收入下降进而人员不断流失。截至2021年底，在保险中介监管信息系统执业登记的保险销售人员641.9万人，同比下降了23.84%，营销员大幅下降导致该渠道新业务增速放缓。价值率较高的新单期交保费负增长，价值积累的速度明显放缓，影响保险公司长期的盈利能力和风险抵御能力。

二是银邮渠道竞争加剧成本上升。疫情冲击下，部分保险公司重新加大对银邮渠道的投入，银邮渠道原保费收入保持了较快增速。但竞争加剧导致渠道成本上升，中小保险公司缺乏议价权，手续费率上行压力较大，且业务快速增长加速资本消耗，短期内银邮渠道新单保费仍以趸交产品为主，价值率低、资本消耗较快。

三是网销渠道合规经营理念欠缺。疫情影响下，网销渠道加速发展，但一方面，网销渠道占比仍较低，尚未形成有力的渠道支撑，面临销售产品的能力不足、线上线下融合力度不够等严峻挑战；另一方面，网销渠道的销售误导现象依然频发，是消费者投诉的主要原因。

3. 保险资产配置中的风险隐患上升

一是信用风险上升。受企业杠杆率攀升及货币政策基调调整影响，外部信用风险向保险行业传导的概率上升，保险资金运用面临的信用环境严峻。2021年，债券市场违约规模尽管较上年有所改善，但疫情影响仍未完全消退，加之我国经济发展面临需求收缩、供给冲击、预期转弱三重压力，保险资金配置固定收益类资产面临的信用风险加大，叠加地方政府债务风险攀升，保险资金持仓债券及非标产品的信用风险可能进一步暴露。随着行业内投资非标资产的比例不断提升，部分非标产品也隐含了信用违约风险，部分保险资金投资集合资金信托计划和债权投资计划相继出现违约事件。随着债券、非标等金融产品违约，外部信用风险向保险资金运用传导的风险加大，保险行业信用风险管控难度将持续增加。

二是市场波动风险上升。短期利率变化导致资产市值波动加大，长期利率下行趋势将带来利差损和再投资风险，权益市场波动加大直接影响保险投资收益。2021年，随着世界经济从新疫情的影响中逐步复苏，全球股市在宽松的货币政策和财政刺激措施的支持下，整体呈现上涨趋势，但外部不确定性因素增加，全球金融体系脆弱性上升，国内外资本市场波动加大。利率下行环境下，优质资产相对稀缺，保险资金对股票投资偏好持续加强，保险行业面临的市场波动风险将进一步加大。

三、深化金融体制改革以健全市场风险防范功能

（一）贯彻跨周期调节和稳增长防风险的动态平衡

1. 持续深化供给侧结构性改革，激发金融市场活力

首先要在维持经济稳定高质量发展的前提下，持续深化供给侧结构性改革与结构性去杠杆。要防范金融市场异常波动带来的影响，妥善处理地方债务风险和行业风险问题。与此同时，要实现经济高质量发展与内外循环的结构化要求，加大扩大内需的政策力度，重视结构性政策与总量政策之间的相互协调，从而实现在坚持供给侧结构性改革的前提下，进行结构性创新，打造新阶段的结构性创新周期繁荣。其次，要在促进需求扩张的基础上，进一步保障供给稳定与增长，更要注意预期引导的作用。要在充分发挥宏观经济政策逆周期调节作用的同时，通过提振投资带动就业和居民消费。还要培育多层次的资本市场，大力发展直接融资渠道，继续推进利率市场化改革，丰富金融工具和金融产品以完善金融市场发展，更好地服务于实体经济。

一是在出台稳健的货币政策时考虑政策实施的灵活适度。多种货币政策工具并举，在考虑流动性充裕的同时兼顾信贷总量增长的稳定。以为实体经济发展为着眼点，保障货币供应量和社会融资规模增速同名义经济增速互相匹配。完善市场利率传导机制，提高金融系统运作效率。

二是要持续完善宏观审慎政策框架，构建高效匹配的治理机制。完善系统性风险监测和评估机制，推行宏观审慎压力测试。稳健推动金融控股公司审批流程，并展开持续监管活动。实施系统重要性银行附加监管。

三是严守金融风险防范化解底线。按照稳固全局、精准施策的方针，有序开展重点机构风险处置化解工作，发挥存款保险制度和行业保障基金在风险化解中的作用。

四是有效提升金融服务与管理水平。统筹推进金融法律法规体系构建，持续开展区域金融改革试点工作。大力加强金融业综合统计监测分析，促进金融科技应用与管理，推动国库高效服务社会民生。

2. 培育完整内需体系，充分发挥支撑作用

在当前国际世界经济摩擦频出、国内疫后经济初步复苏的新阶段，要构建稳健、安全、有弹性和韧性的经济体系，应当积极发挥我国市场资源丰富这一特点，并且持续扩

大这一优势，释放内需潜力，加快培育完整内需体系，形成构建新发展格局的雄厚支撑。当前我国内需表现出不同以往的阶段性特征，发生了结构性变化，内需扩大的重点由投资转向了消费尤其是居民消费，扩大内需的侧重点也随之转变。

一是适应新发展阶段和高质量发展的新要求，构建覆盖全领域、贯通全环节、统筹全周期和强化全要素的完整内需体系；适应消费结构升级和新科技革命发展新方向，构建以居民消费为主体的内需增长格局，为加快构建新发展格局，扎实推动全体人民共同富裕，提供强大动力、筑牢基础。

二是需着力增强消费和投资间的适配性、平衡性，形成需求牵引供给、供给创造需求的更高水平动态平衡。关键是遵循市场和消费的内在规律，顺应新发展阶段内需发展要求，面向加快构建新发展格局、实现"双碳"目标等重大战略任务，以科技创新、绿色发展等为关键点和主攻方向，壮大发展新动能，统筹增量与存量。

三是增强各部门、各领域、各层级政策的协调性，破除抑制现有消费和投资潜力充分释放的制度障碍，构建和完善适应未来消费创新发展新要求的制度支撑，统筹用好各类政策工具。

3. 统筹兼顾发展安全，支持基建适度超前

要充分激发有效投资的重大作用，统筹推进交通基础设施建设，灵活超前开展基础设施投资，精准补齐基础设施短板，以加快建设交通强国为总抓手，加快建设国家综合立体交通网主骨架。全面推进交通重大工程建设，着力抓好国家干线公路省际畅通工程、国防边防公路畅通工程、"四好农村路"助力乡村振兴工程、干线公路安全提升工程、水运提质扩能工程、综合交通枢纽建设工程等工程。要做深做实做细项目前期工作，全面推动加强资金、土地等要素保障，确保交通固定资产保持高位运行，为经济稳增长提供有力支撑。充分发挥金融市场的特点，撬动更多金融资源服务基础建设。要把握"适度超前"原则，需要坚持问题和市场导向，既要解决区域基础建设不平衡的问题，还要兼顾解决发展不充分的问题，从而最大限度发挥投资效益。

一是保障流动性合理充裕。提高对实体经济的信贷支持，保持货币供应量和社会融资规模增速与名义经济增速互相匹配，尽早完成全年向中央财政上缴结存利润。

二是充分实现贷款市场报价利率改革功能，发挥存款利率市场化调整机制作用，引导金融机构将存款利率下降效果传导至贷款端，持续推动金融机构降低实际贷款利率。

三是灵活用好结构性货币政策工具，强化金融支持重点建设区域和项目。运用好碳减排支持工具和支持煤炭清洁高效利用、科技创新、交通物流专项再贷款，持续支持涉农、小微企业发展，拓展新的经济增长渠道。

（二）防范"市场操纵"，保护投资者合法权益

2021年7月6日，中共中央办公厅、国务院办公厅发布了《关于依法从严打击证券违法活动的意见》，明确坚持市场化、法治化方向，坚持建制度、不干预、零容忍，建

设资本市场基础性制度，健全依法从严打击证券违法活动体制机制，提高行政执法效能，有效防范化解重大风险，为加快建设规范、透明、开放、有活力、有韧性的资本市场提供有力支撑。这份高规格文件的出台不仅充分体现了党和政府对维护资本市场秩序、保护投资者合法权益、打击证券违法活动的高度重视，更意味着大力防范"市场操纵"行为、维护市场供求关系、保护证券价格形成机制、稳定资本市场秩序及诚信基础、促进市场健康发展的坚定决心。

1. 规范管理层行为，维护上市公司健康发展

近年来，上市公司舞弊丑闻仍频频曝光，情况不容乐观。规范管理层行为既是资本市场对公司加强风险管理提出的客观要求，更是公司提升管理水平和增强竞争能力所采取的必要手段。

一是优化组织治理结构。上市公司应改善内部控制环境，在公司股东大会、董事会、监事会三权制衡体系的基础上，努力为中小股东参加公司治理创造条件并增加话语权。同时，公司在大事、要事上应征求中小股东的利益诉求和意见，在章程中明确规定中小股东代表进入董事会的名额比例。其次，加强董事会建设，优化其治理机制，明晰董事会成员与高管人员之间的权责分配和职能定位，建立健全董事会成员工作经营业绩和行为规范的双重评价体系，完善独立董事制度和独立董事薪酬制度，在更大程度上发挥独立董事在公司治理过程中的独立性。最后，避免独立董事和监事会职能交叉或重叠，监事会作为公司内部必要的监督机制，既要制衡、监督管理层和大股东以体现公平性，又必须明确监事会失察的法律责任。

二是加强审计独立性建设，加大审计违规处罚力度。审计独立性作为审计的本质要求，是保证审计活动有效进行的必要条件。其独立性建设可以从两方面着手：一方面，对会计师事务所展开全方位监管，确保审计人员与被审计单位无任何经济利益或隶属关系；另一方面，加强企业文化和审计人员职业道德的建设，助力高素质专业化审计队伍的打造。审计造假是一种相对来说"低风险高收益"的活动，若想制止这种乱象，就必须建立健全审计活动急需的法律制度，实行责任追究制，使得审计造假的成本大于收益，从而斩断造假"黑手"。

2. 坚守"三项原则"，践行市值管理

对上市公司而言，既要抵制"伪市值管理"，有意识地运用合规手段、方法为公司实现价值最大化和经营最优化，又要筑牢资本市场健康发展的基石，拒绝违反监管规定甚至于触犯刑法的恶意炒作行为，还要制定并完善公司治理模式、管理经营方式，以通过资本运作来实现公司市值与内在价值的动态平衡。因此，打击"伪市值管理"现象，关键在于良性市场生态循环的构建和严格的信息监管体系的健全落实。

一是市值管理的实施主体必须适格。首先，市值管理的出发点并不是少数群体的利益，而是全体股东的利益，因此，市值管理不能因大股东、实控人等少数群体的特殊利

益损害其他股东的整体利益。其次，市值管理的方式以并购重组、大股东增持、股份激励、公司回购、定向增发以及舆情监测、危机公关、信息披露、投资者关系管理为主，它作为产融互动的过程对资本运作的专业性、合规性有着较高要求。因此，市值管理的主体必须是上市公司或者其他依法准许的适格主体，一般情况下，控股股东、实控人和董监高等不得以自身名义实施市值管理。

二是市值管理过程中实行账户实名制。账户实名制作为资本市场各项机制的基础，可以从账户开立层面和使用层面来确保持有人身份的真实性及其与实际控制人、使用人的一致性，从而助力监管部门穿透式核查，进一步压缩"伪市值管理"的生存空间。不过，由于市值管理不会涉及太多的二级市场交易，所以账户问题本不应是典型问题，但因为"伪市值管理"极容易进行暗箱操作、制作虚假热点，因此账户的规范化管理就变得极为关键。如果市值管理过程中使用非实名账户进行交易，那么内幕交易、操纵市场的行为概率就会很高。

三是市值管理应严格依法开展信息披露。信息披露制度作为资本市场健康运行的重要基石，理应是广大中小投资者了解、掌握上市公司经营状况和财务状况的主要渠道，而不应成为诱导甚至是误导中小投资者进行投资决策的非法工具，更不能让市值管理利用信息优势为少数群体牟取私利，侵害广大中小投资者的合法权益。为应对上市公司信息披露过程中面临的新情况、新问题，我国出台了新《证券法》《上市公司信息披露管理办法》等规范性文件，进一步强化完善了信息披露秩序和管理办法。信息披露原则规定上市公司及相关主体应真实、准确、完整地向市场展示公司的经营面貌，及时、公平地披露有关重要信息。

3. 加大刑事处罚力度与强化投资者法治教育并重

从投资者构成上看，我国资本市场不同于欧美发达资本市场，"散户化"特征明显，机构投资者占据市场主体。由于散户对投资存在认知偏差，追求短期收益、跟风操作，在一定程度上引发了市场助跌效应，特别是市场操纵违法行为，行为人往往以多种方式控制多个他人证券账户连续高价买入或低价卖出，造成投资者损失。为规范资本市场散户行为，应加大刑事处罚力度，强化中小投资者教育。

一是加大刑事处罚力度。刑罚作为最严厉的法律制裁手段，是其他法律制裁手段无法相比拟的。然而，面对比证券违法行为更严重的证券犯罪行为，现有的刑法规定却无法实现这样的效果。事实上，在《刑法》中，操纵证券、期货市场罪情节特别严重的，处5年以上10年以下有期徒刑，并处罚金。虽然证券违法犯罪相对于其他行业惩罚力度不小，但操纵证券市场犯罪具有严重的贪利性，非法获利动辄千万元甚至过亿元，违法犯罪带来的收益太高，将犯罪收益与成本比较，实际证券违法犯罪的惩罚较轻。因此，建议对法定刑进行修改，将5年以上10年以下改为5年以上有期徒刑，将法定刑最高定位为15年，加大对操纵市场犯罪的刑事处罚力度，充分发挥刑罚的震慑功能。

二是强化中小投资者教育。监管部门应增强从严执法的威慑力，充分体现稽查执法重拳治乱、一查到底的理念和决心，起到打击一个违法，教育和引导一片投资者的执法效果，延续零容忍高压态势。一方面，以新媒体宣传为抓手，加强开展执法服务，营造齐抓共管众参与的社会氛围。监管机构应从新闻媒体的宣传视角出发对重点案件展开剖析，特别是违法者实施违法行为的原因、方式以及其误导投资者非法获利的过程。另一方面，普法与执法结合，线上线下联动，引导投资者理性投资。监管机构要多措并举，同步开展投资者保护线下宣传活动，用面对面的方式进行案例式教育，以加强投资者与监管机构的沟通交流，引导投资者关注长期投资业绩和有价值的投资。

（三）加强政府风险监管，维持债券市场信用稳定

政府风险监管系统在维护国家金融安全，保障金融风险安全可控方面意义重大。不仅要为构建新发展格局提供有力支持，进一步提升金融服务整体效能。同时还要毫不松懈防范化解金融风险，切实加强对各个平台风险活动监管。既要持续深化金融供给侧结构性改革，又要强化全周期监管效能，加强事前预警和事中干预，完善事后风险化解对策。提升科技运用水平，加强协同监管能力。

1. 完善监管体系，执行统一标准

一是要统一标准，强化市场管理。此前，由于分属不同的部委监管，不同类型信用类债券的发行条件、制度等存在差异。因此要按照分类趋同的原则，逐步统一公司信用类债券发行交易、信息披露、信用评级、投资者适当性、风险管理等各类制度和执行标准。具体来看，首先信用类债券注册标准统一，然后进一步推动银行间和交易所制度规则统一。规定银行间债券市场和交易所债券市场都是我国债券市场的有机组成部分。推动制度规则分类趋同，允许发行人自主选择发行方式、具体种类和发行场所等，允许满足投资者适当性要求的合格机构投资者自主选择交易平台、交易方式和风险管理工具等。此外，信息披露要求统一。最后，债券市场执法统一。由国务院证券监督管理机构依法对涉及各类债券品种的信息披露违法违规、内幕交易、操纵证券市场以及其他违反证券法的行为，依据新《证券法》有关规定进行认定和处罚。

二是要推荐系统化监管体系的构建，加强对信用评级机构监管，提高信用级别的划分和风险警示作用。在提升评级行业公信力这一长期过程中，相关机构应当持续优化债券市场信用评级统一监管体系，逐步有效产生监管合力，完善信用评级机构的内部制度，加大信息披露力度，保障评级结果的客观性、独立性和审慎性。此外还应当杜绝评级机构之间的恶性竞争，因此需要充分发挥已有投资者付费评级机构"级别锚"的正面引导作用，加强评级行业的规范化改革。具体而言，要加强信息披露要求、强化监管力度。发债主体违约行为的发生多是存在财务造假、隐瞒经营情况和资金流向等行为，因此在管理事前要建立风险预警机制，对发债主体违规信息及时识别、及时处理。还要构建完善的信用评级制度，针对我国部分信用债评级虚高问题，应当有针对性地构建更为

客观、系统的信用评级制度。实施推进多重信用评级机制，鼓励投资人付费评级与发行人付费评级并行的模式。同时完善债券违约处理制度。我国债券违约处置方式主要通过司法诉讼和自主协商的方式。但目前案例表明债券违约的处置方式效率不高，对破产的违规主体而言进入处理程序后的处置周期较长，不能很快恢复经营，严重影响市场整体效率。

三是要完善债券违约处置的相关法规制度，强化对不同主体的约束。目前我国债券市场上的投资者保护机制主要包括信息披露制度、债券持有人会议制度、受托管理人制度、债权人司法救济制度和特殊保护条款，当前债券违约处置过程中出现的一系列问题也表明现有投资者保护机制的不健全、不完整，相关部门应结合实际情况，不断完善法规制度，并引入新的条款，加强对债券投资者的保护力度。现有《破产法》等相关法律存在诸多弊端，应当根据现状及时修订或出台相应的完善规章以填补现行法律覆盖不全或界定模糊的领域，从而提高违约债券处置效率，使得在债券违约处置过程中有法可依。同时还应当尽快建立全国统一的专业破产法院或增设相应的职能机关，提高破产诉讼人员专业素质，确保破产诉讼的专业化、规范化、法制化。与此同时，要强化对不同主体的约束，加大对于恶意"逃废债"等违规行为相关人员和企业、机构的惩罚力度，同时完善偿债保障条款，有效保护投资者的合法权益。

2. 提高资源配置效率，优化债券市场环境

不同债券之间出现关联度较高这一现象可能来源于发债主体同质化趋势上升，而这一结果很大可能程度引发新的市场风险。目前我国基础设施建设、地产投资以及其他资源性行业等在信用债市场融资份额较大，而其他生产和服务行业占比较少，这一行业融资规模差异分层的现象对拓宽实体经济直接融资渠道造成诸多不便。

一是持续优化高收益债市场，有效提高发债主体属性的多元化程度，提高债券市场对实体经济服务的力度和资源配置的效率。针对目前信用债市场对民营以及中小企业存在偏见的现状，拟建议拓展现行债券融资渠道及开发全新债券品种工具，与此同时要采用信用保护工具等方式提升此类企业的市场认可度，逐步改变投资机构"一刀切"的刻板印象，以此丰富发行人的主体类型。还要提升专业机构投资者投资力度，适当培养具有多元风险偏好的投资者群体。

二是逐步优化信用债市场相关的各项发行、交易、管理制度。应当在市场化、法治化理念的指导下，全面建设可持续的信用债市场环境。应该逐步统一涉及公司信用类债券的各项规则标准；对出现违规行为的主体和各方参与者采取一定的惩治措施。同时要拓展监管手段，强化监督执法力度，坚决打击"逃废债"；也要完善违约处置机制，有效提高违约债券处置效率从而缩减处置周期，并进一步细化投资者保护条款，完善持有人会议制度和受托管理人制度等，切实维护债券投资者的利益。

3. 明确信用债违规责任划分，通过市场化法治化方式出清

一是妥善处理既有的违约事件，有效阻止风险外溢。在发生违约事件后，市场各级参与者应及时沟通和加强交流，坚持在市场化、法治化的前提下选择合理的处置方式和方案，协调各方力量履行偿付义务，切勿失信于市场。对于已经发生的违约债券，各方应积极主动进行沟通和联系，客观、公正、及时对债券违约后续处置情况进行披露，积极筹措资金，万不得已时，应启动必要的司法措施，保护投资者合法权益，将债券违约的负面影响降到最低。在处置债券违约的同时，还应当防止各类媒体过分渲染违约、夸大违约，甚至唯恐天下不乱的过度宣传，避免因媒体过度宣传造成债券投资者恐慌，给债券市场的稳定带来影响。

二是鼓励不良资产处置机构参与违约债券处置，采取有效处置手段提升处理效率。在早期，我国商业银行不良贷款率高企，严重影响商业银行的发展，后来经过四大资产管理公司对商业银行不良资产的处置，商业银行得到了快速发展。目前，我国债券市场上也有不良资产处置机构参与违约债券处置的案例，但其数量和规模均不高，在处置违约债券时并不是一种常见的处置方式。鉴于我国资产管理公司具有一定的处理不良资产的经验，引入其参与债券违约处置过程的某些环节可以大大提升处置效率。因此，相关部门可以考虑鼓励专业化不良资产处置机构参与违约债券处置，以提高违约债券的回收效率。随着不良资产处置机构对违约债券的处置经验的积累，不良资产处置机构对违约债券的处置会越来越专业化，待时机成熟时，可建立专门处置违约债券的机构，更好地服务于违约债券的处置。

三是发挥违约债券流转交易机制作用，提高违约债券的流动性。构建违约债券流转交易市场。在保障市场风险可控的前提下引导违约债券继续流通，有利于债券违约后续的市场化风险处置。通过推动债券信用风险的出清，保持违约债券的流动性，在一定程度上能够更好地防范、化解和处置金融风险。早年间我国债券发生违约后，二级市场的交易也即刻终止，虽然控制了风险蔓延但是造成了相关债券持有机构难以及时平仓止损，或将由信用风险演变成为流动性风险，也对资本市场产生不利冲击。2018年后，有关部门陆续出台支持违约债券流转交易的政策文件以及配套措施缓解这一问题。2018年5月，全国银行间同业拆借中心发布《关于开展债券匿名拍卖业务的通知》；2019年5月，上交所、深交所各自与中证登联合发布《关于为上市期间特定债券提供转让结算服务有关事项的通知》；2019年12月，人民银行发布《关于开展到期违约债券转让业务有关事宜》；2020年3月，全国银行间同业拆借中心发布《全国银行间同业拆借中心银行间市场到期违约债券转让规则》；2020年7月，上交所发布《关于开展特定债券竞买转让有关事项的通知》。违约债券流转交易机制的不断健全和完善，有助于保持违约债券的流动性，加快违约债券的处置进度，为此，应当有效发挥违约债券流转交易机制的作用，不断优化违约债券转让方式，完善债券风险管理机制。

(四) 强化信托监管体系，化解高风险信托资产

1. 强化信托监管体系，重点纾解风险资产问题

在信托监管层面不仅要强化信托行业风险管理，守住不发生系统性风险底线，也应当促进信托行业回归本源、转型发展。要全面修正市场乱象，推进行业规范化可持续发展；要提升风险化解能力；逐步优化制度框架，加强信托监管职能；锚定服务实体经济本源，推动行业转型升级。

一是推动制度体系优化进程，营造健康转型环境。全面推进《信托法》修订和《信托公司条例》制定工作，夯实行业法律制度基础；修缮信托公司监管评级方案，完善信托公司分类监管体系，提高监管工作效能。

二是强化治理机制构建，重点把握转型核心根本。加强股东资质审查，严防股东不当行为，加强关联方识别和关联交易监管；优化信托公司管理模式，完善运作系统，着力提升治理主体的履职规范性和有效性。

三是针对风险资产的监管要有效实现市场约束能力和监管服务能力，创新优化平台服务，试行建立受益权交易流转市场；全面落实行业保障机制改革，更好提升信托保障基金在化解处置行业风险的效能。

2. 适当放宽不良资产处置，约束保障风险平稳化解

要在防范化解系统性金融风险的背景下，优化监管职能部门的业务结构，加强主动管理能力，在信托业务压缩过程中避免"死板生硬"的处置方式，要酌情对存量优质客户的保留，维护信托公司拓展优质客户的积极性，防范由于处理过于简单粗暴引发新的风险。

一是要适当鼓励信托机构配合资产管理公司，积极进行存量不良资产的处置。宜采取相应措施对涉事信托机构和资管公司进行安排，可以采取政府主导，企业配合的方式对不良资产进行清算和规划，对于可二次利用的资产资源进行有效开发，将不良资产的社会价值充分激发。

二是要监管、财政联动，为不良资产处置活动提供一定程度的政策支持。破产企业产生的不良资产处理涉及众多部门，因此需要各方相关部门积极响应配合，政府可适当出台鼓励性政策，为工商、税务、住建等部门展开不良资产的处置活动提供便利。

三是灵活放宽不良资产处置的业务约束，凭借信托的非标准化业务结构设计和管理能力，将不良资产通过合理配置和合规处理平稳化解风险。由此有效提升不良资产处置的效率，创造更多社会价值。

3. 优化信托资产结构，为信托转型提供政策支持

信托业转型如火如荼，要主动接受信托结构变化，参与市场转型。

一是主动把握经济高质量发展带来的机遇。信托业可以充分发挥自身优势，加大对基础设施建设和重大项目的支持力度，通过资产证券化等方式参与存量资产的再利用工

作，主动服务中小微企业，为其提供必要的金融支持，在实现稳定经济增长同时积极开辟并拓展新的业务空间。

二是主动抓住支持资本市场改革带来的机遇。根据现状分析，与我国资本市场相关的投资业务将是信托业务转型的主要方向，信托公司应把握资本市场发展的阶段性机会，积极开拓资产管理信托业务，主动提高投资研究和金融科技水平，打造具有信托特色、信托优势的资产管理信托产品。

三是主动把握防控金融风险带来的发展机遇。信托机构能够接受面临债务危机、处于重组或破产过程中的企业委托，在一定程度上化解金融风险。许多信托公司在破产重整领域进行了有效探索，积累了丰富的处理经验。因此可以进一步推动信托在破产处置领域的实践探索。信托公司应当把握阶段性机遇，抓住特殊资产处置的机会积累经验，协助房地产行业风险化解。

（五）措施多管齐下，积极应对保险市场风险

1. 有效防范业务发展中的经营风险

一是人身险方面，应完善健康险尤其是重疾险产品定价机制，利用大数据技术实现智能定价，提高产品的科学定价水平。要建设新业务模式，打造"健康保险＋健康管理"生态，抓住医改向纵深不断推进的机遇，力争税收优惠，承保"带病"人群，提升线上风控能力，持续优化客户体验。要加强与政府、医疗机构以及同业之间的相互合作，互通信息和数据，在科学管控医疗费用成本的同时防止逆向选择和欺诈风险。

二是财产险方面，车险业务中，在车险综改的压力下，保险公司除了提升自身的承保和理赔服务水平之外，还需对不同场景的客户触达场景进行差异性分析，实现与汽车生态的深度融合，通过开发客户长期发展模式，进一步降低车险整体经营成本；非车险业务中，监管层应当实施分类监管，加强产品审核，提升费用透明度；市场层应建立完善的风控模型和监控体系，定期修订纯风险损失率表，计提巨灾准备金，严控中介费用，确保在风险可控的前景下实现业务的稳定增长。

2. 积极应对保险渠道建设风险

一是引导转变保险销售发展模式，促进销售人员队伍的专业化、职业化和稳定化发展。在人口红利逐步消失和经营环境发生变化的背景下，增员难、留存难、销售难等已成为行业经营痛点，营销员渠道须同时面临人员减少和展业难度加大的问题，行业既要兼顾短期业务平台的达成，更要坚定持续推动转型改革的进程。

二是推动银行业保险业深度融合。银保渠道仍需突破简单的委托代理模式，应适时调整关于商业银行工作人员禁止性规定的有关内容，为商业银行兼职代理人模式提供有力的政策支持。

三是进一步明确线上渠道经营要求。厘清互联网保险业务本质，在从业条件、销售管理、宣传披露、售后服务等方面全流程规范线上保险业务资格要求和行为规范，严格

准入标准，明确业务边界，约束经营行为。

3. 严控保险资产配置中的市场及信用风险

一是优化资产配置结构。在低利率时代，构建动态有效的资产配置组合是保险资金保值增值的关键。优化途径包括：加大权益资产特别是长期股权投资比例；调整另类投资结构，增加在养老养生、医疗健康等项目上的战略布局以实现产业资本和金融资本的融合等。

二是加强资产负债联动，优化资负匹配水平。负债端应优化产品期限，降低久期缺口，持续努力降低负债成本和提升定价管理水平等；资产端应拉长资产久期，做好期限结构匹配，优化资产配置结构，提升投资收益水平和加强偿付能力管理等。

三是加强研究流动性风险、信用风险和违约风险。针对保险资金投资债券和非标产品面临的信用风险整体趋于上升，且以外部评级为基础的保险资金信用风险管理存在滞后的状况，信用风险管理应该落实"偿二代"要求，坚守底线，建立内部信用评级体系，进行多维度动态管理，利用大数据及AI技术，制定重大突发事件应急预案。

第四章 全球经济周期共振下的艰难复苏之路

2021年全球经济总体复苏,但复苏不充分、不均衡。2021年新冠疫情蔓延且反复冲击全球经济供应链与价值链,阻碍全球经济复苏进程。特别是2021年下半年,新冠病毒奥密克戎(Omicron)变异株加速蔓延,干扰全球供应链修复,全球经济复苏节奏放缓。国际货币基金组织(IMF)2022年1月预估2021年全球经济增长率为5.9%。

全球经济面临的不确定性陡增,国际经济金融形势复杂多变,我国面临的国际经济环境日趋严峻。国家统计局数据显示,2021年我国全年国内生产总值(GDP)为114.4万亿元,按可比价格计算,较2020年增长8.1%,两年平均增长5.1%,对世界经济增长的贡献率预计达到25%左右(见图4-1);居民消费价格指数(CPI)较2020年上涨0.9%。我国经济在中央统筹推进疫情防控的指导下保持恢复态势。我国国际收支格局继续保持基本平衡格局,经常账户顺差3 173亿美元,与国内生产总值(GDP)之比为1.8%,且外汇储备稳定在3.2万亿美元左右。

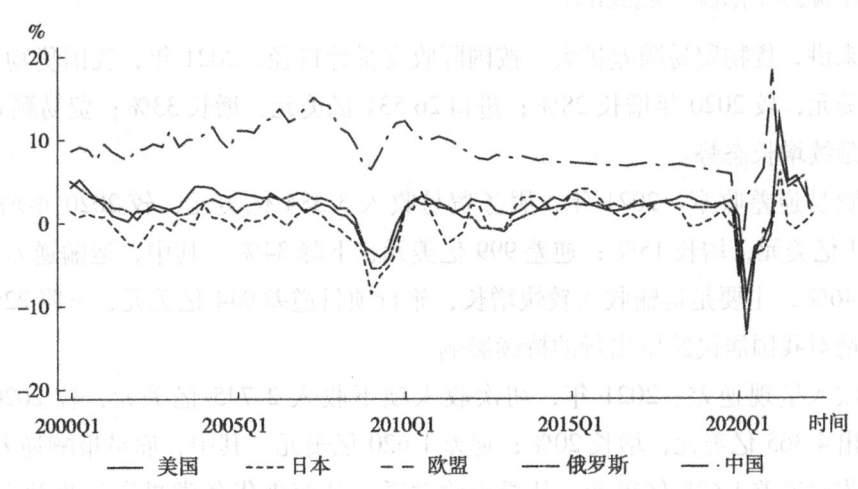

图4-1 全球主要经济体经济增长率

一、新冠疫情冲击下中国经济维持高水平对外开放

（一）中国 2021 年国际收支格局为"双顺差"

我国 2021 年国际收支格局从 2020 年的"一顺一逆"格局转变为"双顺差"格局。一方面，体现出中国作为贸易大国在新冠疫情蔓延与反复冲击下的超强韧性，因为我国经常账户顺差为 3 173 亿美元，为近 10 年来的最高水平，凸显出在疫情冲击下各国对中国制造的迫切需求。另一方面，我国金融账户的小幅顺差表明在全球经济不确定性较大环境下，我国金融市场与人民币资产得到了全球投资者的信任。

1. 中国经常账户延续顺差且差额扩大

经常账户延续顺差，非储备性质的金融账户小幅顺差。2021 年，我国经常账户顺差 3 173 亿美元，较 2020 年增长 28%；非储备性质的金融账户顺差 382 亿美元，2020 年为小幅逆差（见表 4-1）。

表 4-1　　　　　　　　我国国际收支格局　　　　　　　　单位：亿美元

项目	2014 年	2015 年	2016 年	2017 年	2018 年	2019 年	2020 年	2021 年
CA	2 360	2 930	1 913	1 887	241	1 029	2 488	3 173
CA/GDP	2.3%	2.6%	1.7%	0.2%	0.2%	0.7%	1.7%	1.8%
FA	-514	-4 345	-4 161	1 095	1 727	73	-611	382
FA/GDP	-0.5%	-3.9%	-3.7%	0.9%	1.2%	0.1%	-0.4%	0.2%

注：CA 代表经常账户余额；CA/GDP 代表经常账户余额与 GDP 之比；FA 代表非储备性质金融账户余额；FA/GDP 代表非储备性质账户余额与 GDP 之比。

数据来源：国家外汇管理局，国家统计局。

具体来讲，货物贸易顺差扩大。按国际收支统计口径，2021 年，我国货物贸易出口 32 159 亿美元，较 2020 年增长 28%；进口 26 531 亿美元，增长 33%；贸易顺差约 5 627 亿美元，延续增长态势。

服务贸易逆差收窄。2021 年，服务贸易收入 3 384 亿美元，较 2020 年增长 48%；支出 4 384 亿美元，增长 15%；逆差 999 亿美元，下降 34%。其中，运输逆差 206 亿美元，收窄 46%，主要是运输收入较快增长；旅行项目逆差 944 亿美元，下降 22%，体现出全球疫情对我国居民跨境出行的持续影响。

初次收入呈现逆差。2021 年，初次收入项下收入 2 745 亿美元，较 2020 年增长 12%；支出 4 365 亿美元，增长 20%；逆差 1 620 亿美元。其中，雇员报酬逆差 13 亿美元，投资收益逆差 1 638 亿美元。从投资收益看，外商来华各类投资的收益合计 4 174 亿美元，我国对外投资的收益合计 2 536 亿美元。

二次收入延续小幅顺差。2021 年，二次收入项下收入 492 亿美元，较 2020 年增长 37%；支出 327 亿美元，增长 19%；顺差 165 亿美元，增长 95%。

2. 非储备资本与金融账户小幅顺差

非储备性质的金融账户小幅顺差。非储备性质的金融账户顺差382亿美元，2020年为小幅逆差（见表4-1）。

直接投资顺差增加。按国际收支统计口径，2021年，直接投资顺差2 059亿美元，2020年为顺差994亿美元。我国对外直接投资（资产净增加）1 280亿美元，较2020年减少17%，疫情背景下境内企业跨境投资并购总体合理有序；外商来华直接投资（负债净增加）3 340亿美元，增长32%，说明我国经济增长保持全球领先优势，对外资吸引力增强。

证券投资保持顺差。2021年，证券投资顺差510亿美元。其中，我国对外证券投资（资产净增加）1 259亿美元，较2020年下降17%；境外对我国证券投资（负债净增加）1 769亿美元，下降28%。其他投资延续逆差。2021年，存贷款、贸易应收应付等其他投资逆差2 298亿美元。其中，我国对境外的其他投资净流出（资产净增加）3 873亿美元，较2020年增长15%；境外对我国的其他投资净流入（负债净增加）1 576亿美元，增长73%。

3. 中国储备资产保持稳定

储备资产稳中有增。2021年，因交易形成的储备资产（剔除汇率、价格等非交易价值变动影响）增加1 882亿美元，其中外汇储备增加1 467亿美元。2021年末，我国外汇储备余额32 502亿美元，较2020年末增加336亿美元，余额变动主要受交易、汇率折算、资产价格变动等因素的影响。

4. 中国错误与遗漏项显示资本流出

（二）中国国际投资头寸规模稳定结构优化

对外金融资产和负债继续增长，对外净资产保持较高规模。2021年末，我国对外金融资产93 243亿美元，较2020年末增长5%；对外负债73 410亿美元，增长11%；对外净资产为19 833亿美元，我国对外资产负债结构稳健（见表4-2）。对外金融资产和负债规模稳步上升，是我国涉外经济高质量发展的成果。

表4-2　　　　　2020年末和2021年末中国国际投资头寸表　　　　　单位：亿美元

项目	行次	2020年末	2021年末
净头寸	1	21 503	19 833
资产	2	87 039	93 243
1 直接投资	3	24 134	25 819
2 证券投资	4	8 999	9 797
3 金融衍生工具	5	191	154
4 其他投资	6	20 149	23 205
5 储备资产	7	33 565	34 269

续表

项目	行次	2020年末	2021年末
负债	8	65 536	73 410
1 直接投资	9	31 793	36 238
2 证券投资	10	19 545	21 554
3 金融衍生工具	11	122	103
4 其他投资	12	14 076	15 516

数据来源：国家外汇管理局。

1. 中国国际投资资产存量结构趋于优化

储备资产继续发挥"压舱石"作用，民间部门持有资产占比稳步增长。2021年末，我国对外金融资产中，国际储备资产余额为34 269亿美元，较2020年末增长2%，储备资产占我国对外金融资产的比重为37%，占比下降1.1个百分点，但规模仍位列我国对外资产首位。直接投资资产25 819亿美元，占对外资产的比重为28%，占比下降1.4个百分点；证券投资资产9 797亿美元，占对外资产的比重为11%，占比提高0.3个百分点；金融衍生工具资产154亿美元，占对外资产的比重为0.2%；存贷款等其他投资资产23 205亿美元，占对外资产的比重为25%，占比提高2.2个百分点。

2. 中国国际投资负债存量结构稳定

来华投资特别是中长期投资继续增长，各类来华投资占比较为稳定。2021年末，我国对外负债中，来华直接投资36 238亿美元，较2020年末增长12%，占我国对外负债的比重为49%，占比提高0.3个百分点，继续位列对外负债首位。来华证券投资21 554亿美元，较2020年末增长10%，占比下降0.3个百分点至29%。2021年末，境外投资者持有境内上市股票和债券的总市值累计达12 984亿美元，较2020年末增长23%；持仓规模在境内股市和债市中的占比分别为5.2%和3.1%，未来继续提升潜力较大。存贷款等其他投资存量15 516亿美元，增长11%，占比稳定在21%。

3. 国际投资净头寸小幅下降

对外和来华双向投资收益总体稳定，收益率差异主要体现了我国经济基本面的领先优势。从来华投资收益看，2021年，我国经济保持恢复发展，疫情防控成果持续巩固，外商投资利润实现较快增长，全年各类来华投资收益合计4 174亿美元，较2020年增长20%，总体收益率约为6.0%。从对外投资收益看，外部经济复苏仍在继续，但势头受到疫情反复的拖累，全年各类对外投资收益合计2 536亿美元，增长11%，总体收益率约为2.8%。

（三）人民币汇率保持稳定与外汇市场规模创新高

1. 人民币对美元双边汇率保持稳定

人民币对美元汇率双向波动中总体稳定。2021年末，人民币对美元汇率中间价为6.3757元/美元，较2020年末升值2.3%（见图4-2），境内市场（CNY）和境外市场

（CNH）即期交易价累计升值 2.7% 和 2.2%。境内外市场维持窄幅价差，日均价差 58 个基点，低于 2020 年全年日均价差（94 个基点）。年内汇率双向波动明显，1—3 月区间震荡，4 月、5 月升值，6—8 月贬值，此后在波动中总体有所升值。全年人民币对美元汇率在合理均衡水平上保持基本稳定，成为对美元保持稳健的少数货币（见图 4-3）。

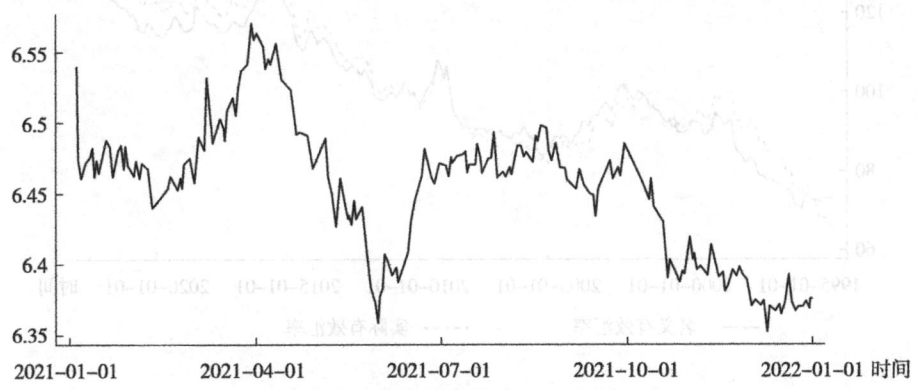

图 4-2　人民币对美元汇率中间价

（资料来源：国家外汇管理局）

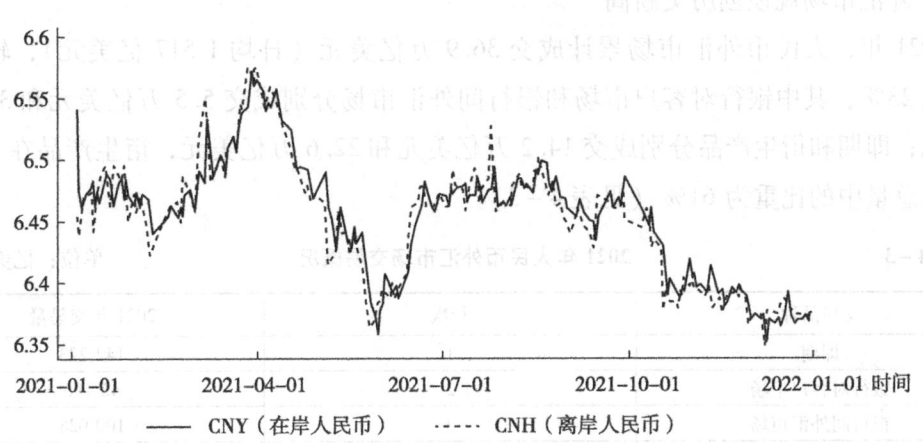

图 4-3　在岸与离岸人民币对美元汇率中间价

（资料来源：东方财富 Choice 数据库）

人民币汇率继续保持弹性。人民币汇率以市场供求为基础，市场预期总体平稳，继续保持双向浮动。2021 年末，境内外市场人民币对美元汇率 1 年期历史波动率分别为 2.8% 和 3.6%，期权市场隐含波动率分别为 4.8% 和 5.0%，均较 2020 年有所下降。

2. 有效汇率表现稳健

人民币对一篮子货币表现稳健。根据中国外汇交易中心数据，2021 年末中国外汇交易系统（CFETS）人民币汇率指数、参考国际清算银行（BIS）货币篮子和 SDR 货币篮子的人民币汇率指数分别为 102.47、106.66、100.34，较 2020 年末分别升值 8.0%、

8.1%和6.5%。根据BIS数据，2021年人民币名义有效汇率累计升值8.0%，扣除通货膨胀因素的实际有效汇率累计升值4.5%（见图4-4）。

图4-4 人民币有效汇率走势

（资料来源：国际清算银行）

3. 外汇市场规模创历史新高

2021年，人民币外汇市场累计成交36.9万亿美元（日均1 517亿美元），较2020年增长23%，其中银行对客户市场和银行间外汇市场分别成交5.5万亿美元和31.3万亿美元；即期和衍生产品分别成交14.2万亿美元和22.6万亿美元，衍生产品在外汇市场交易总量中的比重为61%（见表4-3）。

表4-3 2021年人民币外汇市场交易概况 单位：亿美元

交易品种	行次	2021年交易量
即期	1	142 223
银行对客户市场	2	42 196
银行间外汇市场	3	100 028
远期	4	9 309
银行对客户市场	5	8 220
银行间外汇市场	6	1 089
外汇与货币掉期	7	204 763
银行对客户市场	8	1 357
银行间外汇市场	9	203 406
期权	10	12 381
银行对客户市场	11	3 446
银行间外汇市场	12	8 934
合计	13	368 676
银行对客户市场	14	55 219
银行间外汇市场	15	313 457

数据来源：国家外汇管理局，中国外汇交易中心。

4. 外汇市场结构与全球逐步趋同

外汇市场参与者结构基本稳定。2021年银行之间交易占整个外汇市场的比重为85%，与2020年基本持平，在外汇市场交易中延续主导地位；非金融客户交易的比重从14.8%小幅下降至14.3%；非银行金融机构交易的市场份额从1.1%小幅上升为1.3%。

即期外汇交易稳步增长。2021年，即期市场累计成交14.2万亿美元，较2020年增长19%。在市场分布上，银行对客户即期结售汇（含银行自身，不含远期履约）累计成交4.2万亿美元，增长18%；银行间即期外汇市场累计成交10.0万亿美元，增长19%，其中美元交易份额为96%（见表4-3）。

远期外汇交易较快增长。2021年，远期市场累计成交9 309亿美元，较2020年增长65%。在市场分布上，银行对客户远期结售汇累计签约8 220亿美元，增长79%，其中结汇和售汇分别为4 688亿美元和3 532亿美元，分别增长54%和128%；6个月以内的短期交易占73%，上升4个百分点；银行间远期外汇市场累计成交1 089亿美元，增长4%（见表4-3）。

掉期交易稳步增长。2021年，外汇和货币掉期市场累计成交20.5万亿美元，较2020年增长23%。在市场分布上，银行对客户外汇和货币掉期累计签约1 357亿美元，下降43%，其中近端结汇/远端购汇和近端购汇/远端结汇的交易量分别为1 072亿美元和284亿美元，分别下降41%和51%；境内市场美元流动性充裕，推动银行使用掉期工具将美元资金转换成人民币资金使用，银行间外汇和货币掉期市场累计成交20.3万亿美元，增长24%（见表4-3）。

外汇期权交易较快增长。2021年，期权市场累计成交1.2万亿美元，较2020年增长47%。在市场分布上，银行对客户期权市场累计成交3 446亿美元，增长26%；银行间外汇期权市场累计成交8 934亿美元，增长58%（见表4-3）。

（四）人民币国际化程度居于历史高位

人民币国际使用规模与市场认可程度总体延续增长态势。人民币更加全面地发挥国际货币职能，稳定位居全球主要货币前列。中国人民大学国际货币研究所编制的人民币国际化指数RII是一个综合量化指标，用于客观描述人民币在贸易、金融交易、外汇储备等各方面的国际使用程度。根据设定，所有货币的国际化指数之和为100。截至2021年底，人民币国际化指数RII达到5.05，与上一年度基本持平。虽然全球疫情发展和国际形势演变错综复杂，主要央行货币政策分歧扩大，市场不确定性极高，但中国经济运行基本平稳，双向开放势头不减，在全球产业链、供应链地位更加凸显。

1. 人民币国际贸易计价结算职能进一步巩固

2021年，经常项下跨境人民币结算金额达到7.9万亿元，同比增长16%。在我国对外货物和服务进出口总额中，人民币结算占比18.5%。全球范围内，国际贸易的人民币结算份额为 2.85%，与上年基本持平。

2. 人民币国际金融计价交易职能基本稳定

2021 年人民币直接投资规模达到 5.8 万亿元，同比增长 52.23%，再创近五年内最快增速。但由于全球直接投资在上年低基数效应下大幅度反弹 88%，人民币直接投资的全球占比下降至 27.38%，减少约 5 个百分点。2021 年底，由直接投资、国际信贷、国际债券与票据等共同决定的人民币国际金融计价交易综合指标达到 9.52%，下降 0.47 个百分点。人民币直接投资已经成为人民币国际化的重要推动力量，其明显的季节波动性几乎决定了 RII 数值波动。疫情以来，人民币直接投资推动 RII 创出历史新高 5.20，此后已经连续八个季度保持在相对高位水平。

3. 人民币国际储备职能不断增强

从 2010 年初到 2021 年底，美元国际化指数从 49.52 升至 51.80，欧元从 29.84 降到 23.13，英镑从 4.00 变为 4.06，日元从 3.34 变为 4.20。同一时期，RII 从 0.02 显著提高到 5.05，人民币从在国际市场上几乎空白，到目前已经稳居全球主要货币前列。

全球已有超过 75 个国家和地区的货币当局将人民币纳入官方外汇储备。截至 2021 年底，全球官方外汇储备中的人民币资产增至 3 361 亿美元，同比增长 25%，人民币在全球储备占比达到 2.79%；2022 年第一季度，人民币官方外汇储备占比进一步提高到 2.88%。2022 年 5 月，国际货币基金组织公布最新 SDR 定值审查结果，将人民币份额从入篮时的 10.92% 上调到 12.28%，表明人民币的国际使用程度在过去 5 年中稳步提高。

4. "双碳目标"夯实人民币硬实力与软实力

2021 年是我国"双碳目标"的开局之年。2020 年 9 月 22 日，习近平主席代表中国在联合国大会上宣告："中国将提高国家自主贡献力度，采取更加有力的政策和措施，二氧化碳排放力争于 2030 年前达到峰值，努力争取 2060 年前实现碳中和。"当前绿色低碳经济已成为高质量发展的内在要求，长远来看，低碳发展有利于增强人民币硬实力与软实力，帮助人民币更好地全面发挥国际货币职能，但同时也需要注意到经济转型和结构优化任务艰巨，短期内面临经济增长和低碳发展的双重挑战。

（五）数字金融国际化引领全球

网络技术和数字经济蓬勃发展，人们对零售支付便捷性、安全性、普惠性、隐私性等方面的需求日益增强，不少国家和地区的中央银行或货币当局积极探索法定货币的数字化形态，全球央行数字货币研发进入了加速期。国际清算银行调查报告显示，65 个国家或经济体的中央银行中已开展数字货币研究的约占 86%，正在进行实验或概念验证的央行从 2019 年的 42% 增加到 2020 年的 60%。2014 年，我国开始对法定数字货币的发行框架、关键技术、发行流通环境及相关国际经验等进行专项研究，数字人民币发展也进入了快车道。

1. 数字人民币试点有序扩大

2021年，数字人民币测试范围有序扩大，已形成涵盖深圳、苏州、雄安新区、成都、上海、海南、长沙、西安、青岛、大连和2022北京冬奥会场景"10+1"试点格局；累计交易金额达到620亿元，已开立数字人民币个人钱包1.4亿个，对公钱包1 000万个；已有超过155万户商家支持数字人民币钱包支付，累计交易1.5亿余笔，涉及公用事业、餐饮服务、交通、零售及政府服务等多个领域。

具体来讲，2021年初，深圳市人民政府和中国人民银行开展了第二轮"数字人民币红包"试点活动。官方数据显示，深圳第二轮数字人民币红包活动成交金额为1 822.65万元。每一轮数字人民币试点活动都会有新的应用场景，从线下支付到网上支付，再到双线下支付的硬件钱包。深圳数据显示，部分中奖个人还为自己的数字钱包充值，消费金额达151.97万元。

深圳试点表明稳步推进数字人民币的计划已经从小规模的封闭测试进入大规模的开放测试，应用场景的不断拓展也让人们对以数字人民币为主导的数字货币有了更直观、更贴心的认识。数字人民币持续试点推广是一项优秀的数字货币大规模用户教育活动，也是数字货币领域的"破环"活动。这将有助于数字货币和数字经济在普通消费者的观念中不断清晰和深化，从B端推动C端，再从C端帮助B端继续繁荣和发展。

2. 数字金融与货币政策之间相互协调

数字人民币试点是数字金融领域底层基础设施的变革，势必影响货币政策的执行效力与传导路径。数字人民币定位于替代现实中的现金职能，即M0职能，但是数字人民币的特征与形态决定了其可以加载智能合约，进而实施部分货币政策的功能。因此，合理评估数字人民币广泛实施后我国货币政策的有效性并与之协调是数字金融发展需要解决的关键课题。

3. 金融科技公司助力数字人民币

中国人民银行对于数字货币的推进与研发，秉承开放包容的态度，坚持技术中性，这引发我国科技金融公司纷纷布局人民币数字金融技术与应用。数字货币的发展是建立在底层技术基础之上的。2021年，各大公司不断推进数字货币和区块链相关技术的发展，并申请了多项专利。

具体而言，字节跳动申请"数字货币钱包生成方法、数字货币支付方法、装置和电子装置"专利。支付宝申请"连锁融资方式、系统和设备"专利；根据专利摘要，专利可以降低融资对象的融资成本，方便融资对象。该专利有望在金融和融资领域推广和应用区块链技术。百度申请"区块链网络访问管理方法、设备、设备和存储介质"专利。华为、腾讯、小米、普华集团等企业区块链相关专利相继曝光，这也反映出市场对未来数字货币应用前景的乐观。区块链技术已经发展成为一个具有巨大增长潜力的稳定市场，数字货币是未来的蓝海。同时，中国银行首席科学家郭卫民也表示，数字货币将重塑金融体系。

4. 我国对加密数字货币实施严监管

我国对加密数字货币实施严监管，为人民币数字货币推进提供良好的外部环境。2021年打击虚拟货币力度之大、速度之快，可谓我国历史之最。2021年成为中国加密货币行业最重要的转折点，我国监管部门连续发文打击虚拟货币，为加密行业彻底退出中国吹响号角。比特币价格在2021年呈现出大起大落的特点（见图4-5）。

图4-5　2021年比特币价格走势

（资料来源：东方财富Choice数据库）

2021年5月18日，中国互联网金融协会、中国银行业协会、中国支付清算协会等三协会就防范虚拟货币交易炒作联合发布公告，确保进一步贯彻落实中国人民银行等五部门此前发布的《关于防范比特币风险的通知》《关于防范代币发行融资风险的公告》等要求，三协会公告强调，虚拟货币价格暴涨暴跌，严重侵害人民群众财产安全，扰乱经济金融正常秩序，正式拉开了全方位打击虚拟货币的序幕。

5月21日，国务院金融稳定发展委员会提出"打击比特币挖矿和交易行为"；7月30日，中国人民银行下半年工作会议提出，要求严厉打击虚拟货币非法活动，对加密行业无序扩张进行打击。

9月24日，中国人民银行等十部门发布《关于进一步防范和处置虚拟货币交易炒作风险的通知》，强调虚拟货币交易炒作活动抬头，扰乱经济金融秩序，滋生赌博、非法集资、诈骗、传销、洗钱等违法犯罪活动，严重危害人民群众财产安全。该通知中明确了虚拟货币相关业务活动属于非法金融活动，不具有与法定货币等同的法律地位、境外虚拟货币交易所通过互联网向我国境内居民提供服务同样属于非法金融活动等规定。

在2021年之前，国家监管层对虚拟货币的监管，主要有2013年12月中国人民银行、工业和信息化部、中国银行业监督管理委员会、中国证券监督管理委员会、中国保险监督管理委员会等五部门发布的《关于防范比特币风险的通知》，以及2017年中国人民银行、中央网信办、工业和信息化部、工商总局、银监会、证监会、保监会等七部门联合发布《关于防范代币发行融资风险的公告》重申《关于防范比特币风险的通知》规定。

二、全球经济承压之际中国与各经济体政策调控难度加大

(一)疫情反复冲击全球供应链,全球贸易低迷阻碍中国与全球经济复苏

2021年受疫情影响,全球物流、能源、劳动力等多个领域出现明显的供应链瓶颈。10月7日,波罗的海干散货指数升至5 650点,为2008年10月以来最高(见图4-6)。11月23日,美国宣布将释放5 000万桶战略石油储备,以缓解国内石油供应缺口(见图4-7)。

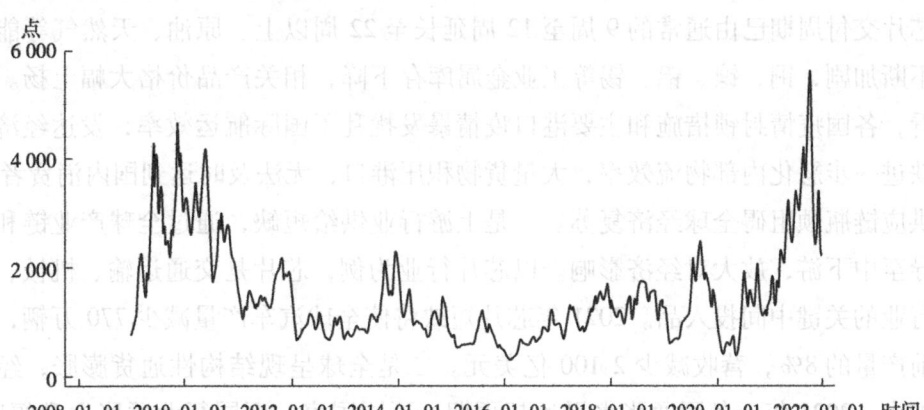

图4-6　2008年以来波罗的海干散货指数走势

(资料来源:东方财富Choice数据库)

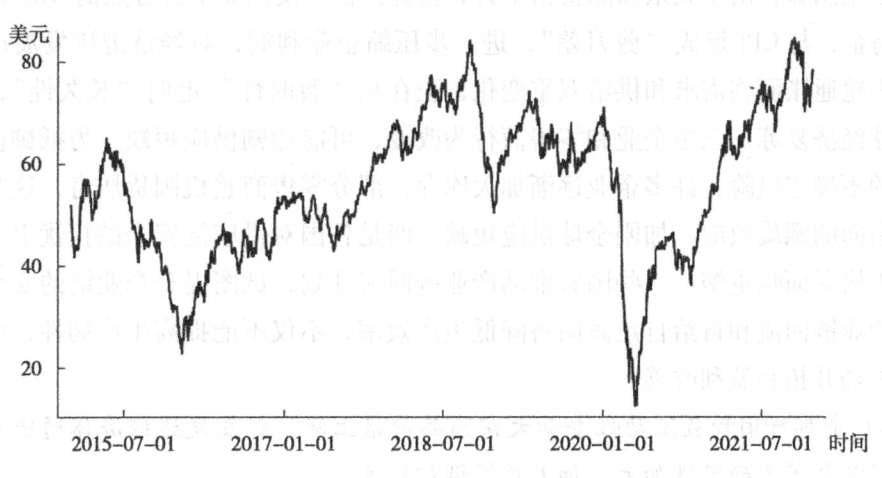

图4-7　2015年以来OPEC原油价格走势

(资料来源:东方财富Choice数据库)

去全球化与跨境生产碎片化不利于全球经济复苏。全球化降低了商品生产成本，是通胀水平长期保持低位的重要原因。但是去全球化浪潮再起，保护主义蔓延，疫情进一步中断了贸易往来和人员流动，影响全球供应链和物流顺畅运转。各国不同步的疫情封锁措施扰乱了航运，部分港口拥堵引发连锁反应，全球运力严重受损。供应链扰动，推升全球生产成本和物流费用。尤其是大宗商品出口国和工业制造国的疫情演变对跨境生产和全球供应链带来重创。供应链断裂负面冲击持续发酵，各国重新配置要素资源，加速产业链回流，全球贸易占经济总产出的份额低位徘徊。

由于疫情冲击和疫苗分配不均，全球正经历严重的供应链危机。疫情对各国冲击不同，疫苗分配在各国严重不均，亚太和非洲地区大宗商品出口国接种率较低，限制了当地生产恢复和产品提供。从生产端看，上游原材料、大宗商品、关键零部件供给严重不足。芯片交付周期已由通常的9周至12周延长至22周以上。原油、天然气等能源短缺状况不断加剧，铜、镍、铝、锡等工业金属库存下降，相关产品价格大幅上扬。从物流环节看，各国疫情封锁措施和主要港口疫情暴发扰乱了国际航运效率，发达经济体劳动力短缺进一步恶化内部物流效率，大量货物积压港口，无法及时运到国内消费者手中。

供应链瓶颈阻碍全球经济复苏。一是上游行业供给短缺，通过全球产业链和国际贸易传导至中下游，放大对经济影响。以芯片行业为例，芯片是交通运输、机械、电子消费等行业的关键中间投入品。2021年芯片短缺将使全球汽车产量减少770万辆，相当于疫情前产量的8%，营收减少2 100亿美元。二是全球呈现结构性通货膨胀，经济滞胀风险加大。2021年，各国通胀水平远超预期，不同国家、不同行业通胀上升幅度不同。其中，美国、德国、法国等发达经济体通胀大幅上升，俄罗斯、土耳其、巴西等新兴经济体通胀涨幅更大，粮食、能源等行业价格快速上涨，对居民消费和企业生产带来较大影响。根据测算，由于大宗商品价格上升，世界经济多支出2个百分点的GDP成本。各国PPI高企，与CPI形成"剪刀差"，进一步压缩企业利润，对经济健康发展产生不利影响。本轮通胀面临需求和供给双重变化，正在从"暂时性"走向"长久性"，将长期困扰全球经济复苏。三是企业和零售商行为改变，可能加剧供应短缺。为抵御供应链中断带来的不确定风险，许多企业逐渐加大库存，部分零售商趁机囤货居奇，这些行为可能导致负向的螺旋效应，加剧全球供应短缺。四是各国对供应链安全的担忧上升，国际生产分工格局面临重塑。一些国家推动产业链回流计划，试图提升产业链的安全性和弹性。但产业链回流和自给自足倾向将降低生产效率，不仅不能提高生产韧性，反而将阻碍企业市场开拓和盈利改善。

（二）前期纾困释放流动性叠加大宗商品价格上涨，引发发达经济体通胀严重，全球各国经济复苏不确定性加大，加大政策调控难度

经济政策困境与经济复苏动能转换顾此失彼。一方面，经济复苏与通胀攀升使货币政策不得不退出"紧急抗疫"状态，全球流动性拐点将至。然而"大剂量"刺激政策

的遗留负效应呈长期化之势，其通过收入构成和资产组合渠道加剧贫富分化，"马太效应"越发凸显。另一方面，财政与货币政策空前捆绑。疫情暴发以来，预算平衡的传统规则被抛弃，全球债务规模攀升至约 300 万亿美元的历史性高位。财政政策扩张依赖于货币政策，二者捆绑程度远超历史上任何非战争时期。2020 年 3 月至 2021 年 10 月，美国国债累计发行 7.55 万亿美元，美联储增持规模约占国债发行总额的 40.2%。政策困境将挤压消费、投资空间，经济复苏的动能及可持续性面临前所未有的考验。

2021 年上半年，主要发达经济体普遍维持宽松货币政策立场。下半年通胀压力不断积聚，12 月美国消费者物价指数（CPI）同比上涨 7%（见图 4-8），欧元区调和消费者物价指数（HICP）同比上涨 5%，主要发达经济体央行开始调整货币政策并加快收紧步伐。其中，美联储于 11 月、12 月每月缩减 150 亿美元的资产购买规模，并随着美国通胀水平达到近 40 年来高点，宣布放弃"暂时性"通胀说法并支持提前结束资产购买，加速缩小资产购买规模；英国央行 12 月超预期上调基准利率 15 个基点至 0.25%；欧央行、日本央行也于年底开始陆续放缓资产购买速度；新西兰、挪威央行 2021 年均加息 2 次，累计加息幅度 50 个基点。

图 4-8　2000 年以来美国通货膨胀走势

（资料来源：东方财富 Choice 数据库）

为应对较为严重的通胀、汇率贬值和资本外流风险，2021 年主要新兴经济体频繁加息。俄罗斯、巴西、墨西哥、南非央行全年分别加息 7 次、7 次、5 次和 1 次，累计加息幅度分别为 725 个、425 个、150 个和 25 个基点。

（三）美国货币政策转向导致新兴市场经济体系统性金融风险上升

美联储缩减购债从预期到行动，开启货币政策正常化进程。2021 年上半年，全球主要央行延续宽松货币政策基调，市场流动性不断累积，泰德利差降至历史低位，美联储隔夜逆回购使用量屡次突破历史新高。随着疫苗接种推进、经济反弹以及通胀抬升，美国货币政策逐步退出"紧急抗疫"状态，开启正常化进程。美元指数在2021年下半年开始一路走强（见图4-9）。在美联储引领下，欧洲央行表示放缓紧急购债计划，澳大利亚、加拿大、新西兰等发达国家央行也缩减或停止资产购买，巴西、俄罗斯、智利、墨西哥、韩国等新兴市场央行提前加息或多次加息，表明全球货币政策宽松周期步入尾声。

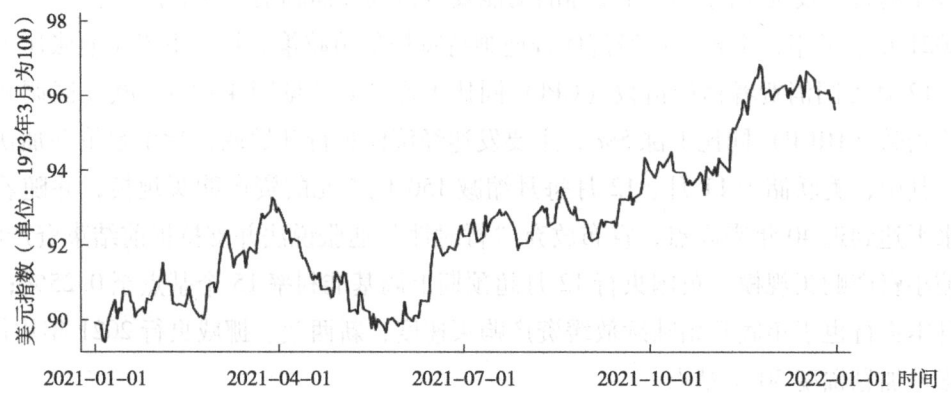

图4-9 2021年美国美元指数走势

（资料来源：东方财富Choice数据库）

新兴市场经济体需预防美联储政策转向的外溢效应，第一，全球流动性扩张迎来拐点。根据国际清算银行（BIS）统计，美元流动性约占全球流动性总规模的七成以上。美联储等主要央行退出量化宽松政策，意味着全球流动性开始边际收紧，从极度充裕转向偏中性，利率水平将会出现不同幅度抬升，进而使各国经历一个去杠杆的过程。第二，国际金融类价格将面临重估。美元指数重拾上行动能，非美货币汇率以及黄金等商品价格承压。屡创新高的股市未来可能出现较大幅度、较长时间的波动调整。第三，债务风险不容忽视。疫情发生以来，全球企业与政府债务空前膨胀，规模分别为86.6万亿美元和86.3万亿美元。未来一段时期，随着纾困政策退场，融资条件收紧，财政可持续性受损，大量企业特别是中小企业将面临评级下调、债务违约风险。第四，国际资金流向发生逆转。在持续低利率环境下，国际资金因追逐风险收益而大量涌入新兴市场。随着美联储货币政策转向，国际资金从新兴市场将回流发达经济体，从而使受疫情冲击严重、基本面脆弱、外债高企、国际收支过度失衡的新兴市场可能再现"缩减恐慌"。

货币政策回归正常化，可谓任重道远。相较上一轮宽松周期，本轮货币政策宽松力度更大、范围更广，正常化进程面临更加复杂严峻的内外部环境。新冠变异毒株加剧复苏前景的不确定性，滞胀风险上升，货币政策需要在就业与通胀之间谨慎权衡，既要避免滞后操作，也要警惕过猛转向。在全球范围内，各主要经济体之间疫情防控与经济走向存在差异，美国与欧元区、发达经济体与新兴市场货币政策周期分化，蕴含着市场波动与结构失衡风险，需要各经济体决策者进一步完善政策沟通协调，筑好金融安全网。经过世纪疫情与历史罕见的宽松刺激，主要央行货币政策工具"见底"，并与政府债务、金融市场乃至社会运行高度关联，其功能定位与政策框架出现实质性转变。

三、"数字"+"绿色"驱动经济高质量发展

（一）以"数字化"为依托，推动产业链与供应链自主可控性

1. 大力促进产业数字化

"十三五"是消费互联网发展的高潮，"十四五"时期要形成工业互联网的发展浪潮。要通过工业互联网建设带动人工智能、大数据、物联网等改造提升传统产业，通过产业数字化提升制造业创新力和竞争力。产业数字化是指利用现代数字信息技术、先进互联网和人工智能技术对传统产业进行全方位、全角度、全链条改造，使数字技术与实体经济各行各业深度融合发展。推动数字产业化能够为产业数字化发展提供数字技术、产品、服务、基础设施、相应解决方案以及完全依赖数字技术、数据要素的各类数字产品和服务，从而引领和推动各行各业的快速发展和数字化转型升级。

在全球产业链供应链调整趋势进一步强化的背景下，增强我国产业链供应链的自主性、可控性尤为紧迫。针对"卡脖子"问题，要下决心推进技术攻关，推动国产替代，依托龙头企业带动供应链本土化。实施好产业基础再造工程，加强"四基"技术和重要产品技术攻关与工程化，并为自主创新产品市场化应用创造良好环境。此外，要利用我国产业规模优势和配套优势加快工业互联网建设。

2. 提升数字产业化程度

数字产业化是指数据要素的产业化、商业化和市场化。产业数字化是指利用现代数字信息技术、先进互联网和人工智能技术对传统产业进行全方位、全角度、全链条改造，使数字技术与实体经济各行各业深度融合发展。推动数字产业化能够为产业数字化发展提供数字技术、产品、服务、基础设施、相应解决方案以及完全依赖数字技术、数据要素的各类数字产品和服务，从而引领和推动各行各业的快速发展和数字化转型升级。

数字产业化为数字经济的基础部分。以数字技术为核心的产业形态在现有产业结构中占据着越发重要的位置，数字产业在产业格局中异军突起。生产关系变革的背后是数字经济推动数字技术与传统产业融合的隐含机制，新一代信息技术在生产制造全过程、全产业链和产品全生命周期不断应用和渗透，生产、组织和商业模式的全方位创新需要在传统创新管理理论的基础上嵌入"数字创新"的新视角。经济合作与发展组织（OECD）将数字产业与其他产业进行区分，定义包含数字驱动行业、数字中介平台等在内的六类核心数字产业。美国商务部经济分析局（BEA）将数字产业分为三类，即数字

化赋能基础设施、电子商务和数字媒体。2021年6月，国家统计局正式发布《数字经济及其核心产业统计分类（2021）》，将数字经济产业划分为数字产品制造业、数字产品服务业、数字技术应用业、数字要素驱动业、数字化效率提升业5个范畴，该分类标志着中国数字化产业在我国统计层面正式确立。

3. 数字金融发展要以服务实体经济为出发点

数字金融要扎根实体经济，产品创新要以服务实体经济为出发点和落脚点，避免"脱实向虚"。一方面，要聚焦经济发展的关键领域和薄弱环节，保护市场主体，进一步提升对制造业、民营企业、小微、"三农"等重点领域的支持，与众多市场主体携手发展。另一方面，要聚焦新经济新业态，充分运用金融科技手段大力支持数字产业和传统产业数字化转型，满足企业线上支付结算、资金融通等各类金融需求，提升服务能力。

图4-10绘制了我国省级数字普惠金融指数的变化趋势。数据显示总体增长仍然是非常快的，这十多年里面平均指数增长是26.9%，但近几年有些放缓。2021年指数增长了8.3%，较2020年增长更快。早期覆盖广度指数增长非常快，现在更多依赖于深度的增长。

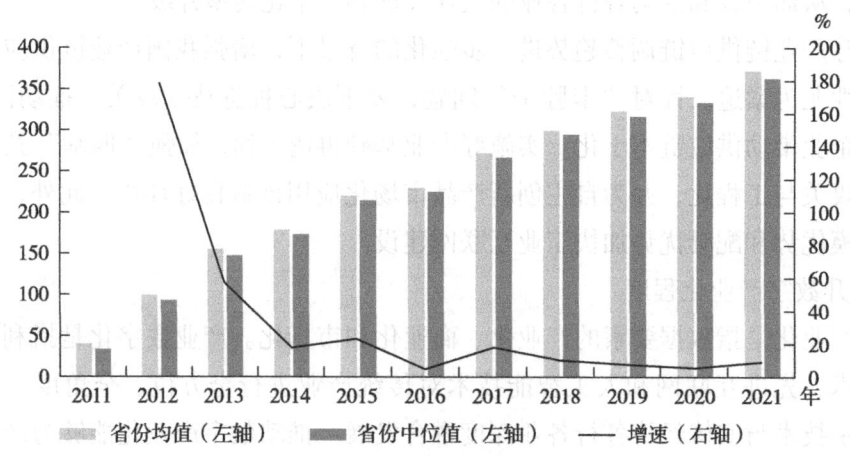

图4-10 中国数字普惠金融指数趋势

（资料来源：北京大学数字金融研究中心）

数字金融监管要与我国数字金融产业发展相匹配，我国数字金融领域创新已居于全球领先水平，可参考的经验不多，同时数字金融具有跨空间、跨部门、跨群体的影响力，我国金融监管机构要密切关注数字金融创新可能带来的"破坏性"后果，防范数字金融领域的系统性风险。

（二）以"双碳目标"为指导，坚持绿色高质量发展之路

1. 坚持以"双碳目标"为指导布局产业发展方向

双碳目标是"十四五"一以贯之的主题。在紧迫的减碳责任之下，转变能源结构、

碳排放产业转型成为政府强调的工作重点。为实现"双碳目标",一方面,化石能源的消费总量和消费强度需要重点控制,工业、建筑、交通等高耗能产业迫切需要转型升级;另一方面,低碳清洁能源行业将填补能源结构上的空缺,迎来历史性发展机遇。然而,要满足大规模、长期稳定的能源需求,克服风电、光伏、水电等发电方式的地域性、周期性限制,基础建设与技术革新势在必行。

2. 创新金融政策与体系支持"双碳目标"

创新金融体系及工具,将是"双碳目标"实现过程中的基础保障和有效助力。

我国"碳"金融政策体系布局初见成效。2021年1月4日,中国人民银行工作会议明确2021年重点任务之一:落实碳达峰碳中和重大决策部署,完善绿色金融政策框架和激励机制。2021年10月24日,国务院印发《关于完整准确全面贯彻新发展理念做好碳达峰碳中和工作的意见》。该意见提出了构建绿色低碳循环发展经济体系、提升能源利用效率、提高非化石能源消费比重、降低二氧化碳排放水平、提升生态系统碳汇能力等五个方面主要目标。

搭建并完善我国全国碳权交易体系。2021年7月16日上午,全国碳市场启动仪式以视频连线形式举行,这标志着历经十年试点筹划的全国碳排放权交易市场正式启动上线交易。全国碳市场第一个履约周期为2021年全年,纳入发电行业重点排放单位2 162家,覆盖了约45亿吨二氧化碳排放量。2021年12月31日,全国碳排放权交易市场第一个履约周期结束。自2021年7月16日正式启动上线交易以来,全国碳市场累计运行114个交易日,碳排放配额累计成交量1.79亿吨,累计成交额76.61亿元。

3. 鼓励并引导市场主体创新"碳"金融产品

加强"碳"金融产品创新。2021年2月9日,中国交易商协会创新推出碳中和债券,首批发行人包括南方电网、三峡集团、华能国际、国家电投集团、四川机场集团和雅砻江水电,合计发行规模64亿元,这是全球范围首次冠以碳中和贴标的绿债。2021年4月14日,上海股交中心正式上线碳中和指数,该指数综合考虑并挑选了190家挂牌企业作为碳中和指数样本,包括科技创新板(N板)和股份转让系统(E板)中涉及新能源、节能环保等领域以及有助于抵消人类生产生活中产生的温室气体排放量的企业。通过"碳"金融产品创新引导更多市场主体参与到"双碳目标"直接相关产业。

支持并鼓励投资机构战略转"碳"。2021年3月19日,中国知名创业投资和股权投资母基金管理机构盛世投资发布了我国股权投资行业首份碳中和战略声明。在《盛世投资碳中和战略声明》中,盛世投资提到将不仅要求自身经营活动和投资行为进行全面碳排放管理,还将对旗下私募基金、创投基金提出同样高标准要求。2021年4月19日,南方基金在公募基金业率先启动碳中和行动方案,将从公司运营、信息披露、风险控制、产品研发及ESG推广等方面助力碳中和。投资机构发挥其行业比较优势能促进"双碳目标"导向的投资并形成一定的示范效应。

促进"碳"产业投资赛道形成社会共识。2021年5月10日,碳阻迹在其官网上宣布获得5 000万元的A轮融资。碳阻迹创立于2011年,是中国第一家从事碳排放管理软件和咨询解决方案提供的公司。这笔资金将用于全面提升碳管理的SaaS化、标准化和智能化。2021年6月5日,高瓴资本宣布设立"碳中和"专项投资基金,加大对低碳科技和新能源领域投资支持力度,加速低碳技术的科学成果转化与应用。

(三)扩大金融双向开放,稳慎推进人民币国际化,多措并举防范系统性风险

1. 坚持扩大金融双向开放

一方面,扩大金融双向开放有助于我国形成更加合理的国际收支格局与国际投资头寸结构。另一方面,扩大金融双向开放能提高我国居民资本配置的收益与降低系统性风险。进一步扩大金融业高水平开放,推动全面实施准入前国民待遇加负面清单管理制度。深度参与全球金融治理,切实维护多边主义。

坚持渐进且风险可控的金融双向开放。例如,2021年9月"债券通"的"南向通"正式开启。由此,境内外投资者经由内地与香港相关基础服务机构在债券交易、托管、结算等方面互联互通的机制安排,可以方便地投资中国内地和中国香港债券市场交易流通的债券。通过"管道式"渐进式金融双向开放能在风险可控的前提下逐步推进我国的金融市场对外开放水平。

2. 稳慎推进人民币国际化

鼓励我国企业在国际贸易环节使用人民币进行计价与结算。进一步扩大人民币在跨境贸易和投资中的使用,深化对外货币合作,稳步推进人民币资本项目可兑换。

一个有深度的、流动性充沛、交易活跃、品种齐全和管理健全的外汇市场和金融市场,是人民币在国际竞争中抵御"大风大浪"的基础,是推动人民币金融指标提升的前提。为此,我国应在不断改进监管理念和监管手段的基础上,进一步提高我国外汇市场和金融市场对国内外投资者的开放和准入程度,补齐重要的市场短板,把市场做大做深,从而立于不败之地。

3. 多措并举防范系统性风险

在国内外多重因素的影响下我国经济下行压力较大(见图4-11),我国经济与金融系统风险点多而广,呈现隐蔽性、复杂性、突发性、危害性、传染性等特点,结构性失衡问题突出。我国监管机构要充分发挥平台效应,运用大数据、人工智能、区块链等金融科技对金融机构、债务人方面的杠杆率进行记录、监控和监督,解决信息不对称问题,防范道德风险,严格控制区域金融风险的点状爆炸。

强化去杠杆政策,化解信用风险。强化去杠杆政策有利于企业因偿债的资金压力造成资金链断裂的信用风险。我国已进入去杠杆的进程,宏观杠杆率开始呈现下降趋势。我国将继续推进宏观杠杆率的下行,通过债转股、优化债务结构等方式合理地去杠杆,化解信用风险,降低系统性风险的出现可能。

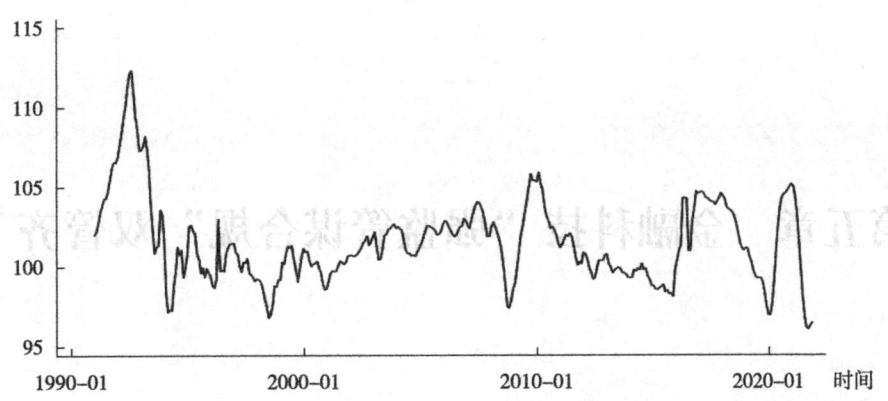

图4-11 中国宏观经济景气指数之先行指数

控制家庭部门杠杆率过快上升,防止信贷过度扩张。与发达国家相比,我国杠杆率并不算高,但增长过快。我们要控制家庭部门杠杆率的过度上升、信贷业务的过度扩张,保障家庭部门贷款高质量增长,尽量引导资金流入消费市场,而非房地产市场。保持信用适度稳健扩张,警惕因此带来的信用风险。中国总债务水平见图4-12。

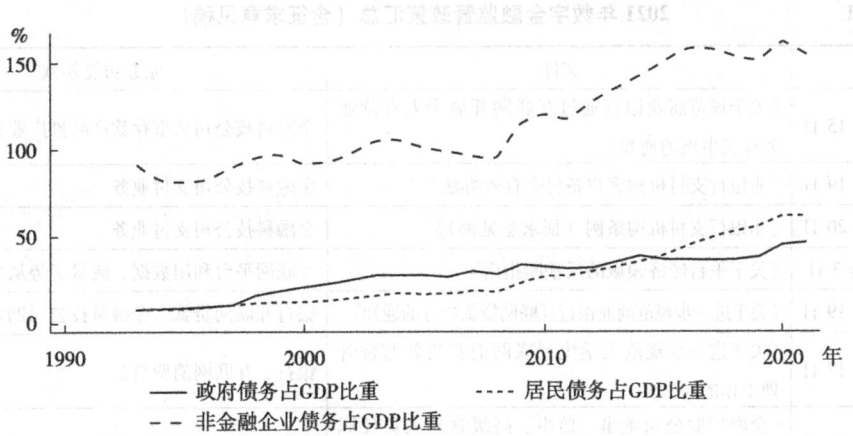

图4-12 中国总债务水平

(数据来源:中国社会科学院)

第五章 金融科技"强监管谋合规"双管齐下

一、2021年中国金融监管重大事件梳理与评析

（一）数字金融反垄断监管强化

对数字金融服务和竞争监管的深化是平衡金融稳定与效率、保护消费者合法权益、维护市场公平竞争的当务之急。2021年以来，金融监管当局颁发了一系列相关政策，从平台金融、金融合规、数据安全等数字金融领域强化监管。

表5-1　　　　　　　　2021年数字金融监管政策汇总（含征求意见稿）

日期	文件	业务功能领域
2021年1月15日	《关于规范商业银行通过互联网开展个人存款业务有关事项的通知》	金融科技公司从事存款产品推广业务
2021年1月19日	《非银行支付机构客户备付金存管办法》	金融科技公司支付业务
2021年1月20日	《非银行支付机构条例（征求意见稿）》	金融科技公司支付业务
2021年2月7日	《关于平台经济领域的反垄断指南》	互联网平台利用数据、流量优势从事金融业务
2021年2月19日	《关于进一步规范商业银行互联网贷款业务的通知》	银行互联网贷款、金融科技公司助贷业务
2021年3月17日	《关于进一步规范大学生互联网消费贷款监督管理工作的通知》	银行、互联网消费贷款
2021年3月31日	《金融控股公司董事、监事、高级管理人员任职备案管理暂行规定》	大型互联网平台从事多种金融业务
2021年3月31日	《中国人民银行公告〔2021〕第3号》	银行、互联网平台贷款利率
2021年6月10日	《中华人民共和国数据安全法》	互联网平台利用数据、流量优势从事金融业务
2021年7月16日	《银行保险机构消费者权益保护监管评价办法》	加强对互联网平台等第三方合作机构消保管理
2021年8月20日	《中华人民共和国个人信息保护法》	互联网平台金融业务中涉及个人信息采集、使用的部分
2021年8月27日	《互联网信息服务算法推荐管理规定（征求意见稿）》	互联网平台利用数据、流量优势从事金融业务
2021年9月17日	《征信业务管理办法》	互联网平台利用数据优势违规从事个人征信业务
2021年11月4日	《网络数据安全管理条例（征求意见稿）》	互联网平台金融业务中涉及个人信息采集、使用的部分

资料来源：作者整理。

大型互联网平台的不正当竞争和滥用市场支配地位等领域的反垄断监管受到重点关注。2021年以来，国家市场监督管理总局相继认定深圳美团优选科技有限公司、阿里巴巴集团控股有限公司、腾讯公司的垄断行为并依法作出行政处罚决定。针对互联网平台金融业务存在不正当竞争、非持牌经营、信息违规采集使用等问题，监管部门一直秉承"公平监管、从严监管"的原则予以政策指导或作出行政处罚。2021年4月12日，监管部门再次约谈蚂蚁集团，4月29日，中国人民银行、银保监会、证监会、外汇局等金融管理部门联合对13家从事金融业务的网络平台企业进行监管约谈，都提出了明确要求。在组织模式上，将金融活动全部纳入金融监管，金融业务必须持牌经营；在支付上，回归本源，纠正不正当竞争行为，断开支付工具与其他金融产品的不正当连接；在征信业务上，打破信息垄断，遵循"合法、最低、必要"原则收集和使用个人信息，保障个人和国家信息安全。金融监管当局在约谈中提出的要求与措施基本明晰了平台金融业务监管框架，为保障数字金融活动有序合规开展奠定了基础。

（二）房地产金融审慎监管加强

2021年以来，"抑制投机，稳定发展"是房地产金融监管的主旋律。中央及部委层面多次强调，坚持"房住不炒"的政策定位，围绕"稳地价、稳房价、稳预期"目标，持续完善房地产金融监管机制，防范房地产贷款过度集中，促进金融与房地产良性循环和健康发展。2021年1月1日，中国人民银行和银保监会联合发布《关于建立银行业金融机构房地产贷款集中度管理制度通知》，对银行分档设置了房地产贷款余额占比上限和个人住房贷款余额占比上限，"超线"的银行将面临限期整改。2021年3月26日，中国银保监会、人民银行、住房和城乡建设部出台《关于防止经营用途贷款违规流入房地产领域的通知》，督促银行业金融机构强化审慎合规经营，严防经营用途贷款违规流入房地产领域。同时，各相关部门还联合开展经营用途贷款违规流入房地产问题专项排查，加大对违规问题督促整改和处罚力度。两项政策形成联动效应，"双管齐下"抑制投机，切实从源头控制房地产的资金流入，从而抑制楼市过热。2021年9月29日，中国人民银行、银保监会联合召开房地产金融工作座谈会，强调金融部门要认真贯彻落实党中央、国务院决策部署，坚持不将房地产作为短期刺激经济的手段，持续落实好房地产长效机制，加快完善住房租赁金融政策体系。

房地产企业债务违约处置和监管不断优化。2021年下半年以来，房地产市场经过了一定程度的调整，房价出现下跌趋势，市场观望情绪愈加浓厚，多家房地产百强企业深陷债务违约困境。2021年8月19日，中国人民银行、银保监会相关部门约谈恒大集团，要求其积极化解债务风险，维护房地产市场和金融稳定。房地产企业间的项目并购是房地产行业化解风险、实现出清最有效的市场化手段。2021年12月20日，中国人民银行、银保监会联合发布《关于做好重点房地产企业风险处置项目并购金融服务的通知》，明确房地产项目并购融资政策，保护房地产行业良性发展。

（三）银行业强化负债质量管理

近年来，随着利率市场化的推进和资本市场、互联网金融、影子银行等金融业态的发展，商业银行负债结构多样化，除存款这一传统负债外，银行同业和非银同业成为银行负债的主要来源。随着商业银行负债业务复杂程度上升，管理难度也进一步加大。2021年3月23日，中国银保监会发布《商业银行负债质量管理办法》，从负债质量管理体系、负债质量管理要素、负债质量管理监督三个方面提出相关措施。具体而言，一是明确商业银行负债质量管理内涵和业务范围。二是确立负债质量管理体系。从组织架构、公司治理、内部控制、业务创新管理等方面对商业银行负债业务管理提出了明确要求。三是提出了负债质量管理的"六性"要素，同时要求商业银行合规开展负债业务、加强负债质量持续监测和分析。四是强化负债质量相关监督检查和监管措施。明确商业银行向监管部门报告负债质量管理情况的要求及负债质量监管评价结果运用的范围等。商业银行负债质量管理框架的确立对促进商业银行提升负债水平，维护银行体系安全稳健运行具有重要意义。

公司治理作为银行保险机构健康稳健发展的基石，一直备受监管关注。2021年6月8日，中国银保监会发布《银行保险机构公司治理准则》，明确了各治理主体的职责，强化了治理机制运行的规范性，重点包括：明确股东的权利义务、股东大会的职权、股东大会会议及表决等相关规则；强调董事特别是独立董事的选任、职责及履职保障，明确董事会及其专门委员会的组成、职权及会议表决等要求；规范监事选任履职及监事会、高管层的设置和运行；要求银行保险机构完善激励约束机制，健全信息披露制度与机制，加强风险管理与内部控制及内外部审计。银行保险机构外部性强、财务杠杆率高、信息不对称性严重，公司治理的缺陷往往成为其风险的主要因素。该准则的制定提升了公司治理的科学性和有效性，进一步促进了银行保险机构公司治理机制的完善，推动金融更好服务构建新发展格局。

表5-2   2021年银行重要监管政策汇总

时间	政策	政策意义
2021年1月15日	《关于规范商业银行通过互联网开展个人存款业务有关事项的通知》	首次明确商业银行开展互联网存款业务的政策要求，并禁止通过非自营网络平台开展定期存款和定活两便存款业务，有利于规范互联网存款业务健康发展。
2021年2月19日	《关于进一步规范商业银行互联网贷款业务的通知》	对《商业银行互联网贷款管理暂行办法》进一步细化，尤其对独立风控、与合作机构共同出资发放贷款的出资比例、集中度、跨地域开展业务等事项进行了细化明确，有利于进一步规范互联网贷款行为。
2021年3月23日	《商业银行负债质量管理办法》	首次系统提出商业银行负债质量管理的监管要求，是促进商业银行负债质量稳健发展的纲领性文件。

续表

时间	政策	政策意义
2021年5月31日	《银行保险机构董事监事履职评价办法（试行）》	首次系统要求对银行保险机构董事监事进行履职评价，是提升董事会和监事会运行质效的重大制度安排。
2021年6月2日	《银行保险机构公司治理准则》	首次将党的领导与公司治理有机融合的要求正式写入监管制度、首次提出良好公司治理的十条标准，是未来银行保险机构共同遵循的公司治理纲领性监管制度。
2021年6月8日	《关于开展银行业保险业"内控合规管理建设年"活动的通知》	针对目前实际提出了内控合规建设的具体要求和目标，是巩固拓展乱象整治成果，夯实银行保险机构稳健合规经营根基的有力举措。
2021年7月30日	《关于清理规范信托公司非金融子公司业务的通知》	政策按照"压缩层级、规范业务"原则，对整顿规范信托公司境内一级非金融子公司作出了明确安排，对治理信托公司非金融子公司市场乱象，防范化解金融风险，促进信托公司回归本源、转型发展意义重大。
2021年9月30日	《银行保险机构大股东行为监管办法（试行）》	首次明确大股东定义并对大股东权利、义务和行为进行明确规定，是制约大股东滥用股东权利、不当干预公司经营、违规谋取控制权、利用关联交易进行利益输送和资产转移、严重损害中小股东及金融消费者合法权益的有效安排。

（四）资本市场深化制度建设

2021年以来，国内全面深化资本市场改革。2021年1月，设立广州期货交易所，立足服务实体经济、服务绿色发展，助力粤港澳大湾区和国家"一带一路"建设。4月6日，深交所主板与中小板合并正式实施，形成不同板块间各有侧重、相互补充的新发展格局。11月15日，北交所正式开市，进一步健全多层次资本市场体系，打造服务创新型中小企业主阵地。

至此，国内资本市场形成了深交所"主板+创业板"和上交所"主板+科创板"的格局。为了进一步优化上交所科创板的市场功能，2021年4月证监会对科创板《科创属性评价指引（试行）》修订，完善了科创板"硬科技"的界定标准。上交所同步修订发布了《科创板企业发行上市申报及推荐暂行规定》。从原"3+5"评价指标体系向"4+5"评价指标体系演进，新增研发人员占比超过10%的常规指标。同时，按照支持类、限制类、禁止类界定科创板行业领域，对不同企业进行分类处理，建立负面清单制度。在科技咨询委工作规则中，完善专家库和征求意见制度。交易所在发行上市审核中，将按照实质重于形式的原则，重点关注发行人的自我评估是否客观，保荐机构对科创属性的核查把关是否充分并综合判断。

为坚守监管主责主业，强化资本市场基础制度建设，2021年1月，证监会发布《关于加强私募投资基金监管的若干规定》，重申和细化私募基金监管底线要求，引导私募基金行业规范发展。2月，证监会发布《监管规则适用指引——关于申请首发上市企业股东信息披露》，强化对突击入股、入股价格异常、利益输送、"影子股东"等行为的监管约束，着力防范违法违规"造富"。7月，中共中央办公厅、国务院办公厅印发《关于依法从严打击证券违法活动的意见》，夯实资本市场法治和诚信基础，推动形成崇法守信的良好市场生态。

为贯彻党中央、国务院重大决策部署，持续推进"简政放权、放管结合、优化服务"改革，中国证监会推出证券公司"白名单"制度、十四件证明事项实行告知承诺制、《首次公开发行股票并上市辅导监管规定》《精选层挂牌公司股票发行特别规定》等，强化证券期货市场制度规范。监管部门对资本市场违法违规行为"零容忍"，制定《证券市场禁入规定》，依法严厉打击各类资本市场违法违规行为，加大与司法机关协调配合力度，进一步提高违法违规成本，为构建多层次资本市场提供更扎实的执法保障。

（五）中美监管合作任重道远

受国内外各项监管政策收紧等因素影响，中概股市场自2021年2月中旬以来便持续下跌，全年表现落后于几乎全球所有大类资产（见图5-1）。

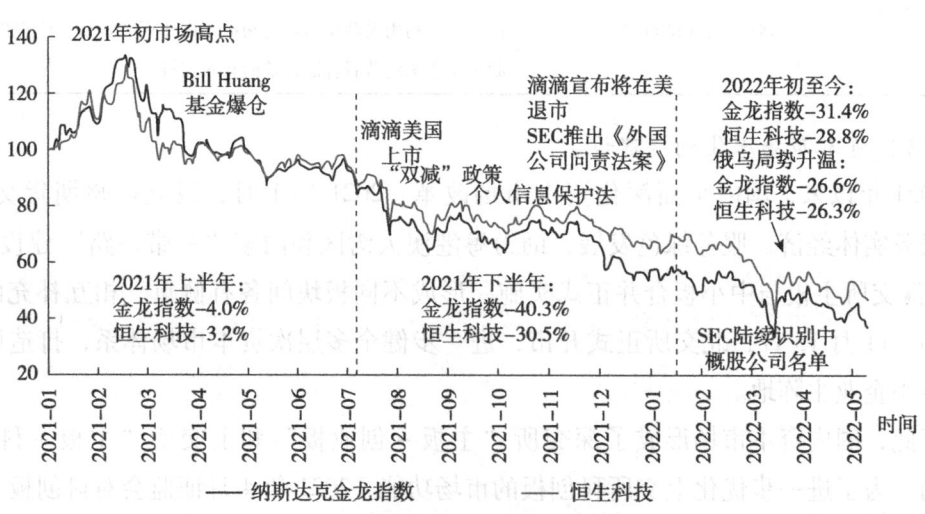

图 5-1 2021年海外中概股市场表现

（数据来源：Wind数据库，国家金融与发展实验室）

2021年5月，中国移动、中国联通、中国电信三大运营商均发布了关于美国纽交所维持退市决定的公告，宣布将从美国退市，中概股退市问题及其相关风险开始显性化。2021年12月，美国SEC宣布完成《外国公司问责法案》的修订。受新规影响，为保证国家信息安全，国内加强了对中概股数据安全、涉密信息等方面的监管，在中美双方的博弈下，中概股承压。在宏观形势短时间难有较大改善的情况下，中概股在美上市要面临的挑战只会越来越多。

在国内，监管环境不断变化，反垄断政策趋严。截至 2021 年 12 月 14 日，市场监管总局年内总共开出了 118 张反垄断罚单，其中 89 起处罚涉及国内互联网行业。受持续不断的中美博弈、反垄断以及 2021 年下半年落地的双减政策影响，2021 年近八成的中概股呈现下跌态势，其中大型平台企业、教育股等尤为严重。在此情形下，已有部分中概股选择以私有化的方式规避风险，并谋求后续回归 A 股或港股；而一些企业也已取消了赴美上市计划，寻求其他的融资路径。

中美监管合作推进仍是大方向，尽管期间仍不排除可能会面临波折。从监管角度看，虽中美各自有监管的立场和诉求，特别是美国以其标准强加于外部经济体之上，绝大部分经济体被迫与美国"同步"，但是，这也说明中国参与会计标准和资本市场监管国际标准的主动性、积极性和专业性仍有待提高，中国自身发展与监管政策稳健、科学和合理程度仍有待优化，中国资本市场自身建设特别是资本市场内外连接和全球金融资源整合仍然任重道远。

（六）重大风险事件处置得当

2021 年中国金融市场预期相对平稳，金融风险总体状况有所好转。但是，在第三季度和第四季度，中国经济增长速度偏弱，宏观杠杆率有所下降但仍处于较高水平（见图 5-2），市场悲观预期没有得到根本性改善，在此背景下，中国系统性金融风险防控仍然任重道远。

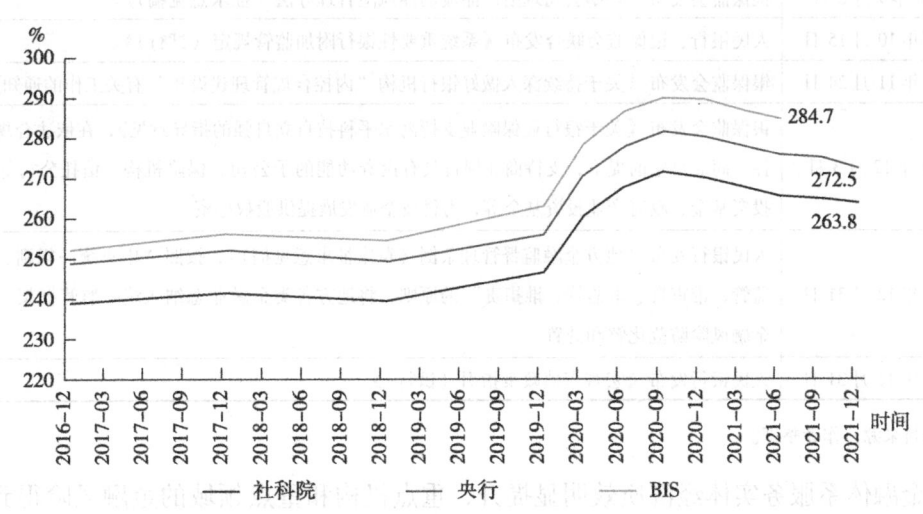

图 5-2 2016—2021 年三种口径的中国宏观杠杆率走势

（数据来源：Wind 数据库，中国人民银行，BIS 整理）

2021 年以来，金融风险防控压力持续加大，监管当局不断深化监管改革，出台多项监管政策（见表 5-3），在房地产市场、互联网平台、多层次资本市场建设、理财产品等领域的监管逐步深化、强化和优化，有效处置相关金融风险，确保金融体系整体稳定。

表5-3　　　　　　　　　　2021年部分金融风险监管政策

2021年1月5日	银保监会发布《关于进一步推动村镇银行化解风险改革重组有关事项的通知》
2021年1月13日	银保监会发布《消费金融公司监管评级办法（试行）》。将消费金融公司监管评级分为五级，级别越高代表风险越大，需要整顿纠正的必要性越大。
2021年2月10日	国务院发布《防范和处置非法集资条例》，禁止任何形式的非法集资，对非法集资坚持防范为主、打早打小、综合治理、稳妥处置的原则。
2021年2月18日	银保监会发布《银行保险机构声誉风险管理办法（试行）》，将声誉风险管理纳入全面风险管理体系。
2021年4月25日	银保监会发布《关于2021年进一步推动小微企业金融服务高质量发展的通知》，要继续将单户授信总额1 000万元以下（含）的普惠型小微企业贷款作为投放重点，2021年努力实现此类贷款较年初增速不低于各项贷款增速，有贷款余额的户数不低于年初水平的"两增"目标。
2021年4月28日	银保监会下发《关于推进信托公司与专业机构合作处置风险资产的通知》，引入专业机构帮助信托公司处置风险资产。
2021年6月9日	银保监会发布《银行保险机构恢复和处置计划实施暂行办法》，将"生前遗嘱"正式制度化，有利于落实"自救为本"，前移风险关口。
2021年7月15日	银保监会发布《银行保险机构进一步做好地方政府隐性债务风险防范化解工作的指导意见》，严禁新增地方政府隐性债务、妥善化解存量地方政府隐性债务，强化风险管理。
2021年9月8日	银保监会发布《理财公司理财产品流动性风险管理办法（征求意见稿）》。
2021年10月15日	人民银行、银保监会联合发布《系统重要性银行附加监管规定（试行）》。
2021年11月24日	银保监会发布《关于持续深入做好银行机构"内控合规管理建设年"有关工作的通知》。
2021年12月3日	银保监会发布《关于银行业保险业支持高水平科技自立自强的指导意见》，在依法合规、风险可控、商业自愿前提下，支持商业银行具有投资功能的子公司、保险机构、信托公司等出资创业投资基金、政府产业投资基金等，为科技企业发展提供股权融资。
2021年12月31日	人民银行发布《地方金融监督管理条例（草案征求意见稿）》，按照"中央统一规则、地方实施监管，谁审批、谁监管、谁担责"的原则，将地方各类金融业态纳入统一监管框架，强化地方金融风险防范化解和处置。
2021年12月31日	人民银行发布《宏观审慎政策指引（试行）》。

资料来源：作者整理。

金融体系服务实体经济质效明显提升，重点机构和重点领域的金融风险得到稳妥化解，"影子银行"、房地产泡沫化、地方政府隐性债务等各种突出风险点的传染性外溢性明显收缩。2021年末，高风险影子银行规模较历史峰值压降约25万亿元，成效明显，同业投资和非标融资大幅减少，保本理财和不合规短期理财产品接近清零。

金融监管部门整治金融乱象，社会金融秩序基本实现"由乱到治"转变。在防范和处置非法集资方面，5年内立案查处非法集资案件2.5万起，涉案金额1.56万亿元。金融监管部门坚决防止资本在金融领域无序扩张，常态化开展银行保险机构股权和关联交易专项整治，重点打击恶意掏空金融机构的违法股东，依法将互联网平台金融业务全面纳入监管，平台企业整改总体上顺利推进。

经过集中攻坚，我国金融体系积累的突出风险点得到有效处置，制度短板逐步补齐。部分金融机构自身违法违规经营、金融脱实向虚导致的"内生"风险基本得到整肃。

二、平台金融科技公司监管治理的内在逻辑

近年来，中国的金融科技发展处于国际领先水平。以蚂蚁金服、腾讯金融、陆金所等为代表的平台金融科技公司发挥了关键性作用。金融科技的发展也带来了一些潜在的风险因素。平台金融科技公司兼具科技和金融双重属性，在快速发展的过程中出现了平台垄断、数据治理等问题。这些风险因素给中国监管当局带来了新的挑战。

（一）平台金融科技公司潜在风险表现

1. 信用风险发生变化

金融科技的风险属性与类型并未因现代科技的应用而产生实质性转变，仍然涵盖法律合规风险、信用风险、流动性风险等传统金融风险。但同时，金融科技促使传统金融风险发生了新变化，形式变得更加复杂、隐蔽。

以信贷风险为例，理论上，金融科技公司的信贷风险与传统金融的信贷风险存在三点不同：一是风险分布的"肥尾"问题，平台公司主要服务尾部客户，可能导致风险分布的肥尾特征更加突出；二是风险变化的非线性特征，尾部客户的风险承担能力较弱，缺乏独立的风险判断能力，可能具有更加明显的"羊群效应"，由此可能导致群体性社会事件；三是风险损失的补偿机制失衡，金融科技公司主要从事节点型金融业务，风险损失的补偿和承担机制可能出现错配，特别是金融科技公司的资本不足可能导致风险过早外溢，转嫁到公共部门。

2. 系统性风险不容忽视

金融科技创新使得平台机构与金融机构、实体经济之间建立广泛的关联性，各种风险因素很容易通过市场参与者之间复杂的联系而快速传播，显著提升了系统性风险发生的可能性。

总体上，金融科技可能引发的系统性风险源于以下三个方面：一是平台企业本身已经成长成为具有系统重要性的金融机构，如在第三方支付领域和联合贷款领域；二是部分中小金融机构过度依赖平台企业的节点式技术服务，使得平台金融服务具有较强的风险扩散路径；三是金融科技公司本身严重依赖于数据和算法模型，当数据安全或算法错误时，也可能引发系统性金融风险。

此外，金融科技巨头服务的长尾客户群体数量庞大，单体金额较小，交易频率较高，期限相对较短，且这部分客群对金融产品潜在的风险理解不深，对风险定价不敏

感，缺乏独立的风险判断能力，刚性兑付的信仰明显。因此，尾部客户可能更容易出现"羊群效应"，极易受到虚假信息和不当舆论的煽动，引发重大社会事件。这是金融科技公司系统性风险的特殊表现形式。

3. 数据安全存在隐患

与传统生产要素不同，数据具有"非竞争性"。同时，数据治理问题如数据安全与隐私泄露风险突出。

随着线上活动的日益普及，消费者的衣食住行等方面的交易、行为数据均被全面记录。大型科技公司汇集海量信息，成为数据寡头，但其在数据安全保护方面存在漏洞，一旦保管不当或遭受攻击，就会导致大量客户隐私泄露，从而造成金融安全问题。部分企业未经用户授权，过度采集个人信息，甚至私下倒卖数据牟利。这些数据通常涉及个人身份、金融资产和交易行为等敏感信息。数据泄露将影响消费者合法权益，并影响金融市场的平稳运行。

此外，"数据孤岛"现象较严重。平台金融科技企业通常会严格限制各自的用户数据共享，致使各平台难以针对用户数据建立有效的沟通机制，难以做到对用户进行全面画像。"数据孤岛"是当前数据治理工作的难点和重点。

4. 自然垄断问题突出

数据市场具有"自然垄断"的特征，数字金融平台天生具有"数据垄断"的优势，对金融市场的竞争产生深远影响。

当前，全球针对科技巨头的反垄断监管持续趋严。反垄断的焦点在于甄别和禁止滥用市场支配地位的不当竞争行为。从反垄断立法的角度看，平台科技企业的不当行为包括：一是与滥用市场支配地位相关的价格行为，如价格欺诈、限定交易、捆绑销售、差别待遇等；二是旨在排除或限制竞争的横向和纵向垄断协议，如价格串通、市场分割、算法合谋等；三是旨在消除竞争对手的经营者集中行为，如"掠夺式"的收购行为等。

5. 社会伦理争议较大

平台金融科技公司因收集和处理大量行为数据，触及人的隐私和数据安全，因此引发了大量与人相关的社会伦理争议。

一是个人隐私保护问题。金融科技公司存在未经授权过度收集个人信息、过度暴露以及侵犯个人隐私的倾向。金融科技巨头在使用人工智能系统、运用深度学习算法的过程中，需要大量的数据来训练学习算法，由此造成：一方面，深度学习过程中使用敏感数据可能会对个人隐私造成伤害；另一方面，非法数据的频繁交易时有发生，给个人信息安全带来巨大隐患。因此，如何保护个人隐私成为大数据治理的核心问题。

二是过度负债与过度消费问题。在具体业务中，金融科技公司的信贷业务面向低收入群体甚至无收入群体，这就可能诱导过度负债、超前消费，典型如"校园贷""现金贷"。这些信贷以普惠金融为名，但未对客户进行充分评估，进而向实际收入低、还款能力弱，却又喜好通过借贷实现超前消费的群体提供信贷，违反了适度负债、合理消费的金融价值观，导致过度负债、过度消费的问题，形成巨大的债务陷阱。

三是算法权力与算法歧视问题。金融科技公司基于海量客户的替代数据（或行为数据），通过大数据算法分析消费者的行为习惯、性格爱好、经济条件等，实现对客户的精准画像，达到"千人千面"的个性化服务。这在一定程度上满足了用户更多更细的金融需求，但同时也形成了一种新型权力形态——算法权力，即金融科技公司运用大数据算法引导甚至操纵用户的需求和决策。算法的"茧房效应"也可能误导客户或造成客户对平台的依赖。另外，算法还可能存在预设的偏见，如种族、性别、年龄、宗教等歧视问题，可能会被无意或有意嵌入算法程序之中、隐藏于算法黑箱之中。

（二）平台金融科技公司监管框架构建

随着金融科技发展的不断深入，监管环境将从包容鼓励到强监管的重大转变，这已成为金融科技监管的基本共识。

1. 金融科技监管的目标

为应对大型金融科技公司带来的监管挑战，中国监管当局始终秉承三条监管理念：一是始终坚持"数字经济健康发展"毫不动摇；二是不断增强政策透明度和可预期性，保护产权、保护隐私，促进公平竞争；三是坚持市场化、法治化、国际化方向，在数字领域强化科技创新国际合作。

从全球监管的最佳实践看，金融监管的目标是在以下四个方面寻求平衡：包容性、稳定性、合规发展和消费者保护。金融科技监管框架同样遵循这些目标平衡，同时又赋予这一目标框架新的内涵。具体而言，包容性要求推动普惠金融发展，即社会公众能获得负担得起、负责任和可持续的金融服务；稳定性要求加强宏观审慎监管，防范系统性风险，维护金融体系的稳健和平稳运行；合规发展要求对金融科技市场的新进入者，不因特定的技术而豁免监管要求；消费者保护要求保护个人隐私，维护客户的资金安全，免受信息欺诈、技术缺陷、算法歧视、网络攻击的伤害。

2. 金融科技监管的原则

为实现上述监管目标，需要明确相应的监管原则：风险为本、技术中性、基于行为、功能监管、法律稳定、监管匹配。

（1）风险为本。风险为本（risk - based）的金融监管，是指按照《巴塞尔资本协议》要求，查明主要风险来源，并建立适当的监管框架。但在《巴塞尔资本协议》框架中，与技术和数据相关的风险被包含在操作风险中，相关的资本要求较低，风险管理和合规成本相对较小。这一框架在金融科技迅猛发展的浪潮中受到一些质疑。一个逐渐达成的监管共识是，数据化的出现意味着技术风险（包括网络安全、数据安全、个人隐私等）应被视为一种独立的风险形式，超越传统的操作风险范畴。更重要的是，技术风险同时受到宏观审慎的特别关注，对具有系统重要性的金融科技公司的监管要求不再是一般意义上的资本要求,而是根据技术风险的重要性,附加更高的数据治理要求和监管标准。

(2) 技术中性。技术中性（technology-neutral）被全球公认为金融科技监管政策的一项重要共识。所谓技术中性,是指技术本身并无善恶之分,监管机构应在技术上保持中立态度,不偏重或遏制某项特定技术,而是应该关注技术支持的、应该受到监管的金融流程和活动。例如,监管机构关注的并非自动化投资技术本身,而是技术可能导致的欺诈和建议不当可能导致的风险。同时,技术中性意味着无论何种技术,都应该适用于统一的监管原则。在一个高度动态变化的市场中,监管者应允许金融科技公司自由地选择最适合的技术,不应试图挑选技术赢家,而是交给市场来决定,不因采用不同的技术而做出特殊的豁免。

(3) 基于行为。当今,金融消费纠纷持续增加,不规范甚至非法的经营行为层出不穷,全球各主要国家都在积极探索和加强以法律合规和消费者保护为主的行为监管。特别是次贷危机后,全球金融监管改革逐渐形成了"审慎监管+行为监管"的双峰模式,这对重塑我国金融科技监管架构具有借鉴意义。基于行为（activity-based）的监管,关键是金融科技催生的关联交易、反垄断、投资者适当性、数据产权和个人隐私保护等问题。行为监管与审慎监管的专业要求不同,前者依靠大量的法律和执法专业人士,后者则以财务和风险管理专业背景为主。

(4) 功能监管。传统的金融监管模式是机构监管（institutional regulation）,即在分业经营框架下,监管部门对各自管辖的金融机构行使监管职权。在金融科技公司跨行业、跨市场的平台式发展背景下,机构监管模式明显不适应新形势的要求。改革的方向是功能监管（functional regulation）与机构监管相结合,特别要重视功能监管。功能监管即根据金融活动的性质来进行监管,对相同功能、相同法律关系的金融产品按照相同的规则进行一致的监管,与所处机构无关。

(5) 法律稳定。法律的重要作用体现在维护社会的稳定秩序,频繁变更的法律法规不利于金融科技发展。金融科技具有更新迭代快、混业跨界等特征,金融监管必须重视相关法律的逻辑自洽性与监管政策的稳定性,确保所依据的法律法规、政策文件具备透明性、可追溯的特点,避免因术语不明、界定不清、变动过多,对法律秩序的稳定和金融科技创新造成不利影响。

(6) 监管匹配。巴塞尔协议作为全球共同遵守的监管规则,为传统金融机构设定了最低监管要求,也对资本充足、监管方式、公司治理、风险管理等方面的匹配性原则给予了清晰的阐述。金融科技的监管原则也应遵从匹配性理念,特别是数字金融平台应遵守监管的合规性,并在同一监管框架下对金融业务和科技业务分别监管,避免因多种业务混合在一起导致的传统监管框架的适配性下降。

(三) 数字金融平台数据治理特有原则

一是促进效率、维护公平竞争。数据要素具有非竞争性的巨大潜在价值,一方面,应尽可能鼓励数据的广泛使用,另一方面,应防范金融科技巨头囤积数据,通过技术和资本优势挤压潜在竞争者等不当行为。同时,若强制数据共享则可能导致"搭便车"现象,抑制企业投资者数据经济的积极性。

二是明确产权、保护个人隐私。尽管加密技术的进步有助于解决部分隐私问题,但明确数据所有权、使用权的归属,和其相应的交易机制仍是解决数据滥用问题的关键所在。监管机构应致力于推动数据市场的规范化、透明化,维护数据主体的正当权利。

三是完善立法、确保数据安全。数据安全问题会降低公众信任,削弱分享意愿,不利于数据经济的长期健康发展,并可能引发金融风险。监管部门必须完善数据安全立法,提高全民数据安全意识,落实相关主体责任,提升企业投资数据安全建设的积极性。

三、金融监管科技存在"立法—标准—能力"问题

金融监管科技作为尝试破解我国金融监管难题的有效手段之一,越来越得到政府相关部门的重视。我国在金融监管科技发展过程中存在一些代表性问题。

(一) 发展与应用顶层设计不足

金融监管科技在顶层设计上所表现出的不足主要体现在三个方面。

1. 监管科技立法滞后

金融监管科技作为目前国家重点推进建设的一项重要工作,迫切需要法律制度保障,国家先后出台了一系列监管政策及法律,如2021年6月发布的《中华人民共和国数据安全法》,8月发布的《中华人民共和国个人信息保护法》等。这些政策法规的颁布在一定程度上促进了金融监管科技的发展。

尽管如此,现有的一些法律法规的完善速度与金融科技的发展速度还不匹配。同时,当下部分已经调整的金融监管政策与法律也都是以打补丁方式来对相关法律法规及规范性文件进行修改,缺乏专门性、系统性法律和纲领性法规。更重要的,目前的金融监管模式还属于静态监管,它既不能适应金融科技动态发展的特征,又无法让金融机构与监管主体之间形成有效的沟通机制。

2. 监管科技体系未健全

现阶段我国金融监管科技体系尚未完全建立,仍在大力发展和完善中。需要加快改革传统分业监管模式,改变监管者对推动金融创新持被动的态度,完善中央及地方金融监管部门在监管科技发展与应用方面的总体规划,避免重复建设和资源浪费。推动前沿金融科技技术与金融监管的深度融合,升级监管工具箱,创新监管机制,完善标准和规范,逐步构建起适应复杂市场环境且高效的金融监管科技体系。

3. 金融监管理念有待加强

对于数字经济的发展，我国监管部门一直秉持鼓励创新但必须守住不发生系统性金融风险底线的态度，但传统的事前审批和事后惩罚监管理念无法满足金融科技创新的动态发展需求。比如，在2021年4月29日，人民银行等金融管理部门为加强对互联网金融企业的监管，联合对13家主要的互联网金融企业进行监管约谈，要求被约谈企业制订整改方案，对照问题进行整改。这种事后监管方式可能造成一些金融科技平台退出市场，还会制约金融市场创新能力，因而难以助力金融科技的持续发展和创新的实现。

因此，监管部门在大力提升监管科技水平的同时，为保障并推动金融科技的高质量发展，还需要科学把握好金融科技创新与监管的动态平衡，"放"与"管"的平衡，创新政府监管理念。

（二）规则和标准制定相对滞后

1. 监管范围不全面

首先，监管没有涵盖所有金融科技企业，一部分新兴的金融科技企业由于没有获得金融牌照，暂时还没有被纳入监管范围。比如，一些向受监管的金融机构提供金融服务的金融科技企业和第三方外包机构等。

其次，监管没有覆盖到所有金融创新活动。对于近几年新出现的金融创新产品及其服务，监管机构由于暂时没办法划分其监管范围，存在一些灰色地带和重叠监管问题。比如，在股权众筹、网络借贷等领域还没有系统的监管措施及法律制度，区块链跨境交易导致隐私数据泄露等。

最后，互联网金融消费者权益的法律制度保障还较弱。目前仍缺乏一部针对互联网金融消费者权益的专门性法律。这不能对金融企业在收集信息数据时侵犯金融消费者隐私的行为进行有效震慑，从而不能较好地保护互联网金融消费者权益。

2. 监管强度不一致

中国长期将金融科技相关企业笼统地划分为科技金融企业（应用新技术的金融企业）和金融科技企业（专注于支持金融的科技企业），且主要聚焦对"互联网金融"的监管。但实际上金融科技企业的分类不止这两类。然而，监管机构并未将这些金融科技企业全部纳入金融监管，加上在实践中金融科技企业和科技金融企业界限往往又比较模糊，容易形成监管漏洞。另外，监管机构受限于其所掌握的信息，对有些金融科技企业的监管强度较强，而对某些金融科技企业的监管强度则较弱，导致监管强度的不一致。

3. 监管结构和金融结构不兼容

金融科技公司最重要的特征是拥有金融和技术的双重属性，因而对其监管也应该具有复合性思维和逻辑，这主要体现在监管结构和金融结构需要兼容。然而在实践中，技术监管和业务监管之间，乃至分别在它们两个体系的内部，都存在着一定程度的监管重叠及漏洞问题。例如，《保险法》《证券法》和《商业银行法》都指定了监管机构并要求信息共享，但更具体的分工和信息共享程度并没有明确说明，致使法律及其他规章制度还仅停留在原则性指导阶段，无法有效落实。

(三) 监管部门科技能力待提高

1. 金融科技能力滞后

云计算、区块链、人工智能、大数据等新兴技术驱动的金融科技对监管部门的整体科技能力提出了更高要求。我国金融监管部门整体科技能力有待提高。例如，传统的数据挖掘技术难以对数量以指数级增长的图片和视频等非结构化数据进行有效分析，这需要人工智能技术根据金融业的特征有针对性地解决这个问题；现阶段互联网金融风险的防控所运用技术手段并非以人工智能为主，大数据技术和物联网技术还只应用于一部分互联网金融风险的防控工作上。

2. 技术发展缺乏规划

通过各部门关于金融监管科技的相关会议文件，以及现阶段中央以及地方金融监管机构在监管科技发展及应用方面的实践，可以发现我国监管科技的发展目前还缺乏总体规划。监管科技的研发与应用虽然呈现出全面开花特点，但在金融科技风险管控、互联网消费者权益保护等方面还无法形成强大合力。另外，不同监管机构在数据资源的收集、分析及处理等方面存在着一定的标准差异，可能会导致"数据孤岛"以及"数据垄断"问题出现，最终造成监管科技发展面临重复建设与资源浪费问题。

3. 缺乏复合专业人才

现阶段，我国监管机构的从业人员对区块链、云计算及人工智能等新兴技术掌握程度不足，缺乏独立开发设计监管科技系统的综合能力。目前我国计算机软件研发人员在金融机构中任职所占的比重很低，从业的人员也主要从事常规的业务系统运营等工作，导致既懂金融又懂技术的复合型人才极为匮乏，这成为制约监管科技发展的一个重要因素。

(四) 科技应用可能引发新风险

科技是一把"双刃剑"，金融科技在金融监管上的过度应用，可能会引发一些新的风险隐患。

1. 算法黑箱与算法统治

监管科技所依赖的算法系统具有高度复杂性、极强的专业性、一定的模糊性以及人为操纵等特点。虽然监管机构具备较强的金融专业素养，但在监管科技的开发与设计上存在技术知识障碍。因此，监管机构只能先提出监管需求，通过与市场中的技术服务商（金融科技公司）合作的方式来提供监管科技服务，这在一定程度上会引发一些技术风险，主要表现在"算法黑箱与算法统治"。

首先，监管科技在顶层设计上（比如规则、标准和参数）是基于监管者的主观意志制定的，但监管科技最终作用的发挥依赖于客观的算法制定与执行。若监管机构只能获取最终运行结果而无法掌握具体算法的执行过程,就容易形成"算法黑箱"。因此,如果在监管科技应用上不加强技术上的监管,"算法黑箱"会引发潜在的金融科技风险。

其次,在监管科技应用上,金融科技公司在为监管机构提供服务时,可能会利用获取到的相关监管数据来寻找监管科技的漏洞。这使得拥有监管技术提供者和被监管者双重身份的金融科技公司可以借助数据以及算法优势,在激烈的市场竞争中转变为"隐性监管者"。进而,他们利用金融科技去试探法律底线,发生躲避监管甚至影响监管的行为,从而达到利用"算法统治"获取超额利润的目的。

2. 加剧系统性金融风险

金融科技的发展与监管机制的完善在一定程度上是相互促进的,若监管机制完善速度与金融科技发展速度不匹配,可能在技术上进一步扩大了系统性金融风险。一方面,我国监管科技虽然起步晚但发展快,导致其基础框架较不完善、技术驱动力不足;另一方面,监管机构在面对市场复杂多变且参与者庞杂的形势时,难以明晰相关的被监管主体,从而由于信息不对称影响了监管数据真实性,导致大量金融风险产生。这两方面的因素使监管机制与金融科技创新之间没有较好的匹配,在市场较强的联动作用下将促进风险的传播速度,从而加剧金融风险的隐蔽性和复杂性。

3. 发展失衡导致监管失灵

监管科技的应用能借助技术手段减缓传统金融监管机构的压力,但监管科技发展的滞后性与不平衡性有导致金融监管失灵的风险。首先,现阶段我国监管模式主要还是以金融风险的事后处罚为主,缺乏事前及事中的有效监管,导致监管的发展落后于金融科技的发展。其次,我国各地区金融科技发展水平的不平衡导致了监管科技的不平衡,例如我国目前实施的"监管沙箱"采取的是试点制,尚未在全国开展。最后,分业监管模式下金融企业混业经营以及参与者的复杂性加大了监管难度。以上都是造成监管失灵风险的重要影响因素。

4. 数据安全或受到威胁

数据是金融机构和投资者的重要资产,在运用监管科技时,数据的获取权限、应用范围、权责主体归属等问题尚未明晰。因此,随着金融市场对信息技术和互联网越发增强的依赖性,数字化水平不断提升,使得投资者的数据安全受到一定威胁。比如监管数据在某一环节一旦出现任何技术漏洞,均可能有不法分子攻击网站,造成隐私数据泄露等技术风险,这在高流动性的金融市场上对金融机构和投资者会造成难以挽回的经济损失。

四、构建"规则—数据—保护"金融科技监管体系

(一)制定金融监管科技发展基本规则体系

1. 构建金融科技监管一般规则体系

首先,要将现代数字化技术应用于金融科技监管体系。学习国际金融监管科技的新

进展和经验，加大监管科技的投入力度，构建高效的金融科技监管一体化平台。借助当今快速发展的人工智能、大数据等技术手段，完善涵盖金融科技监管各环节的标准规范——包括通用的数据交换原则，数据使用权限及数据使用与交换流程的制度设计，制定监管数据的收集、报送、处理原则及统一的接口设计，健全金融科技风险管控指标体系，构建自动化、智能化的数据集成报告系统，在系统设计、场景应用等各个方面确保监管科技应用的规范性和可靠性。

其次，加速推动金融科技监管标准体系建设。结合监管科技的新特性，培育适应我国金融科技监管的国家标准、行业标准，强化各标准之间的协调统一，从基础应用、信息技术、行业管理、产品服务等方面规范和引导监管技术创新，比如，利用对金融科技监管数据的分析掌握金融科技公司的风险集中度与关联度，对金融科技公司的风险进行评估，提升金融科技监管的动态水平。

再次，健全金融科技监管的安全规范。重点关注监管科技在金融科技监管领域的应用，建立健全监管科技安全规范认证机制，做好金融科技监管相关产品和服务的安全管理，促进安全管理标准和规范的落地实施，例如，详细设定金融科技公司与金融交易的智能风控、敏感信息全生命周期管理等通用安全标准，以有效应对与防范金融科技应用中的共性风险。

最后，在构建金融科技监管的一般框架体系内要加强信息披露，形成对金融科技公司和金融参与主体信息披露义务人的有效监管约束，从而达到降低金融科技公司信息披露违法违规行为的目的，同时，要为加强信息披露行为监管提供有力的法律保障。

2. 加强金融科技监管法律体系

在构建金融科技监管的标准规则体系的同时，要同步完善相应监管的法律法规体系。过去的监管法律法规并不全部适合当今快速发展的金融科技，监管法律体系陈旧，监管模式滞后和监管技术落伍导致金融科技监管效能低下，亟须构建与金融科技发展相匹配的金融科技监管法律法规。以监管科技四要素——技术、数据、监管和配套为出发点，构建包括金融科技监管技术法律规范、金融科技数据法律规范、金融科技监管法律规范、配套法律规范为核心的"四位一体"法律体系。

首先，结合新兴科学技术（如大数据、区块链、人工智能和云计算等）在金融科技领域应用的新特征，发现其中的物理性技术风险和人为性技术风险，制定满足安全性、开放性、伦理性和透明性的金融科技监管通用性技术标准和市场准入退出标准。针对专项技术的风险特征制定专项性和针对性的法律制度，采取差异化金融科技监管。明确金融科技认证及金融消费者保护等领域的法律法规细则，并对当前不适用金融科技发展需求的现行政策规定和法律规范进行调整，不断提高金融科技发展与相关法律法规的匹配度与精确度。

其次，推进金融科技数据规范和法治进程。明确金融数据的法律性质，推进数据权属立法工作，解决金融数据确权问题，明确金融数据的归属内容与范畴，防止数据滥用造成的风险，为数据开放和共享提供法律支撑。制定金融数据采集的相关法律规范，防止个人隐私数据泄露，提高隐私数据保护程度，同时，建立自动化数据采集制度，实现监管机构与金融机构之间的数据交互。制定金融数据使用规范，建立科学数据架构，加强数据分级分类管理和分级保护制度，并建立数据安全访问控制机制，构建有序流转与融合应用的金融数据使用规则体系。

再次，构建与监管科技相匹配的监管法律框架。调整金融科技监管原则，树立大数据思维，适应金融科技的技术性与动态性。变更监管方式，对金融科技监管采用数字化和智能化为核心的监管模式，采取包容性监管、"实验式"监管、数字化监管等并辅以人工监管。

最后，制定相应的配套法律规范，助力金融科技发展，主要包括监管平台运行规范、监管法规的数字化制度、风险预警机制和监管技术的协同合作规范。

3. 加快金融科技监管基础设施建设

为强化国家风险防控，适应宏观审慎管理要求，金融机构与监管部门要不断优化金融科技监管基础设施，提高监管基础设施的技术含量，强化对监管基础设施的统筹监管，推动形成治理有效、富有弹性、布局合理的金融科技监管基础设施体系。如国家金融监督管理总局等机构可打造金融数据监管服务平台，推进项目融资平台、业务运行指导窗口、征信与信用基础设施、支付清算等基地平台的建设，推进监管基础设施的国际化布局，更好地利用金融科技发展满足多样化需求。

4. 推广"监管沙盒"制度

结合现在的金融监管体系和金融科技创新发展趋势，完善和推广具有中国特色的"监管沙盒"制度。2019年底中国人民银行启动了金融科技创新监管试点并逐步推广到多个城市，目前已有多家持牌金融机构与科技公司进入"沙盒"。但由于中国"监管沙盒"仍处于起步阶段，在设计框架和运行规则上还有很多需要改进的地方。首先，要进一步细化"沙盒"运作的各项规则，并随时根据"监管沙盒"运行结果进行迭代修改；明确企业的权利和义务，特别是企业不遵守"监管沙盒"运行规则时的法律责任。其次，要构建公平的准入门槛，当前我国"监管沙盒"的进入门槛相对较高，能进入"沙盒"的金融科技公司有限，应进一步放宽对准入主体的限制，以最大限度地发挥"监管沙盒"的作用。同时要扩大"监管沙盒"的聚焦范围，从聚焦普惠金融扩展到对数字货币、加密资产等前沿金融创新的测试。再次，我国的"监管沙盒"应注重多元主体间的信息交互，激励多元主体共治，建立信息共享机制，确保企业与监管机构及"监管沙盒"审核委员会之间的信息畅通。最后，要加强我国"监管沙盒"规则与国际标准的对接，学习他国"监管沙盒"实践的优点，以提高我国"监管沙盒"的运行效能。

5. 发展协同式金融科技监管体系

充分调动社会资源，拓展监管主体范围，推进协同监管，形成多元主体共同发挥作用的金融科技监管体系。确保政府处于监管核心地位，在强化政府监管部门内部协调的基础上，大力推动非政府主体间形成均衡监管模式。

首先，加强金融科技企业自主监管。金融科技企业自主监管可以发挥企业自身特长，有效减少监管部门干预。监管部门应给予金融科技市场参与者更大的自主权，成立市场自律组织，构建并完善对企业的自主监管激励机制，提高参与主体自我监管的积极性，鼓励参与主体主动加强自律，降低金融科技发展过程中的系统性风险。

其次，推进行业协会对企业的监管。行业对所包含金融科技企业的运行模式以及存在问题相对熟悉，也更容易对企业的发展起到督导作用。借鉴国外的经验，我国可以成立金融科技监管协会，制定行业准则，推动金融科技行业稳定快速发展。

再次，鼓励金融消费者进行社会监督。金融消费者作为金融科技企业的下游，更易发现企业存在的问题，消费者的监督能更好地督促金融科技企业内部完善。在互联网快速发展的背景下，金融消费者可以即时地在网络平台对相关产品和服务进行评价，给予企业反馈，对传统监管模式起到一定的补充。

（二）建立基于大数据的金融风险预警体系

1. 加大数据在金融科技监管中的应用

当前金融科技存在各种风险，蚂蚁集团、华为等的金融风险预警平台可以很好地辅助金融监管部门实现对非法金融活动实时、非现场监控，及时对疑似进行非法金融活动的高风险企业金融预警，并上报监管部门进行分析研判，有效地将金融风险防控关口前移，提高了非法金融活动的监管效率。监管部门自身应加大数据在金融科技风险监管中的应用，制定一套相对稳定的金融科技风险监测预警体系，同时可以动员金融科技公司制定风险监测预警模型，获取和分析金融科技风险相关的前瞻性数据，构建各类微观指标，对金融科技监管中的风险进行全方位扫描与预警，持续提升金融科技监管的反应速度，及时监测并控制金融风险，遏制各类风险反弹回潮。

就具体预警体系构建而言，主要从业务风险预警和信用风险预警两方面着手。就业务预警而言，传统的风险管理方式无法适应新形势下的风险管理要求，事后监督也有很大的局限性，金融科技公司的业务风险主要属于操作风险，包括失误操作、违规操作、违法操作、外部事件等。要做到对业务风险预警，可以采用网络镜像和报文解析技术，采用实时预警和"T+1"预警方式，采集和传输实时数据，还原原始操作和交易记录，根据制定的监测规则和预警参数筛选可疑信息，及时发现操作失误和差错事故，并可以暴露业务操作过程中的违法违纪行为，在不影响公司系统正常运营的前提下实现覆盖各业务板块的预警监测。信用风险预警体系则需要充分利用大数据和互联网思维，整合金融科技公司的风险管理数据，搭建信用风险预警管理数据集市，制定对金融科技公司的信用风险预警指标体系，构建预警规则模型，自动识别预警信号，最大限度地监测金融科技公司的信用风险。

2. 加强对大型金融科技公司的风险防范监管与预警

由于当前金融科技监管还不够完善，掌握大量数据和市场份额的大型金融科技公司和电商巨头容易进行市场滥用和垄断行为，抑制公平竞争。对这类公司更要进行强监管，制定差异化（更为严格）的风险预警体系和高效的应急处置，对其服务平台进行实时的动态监测，加强对其风险的跟踪和预防，要求该类公司主动将测试的重要事件记录报送监管部门。监管部门应提高对大型金融科技公司欺诈风险和合规风险的识别能力，对违反国家法律规定和监管要求的交易行为及时评估处置并进行关联排查，避免发生诈骗、非法集资等非法交易行为，同时要对该类公司隐私政策合规情况和数据使用进行严密监测，避免掌握大量个人敏感信息的金融科技公司对隐私数据的泄露。

3. 增强金融科技监管的穿透性

设立联动的风险预警感知平台，通过复杂神经网络、深度学习等现代化技术手段，在预警机制发现金融科技监管中存在的问题后及时进行早期干预，不仅要做到早识别、早预警，更要做到早处置，切实增强防范和化解金融科技风险的能力。

4. 健全金融科技风险问责机制

金融科技监管容易受到相关利益集团的阻碍，这些阻碍会影响监管者的监管工作，如在触发预警机制后未进行及时有效的干预处理，会导致不正当竞争、市场滥用等严重后果，因此，金融科技监管问责机制是十分必要的，而当前我国的金融科技监管问责实践仍存在机制不健全，问责偏松偏软，问下不问上，仅以经济处罚代替纪律处罚等问题。当前应从两个方向完善问责机制：对监管机构问责与对市场参与主体问责。

金融科技监管问责要充分利用大数据技术和监管科技，做到数字问责。对监管部门的问责应在党中央、国务院领导下，做到行政问责与纪检监察和司法问责相结合，外部问责和内部问责相结合。上级部门对下级监管机构的问责要有一定的制度依据，在强监管的背景下，更应加大问责力度，并做到常态化、制度化问责。对市场参与主体的问责需要构建常态化回应交流平台，建立一种覆盖事前、事中、事后全程动态化问责机制。对于金融科技监管而言，事前、事中问责要比事后制裁重要，要更注重事前、事中的防范机制而非事后的处罚机制，在监管预警监测到风险后要及时与市场参与主体进行沟通，做到有权必有责、失责必问责、问责必到位，争取在造成不可挽回的损失前将风险化解。

（三）强化平台金融科技公司数据治理规则

1. 建设金融数据交换平台

首先，统筹国家基础金融数据库和地方金融大数据平台建设，制订金融大数据基础设施计划，逐步实现系统数据对外开放，发挥大数据、智能算法和互联网的联动优势，将"国家地方相结合"的金融大数据平台建设成为我国金融科技创新与监管的核心节点。其次,金融监管部门设立专门的数据机构,主要负责数据的安全使用和跨部门融合,并将数据使用规则与国际规则对接。将金融数据交换平台目标定位于整合信息化资源,打破行业壁垒,提供高安全性、合法合规的数据交换方式,推动金融科技公司、信用评级机构、金融部门和研究机构之间的数据交换。金融数据平台的建设具体包括三部分:(1) 大数据分析基础平台——根据一定的规则对数据进行分区,设计数据模型,在统一流调下整合各类数据,并与现有的企业数据和历史数据混合,形成数据体系,以为各类经营管理企业应用提供支撑。(2) 大数据应用平台——基于数据平台,建设各类数据应用,通过数据挖掘、机器学习等技术对整合的大数据资源进行进一步开发使用,并将对数据的分析结果应用到风险控制和经营管理活动中,充分发挥大数据的作用,助力金融高科技高速发展。(3) 大数据管控平台——在数据整合与应用的过程中需要建立数据标准,提升数据质量,加强元数据的管理能力并防止隐私数据泄露与数据滥用,为金融数据交换平台的建设及安全提供保障。

2. 创新平台金融科技监管办法

首先,对金融科技平台的监管应在国家监管体系的基础上设立独立的监管体系,对金融科技主体建立分级牌照体系,同时做到主体持牌与服务产品持牌。根据分工状况,将现有的全牌照拆解为分级牌照体系,将牌照进行分类,并根据金融科技公司实际从事的业务类型颁发相对应的业务准入牌照。

其次,从源头上加强对数据信息安全的监管,制定详细的数据收集规则,针对不当行为实施反垄断监管,防止金融科技平台过度、强制收集捆绑用户信息,畸高定价、限制竞争;加速建立数据产权制度立法进程,对数据的使用范围进行限制,防止金融科技平台泄露重点涉密基础设施数据。

再次,加强公司治理和社会责任的引导和监督,加强金融信贷杠杆的管理,限制联合贷款规模,约束网络小贷杠杆,限制单户网贷余额,强化小额分散原则,进一步落实国家出台的小贷新规,严控杠杆,打破贷款泡沫,保护金融投资者与消费者的资金安全。

最后,建立全国性的监管大数据平台,完善金融科技平台经济协同治理。政府部门可以与金融科技平台企业合作建立大数据监管平台,促进金融科技综合统计和数据信息的标准立法,利用现代化科技手段推动金融科技监管的智能化、信息化。除了基础的大数据监管平台外,还可以构建独立的数据风险监测平台,优化风险防控分析模型和数据指标,构建实时动态的风险评估体系,将金融科技数据监管嵌入企业的业务流程,防止数据交叉感染,保障数据资产安全。

3. 加速数字金融平台数据合规监管

数据合规监管是平台金融科技公司监管的重点内容,涉及数据的采集、处理和使用等各个环节。在数据采集阶段,要注意防范金融科技平台对数据的过度采集,保护个人隐私。在数据加工阶段,需注意防范金融科技平台的算法歧视和过度开发问题,当前对算法领域的监管十分薄弱,亟须加强针对算法的行为监管,同时在对算法行为的监管中嵌入社会伦理、反垄断审查等要素。在数据使用阶段,可以从个人征信体系入手推动金融科技平台数据的使用,同时要平衡金融数据的非竞争性和排他性。

(四)保护数字经济时代的金融消费者权益

1. 将金融科技布局到实体经济中

金融与科技的有效结合必然带来新的发展机遇,但是也伴随着巨大的金融安全风险。数字经济时代的新挑战存在于多个方面,主要包括重视网络安全问题,促进金融市场公平竞争,防范新型"大而不能倒"风险,解决数据确权问题和数据跨国跨境流动协调问题,还有诸如比特币非法交易、炒作交易陷阱和侵犯隐私等新型挑战。

在应对金融科技发展带来的新挑战时,也要抓住金融科技的机遇,顺应我国发展战略目标,将金融科技布局到不同领域。继续深化小微企业普惠金融服务;使用金融科技助力乡村振兴与城镇化建设;拓展普惠型财富市场,加速实现共同富裕;充分利用大数据技术,服务于政府和社会的数字化建设;推动银行和金融科技公司的数字化转型升级;进一步推进我国的国际化进程,贯彻全球化战略,提升我国金融科技在国际市场的竞争力。要应对这些挑战并抓住金融科技的新机遇,强固金融科技基础,完善金融科技监管制度,并积极开拓金融科技应用市场。

2. 完善金融消费者保护制度

近年的强监管使金融消费者的权益得到了有效保护,而同时由于金融科技快速发展,金融服务供给主体多元化也产生了很多新的侵害消费者权益的乱象,如个人金融信息受到侵害,金融消费者面临技术风险宰制等困境。金融科技监管的一大任务在于保护金融消费者的权益,要多渠道多措并举将保护落实到位。首先,应构建科技信息披露制度,对金融科技公司的监管要求中加入一定的技术性标准条件,规定披露"最低科技标准"的义务,完善事中、事后披露机制及消费者知情权制度,弥合技术鸿沟,同时也应加强金融消费者的教育,帮助其了解相关金融基础知识,使其能够正确评估自身的金融状态,提升其金融素养。其次,要加强对金融消费者个人金融信息的保护,在立法上,需制定独立的个人金融信息保护法,推动金融消费者权益保护的专门性立法,并赋予金融消费者一定的"个人信息自决权",构建针对金融科技企业的信息处理与使用的"权力—义务—责任"体系;在司法上,应健全金融消费者投诉处理机制和金融消费者保护法律法规体系,为公益诉讼提供规范性依据,加强私益诉讼和公益诉讼的制度衔接,并按照依法公正、调节自愿、便民高效的原则充分利用第三方金融纠纷调解机构,多渠道化解金融消费纠纷。

（五）加强金融科技监管的国际合作与交流

1. 加强与港澳金融科技监管对接

将中国人民银行金融科技创新监管工具与港澳金融科技"监管沙盒"联网对接，依法依规有序推进金融科技的创新合作，提升深港、深澳跨境金融监管服务质效。同时可以建设一批具有跨境特色的试点，完善跨境开户、跨境凭证审核、跨境信用信息授权等方面的监管政策，支持金融机构在跨境结算、对外贸易融资、外汇交易等领域搭建线上金融科技平台，加大对大湾区金融科技发展的扶持力度。

2. 协调各国的金融科技监管差异

各国的金融科技监管措施有很大差异，缺乏全球统一性监管标准，首先，不同国家的金融科技监管当局要加强国际协调，依托世界银行、国际货币基金组织等国际机构，协力制定一套相对统一的国际监管规则，并与各国的金融科技监管政策相互协同，统筹解决跨境监管层次和监管套利等问题。其次，我国应加深与各国的金融科技监管合作，探索针对金融科技的各国监管信息共享、风险联动和危机处置机制，在反垄断、反恐怖融资、反逃税、数据监管等多个方面通力合作，防范金融风险跨境传染，打造开放、包容、安全的金融科技发展环境。

3. 参与组织金融科技监管国际活动

加强我国特色创新金融科技监管政策的宣传，积极学习各国有效的金融科技监管经验，建立金融科技监管成果展示中心，鼓励国际组织、外资金融机构、各国的金融监管机构对我国的金融监管规则提出建议，助力我国创新金融科技监管规则"走出去"和各国有效金融科技监管规则"引进来"，通力合作完善我国的金融科技监管框架，以更好地支撑我国金融科技快速发展。

第六章 "数据+技术"加快银行业数字化转型

当前,世界百年未有之大变局加速演进、疫情起伏反复、新一轮科技革命和产业变革深入发展进一步加速各领域数字化发展进程,金融业作为信息高度密集型行业迎来新的挑战和机遇。随着数字经济蓬勃发展,金融与科技加速融合,金融服务形态正发生根本性变化。从市场和用户需求出发,积极探索场景金融赋能数字化转型的新路已成为银行业高质量发展新的增长极。"数据+技术"双轮驱动的金融创新成为了商业银行数字化转型的核心。立足于金融服务实体经济的基本定位,商业银行数字化转型呈现出服务智能化、业务场景化、渠道一体化、平台开放化和融合深度化等特点。特别地,商业银行在金融场景切入、开拓再到深耕的过程中产生并沉淀的金融和非金融数据将为获客、活客、精准营销、产品优化、风险防控注入新动力。然而,商业银行在数字化转型中可能面临未风险隔离、消费者权益保护、技术迭代、考评机制和战略定力等五个方面的挑战。本章将聚焦数字化时代银行业迎来的发展契机与面临的挑战,从业务重塑、科技引领、数据治理三个维度洞悉商业银行数字化转型中的重大前沿问题。

一、"数据+技术"驱动银行业务模式创新

大数据、人工智能、5G、物联网等技术的发展推动着传统银行经营模式的转变,尤其在新冠疫情背景下,随着客户线上化、非接触服务需求的急剧增长,商业银行的数字化转型迫在眉睫。各行业推进数字化转型也是我国政府从战略和全局高度,着眼实现高质量发展和建设现代化强国做出的重大战略部署。2020年11月,《中共中央关于制定国民经济和社会发展第十四个五年规划和二〇三五年远景目标的建议》中明确提出要"加快数字化发展",提出"数字中国"与数字化转型路径。

同时,在"十四五"规划和2035年远景目标纲要中,也将数据要素定义为全新的生产要素,并提出"要稳妥发展金融科技,加快金融机构数字化转型"。实际上,数字金融对经济的整体促进效应也被学者们所证实(张勋等,2019;聂秀华等,2021);然而,数字技术进步在带来经济整体发展的同时,也可能加剧发展不均衡与不平等的问题[Korinek 和 Stiglitz(2019,2021)],这与我国共同富裕的发展道路相悖。因此,在挖掘数字经济推进商业银行发展的同时,也需关注银行数字化转型对我国共同富裕道路发展

的影响。

(一) 研发投入稳步增加强化核心竞争力

金融科技对数字化转型引领和驱动作用不断显现，充足的科技投入成为数字化与数智化转型的必要条件，主要商业银行从资金规模和人员投入方面都持续加码，确保了银行业新时代数智化转型的顺利推进。根据上市公司中银行业已披露的2021年报显示，2021年科技领域投入在1亿元以下的有3家银行，在1亿~10亿元的有3家银行，在10亿~50亿元的有5家银行，在50亿~100亿元的有6家银行，在100亿元以上的有6家银行。根据年报结果可以看出，因为银行类型、规模及实力不同，各银行科技领域投入差异较大，其中国有银行和全国性股份制银行的科技领域投入较多，中小银行的投入较少。

从商业银行数字转化产出成果分析，自2017年以来，已上市的商业银行所申请的专利逐年飞速增加，从2017年的年均约20个专利数，猛增到2020年的年均超过140个。但是从研发效率角度看，平均约每一亿元人民币的投入才能换取一个专利，相对于其他行业，目前商业银行的研发效率仍亟待提高。此外，根据商业银行营业收入规模是否在1 000亿元人民币以上，将商业银行划分为大型银行和中小型银行，结果显示中小型银行的总专利申请数相对较低，但是其研发效率相对更高。这意味着在未来数字化转型过程中，大型商业银行在增加数字化投入的同时，也需要提升创新效率。

整体而言，商业银行在数字化发展过程中依然还整体处于较为初级的阶段。从商业银行数字化发展的前提——数据标准化这一角度而言，目前大部分商业银行仍然沉淀着大量的非结构化数据，如何将这些数据进行标准化处理仍然是商业银行数字化转型的一大难题；同时，商业银行平台化过程仍然面临较大的阻力，无论是单一商业银行内部不同部门之间数据的协调沟通，还是跨银行的数据共享，甚至是银行与其他金融机构的数据合作，都面临着重重难题；而关于数字化转型的核心驱动力，"数智化"转型是商业银行加快推动自身科技赋能的有效途径。目前商业银行的数智化相关技术在金融领域的应用则处于稳健发展的阶段。

为了全面而准确地分析我国银行金融科技投入与创新成果，本小节将分别从商业银行数字化投入趋势分析与商业银行数字化产出趋势分析两个角度，展开对银行数字化发展趋势的分析。

1. 商业银行数字化投入趋势分析

基于已上市的商业银行的年报数据，本小节从商业银行数字化的研发投入金额与研发人员投入展开分析。整体而言，商业银行研发投入金额逐年增加，但是其增幅趋势明显放缓；而商业银行研发人员则在2019年之后保持较为稳定的状态，限于金融科技人才的供给，研发人员并没有呈现明显增加的趋势。此外，无论是从研发投入金额的绝对数量还是从相对于营业收入的研发投入比例分析，大型商业银行的相关投入都显著高于小型银行；类似地，大型商业银行的研发人员远高于小型商业银行。

图6-1和图6-2分别展示了已上市商业银行的年均研发投入金额与年均研发投入占营收比例的变化。根据图6-1的结果可以发现，从研发投入金额绝对数量角度看，商业银行的年均研发投入在2018年到2019年之间存在一次跳跃，这与商业银行在同期响应国家加大数字化转型投入的相关政策存在一定关联；此外，2021年商业银行的平均投入金额相对于2020年有所增长，但是增长比例并不高，这一现象部分是由于2021年又有更多的地方性小型商业银行上市所造成的，因此拉低了商业银行研发投入的均值。从图6-2研发投入占营业收入比例这一角度进行分析，可以发现商业银行的研发投入是逐年稳步增加的，依然表现出稳定的上涨趋势。

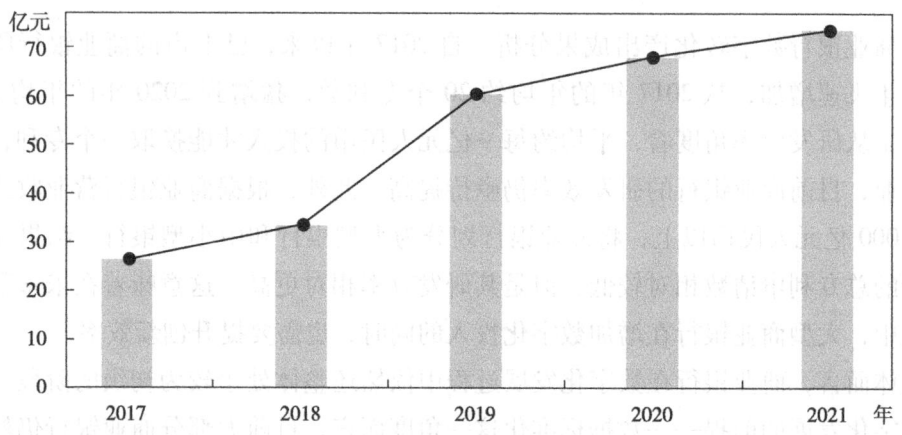

图6-1 我国商业银行研发投入金额

（资料来源：根据相关银行的年报数据整理）

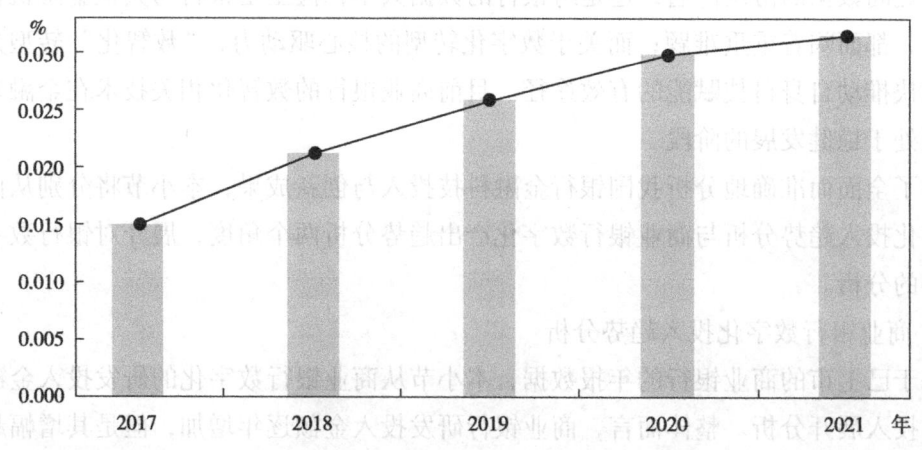

图6-2 我国商业银行研发投入占营业收入比例

图6-3和图6-4则展示了不同规模商业银行的研发投入变化趋势。具体而言，本

文按照银行营业收入规模是否超过1 000亿元人民币,将商业银行划分大型商业银行与中小型商业银行两类。从图6-3与图6-4的结果可以发现,无论是研发投入的绝对金额数量,还是研发投入占营业收入比例,都是大型商业银行的研发规模占据压倒性优势。

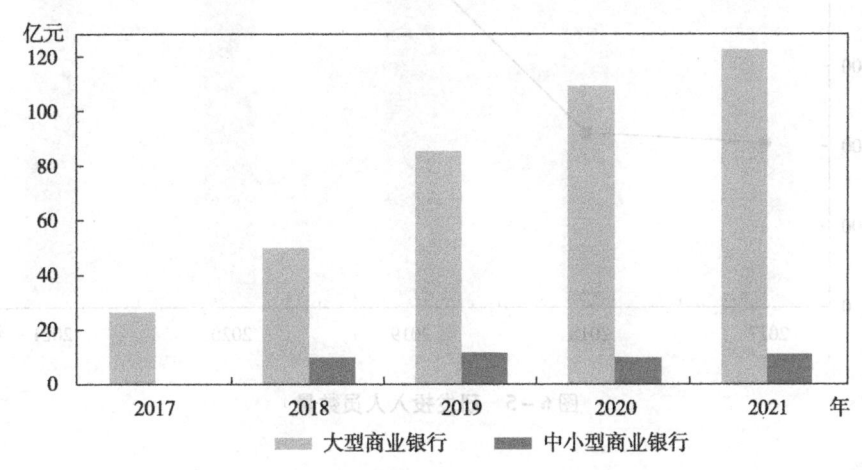

图6-3 不同规模商业银行研发投入金额

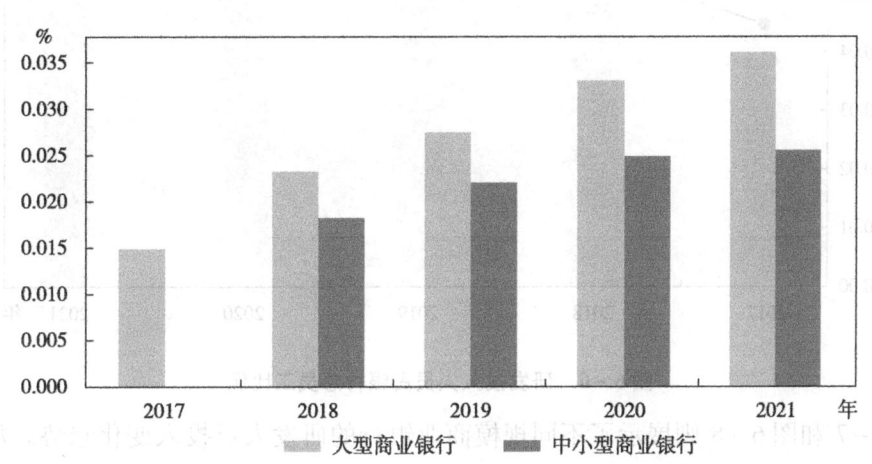

图6-4 不同规模商业银行研发投入占营业收入比例

图6-5和图6-6分别展示了已上市商业银行的年均研发投入人员数量与年均研发人员占总员工比例的变化趋势。

根据图6-5的结果可以发现,从研发人员绝对人数的角度看,商业银行的年均研发人员数量同样在2018年到2019年之间存在一次较大的跳跃;然而在2019年之后,商业银行的平均研发人员投入则没有明显增长。图6-6则展示了研发人员占银行总员工比例的逐年变化趋势,不同于研发投入金额占比的变化趋势,商业银行研发人员占银行总员工比例虽然逐年有所增加，但是增加比例较小且在 2019 年之后呈现较为稳定的格局，维持在 5% ~6%。

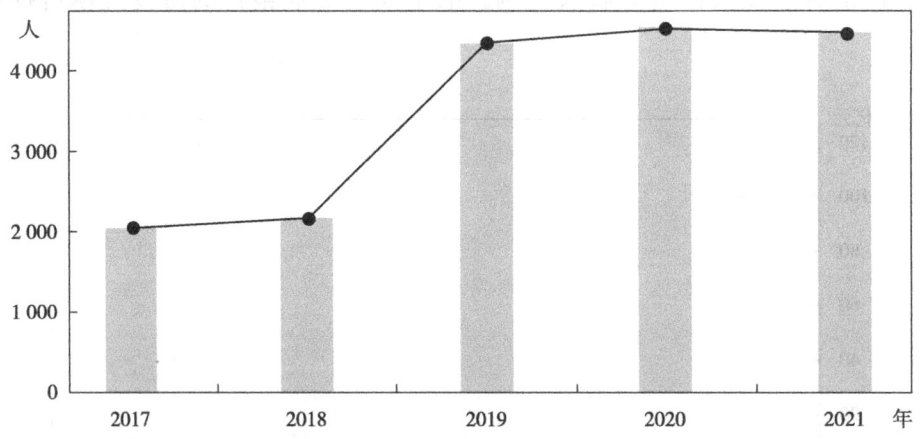

图 6-5　研发投入人员数量

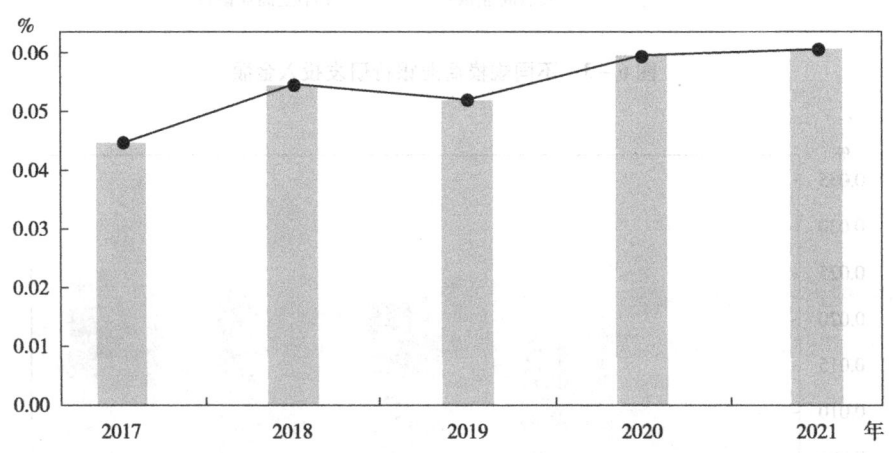

图 6-6　研发投入人员占银行总员工比例

图 6-7 和图 6-8 则展示了不同规模商业银行的研发人员投入变化趋势。从研发人员投入的绝对规模角度看，大型商业银行的研发人员远超中小型商业银行；然而从研发人员占全体员工比例这一角度，大型商业银行和中小型商业银行则没有明显差距。这一结果说明所有银行在招聘金融科技相关人才时，同等重视对于人才的挖掘，但是中小型商业银行限于规模与市场，无法大规模地增加研发人员的投入。

2. 商业银行数字化产出趋势分析

图 6-9 和图 6-10 分别展示了已上市商业银行的年均总专利申请数量与年均各细分类别专利申请数量的变化趋势。之所以选取专利申请数量而非专利获批数量作为衡量产出的方式，是因为从专利申请到被批准的时间较长，而商业银行进行金融科技相关投

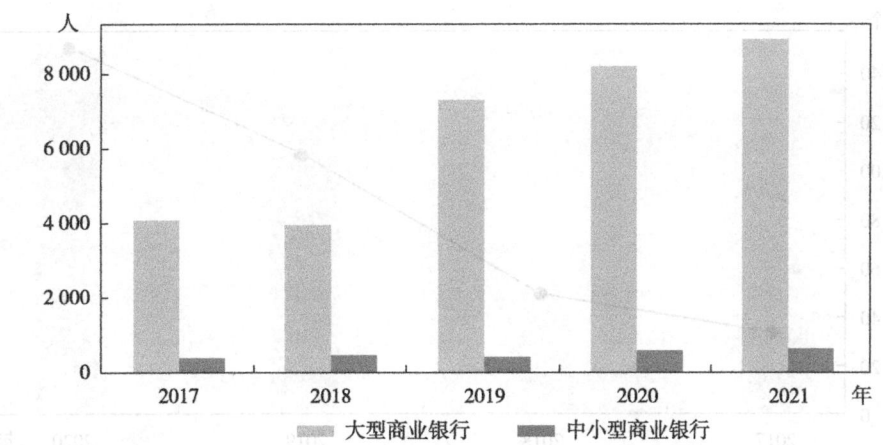

图6-7 不同规模商业银行研发投入人员数量

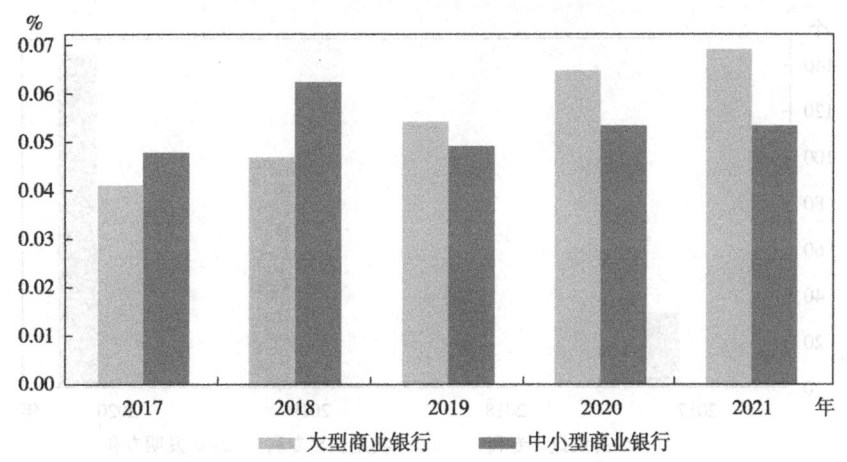

图6-8 不同规模商业银行研发投入人员比例

入的时间较短；同时，银行专利申请被批准概率较大，因此采用商业银行当年专利申请数量来衡量其研发产出是较为合理的一种方式。此外，受限于数据可得性，本文仅展示了2017—2020年已上市的商业银行专利产出成果。

根据图6-9的结果可以发现，从专利申请数量角度，商业银行的年均专利申请数量同样在2018年到2019年之间存在一次较大的跳跃，从年均约40个增加到约100个。这与研发金额与研发人员的增加呈现相同的趋势，说明商业银行的金融科技研发投入存在一定的成效。

图6-10则展示了各类别研发专利成果的变化趋势，可以发现发明专利申请数量占据主导地位，外观设计与实用新型专利占比较小。这一结果表明银行的专利转化较为高效，并没有将研发集中于创新性较低的两类专利中。

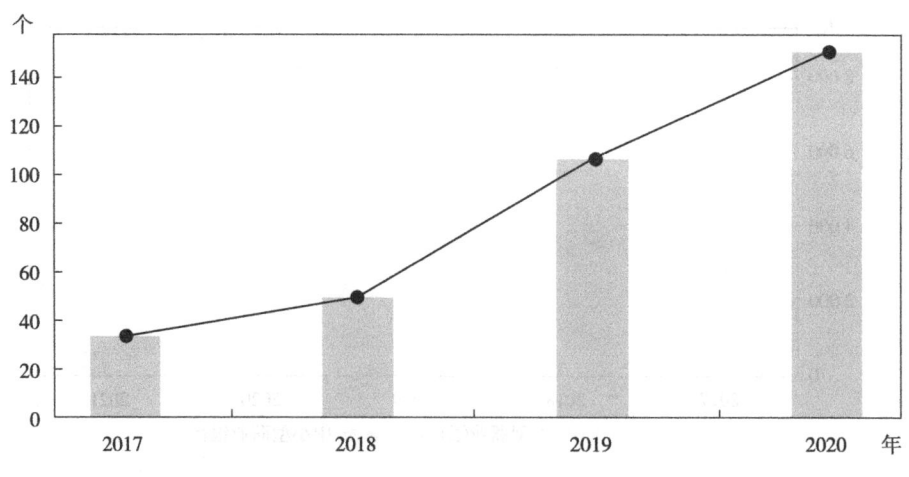

图 6-9 专利申请数量

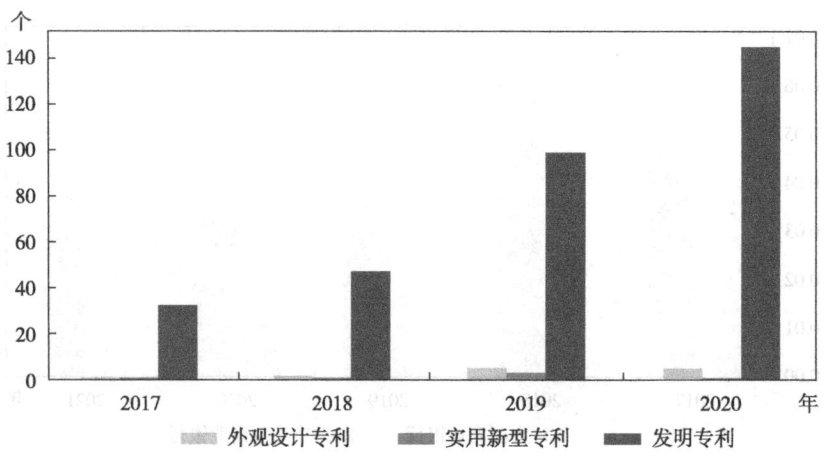

图 6-10 各类别专利申请数量

图 6-11 则展示了不同规模商业银行的专利申请数量变化趋势，可以发现大型商业银行的专利申请数量远高于中小型商业银行的专利申请数量，这与其研发投入金额的规模变化趋势呈现一致。

图 6-12 和图 6-13 分别展示了已上市商业银行专利申请效率的变化趋势。具体来说，本文采用银行的每一亿元人民币的投入所获得的专利申请数量作为专利效率的衡量指标，即商业银行当年专利申请数量除以当年商业银行的研发投入金额（亿元）。该指标越高，意味着单位专利的研发成本越低，研发效率越高。

根据图 6-12 的结果可以发现，除了 2019 年的专利申请效率出现异常变化之外，上市的商业银行每一亿元的研发投入平均可以换来一单位专利申请数量的增加。注意，本文并没有控制住商业银行规模与资产负债率等其他因素的干扰，仅仅是对数据做了初步的处理，因此该论断有效性仍然有待进一步的验证。图 6-14 是大型商业银行与中小型

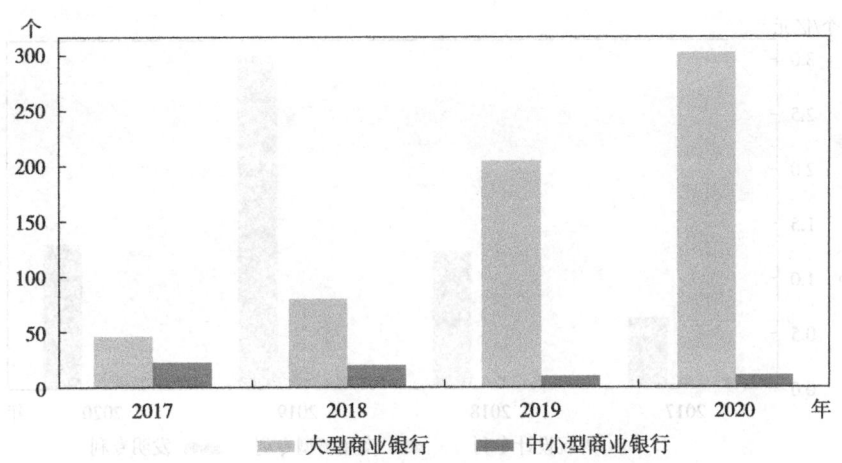

图 6–11　不同规模商业银行专利申请数量

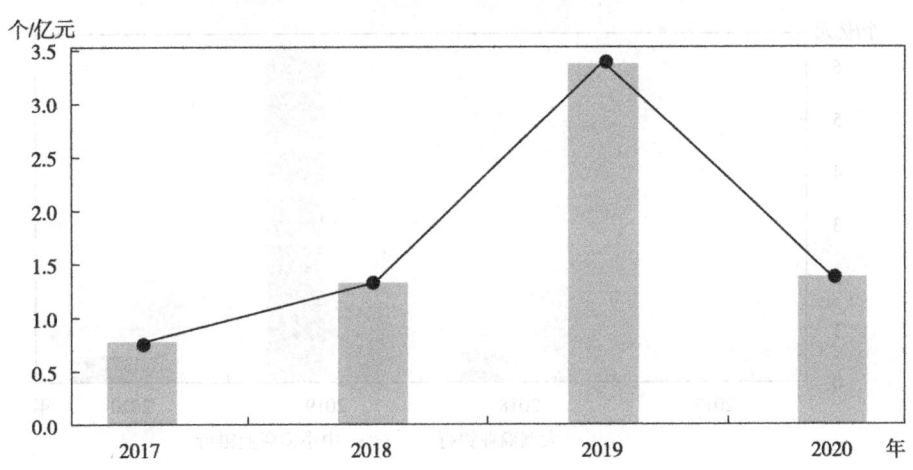

图 6–12　已上市商业银行专利申请效率变化趋势

商业银行的研发效率差异对比，可以发现2019年研发效率整体的异常变化主要是来源于中小型商业银行在2019年研发效率的异常增加。限于数据可得性，本文尚且无法得知该异常变化产生的原因。

图6–13则展示了各类别专利申请效率的变化趋势，可以发现发明专利申请研发型效率最高，外观设计与实用新型专利研发效率较低，这一结果与前两小节研发专利数量的变化趋势类似，说明商业银行主要将研发重心放在创新性较高的发明专利中。

(二) 科技引领银行业务全面提质增效

传统商业银行是"二八"法则最忠实的拥护者，他们坚信80%的利润来源于排名在前20%的客户，因此经营重心大多放在中高端客户的竞争上，关注中高端客户的吸储、理财，以及向企业大客户放贷，而对于中小微企业、个人贷款以及普通客户的业务

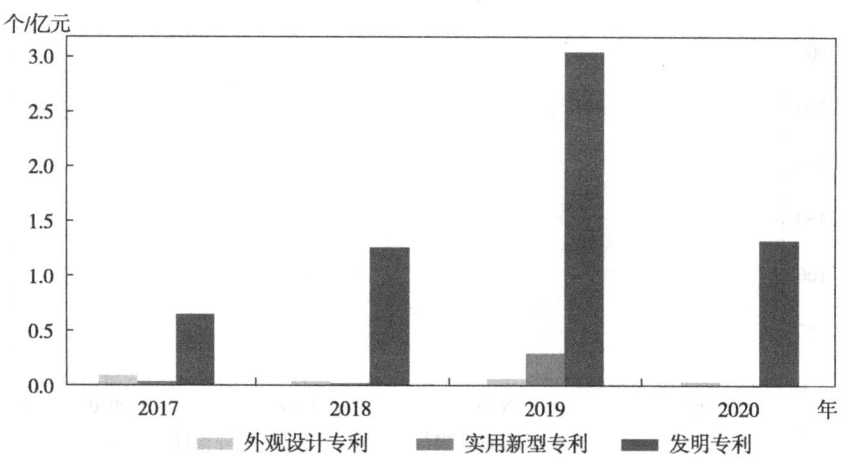

图 6-13 各类别专利申请效率

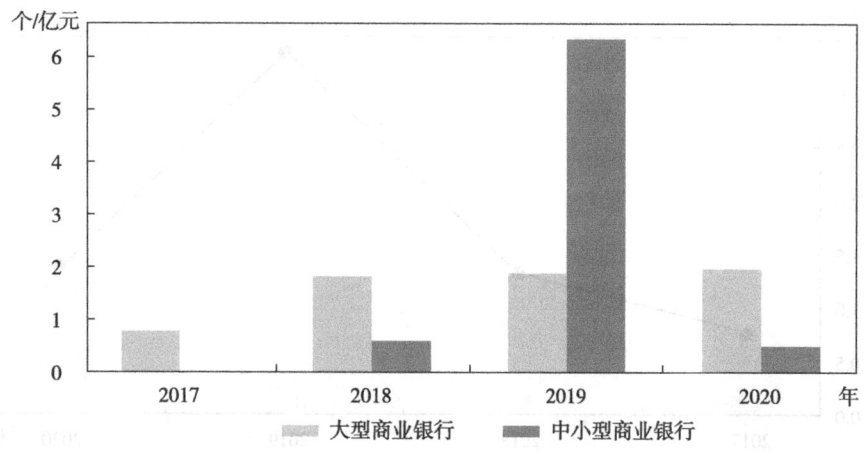

图 6-14 不同规模商业银行专利申请效率

往往不够重视。对于银行来说，这些小客户就是"长尾"，或是"长尾"客户。投入过多的人手和精力去处理"长尾"客户的业务会增加银行的成本，对银行经营收益的提升较弱。2021年以来，随着金融科技的发展和银行数字化转型的深入，银行开始逐步意识到"长尾"客户的价值。虽然个体资金量小，所带来的经营收益较低，但用户数量的庞大，无疑将产生巨大价值。虽然服务"长尾"客户相对于服务大客户而言仍需承担较高的成本，但金融科技和银行数字化转型改变了银行的业务模式和成本构成，能够无限摊薄相应成本。例如，随着银行数字化业务的转型和线上线下业务的有机融合，银行服务"长尾"客户可能不再需要配备网点和员工，人力成本大大降低。银行的数字化转型大幅度提升了碎片化市场的交易效率，在规模化之后能够为银行带来更多的利润。余额宝的快速发展侧面印证了"长尾"客户的价值。余额宝是支付宝推出的资金管理服务，属蚂蚁金服集团旗下，转入余额宝就意味着购买了由网商银行及天弘基金提供支持的货币基金，并且用户可以随时将资金用于消费支出。余额宝主要针对个体投资者，即"长尾"客户。它是第一款意识到了"长尾"客户价值的基金产品。余额宝产品发布仅一个月时，其资金规模已超过百亿元。虽然单个用户的购买量较小，但庞大基数成就了余额宝的奇迹。因此，"长尾"客户成为了新一轮的"兵家必争之地"。

但是相对而言，"长尾"客户需求更加多样化、个性化，并且随着个人收入的增长，不同客户需求之间的差异越发显著。过去商业银行标准化的服务模式不再能满足客户之间的差异化需求。在新的竞争环境下，如何细分客户市场，精准定位客户需求，制定差异化的服务政策，成为了商业银行最重要的竞争策略考虑，也构成了商业银行新的竞争优势。金融科技和银行的数字化转型为企业的战略调整和实施提供了最为重要的关键性工具。数字化转型赋能银行战略转型，引领了银行业务全面提质增效。

数字化转型激发了行业活性，给银行业带来了新的机遇和更广阔的发展空间。银行同业充分利用数字化转型，发挥高水平科技自立自强的支撑作用，构建前瞻性业务模式，推动新型业务发展，实现科技服务实体的积极作用，应用场景"遍地开花"。产品业务创新更多体现在场景金融方面，通过在居民生活场景、企业生产流动销售等经营场景、政务场景等方面开展布局，嵌入金融服务，转变传统经营模式，以服务客户为中心，提供创新的综合性、定制化、智能化金融产品，形成"金融+场景"、"智能+专业"特色。国际市场发展规律表明，商业银行发展服从一个必然趋势，那就是从以产品为中心的业务模式，发展成为以渠道为中心的业务模式，到最后强调以客户为中心的业务模式。

具体而言，商业银行数字化转型利用科技创新和机制改革"双轮驱动"，塑造金融科技发展新趋势，强调政务（G）—产业（B）—消费（C）三端联动效能，根据不同客户的特征和需求，把握不断更迭的场景机会，多元化场景建设，更好地实现金融服务实体的目标。新型业务可以根据服务对象主要分为三大类：面向消费者（ToC）的新型业务模式，面向企业（ToB）的新型业务模式，面向政府（ToG）的新型业务模式以及面向金融市场（ToF）的新型业务模式。面向消费者的新型服务，根植于普罗大众，强化C端突围，致力于快捷有效地服务群众百姓；面向企业的新型业务，着力B端赋能，营造与企业共生共荣的良好生态；面向政府的新型业务，推进G端链接，助力社会治理和国家政务的有机融合；面向金融市场的新型业务，促进F端共享，链接金融同业，打造开放银行，建设开放金融生态。

银行可以通过数字化转型实现事前、事中、事后全阶段控制，有效服务消费者群体，做百姓身边有温度的银行。事前，通过精准营销更加精准地分析客户特征、定位客户需求，依托现代信息技术手段建立个性化的顾客沟通服务体系，精准营销链接客户，深度经营客户，实现业绩提升。事中，通过智能投顾，智能投研和量化分析对客户进行财富画像，提供个性化的资管服务，满足个人投资需求帮助消费者进行更加有效的资产管理。事后，通过智能客服，有效地处理客户反馈进一步完善自身业务。具体而言，智能投研和量化分析帮助消费者进行更加有效的资产管理。企业智能投研通过算法模型结合人工智能技术对客户进行财富画像，通过深度学习和自然语言处理等人工智能方法自动处理和分析数据、时间、结论和其他信息，为金融机构员工提供投资和研究帮助，以提高其工作效率和分析能力，从而为客户提供个性化的资管服务，提供更合理、更多样精细的资产分析、规划配比和服务选择，满足个人投资需求。最后通过量化分析，利用计算机技术和数学模型去实施投资策略，利用统计学、金融学、深度学习等方法对市场进行量化分析，智能化地完成市场研究、基本面分析、选股、择时、下单等操作，从而减少或避免人为造成的失误，进而提高投资效率。智能客服以自动语音识别、自然语言处理和大数据运算等技术为基础，通过即时通讯工具，以语音、文字、图片等富媒体形式，为客户提供业务答疑、服务提醒、信息修改等各类服务。在银行领域，主要体现在个人金融业务中通过电话和微信等媒介的多渠道智能客服应用，在手机银行端的智能语音助手，在理财产品中的智能语音外呼营销等。例如，工商银行针对个人金融业务，推出了"工银星礼遇"高星级个人客户增值权益品牌，深入开展了"财富同行好礼相伴"中高端客户营销活动、"星级晋阶"精准营销活动等。截至2021年，工商银行的数字化精准营销策略为银行实现了月日均金融资产5万元以上客户同比上涨6.5%的成绩。建设银行通过多媒体互联、多场景渗透、多功能触达，持续向广大客户提供优质高效的远程综合金融服务。2021年，受理客户咨询为18.08亿人次，客户满意度高达98.7%。

ToB面向企业的新型业务，着力企业端赋能，持续丰富普惠金融产品体系，为小企业提供全场景、全周期的数字化服务新生态，营造共生共荣生态，做企业全生命周期伙伴。其中最重要的为智能借贷的智能风控服务。智能借贷主要通过公司数据的采集、大数据处理和人工智能等技术，采用以"机器人专员"形式的智能贷款审批流程代替传统费时费力的人为审批流程，根据智能采集分析客户信息审批贷款申请和批复额度，从而在降低人为偏误的同时，保证企业贷款发放的快速高效。同时，银行将数字化运用到风险监控环节，利用智能风控，通过大数据和人工智能等技术对企业信用风险进行全生命周期的实时管控，包括贷前反欺诈、贷中信用评级和贷后催收，从而大幅度提升银行风险控制的效率和精确度。智能借贷和智能风控在优化企业与银行业务往来的同时，降低银行风险，保证金融行业的稳定性。以"惠懂你"App为例，该产品为客户提供线上综合服务，集成在线精准测额、预约开户、贷款办理、增值服务、融智赋能等多项功能于一体，形成批量化获客、精准化画像、自动化审批、智能化风控、综合化服务的普惠金融新模式。在普惠金融数字化的助推下，持续扩展客户服务覆盖，普惠金融信贷投放与服务客户数量保持增长，2021年第一季度末，建设银行普惠金融贷款余额超过2万亿元，普惠贷款客户超过200万户。

相对于面向消费者和面向企业的银行服务而言，面向政府的新型服务是数字化转型为银行业务转型带来的一个更新颖、更重大的突破，其致力于打破大众与政府之间的壁垒，更好地连接大众与政府的需求，实现大众与政府之间的良好互通，共建金融与政务紧密融合的"数字共同体"，为政府数字化转型积极贡献金融智慧，大幅提升民生服务效率。这类新型服务涉及传统政务的方方面面，例如智慧政务、智慧医疗、智慧社保。通过面向政府的新型服务，金融业成功助力政府实现其政策目标，例如资金监管和数字乡村。在智慧政务方面，运用云计算、大数据、物联网、人工智能等技术，通过监测、整合、分析、智能响应，实现各职能部门资源的高度整合，提高政府业务效率，同时加强职能监管，提高政府透明度，从而形成高效、敏捷、便民的新型政府，为企业和公众建立一个良好的城市生活环境。简而言之，智慧政务以数字化和智能化方式推进政务数字化转型，助力开放、共享、高效、协同、智慧的数字政府建设，实现政府政务有速度更有温度。例如，微信积极布局智慧政务，目前已有超 3 万个政务小程序，"微信城市服务"则已覆盖了 362 个城市，提供服务涉及公安、交管、税务、医疗、教育、住房、民政、交通、气象、加油、生活缴费等 30 个类别，并附加了人脸核对、非税支付等多项智慧解决方案。数字乡村方面，数字乡村充分发挥科技力量，搭建"三农＋金融＋政务"平台，实现网络技术、数据技术、支付技术资源向"三农"倾斜，助力乡村振兴。农行始终坚守服务"三农"的战略定位，大力推进"三农"和县域业务数字化转型。近年来，农行启动实施数字乡村工程，充分运用数字化手段，持续强化"三农"和县域服务水平，努力将金融科技融入"三农"金融服务。"裕农通"乡村振兴综合服务平台作为农行的数字化转型一大业务，集成贷款、基金、保险、缴费、政务、买卖产品、学习、旅游、村务等模块功能，为农户提供多种金融、非金融服务。2021 年，平台注册用户超 260 万，累计发放贷款 87 亿元。

ToF 面向金融行业的新型业务，强调主动对外赋能，以开放共享的方式促进产业转型升级，实现客户价值、银行价值与社会价值的高度统一与和谐共生。银行数字化转型不是零和博弈，增加银行自身福利并不是数字化转型的根本目的。2019 年，中国人民银行印发《金融科技（FinTech）发展规划（2019—2021 年）》。规划指出，到 2021 年，建立健全我国金融科技发展的"四梁八柱"，进一步增强金融业科技应用能力，实现金融与科技深度融合、协调发展，明显增强人民群众对数字化、网络化、智能化金融产品和服务的满意度，使我国金融科技发展居于国际领先水平。因此，金融机构应该携手发展，以为实体经济提供更加多元优质的金融服务作为其数字化转型的最终目标。最早由英国和欧盟提出的开放银行概念，现已成为世界银行业发展的新趋势。开放银行通过应用程序编程接口（API），将银行的信息系统与合作方的信息系统对接，实现双方信息和数据的共享，降低企业信息收集的成本，提高企业信息处理的效率，并且优化客户的服务体验，让双方客户享受到更方便、便捷的金融服务。目前银行数字化转型程度差异较大，大型商业银行享有数据与技术上的相对优势，而数字化转型的基础是数据资产和技术。因此，国有银行等大银行处于数字化转型前列，其数字化转型程度较高，而中小银行仍处于数字化转型的初级阶段，起步较晚，处于相对弱势。大型银行通过对外赋能，能够有效加速中小银行的数字化转型，促进行业数字化转型发展，提高社会福利，共同繁荣我国金融市场。兴业银行的开放银行起步较早，借鉴欧美先进同业实践经验，兴业银行将内部牢固的安全基础和统一的数据、技术标准作为开放银行建设的基础和前提，实现了多牌照综合金融集团的底层数据标准统一和互联互通，为开放银行建设打下扎实基础。早在2007年，兴业银行在业内率先推出与开放银行本质相同的银银平台，以标准化接入模式向中小银行输出科技和产品服务，形成了"共建、共享、共有、共赢"的综合金融服务平台。2017年，兴业银行着手在兴业数金金融云的基础上建设开放银行，经过一年多发展，初步形成了功能完善、性能良好、安全可靠的开放银行技术平台，建立了"场景驱动、科技赋能、开放共赢"的开放平台运营模式。截至2019年9月末，兴业银行开放平台对外提供9大类128个API接口，涵盖用户、账户、消息、支付、安全、社交、理财、检索、感知等领域，触达场景端零售客户超220万户，日均交易规模突破10亿元，为银行端引入场景端客户超30万户。开放银行生态渐入佳境。

传统商业银行以业务为导向，以数字化转型为银行赋能，将数字化转型应用于多元场景化建设，实现业务转型，从而更好地实现金融服务实体的功能。新型互联网银行区别于传统银行，主要以技术为导向，致力于数字化转型的技术研发，抓住科技发展的机遇实现自身的差异化，从而另辟蹊径，确立相应的发展优势。

例如，于2014年正式开业的微众银行作为国内首家互联网银行，被评为"世界领先的数字银行"，并于2019年成功跻身中国银行业百强。通过在区块链、人工智能、大数据和云计算等关键核心技术的底层算法研究和应用方面开展技术攻关，在2017年成为国内首家获得国家高新技术企业资格认定的商业银行。微众银行突破了传统商业银行的"二八原则"惯性思维，根植于"长尾"客户，通过金融科技探索践行普惠金融、服务实体经济的新模式和新方法，专注于为小微企业和普罗大众提供更为优质、便捷的金融服务。截至2019年末，微众银行管理贷款和管理资产余额双双突破4 400亿元，实现净利润39.5亿元，实现全年新发放贷款利率较上年下降1.84个百分点，实现经济效益与社会效益双赢。

在数字技术引领银行业务提质增效的同时，数字金融在银行业务的深度融通还对居民福祉与企业发展有着进一步的推动作用。实际上，在微观层面学者们已经从创业（谢绚丽等，2018）、消费信贷（傅秋子和黄益平，2018）以及企业创新（唐松等，2020）等多个方面，探讨了数字金融对其的影响。因此，进一步推动科技在银行业务的深度融通不仅有利于银行业自身的发展，对于我国居民福祉的提升以及企业的高质量发展，都有着非常重要的意义。

（三）组织架构调整适应数字化转型需求

面对奔涌的金融数字化趋势，银行坚定地推进数字化转型。目前，银行同业形成同样的共识，将数字化转型提高到战略高度，进行全面的系统的数字化转型战略规划和布局。金融机构的数字化转型是从上至下，从前至后的全过程、全形态、系统化的转型，贯穿了银行的经营始终。从顶层的战略设计到底层的技术构建，从前端的业务创新到后端的数据分析和智能风控，方方面面都贯彻了数字化转型的战略目标。金融机构的数字化转型过程包括了其组织结构、产品服务、业务流程、风险管理等全方位的数字化重塑过程，致力于将技术与集体金融垂直业务场景深入融合，使机构的数字化转型成为有机整体。

具体到银行个体，基于各银行的差异性，银行间数字化转型战略布局具有一定的多样化和差异性。在立足数字化转型的战略背景下，银行聚焦自身特色，结合自身优势，寻找差异化的路线，布局个性化的数字化转型架构，综合地、系统地推动金融科技探索和数字化转型的落地，从而强化自身竞争优势。

以技术为支撑，银行可以采用多种组织架构进行数字化转型。具体而言，银行可以通过自建科技部门或外建金融科技子公司等方式实现数字化转型。银行通过成立数字化转型相关委员会，从企业内部完善金融科技组织布局，推进转型发展。银行数字化转型相关委员会全面贯彻新发展理念，深入践行数字化转型行动，充分发挥战略引领作用，负责对银行整体数字化转型的顶层设计和统筹管理，包括但不限于统筹推进集团数字化发展、金融科技、数据治理、信息科技风险管理体系建设等工作，并致力于优化研发机构布局。同时，对于数字化转型这一重大战略实施情况进行实时监督及评估，确保战略规划目标和任务落实落地。基于金融科技和数字化转型的迅猛发展，外部环境的快速更迭变化给银行数字化转型战略的适应性带来了挑战。因此，银行数字化转型相关委员会需要通过日常例会和及时沟通交流，发现战略或者实施上的不足，并结合时变环境对自身数字化转型战略进行修正和调整，保证银行数字化转型战略和实施架构的正确性、先进性和可行性。委员会作为银行数字化转型战略的制定者和指导者，对于银行数字化转型的发展起着决定性作用。不适当的数字化转型战略将给银行未来发展带来巨大风险。顶层的战略设计作为银行数字化转型的导向，直接影响了银行数字化转型的成败和效益。战略设计与银行业务背景、风险管理能力的不匹配将极大地加大银行数字化转型的风险。微众银行等互联网银行的成功进一步证明了业务战略的重要性。相对于传统商业银行的业务导向型数字化转型而言，微众银行挖掘自身优势，避免与传统商业银行的直面竞争，确立以技术为导向的数字化转型战略，从而实现了八年内有效客户数超3.21亿，总资产规模超过4 000亿元，利润接近69亿元的辉煌战绩。因此，各银行应结合自身特征制定个性化的发展路径和重点方向。具体而言，大型银行和股份制银行，从全局发展着眼，进行整体生态系统的升级，形成了"智慧银行"数字化转型版图；中小银行集中在差异化目标规划和资源禀赋层面，制定适合自身特色的数字化转型目标。

为加快数字化转型战略的落实，银行主要通过自建科技部门和外建科技子公司的内外两种组织架构方式加速战略转型。自建科技部门和外建科技子公司的两种方式各有千秋。通过自建科技部门，银行能够更好地整合自身的资源，输送给科技部门发挥资源优势；同时，通过自建科技部门的内部组织，银行能够打破各部门之间的壁垒，更好地促进各部门之间的内部交流，更精确地定位和协调各部门的需求，从而更明确数字化转型技术支持目标，并为之定制个性化的数字化转型技术，发挥自建科技部门的信息优势。最后，通过自建科技部门可以降低数据和信息的流入流出，从而缓解可能的数据安全风险。如何保证数据安全、防止数据泄露一直以来是银行工作的重中之重。数据泄露在损害消费者利益的同时，也极大地削弱了消费者对银行以及数字化转型的信任。国家也非常重视数据安全，2016年，银监会针对个人客户信息泄露风险隐患便曾专门下发《关于银行业金融机构客户个人信息泄露案件风险提示的通知》。银行数字化转型是基于数据资产和数字化技术开展金融创新，保证数据安全，保护消费者利益。除了上述优点之外，自建科技部门也有其局限性。自建科技部门加大了银行的资金需求和人力需求，极大地改变了企业的人力结构。上市银行年报数据显示，截至2021年中，上市银行平均员工数量为6.49万人/家，较2015年减少了7.03万人/家，柜员、大堂经理、客户经理等基层员工是离职主力。同时，银行业加大了对科技人才的需求和投入。相对于大银行而言，中小银行在人才吸引上面稍显劣势，并且大量资金的需求也使得自建科技部门这一内部数字化转型架构对部分银行而言存在一定的限制性。目前，工商银行在科技人才方面的投入处于领先地位。2021年金融科技投入为259.87亿元；2021年末拥有金融科技人员3.5万人，占全行员工的8.1%。相比之下，重庆银行、南京银行等城商行在2021年几乎没有金融科技类人员。

相对而言，金融科技公司定位一般为引进先进技术为主业赋能，或者向外输出金融机构先进技术。通过引进外部先进的、成熟的技术，降低自建科技部门实现数字化转型的风险。通过有效整合现有市场上的金融科技，银行能够快速实现其数字化转型战略，并能够根据时变环境有效调节其技术需求以解决业务痛点。例如，中国银行通过中银金科开展金融科技技术创新、软件开发、平台运营、技术咨询等相关业务，服务国内国际双循环发展战略，支持重大工程及重点领域发展，服务集团综合化发展战略，建设综合经营管理系统，打造综合经营数据平台、资管平台等，提升集团整体协同效果，推动综合经营实现高质量发展。可得性、快速性和可调节性是金融科技子公司的主要优点。然而数据与技术相分离，导致引进的外部技术存在与银行数字化转型不完全匹配的可能，降低了银行数字化转型的效率。外建科技子公司的成功依赖于科技公司与主业的良性循环。银行通过主业赋能子公司，促进科技子公司的发展壮大。科技子公司足够强大后，再反向赋能银行主业。目前，大部分银行仍不具备这种良性循环机制。从引进技术角度看，如果没有很强的需求识别能力和分支机构的配合，外部技术往往无法顺利落地。

因此，具体采用何种组织架构实现自身数字化转型的目标还要因地制宜。银行数字化转型相关委员会是银行数字化转型的必备组织构架，负责制定银行数字化转型战略，指引银行数字化转型方向。关于如何支撑银行数字化转型，银行存在一定的选择空间。银行可以选择内部自建科技部门，或者外部成立科技子公司。目前，国有银行或者股份制大银行通常结合运用内外部组织架构支撑其数字化转型。但对于城商行之类的中小型银行，通常主要依赖于自建科技部门的方式加速自身数字化转型战略的落地。

据不完全统计，2021年在A股和H股上市的59家国内商业银行中，共有35家银行在年报中披露了科技岗位数据情况，相较于2020年增长了5家，其中工商银行占首位，其科技人员数量远超其他同行。A股上市银行中，至少16家商业银行成立了金融科技子公司。6家国有银行中，除邮政储蓄银行暂未成立金融科技子公司之外，建设银行、工商银行、中国银行、农业银行都已成立金融科技子公司。以工商银行为例，工商银行在自建金融科技发展委员会和网络金融推进委员会的同时，创建了多个科技部门，并单独设立了科技子公司工银科技和网络金融业务部门。宁波银行等城商行，主要通过自建多个内部科技部门（IT支持部，金融科技部）的方式来支持其金融科技管理委员会所制定的数字化转型战略和方针。

表6-1系统梳理了部分代表性国有银行、股份制银行、城商行的数字化转型组织架构，包括其委员会、内部自建科技部门和外部科技子公司①。

表6-1 代表性银行数字化转型组织架构

机构名称	委员会	科技部门	科技公司
工商银行	金融科技发展委员会 网络金融推进委员会	金融科技部 业务研发中心 软件开发中心 数据中心 金融科技研究院	工银科技
农业银行	数字化转型推进委员会	科技与产品管理局 研发中心 数据中心	农银金科
中国银行	金融数字化委员会	数据中心 软件中心	中银金科
建设银行	数字化建设委员会 产品创新与管理部（数字化建设委员会办公室）	金融科技部 数据管理部	建信金科

---

① 《清华金融评论》，华为云.《中国金融机构数字化转型》白皮书［R/OL］.（2022-07-13）. https：//appoa4juplh1740.h5.xiaoeknow.com/p/course/ebook/e_62cb8b15e4b0eca59c144824.

续表

机构名称	委员会	科技部门	科技公司
招商银行	金融科技委员会 金融科技办公室	信息技术部	招银云创
平安银行	创新委员会	科技开发中心 科技运营中心	金融壹账通
宁波银行	金融科技管理委员会	IT 支持部 金融科技部	无
中原银行	信息科技管理委员会	数据银行部 信息科技部	无

（四）疫情防控形势加速线下业务线上化

自疫情发生以来，无接触式服务的兴起加速了中小银行的数字化转型升级，极大改变了银行业的商业模式。银行比以往任何时刻都更加清晰地意识到，数字化转型势在必行和如箭在弦。它驱动了企业战略布局和生产方式的改变。后疫情时代，银行企图寻找新的业务模式、管控模式和商业模式。以前，银行强调线下网点布局，致力于缩短网点与客户的距离，从而加强客户服务。现在银行强调线下业务线上化，通过金融科技，加快推进全面云化转型，推动线上线下运营融合，全面开展流程再造，持续完善"数字化、全流程、标准化"。利用新一代的信息技术，银行数字化转型重新定义了数据的收集、传输、存储以及分析等过程，打通了各个层级之间存在的数据壁垒，从而提高企业生产、工作以及运营效率。银行数字化转型改变企业的战略思维，赋能银行商业模式，在提高企业的根本竞争力的同时，推动了世界经济形势大变革，促进经济与社会双赢局面。

银行业坚持以数字化转型为抓手，加快推动全渠道转型升级，打造更具场景整合能力的线上渠道和更具价值创造活力的线下渠道，构建线上线下有机融合、金融非金融无缝衔接的业务生态圈。线上渠道，积极把握银行数字化发展趋势，贯彻"移动优先"策略，大力拓展线上渠道，持续迭代升级手机银行，推动线上业务快速增长。线下，深入推进网点数字化转型，持续丰富智能服务生态，推动网点成为全渠道、全场景、全生态的营销服务综合体，提升企业级集约运营能力。以中国银行为例，面向公司金融客户，中国银行加快数字化转型，持续优化电子渠道功能，打造集团综合金融服务门户；面向个人金融客户，中国银行坚持手机银行"整合""智能""开放""互动""特色"建设方向，持续优化功能、提升体验，积极推动个金业务数字化转型。2021 年，中国银行电子渠道交易金额达到 324.97 万亿元，同比增长 18.18%。其中，手机银行交易金额达到 39.38 万亿元，同比增长 22.00%，手机银行非金融场景数达 612 个，手机银行月活客户数达 7 104 万户，成为活跃客户最多的线上交易渠道。

根据中国银保监会金融许可证信息平台数据，近年来银行面临大量网点关停。2020

年，全国范围内有 3 386 家银行网点关停退出。2021 年有 2 809 家银行网点关停退出。以中国银行、农业银行、工商银行、中国建设银行四大国有银行为例，2021 年四大行合计净减少了 538 家营业机构。银行网点减少可能受到多方面因素的影响，一方面是由于银行业的发展导致银行间的竞争加剧，促使银行优化其网点布局，削减不必要的网络节点；然而，更重要的另一方面是由于疫情和数字化改变了人民生活习惯，降低了对实体网点的依赖，推进了银行线上线下业务的转变。疫情的暴发加强了银行寻求"无接触式"服务的动机，而金融科技和数字化给予了银行进行线下业务线上化的能力。新时代下，银行致力于自身数字化转型，加速线上业务的发展布局，深入推进实体网点数字化转型，细化网点资源差异化配置策略，促进线上线下的加速融合，实现价值创造的能力。

以工商银行和建设银行为例，工商银行高度重视金融科技与数字化转型，处于数字化转型的领先地位，工商银行紧密围绕《金融科技发展规划（2021—2023 年）》，践行科技自立自强，强化科技创新和机制改革"双轮驱动"，塑造金融科技发展新优势，助力全行高质量发展，更好服务构建新发展格局。工商银行充分利用自身金融科技优势，持续加大加快平台创新，深化渠道协同，建设智能贴心、便捷高效的线上线下一体化服务，驱动全行高质量发展、推动模式创新、加强产品创新，实现了客户识别、需求处理、进度追踪等业务的全流程线上线下电子化协同，推出了一系列个人及对公便捷服务场景并在业内率先推出"云工行"非接触服务品牌。建设银行契合数字经济发展趋势和商业银行数字化转型，加快推进全面云化转型，推动线上线下运营融合，全面开展流程再造，持续完善"数字化、全流程、标准化"的普惠金融智能化风控管理体系，保持信贷资产质量稳定；加快推进全面云化转型，推动"建行云"成为用户首选的金融业云服务品牌。建设银行围绕"建生态、搭场景、扩用户"的数字化经营逻辑，确立了以手机银行、"建行生活"App、"双子星"企业级平台为核心，多渠道布局、企业级优先、特色化为补充、线上线下融合发展的建行生态场景体系。

（五）平台化发展助力商业银行合作共享

随着数字化在银行改革中的不断推进，银行的平台化是其在数字化转型中的必由之路。在传统的息差收入增速由于利率市场化和同行竞争的原因不断减少时，所有银行急需依靠金融科技实现数字化与数智化的转型。在运用金融科技相关技术的过程中，银行的平台化是转型的基础。无论是单一银行的内部平台化需求，还是银行与银行之间的合作，甚至是银行与其他金融机构乃至其他客户之间的数据与技术交流，银行都呈现出平台化的趋势。

第一类为银行内部的平台化过程。银行基于自有业务资源、金融科技能力，自建平台"生态圈"，向内打通共享平台，向外输出系统化服务能力，由建立"生态圈"到"出圈""破圈"。这种情况在业内更为常见，其中一个代表性案例是浙商银行，该行在 2019 年正式确立并实施平台化服务战略，提出运用互联网、大数据、区块链等金融科技，打造"科技+金融+行业+客户"综合服务平台，跨界融合资源，构建生态体系，为用户提供全视角、全流程的价值服务。

第二类为银行之间的合作平台。最为典型的是开放银行模式，目前，多家大中型银行以及部分城商行、互联网银行已布局开放银行业务，并将其作为数字银行的关键实现路径。通过应用程序编程接口（API）的方式，开放银行可以让金融的服务跟场景有效结合。物理网点和传统的客户经理的服务是有限的，也不可能7×24小时不间断服务。而开放银行的接口不仅可以实现不间断服务，还能大大提升服务覆盖面。

第三类为银行跨界生态圈。具体来说，商业银行往往通过以下两类方式完成平台化的过程，消费互联网与产业互联网。其中，消费互联网主要是打通个人消费者与银行之间金融服务，而产业互联网则主要是贯穿中小企业与银行之间的信贷服务。

虽然消费端的平台化趋于成熟，但是风险识别与数智化信贷技术仍然有待提升。各大消费金融平台，一头连接互联网消费场景，一头连接中小银行，打通消费金融的资产端与资金端。通过与各类消费互联网平台对接，甚至一些中小银行也实现了消费信贷的快速上量与有效风控。以南京银行发起并实施的"鑫云+"平台为例，该平台一端对接腾讯、360、小米等20家互联网平台，一端对接20余家区域性中小银行，平台建设方南京银行为参与行提供四种类型服务，南京银行与参与行共同设计产品。中小银行进行一次对接，即可触达20余个互联网平台在本区域内的行业与场景客户并进行有效的大数据风控。由于监管对银行的经营地域限制，参与行也无须担心平台对自己线下业务的侵占。

产业互联网金融平台产业端数字化与互联网化的复杂度远高于消费端，其成熟度也远不及消费端，而商业银行经营性贷款的复杂度又远高于消费贷款，产业互联网融资平台建设的复杂度高、专业性强，前景广阔。例如，国家公共信用信息中心牵头建设了全国中小企业融资综合信用服务平台（全国信易贷平台）。该平台依托全国信用信息共享平台，整合税务、市场监管、海关、司法、水、电、气费以及社保、住房公积金缴纳等领域的信用信息，"自上而下"打通部门间的"信息孤岛"，降低银行信息收集成本。完善信用信息采集标准规范，健全自动采集和实时更新机制，确保信息归集的准确性、时效性和完整性。根据金融机构需求，持续扩大信用信息归集范围，鼓励有条件的地方建设地区性中小企业信用服务平台，选择合适方式对接全国中小企业融资综合信用服务平台，缓解银企信息不对称问题。该平台初步实现了将全国各地银行与中小企业对接进而缓解企业贷款压力的目的。

从合作方式角度看，银行还会和外界的互联网大公司、平台型新经济公司、金融科技公司合作来共建平台。还有一种合作方式，业内总结为股权并购模式，通过股权投资、联营企业和兼并收购等方式，基于利益、风险共担原则建立银行和创新科技企业的战略合作。

最后，贯穿这三类平台化过程始终的核心话题之一是数据授权与保护。我国监管层也对相关的数据保护与加密逐步开始重视。

（六）数据治理助力银行业务深度融合

1. 数据中台奠定银行数字化转型基础

商业银行金融科技领域未来得到长足发展的前提是数字化的进一步完善。在我国企业逐步开始数字化之前，商业银行也同这些企业类似，在早年先完成了信息化，而商业银行的信息化也推进了如今商业银行的数字化转型。在商业银行数字化转型过程中，随着监管层对金融机构报送的数据质量要求不断提高，以及金融机构线上线下业务的融合，数据中台的建设已经成为商业银行数字化转型的基础。

回首历史，1997年首届全国信息化工作会议明确提出了"信息化"这一概念，"信息化是指培育、发展以智能化工具为代表的新的生产力并使之造福于社会的历史过程"。在这一阶段，企业的信息化往往是内部单一部门的信息化管理，注重基于某一类或者几类信息软件，提升企业的业务与管理能力。在这一时期，商业银行信息化的过程也遵循类似的规律，银行注重构建完整的业务处理信息系统和信息化网络通信的支撑平台，建立现代化的支付清算系统，构建基于信息化技术完成"业务集中"的管理模式。然而，信息化虽然提升了银行不同部门的效率，但是并没有起到打通不同层级之间数据壁垒、发挥乘数效应的作用。

在信息化的基础上，未来的数字化是商业银行发展的又一全新生产力。数字化转型是利用新一代的信息技术，对数据进行收集、传输以及存储和分析等，并通过将数据进行标准化处理，从而打通各个层级之间存在的数据壁垒，然后提高生产、工作以及运营效率。目前，银行的数字化仍处于起步阶段，一方面即使资产规模较大的银行处于相对领先地位，但是这些银行的数字化依然处于较为初级的阶段。根据2021年毕马威和腾讯云联合发布的《区域性银行数字化转型白皮书》，大型银行（资产规模为5 000亿元以上）中，仅有约三分之一在各自业务领域初步开展数字化应用实践；小型区域性银行（资产规模2 000亿元及以下）中约80%的群体仍然只是初步形成了数字化的规划，尚未开展在业务领域的应用实践。整体而言，我国银行的数字化整体上仍然处于初级阶段，其未来的数字化转型主要呈现以下两大趋势，大数据中台的构建以及适配大数据中台构建的组织架构调整。

首先是大数据中台的构建与数据的标准化处理。面对日益增加的海量数据，银行需要构建完善的大数据中台才能够全面而准确地收集不同部门的数据。在数据收集的基础上，银行还需要对数据进一步进行清理，完成数据的标准化过程，进而避免由于不同业务部门数据口径统计差异与定义不同的相关问题造成的数据偏差。考虑到上述问题，目前商业银行遇到的一个主要困境就是数据清洗与标准化，其数据部门需要将大量的非结构化数据转化成标准的结构化数据，且随着数字化在全行业的推进，考虑到其数据需要与外部数据对接，商业银行对于各类数据的收集与清洗就有着更高的要求。为此，各大商业银行都在推进大数据中台的构建，从而达到数据在未来可以内部跨部门通畅使用，外部机构合作顺利沟通并能满足监管部门的监管需求。

其次是构建适应数字化转型中大数据中台构建的组织架构。在汹涌的数字化浪潮下，传统商业银行的封闭式组织架构无法适应这一新时期的需求。无论是职能式组织架构，即将相似职能的人员归集到同一部门并以职能为导向加以扩展的组织架构，还是按照业务、客户或地域类别来组建各事业部并将各事业部独立核算的事业部制组织架构，抑或是在原有部门之上构建更高一级的"超级大部门"——业务总部，即成立公司金融总部、零售金融总部、金融市场总部。这些较为传统的银行组织架构都无法应对数字化转型的两类问题，即大数据中台构建过程中跨部门的协调问题，以及大数据中台构建完成后的数据存储与调用相关的安全和监管问题。为此，各大商业银行都在积极探索适应数字化转型的组织架构。例如，工商银行所提出的一部、三中心、一公司、一研究院、七大实验室的组织架构，或者是中国银行所提出的以"数字化"为主轴，搭建两大架构，打造三大平台，聚焦四大领域，重点推进28项战略工程的架构方式。在可见的未来中，商业银行与互联网银行，都会根据自己的经验，不断调整组织架构来适应数字化转型的需求。

最后，在完成了上述数字化的前提下，商业银行还需要进一步夯实基础。只有实现平台化一体化，才能更好地打通银行内部、银行之间，甚至跨金融机构并与其他商业平台对接，为基于人工智能等新时代的技术手段的数智化时代做好准备。

2. 业务中台加速商业银行数字化转型进程

虽然数据中台的建设有效帮助商业银行初步收集整理了沉淀在银行各部门的大数据，但是传统的前中后台模式难以充分利用由数据中台所构建的新时代大数据集。为此，各大商业银行纷纷建立起业务中台，帮助远离市场客户的后台部门洞察客户需求，有效串联前台与后台，整合资源进而利用新技术更好地为客户提出针对性的解决方案。

具体来说，农业银行建设了零售营销中台、对公营销中台、信贷中台、运营中台。这些业务中台通过构建标准化的业务服务能力，对各前台业务条线形成强力支撑，各业务中台之间按照统一的接口标准实现互联互通和数据共享，既保证了前台业务需求响应速度的提升，又提高了资源利用效率，可以快速有效地满足产品创新、智慧营销、智慧信贷、智慧运营和智慧决策的需要。建设银行所构建的业务中台则主要聚焦用户、权益等业务基础，以用户为中心，打通不同生态场景用户体系，汇聚企业级用户统一信息视图，支持更加精准描绘用户特征，减少用户在本行体系中重复注册认证。权益中心在统一用户基础上，构建企业级权益运营体系，改变以往权益分散、重复投入的传统营销方式。至2021年底，建设银行的业务中台共梳理384项标准化能力。

业务中台的建设有效地解决了消费者日益升级的金融服务需求与传统服务供给不足

的矛盾，通过结合金融服务数智化转型的技术升级，银行的业务模式产生了巨大的转变。目前，银行的主要变革方式是场景金融的相关服务建设。在2021年7月5日中国银行发布的《金融场景生态建设行业发展白皮书》中，将金融场景解释为将金融服务下沉到各类非金融服务中，打造"一站式"服务与极致消费体验，敏捷响应、高效满足特定客群需求。

不同于一般金融模式，场景金融服务的针对性更强，能够为消费者提供个性化的金融服务。结合银行前台个人相关业务的需求以及银行后台大数据、区块链以及元宇宙等相关技术，商业银行所推出的场景金融以金融为基础，与消费场景深度融合，使金融服务渗透入各种消费场景中，在增加客户黏性的同时，让消费金融产品有了更长的生命周期，使得消费者可以得到专业、快捷的金融服务。结合大数据、区块链以及元宇宙的技术，商业银行场景金融的建设极大地变革了其业务模式。

第一，大数据技术与场景金融建设。在大数据与人工智能技术的支持下，智能设备在数字计算、大批量处理数据方面的能力远超过自然人；同时智能设备还可以提供24小时的全天候服务，同样突破了自然人的工作时间限制。实际上，对于场景金融的建设而言，人工智能智能化、替代化的特点极大地减少了金融消费者的消费环节和流程，提高了金融消费效率，智能化的环境有利于金融消费者通过线上、线下同时互动、交流，使"景"呈多样化。

此外，在当前以云计算为代表的技术创新背景下，商业银行得以更高效地实现提取并整理使用者所需要的信息，进而针对银行所拥有海量的数据信息实行专业化处理。基于数据所作出的客观决策使场景金融的服务避免了自然人在场景金融处理过程中受到情绪的影响，智能设备或数字机器人在处理业务时更加客观、公正，且能让客户有一种新奇、利于保护隐私的感觉。场景金融的推进在提升运营专业度的同时，有利于加强场景间的关联，使得消费者可以用同等或最低的成本获得全面、多样化体验的场景服务。

第二，区块链技术与场景生态圈建设。银行业务的一个核心"痛点"是难以建立客户的信任关系，而区块链最主要影响则是夯实场景中各个主体间的信任基础，从而有利于"景"中的交互并更加有"信"。正是因为这种"信"任可靠，在社会信用危机四伏的背景下，区块链技术更加有利于商业银行扩大金融商品交易规模。去中心化、不可篡改、留有痕迹、能够溯源、团体维护等特征保证了区块链的"诚实"与"透明"，夯实了相互"信任"基础，搭建了牢靠的"合作"机制。

区块链技术在场景金融中的作用主要呈现为以下三大特征。其一，实现客户与银行间的信息共享，通过分布式的存储信息，所有的参与者在授权内均可享受相应的信息。其二，实现追根溯源，由于供应链经营脉络清晰可见且无可篡改，场景金融的参与者可以实现对区块链中的身份、信息、资产、行为等数据的全称追踪，进而有效解决纠纷，创造可信的商业环境。其三，实现对违约行为的有效惩罚，借用区块链技术的智能合约，以前置各方认可的约定为前提，计算机系统可以按照事先约定对当事者进行违约处理，有效地维护银行的信用体系。

第三，元宇宙技术与场景生态圈建设。元宇宙对场景金融的影响在所有的数字技术种类当中应当是最全面的。通过增强现实（AR）、虚拟现实（VR）和传统的互联网（Internet）三要素，元宇宙从时空性、真实性、独立性、连接性四个维度有效改善了银行的服务业务并将极大地丰富场景金融建设的想象力与体验度。元宇宙的应用将现实世界的场景生态圈与虚拟世界的生态圈相结合，让场景金融消费者实现沉浸式体验。一方面，元宇宙突破了时间的"樊篱"，全天候参与客户的服务；另一方面，元宇宙的服务方式具备多样化的特性，现实与虚拟的交互结合，能极大地唤起金融客户的消费欲望。

整体而言，商业银行业务中台的建设将其业务服务能力从抽象的技术沉淀到具体的前台服务业务，将前台业务进行梳理、提炼、剥离、改造，结合后台的金融科技手段赋能前台，进而提升业务中台的服务质量和效率。

3. 技术中台成为银行数字化转型核心驱动力

在银行数字化转型的进程中，数据中台的构建奠定了数字化转型的基础，业务中台的发展串联了前台与后台的沟通，提供了资源利用效率进而加速了银行数字化的转型。然而，银行数字化转型的核心驱动力则无法离开技术中台的支持。

伴随人工智能（AI）、区块链（Blockchain）、云计算（Cloud）、大数据（Big Data）等新技术的出现，技术的发展在给金融科技领域带来了更大的发展空间和更广阔的合作领域的同时，也给银行的数字化转型带来了全新的机遇和挑战。随着银行数字化转型进程的不断演进，商业银行基于这四大新技术，在资源配置精准化、服务渠道全时化、业务流程自动化、风险管理智能化等方面充分发挥了其经营优势，为未来银行开展数智化经营与转型创造了有利条件，也推动了数智化时代的加速来临。不同于蚂蚁金服与微众银行等技术导向的金融机构，商业银行的业务模式更加成熟，因此其技术中台主要是为其业务的发展提供辅助，因此从银行的业务角度出发，商业银行技术中台构建的服务主要包括三类：对企业（ToB）、对个人（ToC）以及对政府（ToG）的金融服务。

第一，商业银行在对企业金融服务的数智化转型过程中，其技术中台主要着力于对企业提供智能贷款服务，缓解中小企业融资压力。

首先，部分领先银行已经能够基于人工智能技术，借助产业链数字化平台对供应链数据、企业数据、市场数据以及银行数据进行深度分析与实时计算监测，使银行能及时获取企业资金需求并精准认知企业经营能力与风险状态。在信用感知能力建设方面，当前领先的商业银行依托大数据和先进的科技风险控制模型已经能够解决无信用评分、无信贷记录用户的风险识别问题。在全链路嵌入能力建设方面，领先商业银行针对不同业务类型建立数字化决策平台，打通内外部数据，全方位收集客户信息、建立大数据风评模型。在贷前、贷中、贷后的每一个关键节点上自动匹配和触发相应的商业流程和风险管理流程。

第二，银行的技术中台在与个人金融服务相关数智化转型过程中主要发力于"千人千面"的智能化个人金融服务，包括了信贷、消费与防诈骗等多个方面。

从传统的个人金融服务角度，大多数银行仍然依靠信用评分、信用记录和参考资料来确定潜在客户的信誉。这个过程不仅费时费力而且不透明。通过使用人工智能做出贷款和信贷决策，银行可以减少人工操作并提高透明度。此外，借助人工智能解决方案提供的数据支持的洞察力，银行可以减少损失并做出更有利可图的决策。

此外，借助人工智能，银行还可以提供客户寻求的个性化解决方案。根据埃森哲调查，54%的银行客户希望使用自动化工具来帮助监控预算并建议实时支出调整，44%的人表示他们非常愿意接受计算机生成的银行建议。因此，如果银行能为客户提供实时支持和洞察他们消费模式的人工智能管家，不仅能够解决个人客户的需求痛点，也能为银行创造新的盈利点。例如，人工智能机器人可以全天候为客户服务，提供传统客服无法实现的服务。

不仅如此，人工智能还有利于减少个人被诈骗风险，缓解个人金融安全风险。实际上，2020年银行业报告了超过29万个网络安全问题，因此银行需要将网络安全漏洞扼杀在萌芽状态，保护员工和客户免受财务欺诈，而人工智能技术可以有效帮助实现这一目标。

第三，银行的技术中台在对政府金融服务相关数智化转型过程中主要提供输出"行业＋金融"一站式服务，实现了与社保、工商、政法等政府机构的有效联合。

以手机银行为入口，商业银行实现了政务便民场景体系，助力"数字政府"服务升级。商业银行充分发挥走在科技应用最前沿的优势，加快推动银行零售业务转型，利用各类新兴技术搭建平台、丰富场景，实现线上化、智能化、个性化和生态化。近年来，随着生态场景布局渐成行业共识，商业银行将自身产品和服务有效链接到政府服务生态价值链上，通过手机银行与政府部门合作，实现非金融场景服务，带动业务多元增长。商业银行以"金融＋科技"为政府服务赋能，不断创新融合政务服务与金融服务，通过场景互通形成生态，打造差异化竞争力。例如，北京银行与北京市人力资源和社会保障局进行了接口对接，通过渠道交互、数据引入、系统对接等方式，延伸政务服务渠道，深化垂直政务领域合作，提高业务办理效率，以科技力量赋能数字经济，为场景建设提供强有力支撑，助力智慧城市建设。

最后，无论是对哪一类服务对象的技术中台构建，商业银行都绕不开的一个话题就是筑起坚实的数字风控体系，而技术中台的构建则能够有效缓解相关风险事件的发生。

借助科技赋能，银行业的风控体系不断升级。个人风控可依托大数据和人工智能技术，对客户风险进行及时有效的识别、预警、防范；企业风控则基于大数据和知识图谱技术，整合企业工商信息、合规情况、关系族谱等信息，来改善企业信用评级状况。大数据风控技术的应用，可以降低银行风控成本，提高征信效率，实现信贷的贷前、贷中、贷后全链条自动化、智能化。

具体来说，为保护数据安全，平安银行启动无感数据安全项目，致力于构建一套面向数据使用的安全治理平台，解决系统开发过程大数据使用效率与数据安全控制间的矛盾。该项目对高敏感数据字段和普通敏感字段分别进行加密控制和脱敏控制，对数据字段操作过程，通过智能阻断功能将SQL语句中包含特定字段的过滤查询提前阻断，有效防止了开发人员误操作导致的敏感数据泄露。这种提前阻断的方式比数据泄露后追责更加有实际效用。

二、数据要素化程度不足严重阻碍商业银行数字化转型的步伐

（一）技术迭代速度加快，中小银行数字化转型成本高

《2020年中小银行金融科技发展研究报告》指出，锚定银行4.0时代的未来银行发展目标，中小银行在金融科技的人才、组织、数据、应用、开放等层面依然有很大的改进空间。中小银行正通过战略重视—组织变革—技术创新—数据完善—应用升级—生态优化的联动效应形成金融科技支撑数字化转型的合力。然而，银行数字化转型所需要的数字技术具有较高的门槛，同时更新迭代速度快是数字技术和相关产品的一个显著特点。这两个方面的原因显著增加了银行数字化转型的成本。中小银行尤其面临较大的技术门槛和更迭风险。首先，数字化转型所需要的基本投入，包括硬件、软件、开发团队和运维成本都较高。对于中小银行而言，其规模收益非常小，其市场竞争力显然弱于大型商业银行以及金融科技公司。实际上，数字技术条件下推出一个业务新品种，除了制定制度、办法和培训成本，还需要一整套依据制度、办法的科技开发成本和系统运行维护成本，不管业务上线后有多少业务量，这些成本都是无法回避的。数字技术的高门槛性在客观上增加了中小银行进行实质性数字化转型的难度。

从技术更迭速度看，如果不能够及时跟进，现有系统很快就会落后，甚至无法正常支持基于新技术的产品，即不兼容的技术问题。大型商业银行有财力和技术实力使用最新的技术，其数字技术产品或服务的研发周期短。但是，与之形成鲜明对比的是，中小银行无法保证人才、资金等投入能够紧跟相关数字技术的发展。如果技术人员不能自我学习、自我更新，那么，中小银行就会面临技术迭代速度快的风险，造成了进退失据、被动应付的局面。

（二）数据潜能释放不足，数据资产管理体系建设待突破

自2011年银监会发布《银行监管统计数据质量管理良好标准（试行）》，商业银行数据管理经历了"治理银行数据"、"银行数据治理"和"数据治理银行"三个阶段。特别地，2020年4月，中共中央、国务院发布《关于构建更加完善的要素市场化配置体制机制的意见》，明确将"数据要素"与土地、劳动力、技术、资本等生产要素并齐，

数据成为国家战略，数据要素市场不断加快推进，传统的数据治理体系已无法满足数字经济时代要求，领先银行纷纷开始探索数据资产管理，积极迈向"数据治理银行"新阶段。然而，在实践中普遍存在数据潜能发挥不足，数据资产化体系建设有待突破，主要表现在以下两个方面。

第一，在传统数据治理框架下实施数字标准化和数据质量的管理，但未实质性推进数据资产化管理。"治理银行数据"和"银行数据治理"是实现"数据治理银行"的必要阶段。相比于大型商业银行，中小银行数字化转型过程中缺少足够的数字转型的基础能力。因此，数据源头得不到有效控制，单纯依赖IT升级无法做到智能化数据治理，也无法实现数据驱动业务决策，更是无法实现数据的增值。

第二，数据盘点难以支撑业务发展需求。数据资产盘点是数据要素化进展的起步阶段，但部分银行目前也止步于此。数据资产管理的成效仅体现为面向数据和技术人员的数据资产目录，业务管理人员难以使用，数据目录也不能持续更新维护。未建立企业级数据资产管理，单独依靠某个管理领域如数据资产盘点，难以支撑体系化的数据资产管理工作，难以推动数据资产有效运营，容易进入到进展缓慢甚至停滞的窘境，数据价值难以体现和发挥。据我们调研，有些大型商业银行在总行层面统筹搭建了包括业务中台、数据中台和技术中台在内的"三大中台"体系，旨在打造"数字化工厂"，深入推进"数字力工程"，探索建立数据资产管理体系。尽管总行在基础数据企业级互通互联和大数据项目一体化协同机制方面已经打下了较好的基础，但省分行在大数据项目实际推进中仍然存在着项目流转周期过长、沟通成本过高等痛点。可见，在总行数字化战略推进过程中，省分行对总行提供的一些数字化经营工具进行本地化运用与改造的能力有待进一步加强，需要基于总行的公共数据产品，结合本地已盘点的数据，驱动业务智能化。

（三）数据保护认知欠缺，数据风险防控体系有待完善

数字化转型的过程实质上都围绕着数据，包括但不限于数据的获取、沉淀、运用和洞察。金融数据不仅具备数据的一般特性，更是包含了个人信息、企业资金流转、社会经济活动动态等重要内容。金融数据安全是金融安全、国家安全的重要体现，其重要性得到了各行业广泛认同，受到监管和法律的高度关注。大型商业银行通常被认为有强大的数据治理能力并拥有完备的数据保护措施。然而事实上，2020年5月9日银保监会对八家银行因监管标准化数据系统（EAST）数据质量及数据报送存在违法违规行为进行行政处罚，罚款金额共计1 770万元。因违反信用信息采集、提供、查询及相关管理规定而被处罚的银行等金融机构不在少数，监管部门正不断加强对个人信息安全和消费者权益的保护。2021年8月，交通银行、华夏银行和兴业银行就因违反信用信息采集、提供、查询及相关管理规定被处罚，合计罚款553万元。同年10月，浙商银行又因在客户信息安全保护方面违规，被处罚65万元。

在数字化转型过程中，数据是一把"双刃剑"。一方面，大型商业银行在尝试数据赋能业务的过程中获得了较多利益。中小银行由于数据基础薄弱，面对如此激烈的竞争有充分的动机去过度收集数据。在数据保护相关法律不完善时，银行对数据保护的认知不足，长期发展必将影响数据安全（Duffie, Foucault, Veldkamp&Vives, 2022）。另一方面，中小银行在数字化转型过程中，对信息科技外包服务的依赖程度不断加大，部分银行对信息科技外包风险管控不力，因而导致业务中断、敏感信息泄露等事件时有发生。在此背景下，银保监会于 2021 年 12 月 30 日印发《银行保险机构信息科技外包风险监管办法》，进一步加强银行保险机构信息科技外包风险监管，促进银行保险机构提升信息科技外包风险管控能力。因此，商业银行无论从自身发展还是从满足监管要求的视角都应该强化数据风险的防控，确保数据安全，否则会造成银行业失信的严重后果。

（四）数字化人才缺口大，数字化管理体系不完善

随着商业银行数字化转型的快速推进，数字人才的专业化与管理体系的智能化将成为未来银行的核心竞争力。首先，具备金融、科技、数据复合背景的数字人才是推进银行数字化转型的核心载体与要素。中国银行业协会于 2019 年推出中国银行业金融科技师（CFT）证书并开设人工智能、区块链、大数据、云计算等数字技术为主要内容的培训活动。相对于人工智能、区块链、云计算等前沿技术，大数据技术在商业银行业务中有着广泛的应用场景。然而，我们调研发现，即使国有大型商业银行的省级分行也存在大数据应用项目数量不多、应用不广、成效有限等问题。大数据应用岗位人力严重不足、数据赋能业务的认知不足等是影响商业银行数字化经营绩效的重要原因。

其次，银行过去聚焦对客户的数字化管理，现在越来越多关注对内部人才的数字化管理。然而，多数银行目前仅仅是传统人力资源管理的线上化，而不是对员工真正的数字化管理和智能化赋能，其具体表现在三个方面。

第一，传统的员工管理更多是基于结果的管理或是基于管理者的主观感受，到底员工做没做，是否按照要求做，很难实施有效管理。通过智能赋能平台，能够精细化分配工作，监督工作完成的数量与质量，进行实时的评估与提醒，从而在工作中实现无感的过程管理与评价、风险预警。

第二，传统的员工赋能多通过课堂学习等方式，课上很激动，课后效果并不好。通过内嵌在工作过程中的针对工作的实时反馈与提升建议，在员工需要的时候给予信息支撑和学习指导，可以有效促进员工真正的行为改变、能力提升。

第三，传统的人才管理决策方式多基于片段的信息和管理者的主观判断，判断的准确性依赖于偶然性和管理者的经验。智能赋能平台积累了员工从入职到离职的全生命周期全量数据，通过大数据分析和预测模型，给予管理者科学决策的有效依据和提示，如人才规划、干部选拔、绩效评价等。

通过强化数字化人才专业技能，从人才供给层面保证数字化转型所需的人力资本，

创造"知数用数"的学习环境是解决数字化人才缺口的重要途径。在此基础上，通过行动平台和人才画像系统，对每个岗位上的员工和管理者进行有针对性的数字化的过程管理、业务赋能并通过全过程数据积淀形成对人才管理决策的精准支持，从而提升管理的深度与效率、员工的专业化能力以及人员风险的预测研判能力，支持银行在一个更高更好的平台上可持续发展。

三、商业银行数字化转型需全方位推进数据要素化进程

数字化转型是商业银行迎接新时代、新格局，获取竞争优势的基础条件和必然要求，是深层次的认知革命。目前，大部分银行已经制定了数字化转型战略，取得了一定的成效，也存在一些关键问题有待解决。我们认为，商业银行数字化转型是一项长期工程，需要商业银行坚持战略定力，务实笃行、砥砺前行，稳步推进实施数字化转型战略，不断拓宽银行业务的边界。针对当前商业银行数字化转型中的关键问题，我们提出以下四个方面的建议。

（一）搭建数字银行生态系统，协同推进银行业数字化转型

银行生态的核心理论在于生态平衡，即系统中的各方相互依存，相生相长。针对数字技术的技术门槛高、迭代速度快等特点，未来银行体系应该集结用户、合作伙伴、第三方开发、科技公司、服务支持等多方参与，聚焦圈、链、场景、系统、平台，重构服务链条，实现资源的高效整合与配置，业务模式的迭代与创新，价值创造的和合与共生。对于中小银行来说，构建生态银行的经营模式，在人才、技术、资源等各项资源受限的情况下，短期可采取"共生共建"的模式。"共生共建"模式是商业银行与合作伙伴升级合作模式，是一种深度的合作模式。在这种模式下，商业银行与合作伙伴资源共享、有机协作，以用户需求为中心，以嵌入式场景为切入点，以数据和技术为核心驱动力，充分发挥自身的"金融产品＋科技能力"优势，实现与合作伙伴的场景共建、数据联邦和价值倍增。这是成本较低且能够快速迈入加速跑道的较优选择。

从长远来看，中小银行仍要在开放合作中培养独立性、自主性，在发挥商业银行服务实体、信用中介、资金融通等传统功能时，彰显在生态经济价值链中的价值增值、服务迭代的作用。

（二）实施数据全生命周期管理，充分释放数据资产价值

数据资产管理应具备全局统一视角，在治理的基础上、合规的前提下开展数据资产运营，创新探索数据的要素化、资产化、价值化，实现数据资产价值。

第一，通过数据盘点，建立清晰的数据资产权责体系。各商业银行都有丰富的数据积累，在此基础之上的数据盘点要构建企业级数据资产分类体系。自上而下推动各类数据资产的盘点整合，通过梳理数据来源、厘清数据资产分布、明确数据资产状态，为数据资产目录构建夯实信息基础，落实数据确权，解决"数据不好找、数据不好懂、数据

不好用"的痛点，实现平台间互联互通、数据共享，打破"部门银行"的数据壁垒。

第二，构筑一体化、全周期的数据资产运营体系，释放数据要素价值。数据治理要服务数据资产运营，实现其业务价值。其一，要运用科技手段推动数据治理系统化、自动化、智能化以及数据资产全生命周期的覆盖，持续提升数据资产质量；其二，集中统一实施端到端数据资产运营，通过完善数据资产画像，使用户无歧义理解数据，降低用数门槛，实现数据要素最优配置和有序流动，推动数据资产保值增值，打造良性数据生态。

（三）构建数据风险防控体系，推进数字化转型健康发展

数据风险防控是个系统工程，涉及数据源头治理、数据平台安全、数字化风控的逻辑与体系建设等。我们认为，商业银行应该从内部控制业务需求和应对外部风险监管两个层面，搭建完备的数据风险防控体系。

第一，制定标准化合规制度，搭建智能化合规系统，以数字化手段实现数据风险防控。在数据治理的初始阶段，就应该明晰数据治理的标准，制定科学有效的数据管理制度，保障数据治理工作标准清晰，有章可循。另外，智能合规管理系统是目前大多数中小银行数字化技术的薄弱之处。此类银行应该建立稳健的审批流程和业务变更管理流程，不可按照自己的意愿盲目开展业务创新活动。大型商业银行通常建立了"数据中台、业务中台、技术中台"，能够对各业务条线和分支机构管理的主要领域、层面、环节和关键点的合规性进行定期、直接检查，并依托智能化风险合规管理系统，确保数据风险能够在其掌控范围内。然而，中小银行现阶段的数据风险防控体系不完善，需要进一步强化。

第二，加强银行数字化转型的法制监管。在银行数字化转型过程中，数据和算法的决策是银行数字化转型的基本模式。针对数字化转型中的金融数据治理问题，中国人民银行于2020年9月28日印发《金融数据安全 数据安全分级指南》（JR/T 0197—2020），给出了金融数据安全分级的目标、原则和范围，以及数据安全定级的要素、规则和定级过程。在数据安全分级的基础上，中国人民银行于2021年4月8日正式发布金融行业标准《金融数据安全 数据生命周期安全规范》（JR/T 0223—2021），规定了金融数据生命周期安全原则、防护要求、组织保障要求以及信息系统运维保障要求，建立覆盖数据采集、传输、存储、使用、删除及销毁过程的安全框架。商业银行数字化转型过程中，除要严格遵守现有监管法律法规外，也要加强行业自律。特别地，当新的法律法规出台后，要紧密配合新政策，杜绝"擦边球"心理。

（四）构建新型人才培养体系，提升未来银行工作效率

在数字化人才培养层面，应以提升"数据+业务"复合能力为目标，补齐数据人才的能力短板。波士顿咨询认为，商业银行在打造数字化产品的过程中需要构建"金三角"，即业务经理（熟悉金融业务，负责金融业务拓展）、产品经理（聚焦线上产品的

设计、迭代)、IT经理（关注产品开发、测试与上线）组合。据调研,"金三角"中最为薄弱的就是既理解业务逻辑也熟悉技术路线的产品经理,也就是"数据+业务"型的复合人才。因此,我们建议在数据端和业务端开展双向人才建设,给数据人员补业务,给业务人员补数据,重点是后者。一方面,鼓励数据人员主动走出去,从"等项目"变成到业务部门"找项目";另一方面,通过数字技术培训和比赛（大数据建模）,培育并发掘具有潜质的数字化人才,建立"数据专员"人才库,进一步提升他们的数据应用能力。在客户需求驱动业务的现实背景下,发挥"数据专员"数量多、分布广、业务熟的优势,切实提高商业银行的大数据应用能力。

从人才管理数字化层面,搭建行动平台和人才画像系统,对每个岗位上的员工和管理者进行有针对性的数字化的过程管理和业务赋能。特别的是,通过全过程数据积淀形成对人才管理决策的精准支持,从而提升管理的深度与效率、员工的专业化能力以及人员风险的研判能力。首先,行动平台要能够实时告诉员工和管理者在这个岗位上每日该做什么、怎么做并全程追踪。第一,明晰待办事项。比如零售客户经理当天需要打几个客户电话,分别打给谁,主推哪几个产品等。又如距上次客户拜访已经两周,若无任何推进则提示跟进动作。第二,根据具体工作场景,实时推送相关信息。比如对公客户经理,在访客前,系统自动推送该客户类似行业的参考案例、客户年报分析、同业进入情况、产品匹配推荐等信息,辅助客户经理更好准备拜访。又如在重要节日、客户生日等特殊日期给予提醒。第三,追踪记录员工有没有做,是否按要求做,哪些要提升,提升建议是什么并记录到个人画像中。经过一段时间,闭环比较结果提升了多少并分析原因。其次,基于每个人的行为、能力、性格等方面数据形成人才画像,为管理者的人才决策提供动态支撑。针对每个员工根据智能化标签形成个人画像（如基本信息、绩效结果、行为数据、能力评估、性格特质等）以及团队的健康度画像。基于上述画像,将对管理者或HR在选用育留时的人才决策形成支撑,如人才评聘、梯队选拔、绩效评价和行为预测等。

主报告参考文献

[1] 安国俊. 碳中和目标下的绿色金融创新路径探讨 [J]. 南方金融, 2021 (2): 3-12.

[2] 柏禹含. 2021 债券市场回顾/展望 [J]. 中国货币市场, 2022 (1): 26-29.

[3] 陈德球, 胡晴. 数字经济时代下的公司治理研究: 范式创新与实践前沿 [J]. 管理世界, 2022, 38 (6): 213-240.

[4] 陈雷, 张哲, 陈平. 三元悖论还是二元悖论——基于跨境资本流动波动视角的分析 [J]. 国际金融研究, 2021 (6): 34-44.

[5] 陈卫东, 王有鑫. 全球流动性、通胀与金融资产价格互动演变逻辑: 理论框架和经验分析 [J]. 国际金融研究, 2022 (6): 3-20.

[6] 戴楠. 2021 货币市场回顾/展望 [J]. 中国货币市场, 2022 (1): 20-25.

[7] 丁剑平, 白瑞晨. 汇率变动对政府杠杆率影响的机理与效应——来自全球 158 个经济体的证据 [J]. 国际金融研究, 2022 (6): 86-96.

[8] 丁杰, 袁也, 符号亮. 金融减贫: 数字金融与传统金融的互动关系及相对重要性分析 [J]. 国际金融研究, 2022 (9): 14-24.

[9] 东兴证券. 中证协发布 2021 年证券公司经营数据点评: 行业规模持续增长, 龙头业绩稳健 [DB/OL]. [2022-06-21].

[10] 杜莉, 刘铮. 数字金融对商业银行信用风险约束与经营效率的影响 [J]. 国际金融研究, 2022 (6): 75-85.

[11] 樊健. 禁止操纵证券市场的理论基础: 法律与金融的分析 [J]. 财经法学, 2022 (3): 110-127.

[12] 方意, 和文佳, 荆中博. 中国实体经济与金融市场的风险溢出研究 [J]. 世界经济, 2021, 44 (8): 3-27.

[13] 傅秋子, 黄益平. 数字金融对农村金融需求的异质性影响——来自中国家庭金融调查与北京大学数字普惠金融指数的证据 [J]. 金融研究, 2018 (11): 68-84.

[14] 龚强, 马洁, 班铭媛. 中国金融科技发展的风险与监管启示 [J]. 国际经济评论, 2022 (6): 45-70.

［15］管涛．跨境资本流动波动性加大彰显中国金融韧性［J］．中国外汇，2022 (14)：4．

［16］管涛．"十四五"时期我国国际收支趋势预判［J］．中国外汇，2021（5）：12－15．

［17］国际货币基金组织．全球金融稳定报告［EB/OL］．（2021－10－06）．https：//www.imf.org/zh/Publications/GFSR/Issues/2021/10/12/global－financial－stability－report－october－2021．

［18］国际货币基金组织．全球金融稳定报告［EB/OL］．（2022－10－11）．https：//www.imf.org/zh/Publications/GFSR/Issues/2022/10/11/global－financial－stability－report－october－2022．

［19］国际货币基金组织．世界经济展望［EB/OL］．（2021－01－25）［2021－12－08］．https：//www.imf.org/zh/Publications/WEO/Issues/2021/10/12/world－economic－outlook－october－2021．

［20］国际货币基金组织．世界经济展望［EB/OL］．（2022－01－25）［2022－10－11］．https：//www.imf.org/zh/Publications/WEO/Issues/2022/10/11/world－economic－outlook－october－2022．

［21］国际清算银行．年度经济报告2021［EB/OL］．（2021－06－29）．https：//www.bis.org/publ/arpdf/ar2021e.htm．

［22］国际清算银行．年度经济报告2022［EB/OL］．（2021－06－26）．https：//www.bis.org/publ/arpdf/ar2022e.htm．

［23］国家统计局．2020年国民经济和社会发展统计公报［M］．北京：中国统计出版社，2021．

［24］国家外汇管理局国际收支司课题组．美元周期波动下的国际资本流动［J］．中国外汇，2022（3）：4－10．

［25］郭树清．坚持人民至上 服务高质量发展——在2021年金融街论坛上的发言［N/OL］．金融时报，2021－10－22. https：//baijiahao.baidu.com/s？id＝1714269459900082968&wfr＝spider&for＝pc．

［26］国泰君安．关于2021年证券公司经营业绩排名情况的点评：头部券商强者恒强，产品化能力将成关键［DB/OL］．［2022－06－20］．http：//stock.finance.sina.com.cn/stock/go.php/vReport_Show/kind/industry/rptid/708988098880/index.phtml．

［27］韩思达，陈涛．债券利率向银行贷款利率的传导机制研究［J］．国际金融研究，2022（5）：64－74．

［28］何德旭，张斌彬．全球四次债务浪潮的演进、特征及启示［J］．数量经济技

术经济研究，2021，38（3）：43-63．

[29] 何国华，徐梦洁．宏观审慎政策调节跨境资本流动风险的有效性——基于银行稳定性视角［J］．国际金融研究，2022（8）：65-75．

[30] 胡滨．中国金融监管报告（2021）［M］．北京：社会科学文献出版社，2021．

[31] 胡萍．数字金融人才培养是金融科技高质量发展关键［N］．金融时报，2021-08-09（007）．

[32] 胡泊．全球碳中和背景下的绿色金融发展［J］．国际研究参考，2021（11）：7-16．

[33] 胡悦，吴文锋，石川林．货币市场流动性分层：度量、成因和影响［J］．管理科学学报，2022，25（8）：104-126．

[34] 黄小琳，朱松，陈关亭．债券违约对涉事信用评级机构的影响——基于中国信用债市场违约事件的分析［J］．金融研究，2017（3）：130-144．

[35] 黄益平．新发展格局下的金融开放与稳定［J］．金融市场研究，2022（1）：1-9．

[36] 黄益平．平台经济：创新、治理与繁荣［M］．北京：中信出版社，2022．

[37] 金彤．2021年金融市场评述［J］．中国金融，2022（3）：83-84．

[38] 鞠建东，施康，魏尚进．贸易改革和经常账户失衡［J］．清华金融评论，2021（5）：95-96．

[39] 李超．如何以结构化货币政策工具助力共同富裕［J］．债券，2021（11）．

[40] 李海奇，张晶．金融科技对我国产业结构优化与产业升级的影响［J］．统计研究，2022，39（10）：102-118．

[41] 李宏瑾．当前的经济形势与货币政策［J］．吉林金融研究，2021（12）．

[42] 李敏波，梁爽．监测系统性金融风险——中国金融市场压力指数构建和状态识别［J］．金融研究，2021（6）：21-38．

[43] 李小胜，董丰，熊琛．金融开放、金融摩擦与中国宏观经济波动［J］．经济学（季刊），2022，22（5）：1533-1554．

[44] 李扬．国际金融研究的新方向［J］．国际金融，2021（6）：6-7．

[45] 李政，李鑫．数字普惠金融与未预期风险应对：理论与实证［J］．金融研究，2022（6）：94-114．

[46] 李志辉，金波．股票市场操纵行为影响因素研究——基于公司战略视角［J］．中央财经大学学报，2021（11）：36-48．

[47] 林晚发，刘岩，赵仲匡．债券评级包装与"担保正溢价"之谜［J］．经济研究，2022，57（2）：192-208．

［48］林文昊，赵晨．产业国际竞争力视角下的中国经常账户演变趋势［J］．中国外汇，2022（9）：44-47．

［49］刘冲，庞元晨，刘莉亚．结构性货币政策、金融监管与利率传导效率——来自中国债券市场的证据［J］．经济研究，2022，57（1）：122-136．

［50］刘桂平．努力以普惠金融的高质量发展助力全体人民共同富裕——在2021中国普惠金融国际论坛上的发言［N/OL］．金融时报，2021-12-17．https：//baijiahao．baidu．com/s？id=1719349599214258263&wfr=spider&for=pc．

［51］刘明康．应对一场非同寻常疫情中的国际金融［J］．国际金融研究，2022（1）：3-6．

［52］刘沛佩．证券异常交易行为监管问题研究［J］．金融发展研究，2021（7）：84-89．

［53］刘树峰．家财险发展现状与策略分析［J］．上海保险，2022（2）：58-60．

［54］刘郁．流动性自发式宽松同业存单净融资放量——2021年上半年货币市场回顾与展望［J］．中国货币市场，2021（7）：17-21．

［55］芦东．我国银行间外汇市场的交易机制研究［J］．清华金融评论，2022（7）：97-98．

［56］罗汉堂．新普惠经济：数字技术如何推动普惠性增长［M］．北京：中信出版社，2020．

［57］梅冬州，宋佳馨．大规模资本流入与"去工业化"［J］．国际金融研究，2022（6）：44-54．

［58］梅彦．我国上市公司内部控制存在的问题与对策［J］．中国集体经济，2020（14）：38-39．

［59］中国民生银行．中国民生银行五年发展规划（2021—2025年）［EB/OL］．https：//ir．cmbc．com．cn/cn/investor-relations/investment-value/development-strategy/．

［60］缪延亮，郝阳，费璇．利差、美元指数与跨境资本流动［J］．金融研究，2021（8）：1-21．

［61］聂秀华，江萍，郑晓佳，等．数字金融与区域技术创新水平研究［J］．金融研究，2021（3）：132-150．

［62］潘连晶．数字金融背景下的人才结构优化［J］．人力资源，2021（24）：104-105．

［63］人民网．元宇宙热潮：一场既有技术突破也有泡沫的游戏［EB/OL］．［2021-11-25］．http：//yn．people．com．cn/n2/2021/1125/c372455-35021517．html．

［64］瑞再研究院．2022年全球保费收入再创新高［EB/OL］．［2022-07-13］．https：//www．swissre．com/institute/research/sigma-research/sigma-2022-04．html．

[65] 宋科, 侯津柠, 夏乐, 等. "一带一路"倡议与人民币国际化——来自人民币真实交易数据的经验证据 [J]. 管理世界, 2022, 38 (9): 49-67.

[66] 孙天琦. 关于金融风险"早识别、早预警、早发现、早处置"的几点思考 [J]. 清华金融评论, 2022 (2): 53-56.

[67] 孙巍, 张男. 中国货币政策的广义信用传导效应——基于社会融资规模结构视角 [J]. 西安交通大学学报（社会科学版）, 2020, 40 (3): 7-16.

[68] 谭小芬, 李兴申, 苟琴. 全球投资者国别风险情绪对跨境股票资本流动的影响 [J]. 金融研究, 2022 (6): 153-170.

[69] 谭小芬, 虞梦微. 全球金融周期: 驱动因素、传导机制与政策应对 [J]. 国际经济评论, 2021 (6): 94-116.

[70] 谭小芬, 左振颖. 全球经济政策不确定性对新兴市场国家银行跨境资本流动的影响 [J]. 国际金融研究, 2022 (9): 35-45.

[71] 唐松, 伍旭川, 祝佳. 数字金融与企业技术创新——结构特征、机制识别与金融监管下的效应差异 [J]. 管理世界, 2020, 36 (5): 52-66+9.

[72] 王爱俭, 刘泊静, 刘浩杰. 经济政策不确定性、外汇市场预期与人民币国际化: 基于境外主体持有人民币资产的视角 [J]. 世界经济研究, 2022 (5): 80-91.

[73] 王海军. 数字金融助推了家庭债务风险吗？——基于CFPS的微观证据 [J]. 国际金融研究, 2022 (7): 27-36.

[74] 王笑笑, 孙天琦. 市场消息、汇率波动与个人外汇业务"羊群行为"特征 [J]. 国际金融研究, 2021 (6): 76-85.

[75] 王勋, 王雪. 数字普惠金融与消费风险平滑: 中国家庭的微观证据 [J]. 经济学（季刊）, 2022, 22 (5): 1679-1698.

[76] 王耀东, 冯燕, 周桦. 保险业在金融系统性风险传染路径中起到"媒介"作用吗？——基于金融市场尾部风险传染路径的实证分析 [J]. 中国管理科学, 2021, 29 (5): 14-24.

[77] 王艺枞, 关禹. 货币政策对房地产市场调控的周期非对称效应 [J]. 统计与决策, 2022, 38 (16): 137-141.

[78] 王有鑫, 王祎帆, 杨翰方. 跨境资本流动宏观审慎政策防范输入性金融风险机制研究 [J]. 经济学家, 2022 (9): 88-97.

[79] 魏尚进. 跨境资本流动: 构成、危机和控制 [J]. 学习与实践, 2021 (7): 19-26.

[80] 吴迪, 张楚然, 侯成琪. 住房价格、金融稳定与宏观审慎政策 [J]. 金融研究, 2022 (7): 57-75.

[81] 吴桐, 王龙. 元宇宙: 一个广义通证经济的实践 [J]. 东北财经大学学报,

2022（2）：42-51.

［82］吴晓灵，丁安华，等．平台金融新时代［M］．北京：中信出版社，2021．

［83］萧鑫．证券做市交易与市场操纵的界分［J］．比较法研究，2019（1）：187-200．

［84］谢绚丽，沈艳，张皓星，等．数字金融能促进创业吗？——来自中国的证据［J］．经济学（季刊），2018，17（4）：1557-1580．

［85］熊婧，汤薇．保险业务结构的同质化对财险业系统性风险的影响［J］．保险研究，2021（4）：43-61．

［86］许闲，刘炳磊，杨鈜毅．新冠肺炎疫情对中国保险业的影响研究——基于非典的复盘与长短期影响分析［J］．保险研究，2020（3）：12-22．

［87］许新霞，何开刚．内部控制要素的缺失与完善：基于内部控制和风险管理整合的视角［J］．会计研究，2021（11）：149-159．

［88］阎建军，陈楠．向高质量发展转型——2021年保险业回顾与2022年展望［EB/OL］．［2022-03-01］．http：//www.nifd.cn/SeriesReport/Details/3219．

［89］杨缘．内外盘金价"倒挂"之谜［J］．金融市场研究，2021（8）：88-98．

［90］姚江涛．"双碳"目标下的绿色产融发展［J］．中国金融，2021（23）：48-49．

［91］易纲：《充分发挥金融功能提升经济发展效率和韧性——在2021年金融街论坛年会上的讲话》，中国人民银行网站．

［92］易纲．用好金融支持政策推动疫情防控和经济社会发展［J］．求是，2020（10）．

［93］易纲．易纲行长在2021年香港金融科技周上的视频演讲［EB/OL］．（2021-11-03）．https：//baijiahao.baidu.com/s？id=17153749673752460
00&wfr=spider&for=pc．

［94］尹中立．蓝筹股疲弱壳价值"回光返照"——2021年第四季度暨全年股票市场分析［J］．金融博览，2022（1）：76-79．

［95］曾松林，刘周熠，黄赛男．经济政策不确定性、金融发展与双边跨境银行资本流动［J］．国际金融研究，2022（10）：61-71．

［96］张斌．全球货币政策转向下的中国货币政策选择［J］．清华金融评论，2022（4）：38-39．

［97］张利静，马爽．2021衍生品市场：创新扩容新高［J］．中国证券报，2021（12）：1-2．

［98］张礼卿，高海红，温建东，等．基金组织对跨境资本流动的观点变迁［J］．中国外汇，2022（11）：54-64．

［99］张礼卿，孟祥源，李杰，等．资本管制对货币政策独立性的动态影响研究——兼论"中间政策"组合的效果［J］．南开经济研究，2022（9）：21-41．

［100］张明，刘瑶．经常账户变动对实际有效汇率的非对称影响及潜在渠道探析［J］．经济学（季刊），2022，22（5）：1511-1532．

［101］张明，刘瑶．经常账户恶化是否会加大国内资产价格波动？——基于G20数据的作用机制及时变效应研究［J］．国际金融研究，2021（5）：34-43．

［102］章小波．2021人民币外汇衍生品市场回顾/展望［J］．中国货币市场，2022（1）：30-33．

［103］张勋，万广华，张佳佳，等．数字经济、普惠金融与包容性增长［J］．经济研究，2019，54（8）：71-86．

［104］张亦春，王骁玮．金融机构风险关联与行业差异研究——基于股市波动视角［J］．国际金融研究，2021（11）：66-75．

［105］赵旭东．中国公司治理制度的困境与出路［J］．现代法学，2021，43（2）：89-105．

［106］中国保险保障基金有限责任公司．中国保险业风险评估报告2022发布［EB/OL］．［2022-09-20］．http：//www.cisf.cn/fxjc/bxyfxpgbg/3532.jsp．

［107］中国保险资产管理业协会．2021中国保险资产管理业发展报告［M］．北京：中国财政经济出版社，2021．

［108］中国工商银行香港外汇资金交易中心研究团队．2021年全球主要债券市场回顾与2022年展望［J］．现代金融导刊，2022（1）：17-21．

［109］《清华金融评论》，华为云．《中国金融机构数字化转型》白皮书［R/OL］．（2022-07-13）．https：//appoa4juplh1740.h5.xiaoeknow.com/p/course/ebook/e_62cb8b15e4b0eca59c144824．

［110］中国金融新闻网．解读保险业2021年保费数据：健康险降速不降温车险重回正增长轨道［EB/OL］．［2022-02-16］．https：//www.financialnews.com.cn/bx/bxsd/202202/t20220216_239470.html．

［111］中国经济网．2021年公募基金盘点报告［EB/OL］．［2022-02-10］．http：//finance.ce.cn/jjpd/jjpdgd/202202/10/t20220210_37318150.shtml．

［112］《中国绿色金融发展报告》编辑组．绿色金融发展及"十四五"展望［J］．中国金融，2021（8）：12-14．

［113］中国人民银行货币政策分析小组．中国货币政策执行报告（2021年）［R/OL］．（2021-05-11）［2022-02-11］．http：//www.pbc.gov.cn/zhengcehuobisi/125207/125227/125957/index.html．

［114］中国人民银行货币政策分析小组．中国货币政策执行报告（2022年）

［R/OL］．（2022－05－09）［2023－02－24］．http：//www.pbc.gov.cn/zhengcehuobisi/125207/125227/125957/index.html.

［115］中国人民银行金融稳定分析小组．中国金融稳定报告2021［EB/OL］．（2021－09－03）．http：//www.pbc.gov.cn/goutongjiaoliu/113456/113469/4332768/2021111616012855737.pdf.

［116］中国人民银行金融稳定分析小组．中国金融稳定报告2022［EB/OL］．（2022－05－19）．http：//www.pbc.gov.cn/jinrongwendingju/146766/146772/4889122/2023051917413124624.pdf.

［117］中国人民银行数字人民币研发工作组．中国数字人民币的研发进展白皮书［EB/OL］．（2021－07－16）．https：//www.gov.cn/xinwen/2021－07/16/5625569/files/e944faf39ea34d46a256c2095fefeaab.pdf.

［118］中国社会科学院金融研究所《中国金融》编辑部．2021年国际金融十件大事［J］．中国金融，2022（1）：25－26.

［119］中国外汇交易中心暨全国银行间同业拆借中心．2021年银行间市场运行报告［J］．中国货币市场，2022（1）：91－95.

［120］中国信托业协会．2021年度中国信托业发展评析［EB/OL］．［2022－03－22］．http：//www.xtxh.net/xtxh/statistics/47592.htm.

［121］中国银保监会．银行保险机构公司治理监管评估办法（试行）［EB/OL］．［2021－11－23］．http：//www.cbirc.gov.cn/cn/view/pages/govermentDetail.html？docId＝1026894&itemId＝861&generaltype＝1.

［122］中国银保监会．中国银保监会办公厅关于持续深入做好银行机构"内控合规管理建设年"有关工作的通知［EB/OL］．［2021－11－23］．http：//www.cbirc.gov.cn/cn/view/pages/govermentDetail.html？docId＝1026894&itemId＝861&generaltype＝1.

［123］中国证券投资基金业协会．中国私募股权投资基金行业发展报告（2021）［EB/OL］．［2021－09－23］．https：//www.amac.org.cn/researchstatistics/report/zgsmjjhybgfz/202109/t20210923_12980.html.

［124］中信建投证券课题组，吴云飞．基础设施REITs发展的国际经验及借鉴［J］．证券市场导报，2021（1）：12－21.

［125］中证网．金标委：加快完善绿色金融标准体系［EB/OL］．［2021－10－22］．https：//www.cs.com.cn/xwzx/hg/202110/t20211022_6212718.html.

［126］周乾．《资管新规》背景下中国信托业刚性兑付的影响分析与化解之策［J］．内蒙古社会科学，2021，42（1）：115－122.

［127］Duffie Darrell，Foucault Thierry，Veldkamp Laura，&Vives Xavier．（2022）．

Technology and Finance.

［128］Korinek A , Stiglitz J E . Artificial Intelligence, Globalization and Strategies for Economic Development［J］. CEPR Discussion Papers, 2021.

［129］Korinek A, Stiglitz J E. Steering Technological Progress［C］. NBER Conference on the Economics of AI. 2020.

第二部分
专题研究

分治二策

实用题库

全球价值链参与对国际收支失衡的影响*

周先平　董梦琦

在经济全球化的背景下，各国之间的联系越发紧密，金融风险也更容易在国际间传递。一方面，国际分工和国际贸易将各经济体都纳入全球价值链，另一方面，国际收支危机也不断爆发。虽然研究国际收支危机爆发机理、影响和传导渠道的文献很多，但是从全球价值链参与的角度分析国际收支危机的研究较少。因此，在逆全球化思潮、新冠疫情、俄乌冲突等因素对全球价值链造成冲击的背景下，研究全球价值链参与对国际收支失衡的影响及其作用渠道，有很强的理论意义和现实意义，可以进一步完善国际收支危机理论，防范外部冲击通过全球价值链影响金融稳定。

一、文献综述与研究假设

（一）全球价值链的测度及其影响

全球价值链参与位置（Global Value Chain Participation）是某一企业、行业或经济体参与到全球产业链的层次和水平，反映了其在国际经济交易中的"话语权"（Gereffi, 1999；唐宜红、张鹏杨, 2018；Alfaro 等, 2019）。参与位置处于上游（Upstream）的企业主要承担研发设计、品牌创新、关键零部件生产供应等高附加值的任务和活动，处于下游（Downstream）的企业则从事附加值低的活动，如加工组装等。

全球价值链是国际经济学界一个热点话题，众多的国际经济组织发布了相关研究报告，比如 WTO（2012）、IMF（2013）、UNCTAD（2013）、OECD（2012, 2015）、WTO 和 OECD（2017, 2019）等。另外，许多学者也对全球价值链参与位置及其影响展开了研究。计算参与位置时一般都使用世界投入产出数据库（WIOD）（Timmer 等, 2015），方法主要有两种，即通过测算国内增加值（Koopman 等, 2014；程大中, 2015）和价值链上游度（Upstreamness）来衡量全球价值链参与位置（Antras 等, 2012）。一些文献分析了全球价值链参与位置对就业（李磊等, 2017）、经济增长（杨继军、范从来,

---

* 本文受 2020 国家社科基金重点研究项目（20AJY025）"全球价值链动态优化与金融稳定研究"资助。

2015)、收入分配（Timmer 等，2013）、劳动生产率（张杰、郑文平，2017；吕越等，2017）、环境保护（吕越、吕云龙，2019）的影响。另外一些学者还关注了全球价值链参与位置跃升的路径和影响因素（王岚、李宏艳，2015；马述忠等，2017）。

（二）全球价值链和国际收支风险

谭人友等（2015）认为，全球价值链参与位置和经济失衡之间呈显著的正相关关系。Brumm 等（2019）也指出，全球价值链参与度、全球价值链后向参与度和前向参与度对经常账户的影响均显著为正。魏如青等（2020）则认为，全球价值链后向参与对全球失衡的影响为负，前向参与对全球失衡的影响为正。全球价值链后向简单参与和复杂参与对全球失衡的影响为负，前向简单参与和复杂参与对全球失衡的影响为正。王孝松和田思远（2020）发现，全球价值链参与度对制造业、高技术密集型行业贸易失衡的影响更大，对发展中国家贸易失衡的影响更大，全球价值链参与度主要通过全球价值链参与位置和中间品的使用规模影响贸易失衡。

从现有文献来看，关于全球价值链的研究主要讨论其测度和经济后果，全球价值链的经济后果主要集中在就业、劳动收入分配、劳动生产率、生态环境等领域。讨论全球价值链对国际收支失衡影响的研究还比较少，这些少量文献对于两者之间的关系还没有形成较为一致的结论，对于影响渠道和机制也有待于进一步厘清。

（三）研究假设

关于为什么全球价值链参与会影响国际收支，可以从全球价值链参与的贸易利益创造和利益分配两方面进行理论分析。从贸易利益创造来看，贸易利益主要来源于比较优势效应和规模经济效应；从贸易利益分配来看，贸易利益主要向上游国家倾斜。全球价值链参与影响国际收支有短期机制和长期机制，短期影响主要通过贸易条件实现，长期影响主要通过劳动生产率实现。[①] 基于上述分析，本文提出如下假设：

假设1：全球价值链前向参与度的增加会使得国际收支得到改善。

假设2：全球价值链后向参与度的增加会使得国际收支恶化。

假设3：在短期内，全球价值链前向参与度的增加会改善贸易条件进而使得国际收支得到改善，全球价值链后向参与度的增加会恶化贸易条件进而使得国际收支恶化。

假设4：在长期内，全球价值链前向参与度的提高会提高劳动生产率进而使得国际收支得到改善，全球价值链后向参与度的提高会降低劳动生产率进而使得国际收支恶化。

二、样本、变量及模型

（一）样本和变量说明

计算全球价值链时广泛使用的数据库包括 UNCTAD – Eora GVC 数据库、OECD Ti-

---

① 受篇幅限制，本文没有报告详细的理论和模型推导。

VA 数据库、WIOD 数据库。综合不同数据库涵盖的样本和区间跨度，本文使用 UNCTAD – Eora GVC 数据库来计算各经济体全球价值链参与度和参与位置。其他数据来源于 OECD 增加值贸易数据库（OECD TiVA）、世界发展指标数据库（WDI）、国际货币基金组织（IMF）等。样本区间为 1995—2018 年，涵盖世界上 63 个主要国家和地区。①

由于经常账户余额能够反映一个经济体经济结构、劳动生产率等经济基本面，本文用经常账户失衡代表国际收支风险，选取经常账户余额占 GDP 的比重（CA1）、贸易收支余额占 GDP 的比重（CA2）、服务贸易收支余额占 GDP 的比重（CA3）作为衡量经常账户失衡的指标。选取全球价值链参与度（GVC_Participation）和全球价值链参与位置（GVC_Position）作为衡量全球价值链参与的指标，其中，全球价值链参与度又分为全球价值链前向参与度（GVC_Forward）和全球价值链后向参与度（GVC_Backward）。采用 Koopman（2014）的方法来计算各国的全球价值链参与度和参与位置。

当一国或地区在出口产品的生产中使用的国外增加值占总出口的比重越高时，则其全球价值链后向参与度越高，这意味着其对进口中间品的依赖程度越高。当一国或地区出口到外国用于生产后又被出口到第三国的国内增加值占总出口的比重越高时，则其全球价值链前向参与度越高，这意味着其嵌入他国出口中的国内增加值越高。当一国或地区的全球价值链后向参与度和前向参与度之和越大时，则其全球价值链参与度越大。对于全球价值链参与位置而言，当一国或地区的全球价值链前向参与度相对于后向参与度越高时，其全球价值链参与位置越高，话语权越大。

中介变量包括贸易条件和劳动生产率。贸易条件（NBTT）为出口价格指数和进口价格指数之比，贸易条件的改善将使得经常账户得到改善，贸易条件的恶化将使得经常账户恶化。通过国内生产总值（GDP）除以总就业人数来计算劳动生产率（LP），劳动生产率的提高有利于增加商品和服务的净出口数额，经常账户由此得到改善。考虑到数据的可得性，本文选取贸易开放度、金融发展指数、抚养比、经济增长率、财政状况等作为控制变量。各变量的定义、计算方法及数据来源见表 1。

---

① 欧洲的发达经济体包括奥地利、比利时、捷克共和国、丹麦、芬兰、法国、德国、希腊、冰岛、爱尔兰、意大利、卢森堡、荷兰、挪威、葡萄牙、斯洛伐克、斯洛文尼亚、西班牙、瑞典、瑞士、英国、马耳他，欧洲的发展中国家或地区包括爱沙尼亚、匈牙利、拉脱维亚、立陶宛、波兰、土耳其、保加利亚、克罗地亚、罗马尼亚、俄罗斯；美洲的发达经济体包括加拿大、美国，发展中国家或地区包括智利、墨西哥、阿根廷、巴西、哥伦比亚、哥斯达黎加、秘鲁；大洋洲的发达经济体包括澳大利亚、新西兰；亚洲发达经济体包括以色列、日本、韩国、中国香港、新加坡，发展中国家或地区包括文莱、柬埔寨、中国、塞浦路斯、印度、印度尼西亚、哈萨克斯坦、马来西亚、菲律宾、沙特阿拉伯、泰国、越南；非洲的发展中国家或地区包括摩洛哥、南非、突尼斯。

表1　　　　　　　　　　主要变量的计算方法及数据来源

变量名称	变量符号	计算方法	数据来源
经常账户失衡	CA1	（经常账户余额/GDP）×100%	WDI数据库
	CA2	（贸易收支余额/GDP）×100%	WDI数据库
	CA3	（服务贸易收支余额/GDP）×100%	WDI数据库
全球价值链后向参与度	GVC_b	出口产品生产过程中使用的国外增加值/出口总额	UNCTAD‐Eora GVC数据库
全球价值链前向参与度	GVC_f	出口到外国再加工并由该国再次出口到第三国的国内增加值/出口总额	UNCTAD‐Eora GVC数据库
贸易条件	NBTT	出口价格指数/进口价格指数（2000年=100）	WDI数据库
劳动生产率	LP	GDP/总就业人数	WDI数据库
贸易开放度	Open	（进口总额+出口总额）/GDP	WDI数据库
金融发展水平	FD	金融发展指数	IMF数据库
抚养比	Dependent	（15岁以下少儿人数+65岁以上老年人人数）/劳动年龄人口	WDI数据库
经济增长率	GDPR	GDP增长率	WDI数据库
财政状况	GRE	（财政收入－财政支出）/GDP×100%	IMF数据库

（二）模型设计

本文构建了如下回归模型来研究全球价值链参与对经常账户失衡的影响：

$$CA_{it} = \beta_0 + \beta_1 GVC_{it} + \beta_2 X_{it} + \varepsilon_{it} \tag{1}$$

式中，CA_{it}表示经常账户失衡；GVC_{it}表示全球价值链参与；X_{it}表示影响经常账户失衡的控制变量；ε_{it}为随机扰动项。

参照温忠麟等（2004）的中介效应检验模型，构建如下回归模型来检验贸易条件和劳动生产率的短期中介作用和长期中介作用。

$$NBTT_{it} = \beta_3 + \beta_4 GVC_{it} + \beta_5 X_{it} + \varepsilon_{it} \tag{2}$$

$$CA_{it} = \beta_6 + \beta_7 GVC_{it} + \beta_8 NBTT_{it} + \beta_9 X_{it} + \varepsilon_{it} \tag{3}$$

$$LP_{it} = \beta_{10} + \beta_{11} GVC_{it} + \beta_{12} X_{it} + \varepsilon_{it} \tag{4}$$

$$CA_{it} = \beta_{13} + \beta_{14} GVC_{it} + \beta_{15} LP_{it} + \beta_{16} X_{it} + \varepsilon_{it} \tag{5}$$

式中，中介变量$NBTT_{it}$表示贸易条件；LP_{it}表示劳动生产率。

三、实证结果及其分析

（一）描述性统计

被解释变量、解释变量、中介变量和控制变量的描述性统计见表2。发展中国家或地区$CA1$、$CA2$、$CA3$的均值分别为－0.005、－0.028、0.033，发达经济体$CA1$、$CA2$、

$CA3$ 的均值分别为 0.014、-0.005、0.041，由此可以看出，发展中国家或地区经常账户、贸易收支、服务贸易收支的均值均小于发达经济体，且发展中国家或地区更容易遭受国际收支逆差。

表2　　　　　　　　　　　　　　　　描述性统计

样本	变量	均值	标准差	最小值	中位数	最大值	观测量
全样本	CA1	0.004	0.069	-0.137	-0.007	0.298	1 479
	CA2	-0.017	0.109	-0.263	-0.014	0.382	1 479
	CA3	0.037	0.076	-0.109	0.020	0.401	1 479
	GVC_b	0.308	0.141	0.089	0.307	0.653	1 479
	GVC_f	0.278	0.082	0.110	0.277	0.529	1 479
	NBTT	1.009	0.176	0.581	1.002	1.595	1 479
	LP	10.940	0.791	8.480	11.095	12.658	1 479
	Open	0.967	0.694	0.215	0.771	3.894	1 479
	FD	0.518	0.213	0.100	0.505	0.955	1 479
	Dependent	50.088	7.485	32.923	49.671	73.049	1 479
	GDPR	3.416	3.270	-7.082	3.439	11.200	1 479
	GRE	-1.844	4.033	-12.631	-2.145	13.348	1 479
发展中国家或地区	CA1	-0.005	0.080	-0.148	-0.020	0.366	740
	CA2	-0.028	0.128	-0.263	-0.036	0.382	740
	CA3	0.033	0.065	-0.109	0.022	0.258	740
	GVC_b	0.256	0.127	0.084	0.243	0.556	740
	GVC_f	0.284	0.086	0.104	0.283	0.517	740
	NBTT	0.997	0.212	0.510	1.000	1.578	740
	LP	10.483	0.792	8.167	10.621	12.751	740
	Open	0.811	0.286	0.219	0.750	1.994	740
	FD	0.364	0.135	0.077	0.348	0.663	740
	Dependent	51.238	8.453	36.601	49.878	76.968	740
	GDPR	4.102	3.650	-7.634	4.393	11.395	740
	GRE	-2.163	4.077	-14.470	-2.485	15.786	740
发达经济体	CA1	0.014	0.059	-0.118	0.010	0.193	739
	CA2	-0.005	0.083	-0.237	-0.005	0.240	739
	CA3	0.041	0.084	-0.085	0.019	0.401	739
	GVC_b	0.358	0.138	0.100	0.344	0.663	739
	GVC_f	0.275	0.079	0.112	0.275	0.563	739
	NBTT	1.021	0.136	0.688	1.015	1.595	739
	LP	11.438	0.333	10.623	11.423	12.517	739
	Open	1.108	0.884	0.207	0.772	4.084	739
	FD	0.672	0.162	0.214	0.701	0.974	739
	Dependent	48.889	6.449	28.300	49.567	63.958	739
	GDPR	2.664	2.648	-5.479	2.694	9.820	739
	GRE	-1.501	4.163	-12.356	-1.700	13.208	739

全球价值链后向参与度的最小值和最大值分别为 0.089 和 0.653，前向参与度的最小值和最大值分别为 0.110 和 0.529，说明全球价值链后向参与度和前向参与度差异较大。就均值而言，发展中国家或地区的全球价值链后向参与度低于发达经济体，而其全球价值链前向参与度则略高于发达经济体。就最小值和最大值而言，发达经济体全球价值链后向参与度和前向参与度均高于发展中国家或地区。

（二）基准回归结果

本文使用固定效应模型对式（1）进行回归，检验全球价值链参与对经常账户失衡的影响，全球价值链后向参与度（GVC_b）、全球价值链前向参与度（GVC_f）的回归结果如表 3 和表 4 所示。

表 3 中列（1）~（6）均以全球价值链后向参与度（GVC_b）作为自变量，其中，列（1）和列（2）、列（3）和列（4）、列（5）和列（6）分别以经常账户余额占 GDP 的比重（$CA1$）、贸易收支余额占 GDP 的比重（$CA2$）、服务贸易收支余额占 GDP 的比重（$CA3$）作为因变量。列（2）、列（4）和列（6）分别在列（1）、列（3）和列（5）的基础上引入控制变量，加入控制变量前后，解释变量的系数显著性并未发生明显变化，系数符号前后始终保持一致。

表 3　　　　　　　全球价值链后向参与影响经常账户失衡的总体检验结果

变量	(1)	(2)	(3)	(4)	(5)	(6)
	CA1	CA1	CA2	CA2	CA3	CA3
GVC_b	-0.021***	-0.156***	-0.093**	-0.231***	-0.013**	-0.061***
	(-6.445)	(-4.207)	(-2.486)	(-5.475)	(-2.319)	(-4.068)
Open		0.037***		0.046***		0.042***
		(5.913)		(6.256)		(8.564)
FD		-0.110***		-0.118***		-0.047***
		(-5.277)		(-4.971)		(-3.023)
Dependent		0.001***		0.001***		0.001
		(4.595)		(3.257)		(0.213)
GDPR		-0.002***		-0.004***		-0.001***
		(-3.884)		(-8.686)		(-3.976)
GRE		0.004***		0.005***		0.002
		(11.132)		(11.783)		(0.444)
_cons	0.010	-0.085***	0.012	0.031	0.009	0.025*
	(1.025)	(-3.264)	(1.027)	(1.458)	(1.162)	(1.812)
国家或地区固定	Yes	Yes	Yes	Yes	Yes	Yes
年份固定	Yes	Yes	Yes	Yes	Yes	Yes
R^2	0.063	0.186	0.085	0.207	0.045	0.176
样本数	1 479	1 479	1 479	1 479	1 479	1 479

注：（1）*、**和***分别表示在 10%、5% 和 1% 的水平上显著；（2）括号中的数值为系数对应的 t 值。

表 4 列（1）～（6）均以全球价值链前向参与度（GVC_f）作为自变量，其余情况均与表3相同。结合表3和表4的回归结果来看，全球价值链后向参与度对经常账户余额的影响在1%或5%的水平上显著为负，而全球价值链前向参与度对经常账户余额的影响在1%的水平上显著为正。出现这种结果可能在于，全球价值链后向参与度较高的国家或地区在生产过程中主要参与的是低附加值、高能耗的活动，更容易对高质量进口投入品产生依赖，在价值链攀升的过程中被大型跨国公司所"俘获"，且难以将外溢技术转化为自身的能力，进而陷入"低端锁定"的困局，使得经常账户恶化。全球价值链前向参与度较高的国家或地区在生产过程中主要参与的是高附加值的活动，更容易实现生产环节的规模效应，在竞争中通过自主研发保持其优势，同时在与他国或地区的合作中进行知识的交流和经验的吸收，因而在价值链中始终处于主导地位，使得经常账户不断改善。

表4　　　　全球价值链前向参与影响经常账户失衡的总体检验结果

变量	(1) CA1	(2) CA1	(3) CA2	(4) CA2	(5) CA3	(6) CA3
GVC_f	0.110 ***	0.197 ***	0.180 ***	0.349 ***	0.058 ***	0.060 ***
	(2.709)	(3.240)	(3.861)	(5.050)	(2.650)	(2.857)
Open		0.037 ***		0.042 ***		0.039 ***
		(5.913)		(5.895)		(8.297)
FD		−0.110 ***		−0.113 ***		−0.047 ***
		(−5.277)		(−4.756)		(−2.985)
Dependent		0.001 ***		0.001 ***		0.001
		(4.595)		(3.372)		(0.168)
GDPR		−0.002 ***		−0.004 ***		−0.001 ***
		(−3.884)		(−8.923)		(−3.887)
GRE		0.004 ***		0.005 ***		0.003
		(11.132)		(12.339)		(0.200)
_cons	−0.027 **	−0.085 ***	−0.067 ***	−0.123 ***	0.015 *	−0.005
	(−2.356)	(−3.264)	(−5.136)	(−4.145)	(1.852)	(−0.255)
国家或地区固定	Yes	Yes	Yes	Yes	Yes	Yes
年份固定	Yes	Yes	Yes	Yes	Yes	Yes
R^2	0.075	0.190	0.081	0.205	0.053	0.184
样本数	1 479	1 479	1 479	1 479	1 479	1 479

注：(1) *、**和***分别表示在10%、5%和1%的水平上显著；(2) 括号中的数值为系数对应的t值。

（三）分组检验

各国或地区在要素禀赋、技术水平、制度环境等方面存在差异，导致各国或地区参与全球价值链的方式和程度也不相同，因此本部分将样本分为发展中国家或地区和发达经济体两类，分别对 32 个发展中国家或地区和 31 个发达经济体 1995—2018 年的样本数据进行回归，以探求发展中国家或地区和发达经济体之间可能存在的差异。

表 5 显示了全球价值链后向参与影响经常账户失衡的分组检验结果。从国家或地区的角度来看，列（1）~（3）对应着发展中国家或地区，列（4）~（6）对应着发达经济体。从变量的角度来看，列（1）和列（4）、列（2）和列（5）、列（3）和列（6）分别以经常账户余额占 GDP 的比重（$CA1$）、贸易收支余额占 GDP 的比重（$CA2$）、服务贸易收支余额占 GDP 的比重（$CA3$）作为因变量。表 6 显示了全球价值链前向参与影响经常账户失衡的分组检验结果，除了自变量为全球价值链前向参与度外，其他情况均与表 5 相同。

表 5　　　　　全球价值链后向参与影响经常账户失衡的分组检验结果

变量	发展中国家或地区			发达经济体		
	(1)	(2)	(3)	(4)	(5)	(6)
	$CA1$	$CA2$	$CA3$	$CA1$	$CA2$	$CA3$
GVC_b	-0.484***	-0.360***	-0.073**	-0.054***	-0.096*	-0.036*
	(-7.524)	(-5.209)	(-2.257)	(-6.230)	(-1.933)	(-1.816)
$Open$	0.112***	0.107***	0.013	0.012***	0.013	0.053***
	(8.283)	(7.630)	(1.536)	(4.237)	(1.606)	(8.065)
FD	-0.029	-0.067*	-0.031	-0.141***	-0.136***	-0.048**
	(-0.817)	(-1.744)	(-1.383)	(-5.395)	(-4.546)	(-1.991)
$Dependent$	0.002***	0.002***	-0.001	0.001*	0.001	0.001
	(3.628)	(4.780)	(-1.602)	(1.678)	(0.346)	(0.480)
$GDPR$	-0.003***	-0.004***	0.001*	0.002	-0.002***	0.002***
	(-4.630)	(-7.178)	(1.659)	(0.632)	(-3.131)	(3.364)
GRE	0.004***	0.007***	-0.001*	0.003***	0.001**	0.001**
	(8.778)	(11.509)	(-1.843)	(6.590)	(2.365)	(2.290)
$\_cons$	-0.046	-0.114***	0.056***	0.035	0.082**	0.023
	(-1.494)	(-3.296)	(2.797)	(1.145)	(2.276)	(0.785)
国家或地区固定	Yes	Yes	Yes	Yes	Yes	Yes
年份固定	Yes	Yes	Yes	Yes	Yes	Yes
R^2	0.348	0.379	0.206	0.274	0.288	0.256
样本数	740	740	740	739	739	739

注：(1) *、** 和 *** 分别表示在 10%、5% 和 1% 的水平上显著；(2) 括号中的数值为系数对应的 t 值。

将表 5 和表 6 的回归结果结合来看，在分国家或地区样本中，一方面，全球价值链后向参与度和前向参与度对经常账户的影响效果基本上没有发生太大改变，全球价值链后向参与度对三种经常账户衡量指标的影响仍然显著为负，而全球价值链前向参与度对三种经常账户衡量指标的影响仍然显著为正；另一方面，从全球价值链后向参与度对经常账户余额的影响来看,发展中国家或地区系数的绝对值要大于发达经济体系数的绝对值,说明发展中国家或地区受全球价值链后向参与度的影响更大。从全球价值链前向参与度对经常账户余额的影响来看,发展中国家或地区系数的绝对值要小于发达经济体系数的绝对值,说明发达经济体受全球价值链前向参与度的影响更大。

表6 全球价值链前向参与影响经常账户失衡的分组检验结果

变量	发展中国家或地区			发达经济体		
	(1)	(2)	(3)	(4)	(5)	(6)
	CA1	CA2	CA3	CA1	CA2	CA3
GVC_f	0.260***	0.279***	0.113**	0.281***	0.427***	0.248***
	(2.951)	(4.500)	(2.072)	(5.178)	(2.841)	(3.105)
$Open$	0.074***	0.095***	0.001**	0.006***	0.014*	0.054***
	(5.649)	(7.119)	(2.143)	(3.578)	(1.795)	(8.561)
FD	−0.039	−0.072*	−0.035	−0.148***	−0.132***	−0.046*
	(−1.055)	(−1.866)	(−1.586)	(−5.699)	(−4.486)	(−1.936)
$Dependent$	0.002***	0.002***	0.001	0.001**	0.001	0.001
	(3.635)	(5.052)	(1.552)	(2.133)	(0.266)	(0.453)
$GDPR$	−0.003***	−0.005***	0.001*	0.002	−0.002***	0.002***
	(−4.981)	(−7.472)	(1.743)	(0.609)	(−3.147)	(3.369)
GRE	0.005***	0.007***	−0.002	0.003***	0.001**	0.001**
	(10.874)	(12.917)	(−1.364)	(6.611)	(2.338)	(2.271)
$\_cons$	−0.204***	−0.303***	0.082***	0.016	−0.021	−0.066*
	(−5.172)	(−7.160)	(3.368)	(0.419)	(−0.467)	(−1.805)
国家或地区固定	Yes	Yes	Yes	Yes	Yes	Yes
年份固定	Yes	Yes	Yes	Yes	Yes	Yes
R^2	0.301	0.373	0.259	0.287	0.324	0.263
样本数	740	740	740	739	739	739

注:(1) *、** 和 *** 分别表示在10%、5%和1%的水平上显著;(2) 括号中的数值为系数对应的t值。

(四) 影响机制检验

本部分基于温忠麟等 (2004) 的方法对贸易条件和劳动生产率的中介效应进行检验,受篇幅限制,仅报告了经常账户余额占GDP的比重的回归结果。表7和表8分别展示了全球价值链后向参与度和前向参与度影响经常账户失衡的中介机制检验结果,其中,两表的列 (1)、(2)、(3) 检验了贸易条件的中介作用,列 (1)、(4)、(5) 检验了劳动生产率的中介作用。列 (1) ~ (5) 分别对应着模型 (1) ~ (5),其中,前者的GVC_{it}表示全球价值链后向参与度,后者的GVC_{it}表示全球价值链前向参与度。

从表7列 (1) 的回归结果可以看出,全球价值链后向参与度对经常账户的影响显著为负;列 (2) 显示,全球价值链后向参与度对贸易条件的影响显著为负;列 (3)

在列（1）的基础上，同时加入了贸易条件进行回归分析，此时，全球价值链后向参与度对经常账户余额的影响显著为负，而贸易条件对经常账户余额的影响显著为正。根据前述的中介效应检验方法来看，贸易条件在全球价值链后向参与度影响经常账户的过程中发挥着中介作用。列（4）显示，全球价值链后向参与度对劳动生产率的影响显著为负；列（5）在列（1）的基础上，加入了劳动生产率进行回归分析，此时，全球价值链后向参与度对经常账户余额的影响显著为负，而劳动生产率对经常账户余额的影响显著为正。因此，劳动生产率在全球价值链后向参与度影响经常账户的过程中发挥着中介作用。

表7　　　　　全球价值链后向参与度影响经常账户失衡的中介机制检验结果

变量	(1) CA1	(2) NBTT	(3) CA1	(4) LP	(5) CA1
GVC_b	-0.156***	-0.300**	-0.111***	-0.365**	-0.151***
	(-4.207)	(-2.331)	(-3.497)	(-2.459)	(-4.067)
NBTT			0.150***		
			(22.723)		
LP					0.014**
					(2.059)
Open	0.041***	0.149***	0.019***	0.061**	0.041***
	(6.408)	(6.639)	(3.400)	(2.361)	(6.272)
FD	-0.113***	-0.410***	-0.051***	0.365***	-0.118***
	(-5.408)	(-5.658)	(-2.849)	(4.364)	(-5.618)
Dependent	0.001***	0.002**	0.001***	-0.003***	0.001***
	(4.610)	(2.019)	(4.161)	(-2.913)	(4.762)
GDPR	-0.002***	-0.013***	0.000	0.000	-0.002***
	(-3.715)	(-8.824)	(1.005)	(0.045)	(-3.722)
GRE	0.004***	0.012***	0.002***	0.006***	0.004***
	(10.646)	(9.903)	(6.210)	(4.192)	(10.361)
_cons	0.006	1.129***	-0.163***	10.783***	-0.142*
	(0.340)	(17.497)	(-9.302)	(144.875)	(-1.909)
国家或地区固定	Yes	Yes	Yes	Yes	Yes
年份固定	Yes	Yes	Yes	Yes	Yes
R^2	0.190	0.176	0.410	0.508	0.193
样本数	1 479	1 479	1 479	1 479	1 479

注：(1) *、**和***分别表示在10%、5%和1%的水平上显著；(2) 括号中的数值为系数对应的t值。

从表8的回归结果中可以看出，贸易条件和劳动生产率均在全球价值链前向参与度影响经常账户的过程中发挥着中介作用。综合来看，贸易条件在全球价值链参与影响经常账户失衡的过程中发挥着短期中介作用,而劳动生产率在全球价值链参与影响经常账户失衡的过程中发挥着长期中介作用。

表8　全球价值链前向参与度影响经常账户失衡的中介机制检验结果

变量	(1) CA1	(2) NBTT	(3) CA1	(4) LP	(5) CA1
GVC_f	0.197***	0.492**	0.123**	0.618**	0.188***
	(3.240)	(2.331)	(2.367)	(2.539)	(3.093)
NBTT			0.150***		
			(22.739)		
LP					0.014**
					(2.110)
Open	0.037***	0.146***	0.015***	0.058**	0.036***
	(5.913)	(6.672)	(2.808)	(2.298)	(5.779)
FD	-0.110***	-0.403***	-0.050***	0.374***	-0.116***
	(-5.277)	(-5.550)	(-2.762)	(4.462)	(-5.497)
Dependent	0.001***	0.002**	0.001***	-0.003***	0.001***
	(4.595)	(2.092)	(4.099)	(-2.805)	(4.746)
GDPR	-0.002***	-0.013***	0.000	-0.000	-0.002***
	(-3.884)	(-8.935)	(0.881)	(-0.073)	(-3.885)
GRE	0.004***	0.012***	0.002***	0.006***	0.004***
	(11.132)	(10.180)	(6.583)	(4.417)	(10.820)
_cons	-0.085***	0.918***	-0.222***	10.520***	-0.233***
	(-3.264)	(10.170)	(-9.678)	(101.104)	(-3.110)
国家或地区固定	Yes	Yes	Yes	Yes	Yes
年份固定	Yes	Yes	Yes	Yes	Yes
R^2	0.186	0.176	0.407	0.508	0.189
样本数	1 479	1 479	1 479	1 479	1 479

注:(1) *、**和***分别表示在10%、5%和1%的水平上显著;(2) 括号中的数值为系数对应的 t 值。

(五) 进一步分析

本部分依然以1995—2018年世界上63个主要国家和地区为样本,选取经常账户余额波动作为被解释变量,全球价值链参与位置作为核心解释变量,金融危机虚拟变量作为外部冲击变量,通过实证分析来探究在面对金融危机带来的外生冲击时,全球价值链参与对经常账户余额波动的影响。具体回归模型如下:

$$CAF_{it} = \beta_0 + \beta_1 GVC + \beta_2 GVC \cdot FC_{it} + \beta_3 X_{it} + \varepsilon_{it} \tag{6}$$

式中,被解释变量CAF_{it}为经常账户余额波动,其计算方法为当年经常账户余额与上年经常账户余额的差值占上年经常账户余额比重的绝对值;核心解释变量 GVC 为全球价值链参与，主要包括全球价值链后向参与和前向参与，外生冲击变量FC_{it}为金融危机这一虚拟变量，若时间处于2008年之前，则该变量取值为0，若时间处于2008年及以后，则该变量取值为1；X_{it}为控制变量，主要包括贸易开放度 Open、金融发展水平 FD、抚养比 Dependent、经济增长率 GDPR、财政状况 GRE，各控制变量计算方法如前所述；i 为国家，t 为年份，ε_{it} 为随机扰动项。

表9　　　　全球价值链参与位置影响经常账户波动的回归结果

变量	(1) CAF	(2) CAF	(3) CAF	(4) CAF
GVC_b	3.011** (2.307)	2.067** (2.245)		
$GVC\_b \times FC$		0.744** (2.214)		
GVC_f			−3.993** (−2.263)	−2.156** (−2.311)
$GVC\_f \times FC$				−1.669** (−2.254)
Open	0.710* (1.864)	0.620** (2.198)	0.637** (2.209)	0.611** (2.409)
FD	−4.678** (−2.248)	−4.581** (−2.237)	−4.631** (−2.023)	−4.121** (−2.284)
Dependent	0.061 (0.933)	0.059* (1.823)	0.061 (1.356)	0.067 (1.033)
GDPR	0.110** (2.025)	0.112** (2.165)	0.108** (2.218)	0.111** (2.275)
GRE	−0.077 (−1.153)	−0.077 (−1.033)	−0.074* (−1.817)	−0.080 (−0.914)
_cons	0.354 (0.162)	0.527 (0.234)	−1.468 (−0.481)	−3.145 (−0.997)
国家或地区固定	Yes	Yes	Yes	Yes
年份固定	Yes	Yes	Yes	Yes
R^2	0.138	0.161	0.157	0.189
样本数	1 479	1 479	1 479	1 479

注：(1) *、**和***分别表示在10%、5%和1%的水平上显著；(2) 括号中的数值为系数对应的t值。

从表9的回归结果可以看出，全球价值链后向参与度和金融危机虚拟变量两者交互项的回归系数显著为正，全球价值链前向参与度和金融危机虚拟变量两者交互项的回归系数显著为负。该结果表明：在面对金融危机这一外生冲击时，全球价值链后向参与度和经常账户余额波动呈显著的正相关关系,全球价值链前向参与度和经常账户余额波动呈显著的负相关关系。即一国或地区的全球价值链后向参与度越低、全球价值链前向参与度越高,则其经常账户余额波动程度越小。出现这种结果的原因可能在于,全球价值链前向参与度较高的国家或地区往往拥有着更丰富的资金、更先进的技术,因而在全球价值链生产活动中通常处于支配地位。在面对外部危机和风险时,它们很可能会做出对自身更为有利的决策,让全球价值链后向参与度较高的国家或地区更多地暴露在风险中,从而使得贸易利益更多地向自身倾斜。

(六)稳健性检验

1. 内生性检验

通常情况下,造成内生性问题的原因主要是遗漏变量和双向因果关系。具体到本文的研究而言,也可能存在以上两种情况:第一,在实证检验中未能完全控制影响经常账户的因素,可能存在部分遗漏变量。第二,全球价值链参与度和经常账户之间可能存在双向因果关系,即两者之间相互影响,互为因果。内生性问题的存在会导致模型的估计存在偏差,使其结果不具有准确性和参考性。因此,本部分需要对实证过程中可能存在的内生性问题进行检验,以保证其结果的可信度。本文使用全球价值链的后向参与度和前向参与度的滞后一期作为工具变量,进行二阶段最小二乘法(2SLS)估计,并对工具变量的可行性进行相关检验。结果如表10所示。

表10 内生性检验

变量	(1) First-stage GVC_b	(2) Second-stage CA1	(3) First-stage GVC_f	(4) Second-stage CA1
L. GVC_b	0.758*** (50.899)			
GVC_b		-0.151** (-2.494)		
L. GVC_f			0.782*** (48.599)	
GVC_f				0.197** (2.040)
Open	0.017*** (6.280)	0.044*** (4.783)	-0.009*** (-5.462)	0.040*** (4.898)
FD	0.011 (1.243)	-0.118*** (-5.382)	-0.014** (-2.473)	-0.117*** (-5.400)
Dependent	0.000 (0.546)	0.001*** (4.453)	-0.000 (-1.364)	0.002*** (4.560)

续表

变量	(1) First-stage GVC_b	(2) Second-stage CA1	(3) First-stage GVC_f	(4) Second-stage CA1
GDPR	-0.000	-0.002***	0.000	-0.002***
	(-0.848)	(-3.438)	(0.864)	(-3.579)
GRE	-0.001***	0.004***	0.000*	0.004***
	(-5.177)	(7.085)	(1.657)	(7.213)
国家或地区固定	Yes	Yes	Yes	Yes
年份固定	Yes	Yes	Yes	Yes
R^2	0.991	0.770	0.988	0.770
样本数	1 416	1 416	1 416	1 416
不可识别检验	78.070***		210.486***	
弱工具变量检验	383.007 > 16.38		621.250 > 16.38	

注：(1) *、** 和 *** 分别表示在 10%、5% 和 1% 的水平上显著；(2) 括号中的数值为系数对应的 t 值。

本部分对工具变量能否被识别和工具变量是否为弱工具变量进行检验。从表 10 的回归结果可以看出，对于工具变量能否被识别的问题，LM 统计量在 1% 的水平上显著拒绝了原假设，表明工具变量可以被识别。对于工具变量是否为弱工具变量的问题，在只存在一个内生变量的情况下，Wald F 统计量通常大于 Stock and Yogo（2005）提出的 10% 水平上的临界值 16.38 即可拒绝原假设，表中结果符合这一条件，表明工具变量不是弱工具变量。同时，全球价值链后向参与度和前向参与度对经常账户余额的影响仍然显著，其方向也未发生变化，进一步印证了模型的稳健性。

2. 替换经常账户指标

由于贸易收支和服务贸易收支均为经常账户的重要组成部分，因此，本文分别采用经常账户余额占 GDP 的比重、贸易收支余额占 GDP 的比重、服务贸易收支余额占 GDP 的比重作为衡量经常账户失衡的指标。从表 3 和表 4 的回归结果来看，全球价值链后向参与度对经常账户余额、贸易收支余额、服务贸易收支余额的影响均显著为负，全球价值链前向参与度对经常账户余额、贸易收支余额、服务贸易收支余额的影响均显著为正。由此可以看出，该研究结果具有稳健性。

3. 替换全球价值链参与指标

由全球价值链参与位置的计算公式可知，全球价值链前向参与度越高，全球价值链后向参与度越低，则全球价值链参与位置越高。因此，本部分以全球价值链参与位置作为解释变量来进行实证分析。

表 11　　稳健性估计结果

变量	替换全球价值链参与指标		剔除部分国家或地区数据	
	(1)	(2)	(3)	(4)
	CA1	CA1	CA1	CA1
GVC_P	0.046*	0.162***		
	(1.704)	(4.825)		
GVC_b			−0.168***	
			(−4.356)	
GVC_f				0.216***
				(3.407)
Open		0.043***	0.044***	0.040***
		(6.700)	(6.201)	(5.750)
FD		−0.111***	−0.105***	−0.103***
		(−5.329)	(−4.808)	(−4.689)
Dependent		0.001***	0.001***	0.001***
		(4.840)	(4.233)	(4.299)
GDPR		−0.002***	−0.002***	−0.002***
		(−3.757)	(−3.955)	(−4.104)
GDPR		0.004***	0.004***	0.004***
		(10.619)	(11.063)	(11.536)
_cons	−0.007	−0.040**	0.005	−0.096***
	(−0.741)	(−2.245)	(0.234)	(−3.605)
国家或地区固定	Yes	Yes	Yes	Yes
年份固定	Yes	Yes	Yes	Yes
R^2	0.011	0.193	0.203	0.199
样本数	1 479	1 479	1 359	1 359

注：(1) *、** 和 *** 分别表示在 10%、5% 和 1% 的水平上显著；(2) 括号中的数值为系数对应的 t 值。

如表 11 所示，列（1）和列（2）报告了用全球价值链嵌入位置替换全球价值链后向参与度和前向参与度的回归结果。结果显示，全球价值链参与位置对经常账户余额的影响显著为正。这在一定程度上验证了基准回归结果的准确性，说明不同全球价值链参与指标的研究结果具有稳健性。

4. 从样本中剔除部分国家或地区数据

参考李兵和任远（2015）的方法，本部分从 63 个样本国家或地区数据中剔除了美国、德国、瑞士、英国、中国香港等 5 个国际金融中心，并对其剔除后的样本数据进行回归检验。剔除这些国家或地区数据的原因在于，国际金融中心的货币主导作用可能会对回归结果产生较大的影响。从表 11 的回归结果来看，列（3）和列（4）显示了剔除部分国家或地区数据后的回归结果。结果表明,全球价值链后向参与度对经常账户余额的影响显著为负,全球价值链前向参与度对经常账户余额的影响显著为正,与基准回归结果基本一致,说明前述的研究结果具有稳健性。

四、斯里兰卡的案例分析

斯里兰卡曾被誉为"印度洋上的明珠",但是自2019年以来,斯里兰卡连续遭遇复活节恐怖袭击、新冠疫情以及地缘冲突等一系列内外部冲击。连续的重击使原本脆弱的经济终于走向崩溃,2022年4月12日,斯里兰卡宣布暂时中止偿还全部外债,外汇储备枯竭导致基本生活物资无力进口,通货膨胀失去控制。经济危机、金融危机还引发严重的社会危机和政治危机。2022年7月13日,新任总理拉尼尔·维克勒马辛哈对国会表示,斯里兰卡已经遭遇"国家破产"。

斯里兰卡出口商品以低端制造业为主,2000年以来斯里兰卡的成衣出口一直占全国出口总额的40%左右,该市场面临着孟加拉国、越南、印度等经济体的激烈竞争。2005—2015年,时任总统马欣达·拉贾帕克萨先后两次制订了国家中长期发展计划,决定大幅提高投资率,确保实现年均9%以上的经济增长目标。由于当时斯里兰卡的国内储蓄率还不到20%,为了利用国外资源,政府扩大了进口,加快资本项目开放,导致贸易赤字和外债迅速增加。截至2019年底,斯里兰卡的外债总额达到546亿美元,当年斯里兰卡的GDP总量为839亿美元,全年出口创汇额为119亿美元,外汇储备仅有76亿美元。

2020年新冠疫情在全球蔓延,全球供应链受阻,斯里兰卡低端制造品的出口下降,货币大幅贬值。2021年斯里兰卡经济开始复苏,GDP增长率达到3.6%,但是旅游业和海外劳工收入都没有恢复到疫情前的水平,加之防疫物资进口增加,经常账户赤字进一步扩大。与此同时,美联储进入加息周期,国际资本开始撤离斯里兰卡。进入2022年,俄乌冲突导致粮食、能源价格飞涨,进口支出迅速扩大,贸易条件恶化。3月末斯里兰卡的外汇储备降至10亿美元,国际收支危机爆发。

图1展示了斯里兰卡1998—2018年的全球价值链参与情况以及参与位置,其中全球价值参与为斯里兰卡出口中外国增加值与国内增加值之和,参与位置为国内增加值与外国增加值之比。从中可以看出,2011年之前斯里兰卡全球价值链参与水平稳步上升,2011—2018年之间保持相对稳定;全球价值链参与位置最高是2009年,2009年之前有个区间高点,出现在2003年,而2003年和2009年,斯里兰卡经常账户余额占GDP比重分别为-0.329%、-0.432%,为1990年以来的两个最高点。这印证了前面实证的结论,全球价值链参与位置的攀升,有助于经常项目的改善。从具体作用机制来看,劳动生产率低的制造业出口容易遭受外部不确定性的影响,加上进口支出迅速增加,贸易条件恶化,这两点都是斯里兰卡国际收支危机爆发的诱因。

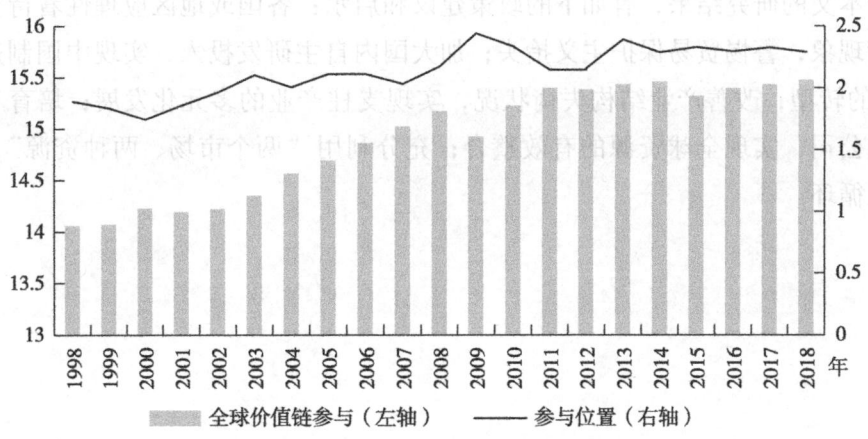

图1 斯里兰卡的全球价值链参与及位置

(数据来源:UNCTAD – Eora GVC 数据库)

五、结论与建议

本文选取 1995—2018 年世界上 63 个主要国家或地区为样本,以全球价值链后向参与度和全球价值链前向参与度作为解释变量,实证检验了全球价值链参与国际收支失衡的影响以及贸易条件和劳动生产率是否在这一过程中分别发挥着短期和长期中介作用,并进一步分析了在面对外部冲击时,全球价值链后向参与和前向参与对经常账户余额波动程度的影响。同时,运用该分析框架对斯里兰卡进行了案例分析。

研究发现,全球价值链后向参与度对经常账户余额的影响显著为负,全球价值链前向参与度对经常账户余额的影响显著为正,发展中国家或地区受全球价值链后向参与度的影响更大,而发达经济体受全球价值链前向参与度的影响更大。

在短期内,全球价值链后向参与度的上升会恶化贸易条件进而使得经常账户恶化,全球价值链前向参与度的上升会改善贸易条件进而使得经常账户得到改善。在长期内,全球价值链后向参与度的上升会降低劳动生产率进而使得经常账户恶化,全球价值链前向参与度的上升会提高劳动生产率进而使得经常账户得到改善。

在出现金融危机时,全球价值链后向参与度和经常账户余额波动呈现出显著的正相关关系,全球价值链前向参与度和经常账户余额波动呈现出显著的负相关关系。即一国或地区的全球价值链后向参与度越低、全球价值链前向参与度越高,则其经常账户余额波动程度越小。出现这种结果的原因可能在于,全球价值链前向参与度较高的国家或地区往往拥有着更丰富的资金、更先进的技术,因而在全球价值链生产活动中通常处于支配地位。在面对外部危机和风险时,它们很可能会做出对自身更为有利的决策,让全球价值链后向参与度较高的国家或地区更多地暴露在风险中,从而使得贸易利益更多地向自身倾斜。

基于本文的研究结果，有如下的政策建议和启示：各国或地区应理性看待全球经常账户失衡现象，警惕贸易保护主义抬头；加大国内自主研发投入，实现中国制造向中国"智造"的转型；改善产业结构失衡状况，实现支柱产业的多元化发展；培育和扶持本土的跨国公司，实现全球资源的有效整合；充分利用"两个市场、两种资源"，推动国内国际双循环。

科技赋能加快形成银行业增长新模式

胡 娟

金融科技的蓬勃兴起和快速演进为银行业的高质量发展注入了充沛的活力,成为深化金融供给侧结构性改革、推动银行业金融创新、加快银行业数字化转型的新引擎。在"建设数字中国"的战略①和技术发展的双重驱动下,银行业的竞争格局和经营模式都发生了巨大的变化,金融科技与银行经营的深度融合上升到全新的阶段。银行的数字化转型之路面临着诸多挑战,在日益复杂的内外环境中,只有以科技创新驱动银行业增长模式的全面转变才能提升银行业惠民利企、高效引导金融资源配置的金融服务水平,支撑银行业的持续稳健发展。

一、商业银行金融科技发展渐成"积厚"之势

（一）银行业数字化转型迈向数字化升级阶段

1. 银行业金融科技投入持续加码

自 2019 年中国人民银行发布首轮金融科技发展规划（《金融科技（FinTech）发展规划（2019—2021 年）》）以来,各家商业银行积极践行新的科技理念,陆续拉开数字化转型的大幕,增加金融科技投入、加速云计算、人工智能等金融科技与金融业务的融合。2021 年,商业银行对金融科技的投入延续了高速增长的趋势,国有六大行 2021 年对金融科技的资金投入合计达 1 074.93 亿元,同比大幅增长 12.34%,投入规模超 200 亿元的有工商银行（259.87 亿元）、建设银行（235.76 亿元）和农业银行（205.32 亿元）；中国银行、邮储银行、交通银行投入金额分别为 186.18 亿元、100.30 亿元、87.50 亿元。② 股份制银行的金融科技投入增长趋势也很明显,招商银行、交通银行、兴业银行、光大银行 4 家银行的金融科技投入同比增幅超 10%。具体来看,2021 年全

---

① 《中华人民共和国国民经济和社会发展第十四个五年规划和2035年远景目标纲要》中明确提出了"加快数字化发展,建设数字中国"。

② 黄嘉祥. 6 大国有银行金融科技投入超千亿！毕马威：数字化转型是金融必选项［N］. 时代周报,2022-04-02.

年，招商银行投入132.91亿元，同比增长11.58%，占营业收入的4.37%；交通银行投入87.50亿元，同比增长23.60%；中信银行投入75.37亿元，同比增长8.82%，占营业收入的3.68%；平安银行投入73.83亿元，同比增长2.4%；兴业银行投入63.64亿元，同比大幅增长30.89%；光大银行投入57.86亿元，同比增长12.35%，占营业收入的3.79%。此外，城商行中青岛银行全面实施科技创新战略，投入4 047万元；苏州银行金融科技投入超过营业收入3%。①

2. 银行经营管理实现智能化

在第一轮规划期间，各家银行在金融科技领域的竞争激烈，银行的经营管理在以"ABCD"②为代表的核心技术要素加持下数字化、智能化得到了大幅的提升。金融科技应用开始赋能业务条线和经营管理流程，逐渐地由初期形成对银行业务的支撑向全面引领银行业务的方向发展。如表1所示，各项信息技术与银行日常业务开展、风险管理的结合更加深入，给银行的经营管理模式、盈利方式、获客渠道等方面带来了深刻的变革。

表1 截至2021年末部分商业银行实现经营管理智能化成果

银行	智能运营	智能风控
工商银行	建设全球领先的"云计算+分布式"技术架构，利用数字人、智能问答，在前后台等领域加大应用"机器换人"，落地600余个具有数字员工属性的智能应用场景。	构建"智慧风控"平台，保护客户资金安全，在涉敏、防盗刷、老年人转账等高风险领域加强异常交易监控。
农业银行	初步建成"一云多芯"技术栈基础环境，总行云平台物理节点达11 000个，新增投产和测试资源全部上云部署，开发申请自服务率100%，云化率达88%。深化RPA技术应用，提高运营智能化、集约化水平。	区块链云服务平台BaaS系统建设应用于信贷风控领域场景；构建百亿级关系的知识图谱支撑；推进隐私计算技术在营销、风控等领域试点；应用边缘AI技术服务智慧网点；应用卫星遥感与图像识别等技术服务"三农"信贷管理。
建设银行	全面推广流程自动化机器人企业级应用，全年累计上线1 162项应用场景，累计节省工时271万小时；加快智能字符识别（ICR）人工智能技术在运用领域的应用，上线外汇业务审核等11个应用场景，累计节省工时95万小时。	应用智能风控体系，整合前中后台政策、制度、数据、工具，建立普惠业务重点问题库，持续完善监控预警、风险排查、客户评分、反欺诈等风控技术工具；2021年，风控预警系统对小微企业不良客户预警覆盖率超过80%，风险排查系统自动排查7 897.12万笔线上业务，有效拦截问题业务35.71万笔。

---

① 张志伟，张博. 金融科技"提亮"首批上市银行2021年年报 4家银行金融科技投入同比呈双位数增长［N］. 证券日报，2022-03-29.

② A—人工智能（Artificial Intelligence），B—区块链（Block Chain），C—云计算（Cloud Computing），D—大数据（Big Data）。

续表

银行	智能运营	智能风控
招商银行	自主研发的海螺RPA（机器人流程自动化）平台，已经实现对国外成熟产品的全面替代，已累计开发2 000个场景应用。AI智能客服、语音质检、智能审录等共实现人力替代超6 000人，降本增效成效显著。	持续建设智能风控平台"天秤"，提升交易风险管控能力，报告期非持卡人伪冒及盗用金额比例降至0.9‰，近三年复合降幅62.46%。对公智能预警系统对有潜在风险的公司客户预警准确率达75.68%。构建信用债违约预警平台，对重大信用事件预警准确率达86%。
兴业银行	深化运营后台精细化管理，集中作业及新兴业务会计后台自动化水平持续提升。	智能风控项目实现一阶段功能上线，实现了风险信息一站式查询、风险项目系统硬控制及集团客户维护整改等功能，全面提升风险管理的精细化水平。

资料来源：根据各商业银行2021年年报及公开资料整理。

3. 银行金融科技战略转向纵深发展

目前各商业银行已经基本完成"搭梁建柱"，替代传统架构的分布式核心技术基础平台基本建成。银行业更加强调深化数字技术金融应用，壮大创新共赢的产业生态，促进金融科技与银行业务的深度融合，2021年以来其金融科技战略逐步向"积厚成势"的高质量发展转型。如表2所示，国有银行、股份制银行、城商行及农商行都依托创新技术，通过创新性、前瞻性的金融科技发展战略推动本行数字化转型的全面转型与升级。

表2　部分代表性银行2021年金融科技发展战略

银行	总体战略	金融科技布局
工商银行	塑造金融科技发展新优势，以科技强行赋能"数字工行（D-ICBC）"建设	1. 围绕5G + "ABCDI"① 打造一系列服务能力强、具有行业领跑优势的企业级新技术平台。 2. 依托智慧银行生态建设工程ECOS，从模式创新、产品创新、生态开放创新三个维度深化科技赋能，打造一系列让人民群众满意的精品服务。 3. 推进统筹全渠道规划、服务客户线上运营，推进e-ICB 4.0生态银行建设，构建"自有平台+开放银行"的"一体两翼"发展格局。 4. 全面打造数字新业态，打造"云上工行"零售业务、赋能链式产业金融生态，加快政务要素市场建设、打造数字乡村综合服务平台、提升行业数字化风控水平。 5. 深化"一部、三中心、一公司、一研究院"金融科技组织布局，深耕机制创新，推动科技基因渗透，不断提升金融创新响应效率和供给能力，激活释放全行科技创新活力。

---

① "ABCDI"指"ABCD"+物联网（Internet of Things）。

续表

银行	总体战略	金融科技布局
招商银行	坚持"轻型银行"战略方向和"一体两翼"战略定位,成为创新驱动、模式领先、特色鲜明的最佳价值创造银行	1. 围绕"轻资产、轻运营、轻管理、轻文化"持续探索弱周期发展道路,围绕"领先的零售银行、专业的公司银行、开放的同业银行"的定位,着力推动"一体两翼"全面融合,完善一体化经营机制,形成各方协同的"飞轮效应"。 2. 依托3.0发展模式,打造最好财富管理银行、最强金融科技银行、最优风险管理银行、最佳客户体验银行和最具社会责任银行。 3. 依托金融科技,围绕线上化、数据化、智能化、平台化、生态化,全面推动金融基础设施与能力体系、客户与渠道、业务与产品、管理与决策的数字化重塑。 4. 推动人才结构转型,构建适配金融科技银行的人才结构,持续加大金融科技人才引进力度,为金融科技人才储备夯实基础。 5. 依托"人+数字化"持续升级客户服务能力,探索未来银行智能化服务新模式,以用户需求为切入点,构建财富大脑,打造智能理财顾问服务,持续提升"千人千面"服务支撑。 6. 深化科技架构转型,建立适应大财富管理价值循环链的数字科技体系,持续打造一朵"招行云"和两个中台(数据中台及技术中台)的开放基础架构,持续沉淀企业级能力,最大化释放数据价值。
浙商银行	强化科技创新引领,持续夯实科技基础,加快推进全行数字化转型,打造创新、敏捷、开放的数智银行	1. 深化金融科技应用,强化全流程风险管理和重点领域风险管控,加快构建适应新发展格局的全面风险管理体系,推动本公司高质量发展。 2. 全面落实平台化服务战略与数字化转型,持续完善"金融+科技+行业+客户"综合服务平台,深耕供应链金融服务领域,打造特色竞争优势。 3. 深化区块链、物联网、大数据、人工智能、云计算等关键技术研究探索与融合应用,强化核心技术的自主可控,积极创新科技管理体制机制,全面提升科技员工管理与服务效能。
上海农商银行	围绕"坚定数字转型"战略定位,推进数据、科技、业务紧密深度融合,打造"智慧金融、数字银行、品质服务"的形象标签	1. 持续推进"FOCUS"工程,一期主体功能投产,完成云平台、移动开发平台和开放银行平台三大技术平台、三大能力中心的投产。 2. 强化数据治理体系建设,螺旋式提升全行数据质量,强化数据基础管理能力,提升数据应用和服务能力,全面释放数据资产价值。 3. 深化产学研合作,推进人工智能、大数据等先进技术在金融领域的创新应用。 4. 围绕建设服务型银行的战略愿景,牢固树立网点作为经营主体和利润中心的转型定位,有序推进网点转型,推动客户经营的线上线下交互,推进渠道一体化,实现渠道协同,使全渠道客户体验高效衔接。

资料来源:根据各商业银行2021年年报及公开资料整理。

(二)零售业务依托金融科技发展迅猛

近年来社会整体消费水平在"双循环"政策推动下保持稳定增长,叠加疫情持续带来的消费者对"非接触"金融服务需求上升,客户迁移至数字化渠道,银行零售业务借助金融科技的力量快速发展,已经成为银行盈利增长的"新引擎"。

1. 零售业务对银行利润增长的贡献作用进一步提升

通过各行2021年年报显示,多数银行零售业务营收规模及占比均有上升(见图1),零售业务正在成为一些银行的最大利润来源。其中,中国工商银行零售业务规模居首,个人金融业务营收达到3 996.03亿元;招商银行、平安银行、重庆农商行等部分银行的零售业务税前利润占比超过50%。

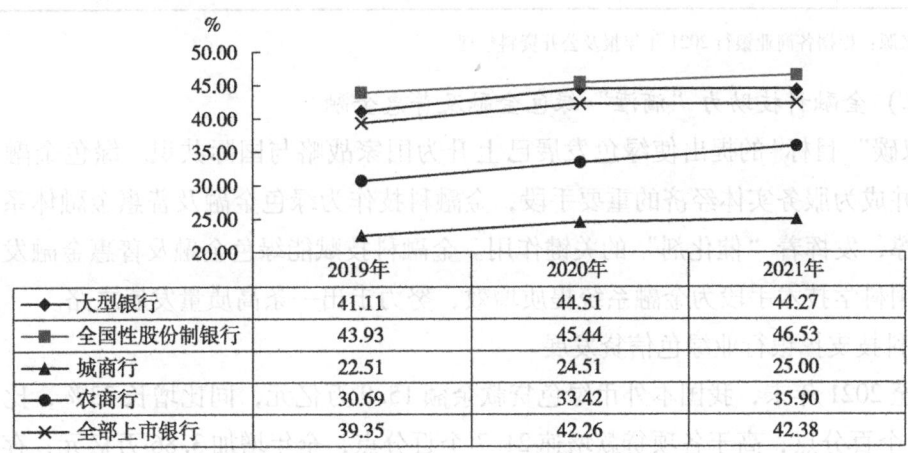

图1 2019—2021年上市银行零售业务在营业收入中的占比情况

(数据来源:根据各银行年报数据整理)

2. 金融科技创新与零售业务深度融合

金融科技是助力银行业零售业务迅猛发展的重要手段,近年来,银行利用大数据、云计算、人工智能、区块链等技术,以科技创新为引擎,通过改变传统个人金融服务的信息采集来源、信用评级方法、风险定价模型、信贷审批程序等,全面提升零售业务场景服务、渠道拓展、流程优化,不断改进客户体验,引领商业银行零售业务数字化转型进入"新赛道"(见表3)。

表3　　　　2021年部分银行零售业务金融科技应用情况典型案例

银行	零售业务金融科技应用情况
工商银行	2021年推出个人手机银行7.0版本,深化线上线下一体化发展,1.62万家云网点、2.8万名理财经理、百余位远程客服通过"云网点、云工作室、云客服"提供线上线下一体化服务,新增"网点+"政务特色场景一站式服务网点3 020家,实现从网点"面对面"到线上"屏对屏"互动升级。
农业银行	启动5G消息应用试点,2021年丰富远程线上渠道服务场景,推出并开通了少数民族语言远程视频服务,持续提升掌银、网银、微钱行等渠道客户服务体验。银行智能机器人服务客户1.87亿人次,在线人工客服服务客户718万人次,新媒体客服触达客户5 952万人次。
建设银行	2021年通过多媒体互联、多场景渗透、多功能触达,在运行智慧柜员机49 495台,支持对公对私业务办理;持续向客户提供优质高效的远程综合金融服务;"掌上网点"全年累计为709万人次提供金融服务;"建行客服"微信公众号全年服务客户超2 000万人次、关注粉丝量超1 200万人。

续表

银行	零售业务金融科技应用情况
招商银行	持续打造面向客户的智能服务产品，智能自助服务占比为78.29%，28个场景的月活跃用户（MAU）超过千万。促进MAU与管理客户总资产（AUM）有机融合，更多客户在招商银行平台上享受到财富管理服务。
平安银行	借助AI、大数据，通过知识治理、数据分析和模型迭代，持续推动零售业务全面AI化，自主研发的"空中柜台"改变传统服务模式，形成多队列、个性化、生活化的"空中服务部队"

资料来源：根据各商业银行2021年年报及公开资料整理。

（三）金融科技助力"滴灌"绿色金融及普惠金融

"双碳"目标[①]的提出使绿色发展已上升为国家战略与国际共识。绿色金融和普惠金融一并成为服务实体经济的重要手段，金融科技作为绿色金融及普惠金融体系建设的重要支撑，发挥着"催化剂"的关键作用。金融科技赋能绿色金融及普惠金融发展就是不断利用科学技术手段为金融系统提质增效，努力走出一条高质量发展之路。

1. 科技支撑银行业绿色信贷发展

截至2021年末，我国本外币绿色贷款余额15.9万亿元，同比增长33%，比上年末高12.7个百分点，高于各项贷款增速21.7个百分点，全年增加3.86万亿元，存量规模居世界第一。[②] 金融科技在绿色信贷领域的运用在很大程度上支撑了银行绿色理念的实践，具体表现在：第一，利用大数据、人工智能的定制算法，纳入了环境因素的绿色信贷产品定价模型将外部环境变量衍生出的费用与收益内化为信贷产品自身的成本与利润，促进绿色信贷业务的长效发展；第二，金融科技的云计算、区块链等手段使得银行风险评估能够考虑环境变化因素，实时追踪绿色信贷借款人安全事故、污染排放、资金投向等多维度数据信息，动态调整环境风险评价模型，实现绿色信贷高效的贷前、贷中、贷后风险控制；第三，金融科技通过大数据分析、客户精准画像帮助银行高效筛选符合绿色信贷政策和银行经营目的客户，同时利用综合金融服务平台为客户提供绿色信贷相关资讯和评估认证服务。

2. 科技助力金融服务普及大众

随着金融科技的发展，特别是5G技术和智能手机等移动终端的普及，金融科技为普惠金融提供了坚实的基础，将金融服务延伸到偏远地区、乡村等金融基础设施薄弱地域，为客户提供随时、随地、随身的支付和信贷等金融服务，突破金融服务"最后一公里"制约，为欠发达地区金融基础设施薄弱问题提供解决方案，大大提高了金融服务的

[①] 2020年9月，习近平主席在第75届联合国大会宣布中国将力争2030年前实现碳达峰、2060年前实现碳中和，即"双碳"目标。

[②] 《中国绿色金融发展研究报告2021》在京发布［EB/OL］．［2022 - 04 - 30］. http：//www.cssn.cn/glx_ gsgl/glx_ gsgl_ bwsf/202204/t20220430_ 5406584. shtml.

渗透率。截至2021年末，中国银行业金融机构用于小微企业的贷款（包括小微企业贷款、个体工商户贷款和小微企业主贷款）余额达到50.0万亿元，其中单户授信总额1 000万元及以下的普惠型小微企业贷款余额为19.1万亿元，同比增速为24.9%；银行业金融机构涉农贷款余额43.21万亿元，其中普惠性涉农贷款余额8.88万亿元，较年初增长17.48%，超过各项贷款平均增速6.18个百分点。[①]

3. 科技赋能金融资源惠及民生

借助金融科技的应用，商业银行能够打破物理空间限制，通过对数据的深度挖掘与智能分析，将海量数据资源转化为业务决策信息，借助科技实现小微企业画像精准刻画，根据客户经营的外部环境变化和内部资源能力的分析灵活调整利率水平，实现贷款定价的精准化、动态化和差异化，使信贷流程更加智能、便捷、高效；小微企业客户融资成本得以大幅下降，商业银行对小微信贷的经营能力和效率进一步提升，精准滴灌的政策愈加高效。在金融科技的加持下，2021年银行业全年新发放普惠型小微企业贷款平均利率已经下降到了3.96%，比2020年下降了12个基点。[②] 金融科技的应用将普惠金融进一步深化，实现了普惠金融服务成本、收益与风险的平衡，使得银行的普惠金融服务有可持续发展的基础。

二、转型趋同中人才和数据治理短板明显

我国银行业金融科技经过几年的快速成长后，目前也面临诸多挑战。不同类型的商业银行特别是中小银行在金融科技领域的盲目布局造成业务高度同质化、科技人才尚有瓶颈以及数据鸿沟的存在，这些都是未来银行业深化金融与科技融合、推动金融服务提质增效的重要突破点。

（一）银行数字化转型呈同质化趋势

在数字经济蓬勃发展的趋势下，客户对数字化服务的旺盛需求叠加监管机构自上而下的大力推动，银行业在金融科技应用和数字化转型方面也展开了激烈的竞争，从国内来看，招商银行直接将发展战略定位于"金融科技银行"，国外的银行如花旗银行等也开始布局"移动优先"甚至"元宇宙"银行。内外压力下国内众多银行纷纷加入金融科技竞争洪流中，大型银行凭借优厚的资源禀赋率先开启数字化转型，其他中小银行特别是农商行虽然资源有限，也纷纷加入数字化建设的大军中。这些实力较弱的银行往往只能跟随大型银行的数字化转型思路，追求建立形式上架构完整、包罗万象的信息科技系统，片面追求新潮的区块链、元宇宙等概念，在策略和技术手段上模仿大型银行，建

---

① 中国银行业协会. 2021年中国银行业服务报告 [EB/OL]. [2022-03-15]. https：//www.china-cba.net/Index/show/catid/14/id/40628.html.

② 数据来源：金融壹账通科技化赋能助力商业银行数字化转型高质量发展 [EB/OL]. [2022-05-23]. http：//www.jjckb.cn/2022-05/23/c_1310601914.htm.

立了庞大的系统和更新的规划,无暇顾及产品和机制的创新,提供的服务和产品具有明显的同质化特征,如大部分银行都是通过手机 App 提供账户服务、理财投资(如基金、证券服务)、存款、贷款、转账支付、缴费等服务。这种无差异化的数字化竞争导致银行投资巨大但是严重偏离自身客户实际需求,未能走出自己差异化的特色之路从而形成具有竞争力的数字化转型方向。

(二)科技人才匮乏成为发展瓶颈

数字化转型高度依赖专业科技人才队伍的建设,商业银行在加大引入科技人才的同时也存在金融科技人才结构和素质与未来银行全面数字化转型升级需求不匹配的情况。

1. 科技人才结构性不平衡

根据2021年商业银行年报数据,在能够获取数据的39家银行中,金融科技人员占比均值为6.02%,其中只有13家银行超过平均水平,26家银行科技人员占比没有达到平均水平(见表4)。这表明多数银行的金融科技人员队伍建设仍存在较大补齐空间,特别是科技领军人才、高端人才、复合型人才严重不足的现象仍较为普遍。这种不平衡较大影响了金融科技与银行业务的有效融合,不利于数字化升级迭代。

表4　2021年各商业银行金融科技人员在总员工人数中的占比和增长率

银行名称	金融科技人员占比	增长率	银行名称	金融科技人员占比	增长率
中国农业银行	1.99%	12.45%	张家港农商银行	5.26%	—
华夏银行	2.05%	—	兴业银行	5.28%	41.70%
厦门农商银行	2.22%	—	中原银行	5.30%	14.77%
广州农商银行	2.27%	10.83%	中国民生银行	5.31%	16.65%
甘肃银行	2.68%	3.57%	广发银行	5.47%	—
重庆农村商业银行	2.95%	19.89%	宁波银行	5.85%	26.25%
重庆银行	2.99%	6.02%	上海农商银行	6.28%	—
中国邮政储蓄银行	3.00%	19.10%	渤海银行	7.32%	57.17%
徽商银行	3.78%	—	上海银行	7.72%	25.30%
常熟农商银行	3.81%	-1.14%	中信银行	7.73%	2.29%
贵阳银行	3.99%	—	北京银行	7.85%	—
中国建设银行	4.03%	15.39%	中国工商银行	8.06%	-1.13%
北京农商银行	4.10%	—	东莞农村商业银行	8.34%	—
中国银行	4.20%	16.09%	无锡银行	8.78%	32.41%
南京银行	4.66%	30.99%	招商银行	9.69%	13.07%
恒丰银行	4.68%	—	泸州银行	10.20%	8.53%
青岛银行	4.83%	27.91%	浦发银行	10.74%	9.71%
交通银行	5.03%	14.16%	杭州银行	13.71%	25.92%
中国光大银行	5.11%	20.15%	平安银行	22.14%	5.88%
郑州银行	5.19%	33.49%			

资料来源:根据各商业银行2021年年报整理。

2. 金融科技人才在各类银行间分化趋势明显

金融科技基础好、资源禀赋优的大中型商业银行已经在金融科技人员这一"核心生产要素"储备上取得了领先优势；而科技资源薄弱，数字化转型尚处于起步及加速阶段的中小银行在人才争夺中处于劣势地位。

2021 年，各类银行持续推进专业化金融科技队伍建设，全国性商业银行、城商行、城区农商行及县域农商行金融科技人员占比分别为 5.28%、4.36%、2.45%、3.23%①，全国性商业银行中平安银行（22.14%）、浦发银行（10.74%）、招商银行（9.69%）接近或者超过 10%，城商行中的杭州银行（13.71%）、泸州银行（10.20%）表现也很突出，而农商行中大多占比较低，重庆农商银行（2.95%）、广州农商银行（2.27%）和厦门农商银行（2.22%）都低于 3%（见表 4），可见农商行科技人才队伍建设较为滞后。

同时也发现，城商行、农商行正在加速追赶全国性商业银行的步伐。在上述商业银行样本中剔除掉没有披露 2020 年金融科技人员情况的银行（共 28 家），共有 26 家出现了不同程度的增长，同比下降的两家分别为工商银行和常熟农商行，下降幅度也仅有 1% 左右，整体银行业中科技岗位正处于加速设立的状态。其中，渤海银行增长率达到 57.17% 排在首位。这表明城商行和农商行由于正处于科技岗位加速设立时期，科技人才增长率相对已经初具规模的国有大行及股份制银行较高。

（三）数据治理能力不足

数据是金融科技在实践中应用的基础和重要资源，随着国务院《"十四五"数字经济发展规划》的发布，银行数据治理被赋予了更高的历史使命，成为推动银行业由高速增长向高质量发展转变的关键要素。目前我国银行业在数据治理方面的突出问题主要体现在规范标准缺失和数据价值挖掘不充分两方面。

1. 标准化和规范化滞后

在前期的数字化转型初级阶段，各家商业银行基本搭建完成了与自身金融科技发展战略一致的数字治理架构，也累积了海量的数据资源，但是由于银行内部数据标准化程度不足、外部数据源及使用规范的缺失，其数据管理存在诸多问题。

从内部来看，在数据信息收集、统计及处理上的标准不统一，导致数据质量参差不齐、数据断点多等问题层出；银行内部统计数据不完整，具有一定片面性；机构间统计标准不一致，数据收集整合存在错配；数据分布零散化，未能实现大数据集中化管理；数据管理局部化，未能形成全生命周期性管理；数据管理部门与银行业务部门之间未能形成良好协同，导致数据收集流程效率低下、数据挖掘与数据应用力度不足等。

---

① 中国银行业协会. 中国银行业协会发布 2021 年度商业银行稳健发展能力"陀螺"（GYROSCOPE）评价结果 [EB/OL]. [2021 – 11 – 09]. https://baijiahao.baidu.com/s? id = 1715946643983906420&wfr = spider&for = pc.

从外部来看，由于行业竞争加剧，各银行在数字化转型的策略和手段运用上同质化程度高，因此在数据共享和交流方面没有足够的激励，导致各行积累的大量数据形成"数据孤岛"，对规模和资源偏弱的中小银行而言，则形成不可逾越的"数字鸿沟"。个别银行〔如中国银行的跨行客户信息共享平台（KYC平台）和中国工商银行云平台〕的开放在一定程度上实现了跨行客户资源共享，但在具体实践中仍缺乏指导数据要素生产、流转、应用的规范和行业标准，以至于商业银行无法判断数据共享行为的合规边界。

2. 数据价值挖掘不充分

一方面，银行数据治理涉及的多个部门未能形成协同机制，往往是数据开发部门与数据使用部门不能有效沟通，行内众多的数据资源难以进行全口径、全周期的有效管理，使得数据资源使用率不高，数据价值未能充分体现。另一方面，数据、技术与业务功能有效融合不足，在银行数据治理中未能充分关注各细分领域，从而未能有针对性地根据业务特征将数据要素与新技术结合起来，突破传统的银行业务经营模式，真正发挥新技术带来的创新。

三、以差异化理念驱动银行业数字化转型高质量发展

我国商业银行基本已经完成数字化转型的初期阶段，银行业在数字化发展前期的流量规模依赖路径无法持续，加之外部监管的趋严和第三方互联网机构的冲击，银行业必须找到差异化发展方向，寻求新的盈利模式，构建"第二增长曲线"。构筑差异化盈利模式需要通过科技赋能找准金融科技发力与盈利增长的结合点；针对不同盈利对象提供差异化高品质服务；应用合适的盈利措施推广产品和服务理念；通过人才建设和数据治理能力的提升突破盈利壁垒，保证利润的持续增长。

（一）寻求金融科技创新与新利润增长点的结合

1. 利用科技力量优化存量零售用户的精细化运营

金融科技的创新应用是零售银行业务发展成败的关键，科技是打造数字零售银行的核心要素。零售金融转型正在从"外部依赖"走向"AI数字人与自建生态"，未来，银行依靠第三方互联网机构导流带来的规模效应不可持续，针对线上化业务的《商业银行互联网贷款管理暂行办法》等金融科技监管新规，多数银行特别是中小银行要重新审视自身的数字零售业务模式，要在前期累计的海量客群以及客户行为数据（消费支付、工资收入、贸易结算等）的基础上对存量客户的数据资源进行盘活并升级迭代算法模型，从对存量客户进行精细化运营的视角引入科技创新，包括数据挖掘、模型设计、切入场景、创设产品等，根据客户结构特点向客户提供定制化和差异化服务，为客户带来更加优质的体验，并且有效节约风险成本和运营成本。同时，注重合规底线、数据隐私安全保护，寻求消费者权益保护与数据挖掘的平衡点。

2. 科技引领创新供应链金融服务模式

商业银行的数字化转型初期，金融科技的应用主要集中于零售端，对公业务数字化程度相对滞后，在数字化全面升级阶段，拓展对公业务的利润贡献度也是商业银行面临的重要课题。2021年政府工作报告首次单独提及"创新供应链金融服务模式"，大力发展供应链金融已经成为共识，在顶层监管引导和外部宏观经济政策的双轮驱动下，供应链金融应成为商业银行的重要发力方向。供应链金融围绕企业之间的供应、采购等真实交易，将支付结算、融资、现金管理等金融服务嵌入企业经营管理的各类场景，金融服务与实体经济活动更加贴近、与企业需求的匹配度和吻合度更高，这不仅有助于为商业银行的业务提供新的增长点，也有助于畅通产业链和供应链、丰富产融结合的金融产品体系，支持构建"双循环"新发展格局。

为了克服传统供应链金融存在的信息不对称导致的逆向选择和道德风险、过度依赖核心企业及外部公共数据缺乏的痛点，未来银行金融科技的着力点应包括：第一，通过金融科技和运营的深度融合，以RPA（机器人流程自动化）、NLP（自然语言处理）、OCR（光学字符识别）技术深化业务处理自动化程度，加快推进线上贷前、贷中、贷后各环节大批量、自动化处理要求，提升业务自动化处理效率。第二，进一步加深大数据、物联网、区块链和人工智能等技术与供应链金融的融合创新，通过人工智能分析产业链经营特征、财务数据的勾稽关系、经营数据真实性、企业虚假行为、核心企业上下游企业货物追踪以及资产验真，以技术和数据实现大型产业链上小微企业以及个体经营单位的增信。第三，建设对公业务运营一体化平台，提供集投融资、支付结算、现金管理、财务管理和国际业务等综合化金融服务。围绕重点企业和重要产业链，加强场景聚合、生态对接，实现"一站式"金融服务，并进一步向多产业、多场景持续扩展。第四，利用综合化平台丰富供应链金融业务的相关数据，建立数据要素的市场化交流机制解决数据割裂问题。

（二）科技精准赋能差异化服务目标客群

1. 细分客户群，提供定制化产品

在数字经济时代，金融科技极大拓展了银行的目标客户群，这些客户需求日益趋向多样化。在数字化初期提供的大众化、标准化产品已经无法满足客户多元化需求，银行应根据目标客群的特点，利用科技提供个性化、定制化服务，提升客户体验，增强客户黏性，维持银行持续增长的动力源泉。银行可以从以下方面着手。

第一，对目标客群进行细分，客户个性化的需求要求银行充分、有效地挖掘数据价值，以结构化方式识别客群需求特征、分析客户行为。精准聚焦客户需求和痛点，提升客户转化程度，留存转化客户，勾勒出更精准的用户画像，为客户带来更精准的营销和决策信息。

第二，利用数字化工具实现产品服务定制化、定价个性化。围绕客户线上支付金融场景以及消费展业等非金融场景，构建金融与非金融服务一体化线上服务平台，激发和满足客户需求，打造以客户为中心、以科技为驱动的集约化、智能化零售产品。

第三，结合自身客群特征与资源禀赋，聚焦健康、教育、养老、旅游、消费等领域的数字化产品开发，关注财富管理领域，打造覆盖国内市场到全球范围资产配置，立足客户全生命周期、基于差异竞争的定制化智能财富管理方案。

第四，建立基于业务需求的敏捷开发机制，实现产品快速迭代。组建产品敏捷开发小组，实现对市场需求的快速发掘、产品设计和开发，提升端到端的快速产品交付能力。

2. 中小银行结合自身禀赋专注特色领域

与大型银行相比，中小银行由于自身规模和资金实力的限制，在金融科技发展领域相对滞后，要克服在数字化转型上的"后发劣势"，实现困境突破，必须立足专业优势和市场定位，聚焦本地经济和客户需求，善用科技手段，构建特色化经营模式。

首先，在金融科技发展战略上通过细分领域优势以及精细化发展战略，找准有地方特色的市场定位，避免"大而全"，重在做小、做细、做实的"小而美"。

其次，根据中小银行之间区域、资源禀赋差异找准各自定位，服务自身擅长的领域。农商行可持续发力农业农村数字化建设，推进"三农"数字化转型；城商行可通过加大科技手段运用，提高小微服务精准度和效率，培育场景生态圈；民营银行应利用天然的科技基因，坚持"创新创业者的银行"定位，专注弥补市场空缺。

最后，通过数据交流、共享，捕捉小微企业深层次融资需求，提供与企业生产经营场景相适应的精细化、定制化数字信贷产品，在标准化金融产品外增加定制化金融产品供给。通过覆盖更为广泛的客户信息资源、客户大数据，灵活调整信贷投向额度，动态设定风险权重，实现有客群特色的差异化经营模式。

（三）深耕"开放银行"，拓展服务边界

1. 开放银行承载银行数字化转型升级的使命

迈向数字化高质量发展阶段的银行要实现盈利模式的转变，需要在盈利增长点上更为全面深入地服务目标客户群，为客户提供个性化定制化的金融服务，而开放银行则是承载这项使命的载体。国际上银行的实践也表明加速开放银行的建设能够抢占新业态下的发展先机，例如，英国的九家大型商业银行均已开放自身银行产品，苏格兰皇家银行、巴克莱银行、爱尔兰联合银行等还实现了应用于 App 的开放银行建设目标。[①] 开放银行对于数字化时代银行践行新的盈利模式发挥的作用主要体现在以下几个方面。

一是为银行提供更广泛触达客户的渠道。开放银行服务模式是把金融的服务跟场景结合起来，通过 API（Application Programming Interface）的方式将封闭的业务进化为场

---

① 曾学文，荣九勇. 欧洲银行业数字化转型启示［J］. 中国金融，2020（3）.

景服务，通过经营模式的开放性改造，将银行金融服务的程序快速嵌入互联网上的应用场景获取数据和客户，使得银行服务能够直达经济实体，直接为终端客户提供有效便捷的金融服务，拥有真正的线上获客能力。

二是为银行客户提供更加丰富的定制化产品。开放银行业态下，数据共享让银行可以广泛获取多维度的数据，通过挖掘数据蕴含的商业价值，多途径构建精准用户画像，根据客户特点提供精细化和具有特质性的产品；通过引入互联网合作方平台或应用程序构建自身的生态和场景，可以丰富银行金融服务种类，实现银行自身金融产品和服务快速迭代，通过对 API 的分解和组合创造新的产品形式和盈利点，满足客户的多元化需求。

三是为银行经营降本增效。在开放银行业态下，由于产品更加丰富，广泛触达的金融服务稳定了更多的客户，加上 API 颗粒度的细化分拆，使得数据资产价值能够得到更充分的挖掘利用，实现多方平等参与客户数据和信息共享，从而实现银行收入的提升与成本降低，带来规模化效应。

2. 科技应用探索打造面向未来的开放银行

开放银行作为商业银行创新盈利模式迈向高质量发展阶段的有力支撑，仍需持续加大对金融科技的探索与应用力度，打造面向未来的开放银行。

一是提供更优质的金融服务体验。随着技术的进步，客户对金融服务体验的要求不断提升，需要更加流畅无感的"场景到金融"体验。一方面，银行要开发更多样化的 API 链接形式，支持更加复杂、专业化的金融产品嵌入更多场景，在 C 端实现消费场景全覆盖；在 B 端创新数字供应链产品，推出供应链金融服务方案；在 F 端加大与其他金融机构的技术合作共享；在 G 端重点打造政务金融场景。另一方面，通过更多颗粒度更细致的 PaaS 层 API，灵活进行原子化模块的组装与封装，提升定制化金融产品的效率，更好满足差异化客户需求。

二是在"走出去"推送银行产品和服务的同时要通过"引进来"引进外部产品和服务，打造自有渠道的金融生态系统。将客户从第三方场景端引导至银行内部的开放银行 API 平台，丰富银行自身货架，形成"一站式"综合金融服务平台，从而拓展银行服务链条，增加收入来源。

三是加快构建开放银行标准体系，包括数据类型、应用程序接口标准以及合作准入标准，保证数据安全接入，提高开放银行的适配性，具体包括明确需要开放的数据类型、遵照 API 技术标准和完善合作准入标准。

四是需要持续丰富开放共赢的生态体系，不断完善合作机制，探索并优化各类参与方的商业模式，开发多样的服务方式，制定对各方有效的激励机制、权责分配等合作制度，保证生态良性运转。

（四）加强数据治理，培育科技人才，突破盈利壁垒

在金融科技向纵深发展的阶段，银行业实现科技赋能，转变盈利模式的壁垒突出体现在数据治理的能力滞后和金融科技人才的匮乏。银行金融科技战略的深化、数字化转型的成败需要这两方面的强力支撑。

1. 提升数据治理与应用能力

银行数据治理的过程，就是合理利用新技术全面推动大数据时代的数据、技术与业务功能有效融合的过程。

一是要构建综合性数据服务系统，健全技术服务体系。推动金融与公共服务领域系统互联和信息互通，综合电子政务数据资源，不断拓展金融业数据要素广度和深度，为跨机构、跨市场、跨领域综合应用夯实多维度数据基础。

二是加强数据质量管理。确立企业级的数据管理部门，发挥数据治理体系建设组织推动和管理协调作用；完善数据治理制度，运用科技手段推动数据治理系统化、自动化和智能化；完善数据分类，金融数据自主分类与法定分级分类相结合，夯实数据安全保护管理基础；将数据安全静态保护与动态调整相结合，履行数据安全保障基本义务。

三是要发挥数据要素的核心价值，充分释放数据要素潜能。以关键核心技术为突破点，通过场景感知、数据多源比对、数据可视化、数字孪生、匿踪查询、去标记化、可信执行环境等新技术手段促进技术和与业务创新的有效结合。通过新技术应用来减少数据治理的成本费用。

四是加紧出台数据共享使用规范和行业标准，促进商业银行数据融合应用。在完善公共数据开放共享机制基础上，建立健全数据流通交易规则，切实促进金融领域的商业数据流通、跨区域数据互联、政企数据融合应用。

2. 完善金融科技人才队伍建设

"人才"是深入推进数字化转型的关键生产要素。一是要拓宽科技人才引入途径，建立市场化的涵盖多种招聘途径的人才引入机制，尤其是复合型金融科技人才的引进和培养机制，推广数字化系统研发人员与其他专业条线从业人员的交叉培养模式，确保数字化转型有足够的人才来源和储备。二是优化科技人才结构，不仅要提高科技研发、网络金融等人才占比，还要加快推动具有科技背景的人才进入董事会、监事会和高管层，提高数字化决策水平，打造一支支撑数字化转型、"精技术、懂业务、会管理"的人才队伍，筑牢未来高质量发展及数智化银行建设的科技人才基石。三是改进金融科技人员的薪酬激励机制，落实激励保障，采用市场化激励体系，给予金融科技人才向上的职业晋升通道和物质奖励，激发科技人员创造力和潜能。

四、元宇宙金融思维将重塑银行业生态系统

1. 元宇宙经济催生新型银行业态

花旗银行分析师认为元宇宙可能是以持久和沉浸的方式将物理世界和数字世界结合在一起的下一代互联网,而不是纯粹的虚拟现实世界。① 元宇宙可以通过个人电脑、游戏机和智能手机进行访问,并会形成一个非常大的生态系统,可能包括我们今天使用互联网的所有内容:游戏、商业、艺术、媒体、广告、智能制造、医疗保健、虚拟社区和社会协作(包括企业和教育)。未来的元宇宙经济下,金融体系的一个最大改变是数字加密货币将成为主要的交易支付手段,金融体系中将同时存在同质化和非同质化数字货币,同时也将嵌入传统形式的国家法定货币,这些货币可以以不同的形式存在,即加密货币、稳定货币、中央银行数字货币(CBDC)等;另一个变化是银行业所处的金融生态的改变,随着元宇宙的发展,将需要一系列金融服务来支持其活动。元宇宙金融(MetaFi)很可能是去中心化金融(DeFi)、中心化金融(CeFi)和传统金融(TradFi)的结合,新产品专为满足新生态系统的独特需求而设计。从最初的资本形成到支持元宇宙内的商业,金融服务可以在演变中发挥重要作用。

预计金融机构将在为市场提供流动性方面发挥作用,包括为某些 DeFi 协议提供流动性。机构参与者可能有助于提供额外的流动性,促进价格发现,并使 DeFi 协议更具弹性。在今天的背景下,主流非同质化通证(NFT)和代币的波动性很大,导致作为抵押品的价值大幅削减,随着市场的发展,这项活动的数字化性质可以启用新的风险模型并创建不同类别的资产篮子。随着时间的推移,预计越来越多的传统金融机构将开始使用 NFT 和可替代代币等数字原生资产作为抵押品。②

2. 前瞻性加快布局金融元宇宙

第一,要在战略层面提前布局与谋划。银行业金融机构应认识到元宇宙金融是未来的"高维"战略,元宇宙是银行等金融机构探寻业务增长源的一个重要载体,银行特别是大型银行机构可以增大对元宇宙应用基础设施的投入,在完善基础技术体系的搭建、基础制度的设计等的同时,布局元宇宙要有切实的技术探索和应用布局,要探索通过"金融+元宇宙"的场景创新,推动金融科技的应用价值的实现,吸引消费者和企业借助无感切换的场景金融服务实现其经济业务往来和个人需求,形成元宇宙金融生态,构筑银行业金融机构主导的元宇宙经济模式。

第二,要探索元宇宙赋能商业银行场景金融的业务和盈利模式。任何时代中金融服务的核心都在于提升用户体验和满足客户需求。虚拟世界与物理世界的融合、互动以及

---

① Metaverse and Money: Decrypting the Future [R]. Citigroup, March 2022.
② 本文中"元宇宙金融"是"元宇宙产业内容",侧重在元宇宙经济中金融机构的地位和发挥的作用;"金融元宇宙"是指金融机构基于元宇宙科技技术集群应用实现的物理世界与镜像数字世界虚实共生的新型金融形态。

更加极致的沉浸感是元宇宙的重要特征，银行可以通过元宇宙数字孪生、区块链、数据交互等技术能实现在不同空间或场景的自由切换，实现立体化、多样化交互方式提升用户体验；还可以利用大数据、人工智能和量子科技等技术推动银行在产品开发上实现从"千人一面"到"千人千面"再到"一人千面"的变革，为客户提供实时、沉浸、无感、定制化的金融服务。基于元宇宙技术构筑的金融服务设施，应考虑消除中间环节降低金融中介成本和服务门槛，使银行提供给实体经济的服务"高效低价"。

第三，要推动金融元宇宙生态下的金融服务流程再造。元宇宙经济给金融业带来巨大的变革，元宇宙技术与金融的融合不是简单的数字技术的无序叠加，是一项庞大的系统工程。元宇宙金融的优势必须在业务优化、流程再造的基础上实现创新和赋能。未来商业银行必须在迈向智慧银行、开放银行、元宇宙银行的趋势中以客户为中心，在多层次、立体化客户需求分析上重新梳理业务流程结构，积极推进金融服务流程数字化再造。

保险科技:国际格局、发展现状及趋势展望

余 洋

随着新一轮科技革命、产业变革和数字经济的迅猛发展,科技迭代进步为保险行业转型与发展提供源源不断的动力。保险科技作为科学技术与保险业务深度融合创新的成果与生态体系,从底层逻辑重塑保险生态价值链,对保险市场、保险机构和保险服务方式产生重大影响,成为保险行业发展新燃点。

一、全球保险科技多维度多极化迅猛发展

2021年,全球保险科技创新的环境与策略加速调整,保险科技投融资空前活跃,关键领域技术取得突破式进展,呈现出多维度、多极化发展的国际格局。

(一)投融资规模强劲增长

2010—2021年,全球保险科技融资额和融资数量呈明显的上升之势(见图1)。2020年,新冠疫情的冲击使消费者更加青睐"无接触式"交易方式,将更多的生活场景转移到了线上。资本投资者敏锐地洞察到这一变化,创新场景化保险产品,保险科技融资不降反升。2020年,全球保险科技融资总额为71.08亿美元,融资数量为377笔。与2019年相比,融资总额增长了12%,交易数量增长了20%。2021年,全球保险科技融资总额增长至137亿美元,几乎是2020年的2倍,创下历史新高;融资数量达到430笔,也是史上最高水平。[①]

(二)地域多元化格局显现

2021年,美国保险科技一枝独秀的局面被打破,部分保险科技创新活动逐渐向新兴经济体转移,保险科技发展的地域多元化格局初步显现。

2021年,美国保险科技融资金额与数量继续蝉联世界第一,分别占全球的50.12%、38.66%。从融资金额来看,居于第二位的是英国和中国,占比分别为16.7%

[①] 零壹智库.2022年全球保险科技独角兽及案例报告[EB/OL].[2022-04-14].https://www.01caijing.com/article/318934.htm.

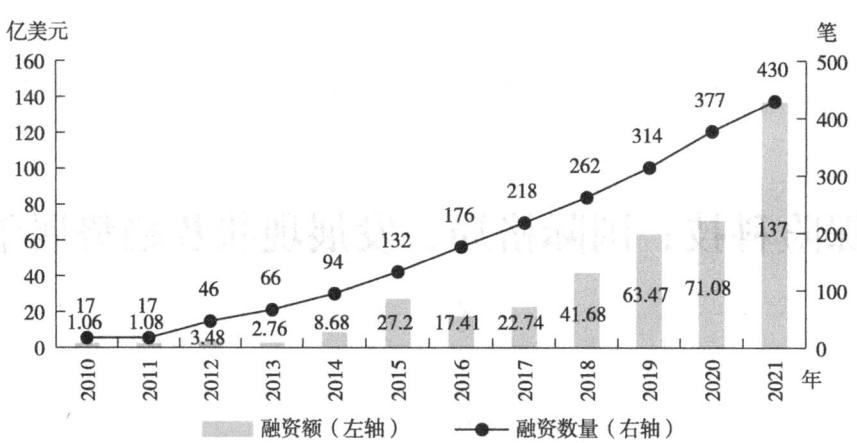

图1 2010—2021年全球保险科技融资额与融资数量

（数据来源：2010—2020年数据来自全球咨询公司韦莱韬悦（Wills Towers Waston）：《2020年全球保险科技融资报告》；2021年数据来自零壹智库：《2022年全球保险科技独角兽及案例报告》）

和14.3%。从融资数量来看，中国占比为19.3%，英国为9.6%。印度保险科技融资日益活跃，其融资金额占比为3.4%，融资数量占比为5.2%。[①] 此外，法国、新加坡、澳大利亚、瑞士、以色列和韩国的保险科技融资明显增长，南美洲的智利、非洲的南非、肯尼亚和尼日利亚也出现了保险科技融资活动。

截至2021年末，全球现存34家保险科技独角兽企业。从地区分布上看，美国独占鳌头，有17家。其他保险科技独角兽企业所属国家分别为：中国3家，印度2家，英国6家，法国2家，德国、智利、新加坡、以色列各1家。[②]

2021年全球规模最大的10笔保险科技投融资交易来自德国、美国、英国、印度、新加坡和法国。其中，规模最大的一笔交易金额高达6.5亿美元，由德国保险科技公司Wefox斩获。

（三）业务领域全面覆盖

保险科技从最初的互联网营销发展为覆盖保险业务全流程，涉及产品创新、营销渠道、承保、客户服务、理赔等各环节，产生了保险产品比价平台、保险代理人展业平台、数字化保险中介、网络互助保险、保险交叉销售、智能投保、快捷理赔等多种应用模式。

2021年，保险科技获投最多的业务是健康医疗保险，其次为保险技术服务、汽车保险、房屋保险，而保险测评、保险销售代理、保险经纪等业务较少。2021年末，全球现

---

① 数据来源：根据零壹财经·零壹智库. 全球保险科技投融资报告（2021Q1）、（2022H1）、（2022Q3）[EB/OL]. https://www.01caijing.com/article/325416.htm, 2022-07-18. 相关数据整理而来。

② 零壹智库. 2022年全球保险科技独角兽及案例报告[EB/OL]. [2022-04-14]. https://www.01caijing.com/article/318934.htm.

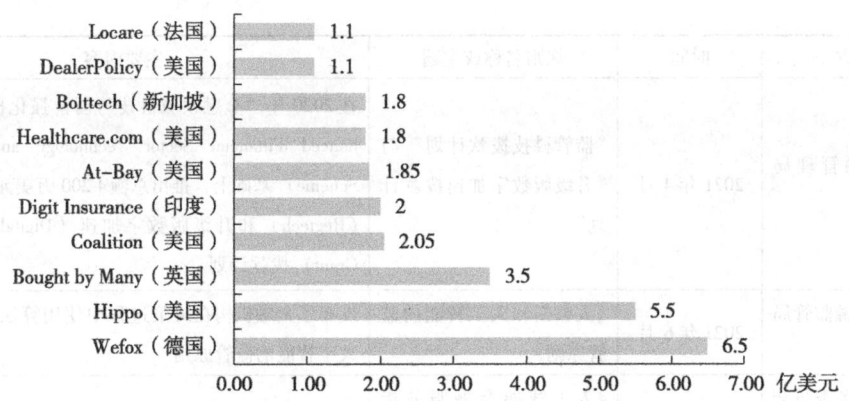

图 2　2021 年全球十大保险科技投融资交易

（资料来源：保观. 2021 年最"红"的 10 家保险科技公司：这家公司一轮融资 40 多亿［EB/OL］.［2022-02-07］. https://baijiahao.baidu.com/s?id=1724072245832974024&wfr=spider&for=pc）

存的 34 家保险科技独角兽中，医疗健康险独占 12 家，包括微医、水滴、镁信健康和思派科技等"健康＋医疗＋保险"模式类公司；保险 SaaS（Software-as-a-Service，软件即服务）9 家，数字化车险 6 家，综合保险 2 家，网络安全险 3 家，定制化企业保险、智能家居保险各占 1 家。①

（四）监管政策包容审慎

对于保险科技发展所产生的风险，监管机构普遍由最初的担忧转为理性监管。2021 年，欧美等国监管部门采取了鼓励创新与防控风险并举的包容审慎原则，不断完善保险领域新技术应用风险防控法规，从主体、业务和技术等方面细化监管规则（如表 1 所示）。

表 1　2021 年部分国家与机构发布的保险科技监管新政策

发布方	时间	规则名称或主题	主要内容
美国保险监督官协会（NAIC）	2021 年 1 月	2021 年保险业监管战略重点	2021 年保险业监管战略重点包括：新冠肺炎、长期护理保险（LTCI）、种族与保险、气候风险和弹性、消费者数据隐私、大数据/人工智能。
新加坡金融管理局（MAS）	2021 年 1 月	《技术风险管理指南》（Technology Risk Management Guidelines）	为保险公司、银行等金融机构设定应对新兴技术和网络威胁的风险缓解策略，包括建立健全流程、进行网络演习等。
国际清算银行（BIS）金融稳定研究所与国际保险监督官协会秘书处（IAIS）	2021 年 4 月	《重新定义新常态下的保险监管》（Redefining Insurance Supervision for the New Normal）	监管机构应当加大监管流程的数字化改革，培养监管人员的必备数字技能，与保险机构紧密合作，通过实地监管与远程监管相结合的方式应对监管新挑战。

---

① 零壹智库. 2022 年全球保险科技独角兽及案例报告［EB/OL］.［2022-04-14］. https://www.01caijing.com/article/318934.htm.

续表

发布方	时间	规则名称或主题	主要内容
新加坡金融管理局（MAS）	2021年4月	"监管科技拨款计划"与"升级版数字加速拨款计划"	在2020年"金融领域科技与创新强化机制"（Enhanced Financial Sector Technology and Innovation Scheme）基础上，推出总额4 200万美元的监管科技（Regtech）和升级版数字加速（Digital Acceleration Grant）拨款计划。
德国联邦金融监管局（BaFin）	2021年6月	《大数据和人工智能的监管原则》	发布了金融机构在决策过程中使用算法、大数据和人工智能的监管原则。
韩国金融服务委员会（FSC）	2021年7月	《人工智能金融服务指南》	建立风险监控和管理体系来预防隐私泄露风险。
英国金融行为监管局（FCA）	2021年7月	基于大数据、人工智能等技术建立风险监控预警系统——监管托儿所（Regulatory Nursery）	监管托儿所能够自动搜集整合金融保险科技创新试点企业的相关数据信息，并通过系统内部的企业风险识别模型快速甄别标的企业可能存在的风险隐患，为监管当局及时制止"监管沙盒"中企业的高风险活动提供保障。
美国金融业监管局（FINRA）	2021年7月	建立风险审查系统	使用机器学习和自然语言处理等技术建立风险审查系统，辅助监管部门进行舆情监控和风险审查工作。
英国金融行为监管局（FCA）	2021年8月	数字沙盒（Digital Sandbox）规模沙箱（Scalebox）	将监管沙盒的申请窗口期转变为可随时申请，为更多保险科技企业进入监管沙盒提供便利。推出针对支持ESG（改善环境、社会和治理）数据和披露领域的数字沙盒（Digital Sandbox）、专注于扩展创新技术公司的规模沙箱（Scalebox）。

二、中国保险科技由"科技服务保险"转向"科技赋能保险"

在我国保险科技发展的初级阶段，科技主要是作为一种工具应用于保险业务，即"科技服务保险"。现阶段，我国保险科技核心技术持续演进，整体实力从量的积累迈向质的飞跃、从点的突破迈向系统能力提升，全面赋能保险产业链。

（一）投融资规模突破性增长，投资水平不断升级

2015—2020年，我国保险科技领域公开披露的投融资金额由14.34亿元增长至39.16亿元（如图3所示）。2021年，我国保险科技领域仅有25笔融资，但由于众安科技、镁信健康在2021年10月分别获得20亿元人民币的战略投资、C轮投资，使得该年度的融资总额突破性增长，达到85.93亿元。

从融资轮次来看，早期融资占比持续下滑，但创新依旧活跃。2015—2021年，种子天使轮融资数量占比从40%下滑至4%以下；Pre-A到A+轮相对稳定，保持40%~50%。B轮之前的早期融资数量占比持续下滑，但仍然占到50%以上，表明保险科技领域的创新

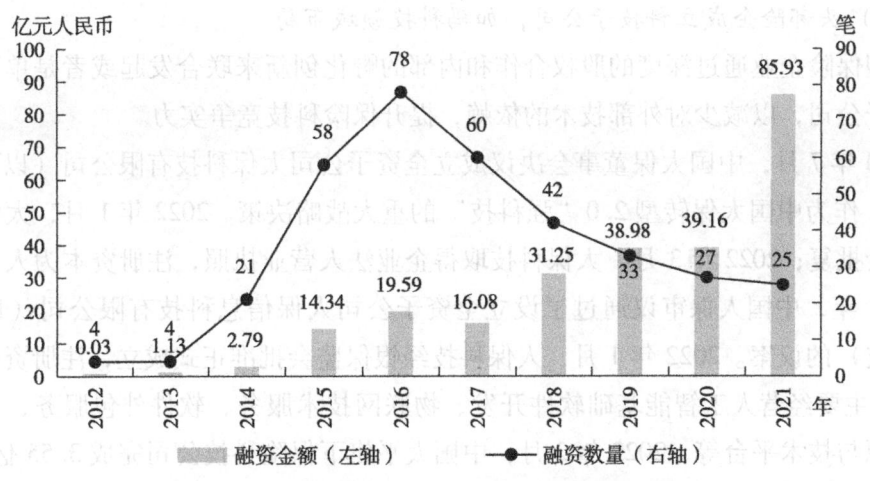

图 3　2012—2021 年中国保险科技融资金额及数量

（数据来源：根据零壹智库发布的相关报告整理而得）

始终较为活跃。2021 年，中国保险科技融资 TOP11 排行榜中，战略投资为 3 笔，C 轮融资为 5 笔，另有 3 笔 B 轮融资（如表 1 所示）。① 值得一提的是，2021 年 5 月 7 日水滴公司（WDH.US）正式在纽交所挂牌上市，成为中国第一家登陆纽交所的保险科技公司。

表 2　2021 年中国保险科技融资简况表（融资金额≥1 亿元人民币）

公司名称	公开日期	业务标签	融资阶段	融资金额	主要投资方
镁信健康	2021-03-05	医疗保险	B 轮	10 亿元	北极光创投、博远资本、创新工场、华兴新经济基金、蚂蚁资本、赛福投资等
信美相互	2021-03-28	综合保险	战略投资	7.65 亿元	汤臣倍健、微梦创科、涌金投资
力码科技	2021-04-23	数字保险、SaaS	B 轮	3 亿元	GGV 纪源资本、独秀资本、高瓴资本、心元资本
保准牛	2021-04-12	保险定制、商业保险	C 轮	1 亿元	华智资本、曦域资本
元保数科	2021-05-08	医疗保险	C 轮	10 亿元	SIG、北极光创投、凯辉基金、启明创投、山行资本、源码资本
Data Canvas	2021-05-16	保险反欺诈	C 轮	3 亿元	君紫资本、领沨资本、赛福投资、尚城资本
大鱼科技	2021-05-19	保险定制	B 轮	2 亿元	小米
镁信健康	2021-08-10	医疗保险	C 轮	20 亿元	博裕资本、礼来亚洲基金、中金公司
商涌科技	2021-08-23	保险风控	C 轮	1 亿元	远毅资本、招商健康战略
众安科技	2021-09-15	数字化保险	战略投资	20 亿元	阿里巴巴
Avo	2021-10	数字保险	战略投资	2.6 亿港元	公共股东

---

① 数据来源：根据零壹智库发布的相关报告整理而得。

(二) 头部险企成立科技子公司，加码科技领域布局

大型保险企业通过深度的股权合作和内部的孵化创新来联合发起或者是单独发起保险科技子公司，以减少对外部技术的依赖，提升保险科技竞争实力。

2020 年 7 月，中国太保董事会决议成立全资子公司太保科技有限公司（以下简称太保科技）作为中国太保转型 2.0"强科技"的重大战略决策。2022 年 1 月，太保科技获银保监会批复；2022 年 3 月，太保科技取得企业法人营业执照，注册资本为人民币 7 亿元。2021 年，中国人保审议通过了设立全资子公司人保信息科技有限公司（以下简称人保科技）的议案。2022 年 1 月，人保科技经银保监会批准正式成立，注册资本人民币 4 亿元，主要经营人工智能基础软件开发、物联网技术服务、软件外包服务、人工智能基础资源与技术平台等。2022 年 2 月，中国太平旗下保险科技公司完成 3.55 亿元增资，增资后公司注册资本金达到 8.55 亿元。

目前，中国平安、中国人寿、中国太保、中国人保等头部险企都已拥有自己的科技子公司。此外，合众人寿、大地保险、阳光保险等保险公司也已设立科技子公司。这些科技子公司的主业从销售渠道逐渐延伸到技术支持，从综合科技平台到专攻细分领域科技。

(三) 互联网保险规范发展，持续优化业务结构

2021 年，《互联网保险业务监管办法》正式实施，一系列配套规范性文件相继出台，我国互联网保险由粗放式增长逐步向规范可持续发展阶段转变。

1. 保费规模稳步增长

2021 年，互联网人身保险业务继续保持平稳增长，累计实现规模保费 2 916.7 亿元，较 2020 年同比增长 38.2%。[①] 互联网财产保险累计实现保费收入 862 亿元，同比增长 8%。同期，财产保险行业整体增速为 1%。2017 年，互联网财产保险业务渗透率[②]为 4.7%；2021 年，这一指标上升为 6.3%。[③]

2. 渠道发展日趋规范

互联网人身保险业务呈现出以渠道合作为主、保险公司官网自营为辅的特点。2021 年，互联网人身保险业务通过渠道累计实现规模保费 2 529.4 亿元，较 2020 年同比增长 41.5%，占比为 86.7%；通过官网自营平台累计实现规模保费 387.3 亿元，较上年同比增长 19.6%，占比为 13.3%。[④]

---

① 中国保险行业协会. 2021 年度人身险公司互联网保险业务经营情况分析报告 [EB/OL]. [2022-03-21]. http://www.iachina.cn/art/2022/3/21/art_22_105816.html.
② 互联网财产保险业务渗透率是指互联网财产保险业务保费与产险公司全渠道业务保费的比值。
③ 中国保险行业协会. 2021 年互联网财产保险发展分析报告 [EB/OL]. [2022-05-13]. http://www.iachina.cn/art/2022/5/13/art_22_106027.html.
④ 中国保险行业协会. 2021 年度人身险公司互联网保险业务经营情况分析报告 [EB/OL]. [2022-03-21]. http://www.iachina.cn/art/2022/3/21/art_22_105816.html.

互联网财产保险业务各渠道保费收入占比呈差异化发展，专业中介保费占比大幅提升。2021年，专业中介渠道累计保费收入412亿元，占比为48%，较2020年同比提升16个百分点；保险公司自营平台累计保费收入195亿元，占比为23%，同比下滑1个百分点；营销宣传引流累计保费收入为248亿元，占比为29%，同比下滑13个百分点。①

3. 险种结构持续调整

从保费规模来看，互联网人身保险中的各类险种占比有所改变（见图4）。2021年，所占比重最高的仍然是人寿保险，保费收入为1 899.3亿元，占比为65.1%；健康保险取代年金保险成为第二大险种，保费收入为551亿元，占比为18.9%；年金保险为第三大险种，保费收入为414.3亿元，占比为14.2%；意外保险保费收入为52.1亿元，同比下降28%，占比仅为1.8%。

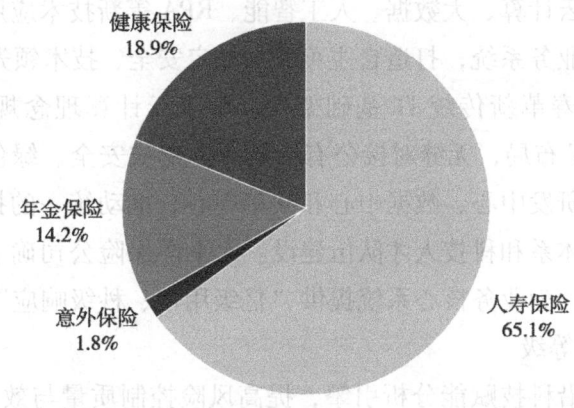

图4　2021年我国互联网人身保险各细分险种保费收入占比

2021年，互联网车险保费收入为224亿元，较2020年同比增长1%，结束连续两年的负增长局面。在互联网非车险中，保费规模最大的是意外健康险，为290亿元，占互联网财产保险保费收入的33.7%；保费增速最大的是信用保证保险，较2020年同比增长80%。②

（四）数字化转型进程加速，构建数字保险生态体系

我国保险机构积极推动经营管理全过程数字化、智能化，通过数字化转型寻求全新盈利增长点。

1. 创新保险数字服务

承保服务方面，保险公司在新契约承保服务全流程电子化的基础上，推出智能投保、智能双录等智能化承保工具，提供远程分享填单、智能填单、双录语音播报、远程

---

① 中国保险行业协会. 2021年互联网财产保险发展分析报告［EB/OL］.［2022 - 05 - 13］. http：//www.iachina.cn/art/2022/5/13/art_ 22_ 106027.html.

② 中国保险行业协会. 2021年互联网财产保险发展分析报告［EB/OL］.［2022 - 05 - 13］. http：//www.iachina.cn/art/2022/5/13/art_ 22_ 106027.html.

双录等场景化服务，大幅缩短了承保服务时效，满足了不同销售场景的投保服务需求。以中国人寿为例，与 2018 年相比，2021 年该公司个人长险全流程出单服务时效缩短 64%。①

理赔服务方面，保险公司在原有手机 App、微信、网上保险等服务平台内嵌入 OCR 识别、智能问答机器人、智能引导交互上传资料等功能，进一步提升客户理赔服务体验。2021 年，中国人寿移动理赔服务已覆盖超过 1 700 万名客户，个人长险新单服务时效同比提速 37.2%，核保、保全、理赔智能审核通过率分别达 93.4%、99.1%、73.1%，全年理赔直付服务客户超 600 万人次；② 新华保险线上赔付理赔款 83 亿元，5 000元以内小额医疗险理赔件均时效仅 0.27 天。③

2. 打造保险数字生态体系

保险公司不断将云计算、大数据、人工智能、RPA 等新技术应用于全业务链条，完善升级保险主业核心业务系统，打造自主可控、稳定安全、技术领先的技术生态体系。

2021 年，中国人寿革新传统 IT 基础架构，基于云计算理念规划并实现了完整的"大后台+小前端"IT 布局，无缝对接公有云资源，建成安全、绿色、弹性的国寿混合云。中国人保组建了研发中心、数据中心和共享中心，推动统一的技术架构体系、数据治理体系、基础设施体系和科技人才队伍建设。太平洋保险公司确立上海、成都两地三大数据中心运营模式，为业务核心系统提供"亿级用户、秒级响应"支撑。

3. 提升智能风控等级

保险公司运用前沿科技赋能分析引擎，提高风险控制质量与效率。例如，2021 年，平安寿险在核保核赔环节创新融合文本识别抽取（OCR）、自然语言处理（NLP）、机器学习等技术，辅助资料信息识别、案件审核，支持近 1 600 种疾病的核保风险识别、超 1 500 种疾病的医疗险理赔审核，核保效率较传统模式提升近 30%，理赔效率提升近 20%。④

此外，保险公司还建立了基于大数据和人工智能技术的健康险智能理赔模型，覆盖关键风险类别，让理赔更高效、便捷；实施营销员风险智能管控，有效解决反洗钱工作"发现难、查证难"的痛点。

（五）监管政策审慎务实，明确保险科技发展方向

2021 年，我国保险科技监管审慎创新和风险防控的要求进一步强化，针对保险科技发展方向、互联网保险业务、保险机构信息化、数据安全等多方面出台了一系列重要政策。

---

① 2021 年中国人寿年报。
② 2021 年中国人寿年报。
③ 2021 年新华保险智慧服务年报。
④ 中国平安 2021 年年报。

1. 顶层设计指明保险科技发展方向

2021年1月，人民银行印发《金融科技发展规划（2022—2025年）》，提出"力争到2025年实现整体水平与核心竞争力跨越式提升"的金融科技发展愿景，明确金融数字化转型的总体思路、发展目标、重点任务和实施保障。

2021年12月，中国保险行业协会发布《保险科技"十四五"发展规划》，涵盖了保险业科技战略、科技赋能、业务发展、风险防范、科技基础等内容。这是保险行业首次以行业共识的方式发布保险科技领域中长期专项规划。

2. 强化互联网保险业务监管

2021年2月1日正式实施的《互联网保险业务监管办法》厘清了互联网保险业务本质，规定了互联网保险业务经营要求，强化持牌经营原则，明确了非持牌机构禁止行为；按经营主体分类监管，在规定"基本业务规则"的基础上，针对互联网保险公司、保险公司、保险中介机构、互联网企业代理保险业务，分别规定了"特别业务规则"。①

2021年10月，银保监会发布《关于进一步规范保险机构互联网人身保险业务有关事项的通知》，同时配套下发《关于试运行互联网人身保险业务定价回溯机制的通知》，其主要内容包括：明确互联网人身保险业务经营条件，实施互联网人身保险业务专属管理，加强和改进互联网人身保险业务监管。首次实施分渠道定价回溯监管，建立登记披露机制，探索问题产品事后处置机制。②

3. 细化保险科技监管规则

一是加强保险机构、保险中介机构信息化监管。2021年1月，银保监会发布《保险中介机构信息化工作监管办法》，从信息化治理、信息系统建设、信息安全机制、分支机构管理等方面对保险中介机构信息化工作提出要求。

二是重视监管数据安全管理。2021年1月，银保监会发布《中国银保监会监管数据安全管理办法（试行）》，强调数据安全全生命周期管理，对监管数据采集、存储、加工、使用、停用和销毁等各环节均提出安全管理要求，并强调银保监会系统对外提供监管数据应充分评估数据安全风险。

（六）凸显科技普惠属性，服务社会经济高质量发展

保险科技服务国家战略、服务社会需求、服务民生保障的功能日益显著，通过科技手段促使保险更加精准服务于乡村振兴、绿色发展、民生普惠、产业数字化等关键领域。

1. 服务乡村振兴，提升农业保障精密度

大数据、云计算、卫星遥感、远程查勘等信息技术在农业保险领域的不断应用，提

---

① 中国银保监会. 互联网保险业务监管办法［EB/OL］.［2020-12-14］. http：//www.cbirc.gov.cn/cn/view/pages/ItemDetail.html?docId=949137&itemId=928.

② 中国银保监会. 中国银保监会办公厅关于进一步规范保险机构互联网人身保险业务有关事项的通知［EB/OL］.［2021-10-22］. http：//www.cbirc.gov.cn/cn/view/pages/ItemDetail.html?docId=1014129&itemId=928.

升了农业保险精准化水平和服务质效,对于促进农业生产、稳定农民收入、保障国家粮食安全具有重要意义。

在种植险领域,多家保险公司已形成"移动终端+卫星遥感+无人机+线下验证"四位一体的查勘定损模式,打造了"天、空、地"一体化的农业保险服务体系,实现了高效"按图承保"和"按图理赔"。例如,中华财险与国家农业信息中心共建了"农业保险地理信息实验室",实现了遥感评估常态化、无人机查验便捷化、地面信息采集协同化。

在养殖险领域,保险公司全面引进电子耳标、AI智能点数、脸部识别、智能测量、电子围栏、影像查重等技术,解决了查勘定损难、理赔时效弱的问题。以国寿财险为例,其所采用的"基于区块链的国寿财险养殖险承保理赔全流程线上封闭运营模式"将传统的线下、被动获取资料方式转变为全线上、全自动的获取方式,利用区块链技术存证相关数据,有效解决养殖险业务高质量发展中存在的实际问题。

2. 解构绿色保险重点领域,数智护航"双碳"目标

保险科技助力保险业为绿色能源、绿色交通、绿色建筑、绿色技术、气候治理和森林碳汇等领域提供风险保障。2021年,中国人保承保绿色低碳技术首台(套)装备保险项目18个,为47台(套)重大技术装备提供风险保障80.09亿元;承保绿色技术新材料保险项目31个,提供风险保障14.42亿元。[①] 平安产险、华农保险等公司开发了林业碳汇遥感指数保险,该保险基于林业光学遥感数据(TM)、合成孔径雷达卫星数据(SAR)、激光雷达数据(LiDAR)和中分辨率遥感影像等技术,进行森林碳储量与碳汇换算。

绿色发展相关数据设施的建设、行业间数据交换机制的形成,为保险公司在"双碳"目标下运用保险资金、精准选择投资标的提供了技术支持。2021年,中国人寿寿险公司新增绿色投资规模超过500亿元,累计超过3 000亿元。截至2021年末,平安保险累计绿色投融资规模约2 245.8亿元,中国太保绿色投资金额约233亿元。中国人保集团累计发起设立绿色金融产品12只,产品规模总计213.83亿元。[②]

3. 助力普民保险,增进人民群众健康福祉

2021年底,我国已有27个省份推出了200余款"惠民保"产品,参保总人次达1.4亿,保费总收入已突破140亿元。[③] 面对数量庞大的参保人,"惠民保"以医学知识图谱、疾病模型、自然语言处理等技术为基础,为业务运营提供精准定价、智能核保、

---

① 戴梦希. 中国人保发力服务"双碳"战略重点领域 2021年为绿色低碳发展等领域提供风险保障超23万亿元[EB/OL]. [2022-06-15]. https://www.financialnews.com.cn/bx/jg/202206/t20220615_248882.html.
② 根据各家上市保险公司发布的2021年年报整理而得。
③ 镁信健康,中再寿险. 中国惠民保业务发展与展望系列研究报告——2022年惠民保可持续发展趋势洞察[EB/OL]. [2022-06-21]. http://www.chinalife.cn/zhzsx/xxdt/2022062113264925411/index.html.

智能理赔与数字化健康管理等核心能力，使医疗保障和健康服务更普惠、更精准、更优质。以北京为例，"北京普惠健康保"基于医保数据，以特定疾病的 ICD 码为标准，构建精准既往症智能识别模型，针对参保人的既往症做了自动编码识别，既往症精准识别率提升超过了 90%。又如，"江苏医惠保1号"构建了一站式主运营平台，涵盖医保数据服务、医保身份校验、理赔结算、个账支付、销售数据统计、赔付率统计和健康服务统计等功能。

三、深度融合开启保险科技新挑战

我国保险科技处于发展的新节点。保险与科技深度融合，不仅只是兼具保险和科技的功能与属性，而是保险与科技功能的重塑和再造。保险科技发展面临新机遇的同时，也面临新的挑战。

（一）经济环境复杂多变，市场竞争加剧

1. 外部环境的不确定性加剧

2021年，国际环境更趋复杂严峻。新冠疫情肆虐，给全球政治经济各领域造成冲击；全球经济增速显著放缓，通胀水平持续攀升；中美战略博弈、俄罗斯北约摩擦，地缘紧张形势加剧。从内部环境来看，国内疫情多发散发，经济下行压力明显增大。受国内外复杂多变的经济环境影响，保险科技投融资风险加大，运营成本提升，保险科技企业面临的不确定性增加，导致保险科技发展的内生动力不足。

2. 市场主体竞争态势激烈

云计算、人工智能、大数据等新技术成熟广泛应用的背景下，互联网巨头公司、互联网新中介、数字化运营和服务企业、科技初创企业以及上下游关联企业等众多市场主体积极布局保险科技行业，利用数据、资金、技术、生态系统优势重塑保险行业价值链，渗透产品开发、定价核保、理赔服务等各环节，推动保险业数字化、智能化、系统化转型升级。随着保险业务优化、产品设计创新、营销渠道扩展，保险科技的参与主体数量将持续增长，竞争态势越来越激烈。

（二）科技创新引发风险外溢，保险体系脆弱性增加

随着保险科技的发展，交易链条不断延伸，交易行为主体间的连接模式日益复杂。保险科技导致保险风险的交叉性、传染性、复杂性和突发性问题更为突出。

1. 交叉融合增大系统性风险

保险科技所产生的数字化技术和网络化联结可以产生业务风险、技术风险、网络风险的叠加效应，使风险传染更快、波及面更广，进而增加保险体系的脆弱性。一是加剧风险的关联和传染，模糊保险与保险活动之间的边界；二是加剧保险市场参与者的行为趋同性，放大市场波动；三是加剧系统重要性效应，头部保险科技企业一旦发生变故将造成重大影响；四是加剧保险行业的亲周期性，助长保险机构在经济上行周期扩张和下

行周期收缩。

2. 新技术引发新风险

从微观层面上看，保险科技增加了保险机构的新风险。一是技术风险。保险机构在应用新技术时，可能产生技术不成熟、算法缺陷与技术失控等问题，面临技术路线战略失误、IT治理薄弱、网络安全、过度依赖第三方机构等风险。二是信息风险。保险科技对数据信息的依赖性强，在业务过程中容易出现计算机硬件系统、应用系统、安全技术或网络运行问题，导致数据保密性、系统和数据完整性、客户身份认证安全性、数据防篡改性及其他有关计算机系统、数据库、网络安全等风险。

(三) 消费升级融合技术进步，激发全新消费行为偏好

保险科技从生产端、产品端、供应链端、场景端、营销端等方面对保险消费生态产生重大影响，保险消费结构的迭代升级又反向驱动保险科技创新。

1. 科技创新改变保险消费生态

科技不仅改变了保险消费环境和消费方式，而且引发了保险消费者行为的新变化、新特征。首先，保险消费的主体力量产生了变化，"Z世代"[①] 逐渐成为保险消费的主力军。这一人群带来了消费新需求和新潜力，但他们对消费的要求更高。其次，保险消费者行为更具个性化、特色化以及多元化。消费者的关注点从消费数量向消费质量转变，保险服务的品质和效率成为影响消费的重要因素。最后，科技应用改变了保险机构与消费者的接触方式，推动客户行为线上化、运营模式数字化和产品形态多样化。

2. 保险消费结构升级反向驱动保险科技创新

保险消费结构升级对保险科技创新提出了新要求。第一，随着"Z世代"生活场景的不断变迁，保险经营场景不断随之延伸，由此衍生出更多的保险新需求。保险科技需要在销售模式探索、风险精准防范、生态服务创新等维度进行变革，从而进一步提升"Z世代"的保险认同感。第二，为满足保险消费者个性化、特色化以及多元化的需求，保险业需要通过创新技术应用提升保险服务的智能化和精准化。第三，消费结构升级促使保险业与其他行业的关联性增强。如何通过技术创新将健康、养老、数字生活等通过虚实融合的方式与保险价值链衔接，成为保险科技迫切需要解决的问题。

四、中国保险科技发展趋势与展望

(一) 市场主体不断丰富，多元融合趋势将更加凸显

保险科技生态圈的参与主体将进一步多元化，跨行业、跨领域之间的合作互动成为发展趋势。

[①] "Z世代"又称"互联网世代"，通常是指1995年至2009年出生的一代人，他们一出生就与网络信息时代无缝对接，数字信息技术、即时通信设备、智能手机产品等对这一代人的影响很大。

1. 市场主体的类型更加多元化

保险科技行业的市场主体众多，包含传统的保险公司、初创科技企业、市场行业巨头、监管机构等。随着人工智能、物联网、区块链、大数据等高科技的融入，保险行业催生出新的业态模式，各种创新平台不断丰富保险生态圈的主体。保险公司内部开发保险科技、孵化保险科技创业公司成为趋势，将激发更多的互联网巨头对保险科技进行战略布局。资本的持续流入使得保险科技蕴含着巨大的发展潜力，又将吸引更多的市场主体涌入保险科技生态圈。越来越多的大型公司为提高自身竞争能力，将探索建立保险科技创新中心、保险科技子公司、保险经纪公司等。此外，保险科技应用的加速落地又将推动社会组织以及专业服务机构等主体的参与，市场主体的多样化趋势明显。

2. 跨界融合不断深化

保险科技的推广、保险产业链的延伸、消费者期望的升级，各股力量交错碰撞，使得整个保险生态呈现出跨界融合的趋势。未来的保险不仅是提供风险保障的工具，更是满足客户需求的综合性服务。例如，一方面，在大健康领域，越来越多保险公司与医疗机构联合，研发与患者所患疾病紧密相关的病情进展保险、带病体可投保的大病健康险等新型险种。在汽车保险领域，保险公司同汽车生产厂商、经销商、维修商合作，为客户提供智能客服、驾驶数据分析、理赔支持、应急救援等服务。另一方面，互联网巨头、产业巨头以及手握数字科技的服务商也在向保险领域跨界，同保险机构合作或者独立谋求牌照，利用自身的数据和技术优势实现保险产品的精算定价、精准营销以及智能理赔。

（二）技术与业务双向驱动，自主创新能力将显著提升

保险科技持续动态发展，技术与业务将形成双向驱动模式，不断提高科技自主创新活力。

1. 技术发展驱动业务升级

从技术对业务的影响角度看，技术对业务的影响和重塑不断加深，技术驱动业务、技术创造业务将成为发展趋势，风控、产品研发等将成为保险机构的关键发力点。随着区块链的发展，构建基于联盟链的多方主体可信协作网络、构建基于"隐私计算+区块链"的大数据风控模型等备受关注，未来将推动业务进一步升级。

2. 业务转型推动技术发展

在保险科技重塑保险价值链条的同时，业务将反向驱动技术突破。随着大数据的加速发展，保险业务形态、需求等更加复杂多变，对前后台业务效率提出更高的要求，搭建数据中台成为各保险公司的共识。业务需求的驱动下又将持续推动数据治理技术和隐私计算能力发展。

3. 自主创新能力持续增强

一方面，各保险机构将越发重视自主科技研发，不断加大科技投入力度，以达到增

强自身核心竞争力、在市场变革中抢占竞争高地的目的；另一方面，保险科技的应用有助于激发业务内在潜力，将进一步推动保险科技创新。例如，应用大数据建立用户画像有利于实现精准营销，又将促进保险科技在数据协同共享、保护用户隐私数据方面的创新。

（三）保险"新基建"升级再造，保险"信创"将全面提速

通过技术升级和架构再造来构建安全可控的保险科技新基建，既是保险业数字化转型的大势所趋，更是提升保险业核心竞争力的必行之举。

1. "新基建"升级再造夯实保险科技可持续发展基础

新科技的应用与普及将产生更多新场景，释放更多保险需求。这对保险科技基础设施提出了新的要求，势必带动"新基建"的升级和再造。当前我国保险科技"新基建"的布局还不足以支撑保险科技的高质量发展。除了5G之外，"新基建"的底层技术中有许多都严重依赖国外的技术支持，这为中国保险科技的发展埋下重大的技术风险和安全隐患。未来我国将加强"新基建"的底层技术攻关，以技术创新为驱动，以信息网络为基础，面向保险科技高质量发展的需要，提供数字转型、智能升级、融合创新等服务的基础设施体系。新型基础设施主要包括信息基础设施、融合基础设施、创新基础设施三个方面内容。"新基建"的升级再造将为保险科技的发展提供了不可或缺的算力、网络和技术条件，提高保险科技服务的触达能力，提升保险科技的抗冲击性能，降低科技赋能保险的服务成本。

2. 保险"信创"推进保险科技自立自强

"信创"，即信息技术应用创新，是我国信息化建设全面推进科技自立自强阶段的关键举措。目前国内重要信息系统、关键基础设施中使用的核心信息技术产品和关键服务大多依赖国外，一旦国际形势发生变化，行业乃至国家将面临不可预估的重大风险。在信创发展成为国家战略的大背景下，保险信创必将成为重塑保险行业安全竞争力、推动数字化转型的重要支撑。目前，我国保险科技信创尚处于萌芽阶段，多集中于软件方面的改造，如OA系统、数据库和虚拟化建设等。未来，我国保险科技将逐步建立基于自己的IT底层架构和标准，形成自有开放生态，我国科技企业将在分布式、云服务、微服务等技术上通过创新研发，与保险机构一起实现保险业信息系统的国产替代。

（四）数据智能技术加速演进，保险业数据要素价值将进一步释放

作为新时代重要的生产要素，数据现已经成为保险行业高质量发展中不可或缺的要素。

1. 保险企业数据要素价值加速释放

数据智能技术的进步，使得数据要素的价值渗透入保险企业的各个环节。在产品设计环节，数据智能技术通过采集、标注、集合、汇聚等过程，将数据要素资源化，提升用户健康数据、风险数据、理赔数据等数据资源的价值，成为定制保险产品的重要依

据，提高保险产品与客户需求的适配性以及险种定价的精准性。在产品营销推广环节，科技带动数据要素的多场景应用将会快速捕捉用户需求，准确定位目标客户，提升投保转化率。在风险管控环节，一方面，科技与数据要素的结合扩大了企业风险识别的覆盖面，通过数据分析以及完善的风险监测框架，做到对潜在风险的早发现、早应对；另一方面，保险企业通过区块链、隐私计算、加密技术等科技手段能够保障用户数据安全，避免被泄露、篡改及滥用等风险。

2. 保险科技质效升级赋能数字时代

保险科技提供的丰富数据将打造出新的数字科技生态系统，科技应用的边际成本进一步下降，计算敏捷度和存储功能将不断优化升级，从而实现高效、安全的数据处理和共享。同时保险科技也将秉承 ESG 理念，围绕数据收集和数据应用，拓展数字化绿色战略路径，助力绿色低碳事业建设。未来保险科技也将继续释放应用数据要素价值，赋能我国数字经济时代。

金融科技成为实施高效普惠金融支持的重要手段

王亚男

一、研究背景

普惠金融聚焦解决弱势群体的投融资和金融服务问题，能够有效促进经济良性循环，是我国金融体系的重要有机组成部分，也是金融业繁荣和健康发展的动力和源泉。近些年，在金融科技助力下，我国普惠金融取得了跨越式发展。世界银行发布的《2021年全球金融包容性指数报告》指出我国普惠金融服务已达到世界先进水平，电子支付、数字信贷居于全球领先地位。2021年末，全国普惠小微贷款余额为19.23万亿元，同比增长27.3%，全年增加4.13万亿元，同比多增6 083亿元。大型商业银行普惠小微贷款增速均超过30%，最高达53.1%。[①] 然而，小微企业在我国市场主体中占比高，融资需求大。奥纬咨询相关统计表明，国内小微金融市场需求量约为90万亿元，相较于目前19万亿元的市场规模仍有近八成的缺口未被满足，我国数字普惠金融市场的发展前景仍十分广阔。

由于存在信用缺失、硬信息不足、风险控制能力不足等问题，中小企业与银行之间存在高度的信息不对称。在大银行主导的银行业结构中，银行（尤其是大型国有银行）收集中小企业的软信息的成本较高、激励不足，在为中小企业提供融资服务方面存在天然劣势，导致以"融资难""融资贵"为特征的融资约束问题长期制约着中小企业的发展（林毅夫、李永军，2001；张一林等，2019）。中小微企业大多采取单一化经营，抗风险能力较差，国内外经济环境和国内货币政策的变化，都可能对它们的生存和发展产生强烈冲击。我国中小微企业的平均生存周期不超过三年，多重风险因素对小微企业带来了严峻挑战，同时也限制了商业银行为其提供信贷融资的意愿。尤其在新冠疫情全球蔓延背景下，中小微企业受困于需求萎缩和停工停产，经营收入出现"断崖式"下降，普遍面临严峻的现金流压力。据抽样数据估计，受新冠

[①] 数据来源：中国人民银行《中国普惠金融指标分析报告（2021年）》。

疫情冲击，2020年第一季度中小微企业营业收入相比2019年同期下降69.5%。从地区来看，疫情冲击对湖北、湖南等地的中小微企业收入的影响最为严重；从行业来看，住宿和餐饮业、建筑业、教育业、房地产业、制造业、租赁和商务服务业的中小微企业收入受疫情的负面影响最大。①中小企业的发展状况对于经济增长、就业、创新等各个方面都具有重要影响（吕劲松，2015），破解中小企业融资约束的急迫性和必要性进一步凸显。

《中华人民共和国国民经济和社会发展第十四个五年规划和2035年远景目标纲要》明确提出："创新金融支持民营企业政策工具，健全融资增信支持体系"，"降低综合融资成本"。尽管面临新冠疫情冲击，中央已经出台了一系列中小企业纾困措施，其中"金融支持"和"减税降费"两项政策共安排的资金超过6.03万亿元。但如何在危机中实现主动转型，也成为中小企业面临的重大课题。2021年《政府工作报告》指出，要加快数字化发展，打造数字经济新优势，协同推进数字产业化和产业数字化转型。金融科技赋能资本市场，将为推动金融服务模式创新提供了新的思路。随着越来越多的企业加入数字化转型的浪潮，通过信息技术对组织结构、业务模式等进行升级改造，信贷市场中对民营企业和中小企业的信贷歧视是否有所改善？对这些问题的研究对我们更清楚地认识企业融资状况、解决金融体制中的结构性矛盾以及进一步促进各个经济主体均衡发展具有重要的意义。

金融的本质是在资金供给方和需求方之间实现资源优化配置。信息不对称降低了金融市场的风险定价能力和运作效率，导致资金需求方，特别是中小企业面临严重的融资约束问题。金融科技利用大数据定价和管理风险，能够有效缓解金融资源供需双方的信息不对称，降低金融服务的门槛，从而提升金融服务的覆盖面和普惠化水平。过去数十年的"互联网+"蓬勃发展，大数据等技术已经融入金融机构的决策流程，以网商银行、微众银行为代表的大科技信贷模式将实体企业的生产经营仓储过程数字化，作为重要授信依据为无数中小企业提供了信贷资源（Cornelli等，2020）。一方面，企业通过数字化转型将线下的生产、销售、仓储等活动数字化，这些有关企业真实经营活动的"数字足迹"，为银行授信提供了丰富的可供验证的信息，降低了银企之间的信息不对称程度；另一方面，企业通过数字化转型实现的管理和生产模式变革，能够在有限财务资源约束下达到最大资金使用效率，降低企业经营风险以及陷入财务困境的可能性，进而降低其债务融资的成本。

基于此，本专题以2010—2020年A股上市公司为研究对象，利用机器学习的文本分析法构建了一个较为全面反映中国上市企业数字化程度的指标，然后检验了微观

---

① 数据来源：清华大学金融科技研究院. 疫情下的中小微经济恢复状况——基于百万量级中小微企业经营数据的分析［EB/OL］.（2020-04-14）. https://www.pbcsf.tsinghua.edu.cn/info/1154/3007.htm.

企业数字化程度对债务融资成本的影响及其机理。实证研究发现，企业数字化转型显著降低了债务融资成本，该结论在控制内生性问题后依然稳健。然而，企业数字化转型对债务融资成本的影响因企业及地区特征而异，该效应主要集中于民营企业、中小企业以及银行竞争度较高的地区，证实了企业数字化转型与金融科技手段有助于推动金融服务模式转型，建立高效普惠金融支持手段。最后，机制检验表明，企业数字化转型降低债务融资成本主要是通过降低银企间信息不对称程度以及减少企业风险来实现的。

本专题的贡献主要体现在以下两个方面：从理论层面而言，现有研究考察了数字化转型对企业绩效（王永进等，2017）、企业创新（李海舰等，2014；黄群慧等，2019）、生产效率（赵宸宇等，2021；刘淑春等，2021）、组织结构与分工（刘政等，2020；袁淳等，2021）、资本市场表现（吴非等，2021）等的影响。本专题从企业债务融资成本角度，识别出数字化转型这一全新因素对企业债务融资成本的影响及作用机制，进一步丰富了有关企业数字化转型经济后果以及债务融资成本影响因素的相关文献。从实践层面而言，本专题基于微观视角考察企业数字化转型的经济后果，揭示了数字技术在金融领域的创新应用具有缓解信息不对称、改善信贷质量的显著优势，为银行进一步应用金融科技开拓中小企业这一"长尾市场"提供理论支持，也为2021年《政府工作报告》指出的"加快数字化发展，打造数字经济新优势，协同推进数字产业化和产业数字化转型"提供经验证据与转型方向。

二、理论分析与研究假设

在我国的金融体系中，银行占据绝对的主导地位（林毅夫和李永军，2001）。债务融资成本的高低，不仅代表企业融资所承担的成本，更反映了其获取外部融资的难易程度，进而影响一系列企业经营决策与财务业绩（李科和徐龙炳，2011）。现有文献表明，银企之间的信息不对称是导致企业融资约束的重要原因之一（Fazzari等，1988；Kaplan和Zingales，1997）。中小企业由于缺乏固定资产抵押物和可靠的财务报表等硬信息，很难通过传统银行信贷获得足够的融资支持。地区性中小银行能够凭借对本地企业的熟悉度，通过实地调研等手段获取有关中小企业的软信息（如企业家能力等）以决定是否授信（张一林等，2021）。然而，这类软信息难以验证且不易传递，信息获取成本较高。在我国以大银行为主导的银行业结构下，科层结构复杂、决策链条长的大银行难以有效处理软信息，因而更偏好为拥有充足硬信息的大企业发放贷款（Stein，2002；张一林等，2019）。

以大数据、区块链、云计算、人工智能为代表的金融科技手段，为中小企业面临的融资约束难题提供了新的解决思路。一方面，企业通过数字化转型，将线下的生产、销售、仓储等活动数字化，这些可供验证的、海量的、有关企业真实经营活动的"数字足迹"能够大幅降低企业与银行之间的信息不对称程度，为银行准确评估企业信用风险并发放贷款提供了重要的数据支撑（张一林等，2021）。相较于传统征信系统中的信息，这些数字信息的体量更大、客观性和时效性更强，能更加全面、及时地反映商户资质及其变化。在企业进行数字化转型之前，各类生产经营信息沉淀在企业系统内部无法被有效利用，企业也难以挖掘信息中所隐含的规律与价值。数字化转型使得企业可以更好地借助数字科技来处理内外部的海量、非标准化、非结构化数据，并将其编码输出成结构化、标准化信息，提升了信息可利用度（吴非等，2021）。因此，企业能够向市场主体披露更多有效信息，极大提高了企业在资本市场的信息透明度，降低了双方的信息不对称程度，进而降低了银行对企业授信的风险。得益于由大数据、人工智能、云计算等金融科技手段带来的算力大幅增加，银行也能够以更快的放款速度为企业提供更加多元化的贷款服务（Frost等，2019；Fuster等，2019）。

另一方面，数字化转型重塑了企业内部的管理流程，打破了企业内部不同部门、不同环节、不同模块之间的"数据孤岛"，降低了企业内部组织成本、信息成本和管理成本，促进了资源的有效配置以及企业生产效率的提升（李海舰等，2014）。与传统工业技术相比，数字技术的突出优势在于能够更加系统、精准地捕捉企业生产管理过程中的一切数据和信息。企业对研发设计、原材料采购、产品制造和成品销售等各环节的信息进行收集和分析，通过大数据运算和信息加工实现更加精细化、柔性化的生产，降低企业的生产成本和管理成本（赵宸宇等，2021）。面临不确定的经济环境，企业通过数字化转型实现的管理和生产模式变革，能对生产过程中的各种冲击作出迅速精准的反应，使得企业能够在有限财务资源约束下达到最大资金使用效率，降低企业经营风险以及陷入财务困境的可能性。莫迪利安尼（Modigliani）和米勒（Miller）（1958）指出，企业融资成本取决于其现金流量的风险状况及其溢价。企业通过数字化转型降低风险，改善了银行信贷质量，进而降低其债务融资的成本。

基于以上的分析，本专题提出核心研究假设：在其他条件不变的情况下，企业的数字化转型程度将显著降低债务融资成本。

三、研究设计

（一）样本选择和数据来源

考虑到我国数字经济与数字技术的高速发展及逐步应用主要集中于2010年以后，本专题的初始研究样本包含2010—2020年全部A股上市公司，并按照如下步骤进行处理：（1）剔除金融行业的样本；（2）剔除ST、PT的样本；（3）剔除相关变量缺失的样本。最终得到3 056家上市公司的19 467个公司—年度观测值作为最终样本。本研究使用的上市公司财务数据来自国泰安数据库（CSMAR），地区层面数据主要来源于历年《中国城市统计年鉴》。为减少异常值的干扰，本专题对所有连续变量进行1%和99%的缩尾处理，并在回归分析中对标准误进行公司层面的聚类调整。

（二）模型设定与变量定义

为考察企业数字化转型程度对债务融资成本的影响，本专题构建计量模型如下：

$$COD_{it} = \alpha + \beta DT_{it} + \gamma Controls_{it} + \sum Industry + \sum Year + \varepsilon_{it} \tag{1}$$

式中，被解释变量 COD 为债务融资成本，$COD1$ 为财务费用明细中的利息支出与总负债之比；$COD2$ 为财务费用与总负债之比；$COD3$ 为企业利息支出占当年长短期负债平均值之比，其中短期负债为资产负债表中的短期借款，长期负债包括一年内到期的长期借款、应付债券、长期应付款及其他长期负债。本专题用 $COD1$、$COD2$、$COD3$ 三个指标衡量企业的债务融资成本。

解释变量 DT 为企业数字化转型程度。参考吴非等（2021）的方法，本专题基于 Python 对全部上市公司年报文本提取形成的数据池，以有关数字化转型的"人工智能技术"、"区块链技术"、"云计算技术"、"大数据技术"，以及"数字技术应用"五类特定关键词进行搜索、匹配和词频计数，并剔除关键词前存在"没""无""不"等否定词语的表述，进而分类归集关键技术方向的词频并形成最终加总词频，从而构建企业数字化转型的指标体系。考虑到企业数字化转型数据具有典型的"右偏性"，对其进行对数化处理，从而得到刻画企业数字化转型的整体指标（DT）。为进一步衡量不同数字化技术对企业债务融资成本的影响，基于上述五类数字化技术分类，进行口径细分并分别定义人工智能技术指标（$DT1$）、区块链技术指标（$DT2$）、云计算技术指标（$DT3$）、大数据技术指标（$DT4$）以及数字技术应用指标（$DT5$）。

本专题在回归模型（1）中还加入了一系列影响企业债务融资成本的控制变量（$Controls$）。具体而言，以企业总资产的自然对数衡量企业规模（$Size$）；以企业总负债与总资产之比衡量财务杠杆（$Leverage$）；以企业成立年份的自然对数衡量企业年龄（$lnAge$）；PPE 代表企业固定资产与总资产之比；ROE 为净资产收益率；$Cash/AT$ 为企业持有的现金及现金等价物与总资产之比；$Indboard$ 为董事会中独立董事占比；$Duality$ 代表董事长与总经理是否两职合一；SOE 代表企业是否为国有企业；此外，$Industry$ 和 $Year$ 分别表示行业和年份的固定效应。

主要变量的描述性统计如表1所示。$COD1$ 的均值为2.442%，中位数为2.295%，表明样本公司的平均债务融资成本为2.442%。然而，以有息负债为分母衡量企业债务融资成本时，$COD3$ 的均值为6.435%，中位数为5.324%，表明样本公司的平均债务融资成本为6.435%。DT 的均值和标准差分别为1.167和1.331，表明不同企业的数字化程度差异较大。本专题的债务融资成本、企业数字化转型程度以及控制变量的描述性统计与已有研究基本一致（周楷唐等，2017；吴非等，2021）。

表 1　　　　　　　　　　　描述性统计

变量名	观测值	均值	标准差	最小值	中位数	最大值
$COD1$	19 467	2.442	1.376	0.107	2.295	6.595
$COD2$	19 467	2.298	1.489	0.050	2.119	6.884
$COD3$	19 467	6.435	5.536	0.610	5.324	43.671
DT	19 467	1.167	1.331	0	0.693	6.252
$DT1$	19 467	0.239	0.627	0	0	5.313
$DT2$	19 467	0.013	0.119	0	0	2.996
$DT3$	19 467	0.418	0.873	0	0	5.464
$DT4$	19 467	0.408	0.815	0	0	5.68
$DT5$	19 467	0.805	1.068	0	0	6.04
$Size$	19 467	22.407	1.297	20.056	22.229	26.405
PPE	19 467	0.233	0.171	0.002	0.202	0.716
$Leverage$	19 467	0.497	0.181	0.131	0.492	0.902
ROE	19 467	0.037	0.178	-1.150	0.063	0.295
$lnAge$	19 467	2.864	0.315	1.946	2.890	3.555
$Cash/AT$	19 467	0.124	0.088	0.009	0.103	0.458
$Indboard$	19 467	0.375	0.054	0.333	0.333	0.571
$Duality$	19 467	0.252	0.434	0	0	1
SOE	19 467	0.262	0.44	0	0	1

四、数字化转型降低融资成本的经验证据

（一）基准回归

表 2 报告了企业数字化转型程度影响债务融资成本的回归结果。在模型（1）~（3）中，分别采用 $COD1$、$COD2$ 和 $COD3$ 作为被解释变量企业债务融资成本的测度，核心解释变量均为企业数字化转型程度（DT）。模型（1）和（2）中，数字化转型程度（DT）的系数在1%统计性水平下显著为负；在模型（3）中，数字化转型程度（DT）的系数在5%统计性水平下显著为负。这意味着企业数字化转型程度越高，会显著降低企业的债务融资成本，二者之间呈现出显著的负向相关关系，支持了核心研究假设。其他控制变量的估计系数与现有研究较为一致（周楷唐等，2017），其中 $Size$、ROE 的系数显著为负，$Leverage$ 的系数显著为正，说明平均而言，大规模企业和高盈利性企业债务融资成本较低，而高杠杆企业债务融资成本较高。

表 2　　数字化转型对债务融资成本的影响

变量	(1) COD1	(2) COD2	(3) COD3
DT	-0.060***	-0.046***	-0.082**
	(-4.137)	(-3.098)	(-2.210)
Size	-0.011	-0.096***	-0.215***
	(-0.677)	(-5.591)	(-5.595)
PPE	1.461***	1.750***	-0.088
	(10.748)	(12.477)	(-0.305)
Leverage	0.413***	0.807***	-4.276***
	(3.572)	(6.812)	(-15.486)
ROE	-1.339***	-1.253***	-3.932***
	(-17.465)	(-15.742)	(-16.732)
lnAge	0.180***	0.143**	0.657***
	(2.899)	(2.258)	(4.630)
Cash/AT	-0.691***	-1.493***	0.945*
	(-3.700)	(-7.533)	(1.924)
Indboard	0.123	-0.057	-0.572
	(0.438)	(-0.198)	(-0.782)
Duality	0.036	0.044	-0.230**
	(1.016)	(1.222)	(-2.466)
SOE	-0.169***	-0.217***	-0.019
	(-3.579)	(-4.498)	(-0.193)
Constant	2.383***	4.051***	11.446***
	(5.829)	(9.579)	(11.837)
观测值	19 467	19 467	19 467
行业固定效应	是	是	是
年份固定效应	是	是	是
R^2	0.183	0.177	0.054

注：括号内为经公司层面聚类调整后的 t 统计量，***、** 和 * 分别表示在1%、5%和10%的水平上显著。

（二）数字化转型程度的细分口径

企业数字化转型（DT）是一个谱系概念，包含着不同维度、不同结构特征的技术差异（吴非等，2021）。为了进一步细化不同类型的数字化技术对企业债务融资成本的影响，本专题根据测度数字化转型程度的五类特定关键词，将企业数字化转型（DT）进行口径细分，进而得到人工智能技术指标（DT1）、区块链技术指标（DT2）、云计算技术指标（DT3）、大数据技术指标（DT4）以及数字技术应用指标（DT5）五个子指标。在表3中，分别用以上五个子指标替代基准回归模型（1）中的DT，以考察不同类型的数字化技术对企业债务融资成本的影响。实证研究结果发现,除了区块链技术指标($DT2$)的回归系数不显著外,其余四个子指标回归系数均显著为负。区块链技术指标回归系数不显著,主要原因在于区块链技术在本样本中的应用不如其他技术普遍。特别地,云计算技术和人工智能技术在降低企业债务融资成本方面的作用最为显著,$DT3$ 和 $DT1$ 的回归系数分别为 −0.076 和 −0.073,其绝对值远大于其他数字化转型子指标的系数绝对值,并在1%显著性水平下显著。

表3　基于数字化转型口径的分解

变量	(1) COD1	(2) COD1	(3) COD1	(4) COD1	(5) COD1
$DT1$	−0.073*** (−3.352)				
$DT2$		0.144 (1.067)			
$DT3$			−0.076*** (−3.907)		
$DT4$				−0.047** (−2.314)	
$DT5$					−0.041** (−2.509)
Constant	2.482*** (6.071)	2.554*** (6.248)	2.463*** (6.037)	2.459*** (5.967)	2.460*** (6.019)
观测值	19 467	19 467	19 467	19 467	19 467
控制变量	是	是	是	是	是
行业固定效应	是	是	是	是	是
年份固定效应	是	是	是	是	是
R^2	0.182	0.181	0.183	0.181	0.182

注:括号内为经公司层面聚类调整后的 t 统计量,***、** 和 * 分别表示在1%、5%和10%的水平上显著。

(三) 内生性问题

尽管上述结果证实了企业数字化转型程度与债务融资成本之间的负相关性,但可能存在内生性问题。一方面,企业数字化转型程度可能受到公司治理与发展前景等遗漏变量的影响,而这些遗漏变量同时影响企业债务融资成本;另一方面,由于企业数字化转型需要大量的资金与人力的投入,债务融资成本较低的企业可能有更充沛的资金进行技术投资。为解决内生性问题,本专题借鉴相关文献(Nunn 和 Qian,2014;黄群慧等,2019;赵涛等,2020)的方法,采用上市公司所在城市1984年每万人电话机数量与当年全国互联网用户数构造交互项(IV),作为企业数字化转型程度的工具变量。一方面,当地历史上的固定电话等传统电信基础设施会从技术水平和使用习惯等因素影响到当前互联网技术的应用,满足工具变量的相关性条件;另一方面,历史上的固定电话等传统电信工具对当前企业债务融资成本没有直接影响,因而满足工具变量的排他性条件。

工具变量的估计结果如表 4 所示。工具变量(IV)的估计系数在 1% 水平下显著为正,说明历史上传统电信工具的使用与该地区当前企业数字化转型程度正相关。Kleibergen - Paap rk 的 LM 统计量 p 值为 0.000,显著拒绝原假设"工具变量识别不足"。在工具变量弱识别的检验中,Cragg - Donald Wald 的 F 统计量为 115.46,显著大于 Stock - Yogo 弱识别检验 10% 水平上的临界值 16.38,证明本专题使用的 IV 不是弱工具变量。以上检验说明了选取历史上各城市固定电话数量与全国互联网用户数的交叉项作为企业数字化转型程度工具变量的合理性。第二阶段的回归结果显示,在模型(2)到(3)中,$\widehat{DT}$ 的系数在 1% 显著性水平为负。以上结果说明控制内生性问题后,企业数字化转型程度能够显著降低企业的债务融资成本。

表 4　　　　　　　　　内生性处理:基于工具变量的 2SLS

变量	(1)	(2)	(3)	(4)
	DT	$COD1$	$COD2$	$COD3$
IV	0.113***			
	(5.246)			
$\widehat{DT}$		-0.840***	-0.730***	0.588
		(-3.222)	(-2.935)	(0.788)
Constant	-4.194***	0.582	2.404***	13.835***
	(-8.602)	(0.685)	(2.919)	(5.560)
观测值	16 118	16 118	16 118	16 118
Cragg - Donald Wald F statistic	115.46 {16.38}			
Kleibergen - Paap rk LM statistic	26.40***			
控制变量	是	是	是	是
行业固定效应	是	是	是	是
年份固定效应	是	是	是	是
R^2	0.383	-0.159	-0.037	0.037

注:括号内为经公司层面聚类调整后的 t 统计量,***、** 和 * 分别表示在 1%、5% 和 10% 的水平上显著。{ } 数值为 Stock - Yogo 弱识别检验 10% 水平上的临界值。

(四)异质性效果

尽管企业数字化转型程度能够显著降低企业的债务融资成本,但其效果还受到企业及地区等特征影响。具体而言,本专题研究了企业所有权性质、企业规模以及企业所在地银行竞争程度对上述关系的异质性影响。

第一,数字化转型程度降低企业债务融资成本的作用会受到企业所有权性质的影响。我国的银行体系由国有银行主导,与此同时,国有企业相比于民营企业而言存在政府隐性担保，信用风险更低。因此，国有企业本身在信贷资源获取和融资成本方面享受优惠待遇，而民营企业由于信用缺失长期面临信贷歧视（Brandt 和 Li，2007；李广子和刘力，2009）。在此背景下，民营企业进行数字化转型形成可供验证的有关企业实际生产经营的"数字足迹"，有利于银行更为准确地判断企业违约风险相关信息，实时监督企业生产经营活动，并对风险事项进行提前干预，这将显著降低银行对其授信的信贷风险。然而，国有企业由于其本身具有的信贷优势，始终享受利率优惠待遇，数字化转型对其债务融资成本的影响较弱。因此，企业数字化转型降低债务融资成本的效果将主要集中于信用风险与信息不对称更高的民营企业中。表 5 中 Panel A 的回归结果显示，在模型（1）~（3）的民营企业组中，核心解释变量 DT 的系数为负，并至少在 5% 水平下显著。然而，在模型（4）~（6）的国有企业组中，核心解释变量 DT 的系数不具有统计意义的显著性。相比于国有企业，数字化转型程度降低企业债务融资成本的效果主要集中于民营企业中。

第二，数字化转型程度对企业债务融资成本的影响也会受到企业规模的影响。中小企业由于缺乏固定资产抵押物和可靠的财务报表信息，很难通过传统银行信贷获得足够的融资支持（吕劲松，2015）。在我国以大银行为主导的银行业结构下，银行更偏好向信息不对称程度更低、信用审核更容易的大型企业发放贷款，导致中小企业长期面临"融资难、融资贵"的困境（张一林等，2019）。数据技术手段能够为缓解中小企业融资约束问题带来重大突破。通过数字化转型将其生产经营、物流运输、财务与盈利状况等相关信息进行数字化，银行能够对中小企业信用风险进行综合评估和精准测定，从而降低中小企业参与贷款市场的门槛和成本。因此，本专题按照企业规模大小进行排序，前三分之一的企业定义为大规模企业，后三分之一的企业定义为小规模企业，分别重复基准回归模型（1）的研究。表 5 中 Panel B 的回归结果显示，在模型（1）~（3）的小规模企业组中，核心解释变量 DT 的系数显著为负；在模型（4）~（6）的大规模企业组中，核心解释变量 DT 的系数虽然为负，但未通过统计显著性检验。因此，企业数字化转型降低债务融资成本的效果主要集中于信息不对称更高的小规模企业中。

第三，数字化转型程度对企业债务融资成本的影响还会受到银行竞争的影响。银行对企业的信贷决策由企业自身的数字化程度以及银行对企业数字信息的获取能力共同决定（张一林等，2021）。只有当银行拥有足够的激励和能力获取企业数字化信息时，才能够将这些信息转化为授信依据。随着银行业竞争的加剧，银行面临更大的绩效压力，其围绕着争夺客户展开的竞争也将越来越激烈（姜付秀等，2019）。此时，银行有更强的动机收集和挖掘企业信息，进而主动降低银企之间的信息不对称。与之相反，在垄断性银行结构下，银行面临绩效压力较小，因此缺乏挖掘企业信息的激励。因此，企业数字化转型降低债务融资成本的效果也将主要集中于银行竞争度较强的地区。本研究参照姜付秀等（2019）利用中国银保监会关于银行机构的金融许可证信息，计算出各个银行各个年度在各个城市的分支机构数量，进而构建各个城市银行业的赫芬达尔—赫希曼指数（HHI）以衡量银行竞争度①；并按照是否高于样本中位数将全部样本分为高银行竞争度与低银行竞争度两个子样本，分别重复基准回归模型（1）的研究。表5中Panel C的回归结果显示，在模型（1）~（3）的高银行竞争度组中，核心解释变量DT的系数显著为负；然而，在模型（4）~（6）的国有企业组中，核心解释变量DT的系数不具有统计意义的显著性。以上研究结果支持了本专题的预期，即数字化转型程度降低企业债务融资成本的效果主要集中于银行竞争度较高的地区。

表5　　　　　　　　　　数字化转型对债务融资成本的异质性影响

变量	(1)	(2)	(3)	(4)	(5)	(6)
	$COD1$	$COD2$	$COD3$	$COD1$	$COD2$	$COD3$
Panel A	民营企业			国有企业		
DT	-0.054***	-0.040**	-0.118**	-0.064	-0.063	0.049
	(-3.428)	(-2.467)	(-2.120)	(-1.638)	(-1.324)	(0.521)
$Constant$	2.264***	4.025***	11.191***	2.475***	3.700***	15.587***
	(4.538)	(7.707)	(7.100)	(3.030)	(4.082)	(6.983)
观测值	14 372	14 372	14 372	5 095	5 095	5 095
R^2	0.176	0.156	0.055	0.231	0.279	0.070
Panel B	小规模企业			大规模企业		
DT	-0.112***	-0.086***	-0.233**	-0.035	-0.007	-0.000
	(-4.707)	(-3.425)	(-2.419)	(-1.393)	(-0.282)	(-0.001)
$Constant$	-0.247	1.884	28.509***	4.501***	6.148***	11.432***
	(-0.185)	(1.290)	(4.936)	(5.615)	(8.050)	(5.634)
观测值	6 489	6 489	6 489	6 489	6 489	6 489
R^2	0.159	0.127	0.058	0.281	0.321	0.071
Panel C	银行竞争度高			银行竞争度低		
DT	-0.048**	-0.050**	-0.108*	-0.057	-0.028	-0.043
	(-2.286)	(-2.157)	(-1.718)	(-1.431)	(-0.981)	(-0.452)
$Constant$	2.106***	3.859***	12.126***	2.209***	4.251***	11.834***
	(3.390)	(5.847)	(7.066)	(2.816)	(6.029)	(5.735)
观测值	6 627	6 627	6 627	6 487	6 487	6 487
R^2	0.215	0.174	0.058	0.175	0.196	0.066

注：括号内为经公司层面聚类调整后的t统计量，***、**和*分别表示在1%、5%和10%的水平上显著。回归中控制变量与表2相同，均控制行业固定效应和年份固定效应。

---

① 构建各个城市银行业的HHI指数前，先参照Chong等（2013），剔除政策性银行、农村合作银行、信用社等类型金融机构，仅保留商业银行。该指数具体计算公式为：$HHI = \sum_{K=1}^{K} (Branch_k / Total_{Branches})^2$。其中，$Branch_k$为第k个银行在该地区分支机构数量，$Total_{Branches}$为该地区银行所有分支机构数量。HHI指数取值范围为（0,1），且为负向指标，该值越大，银行竞争程度越低。

五、数字化转型降低融资成本的作用机制

银企之间的信息不对称问题是影响企业债务融资的重要因素（Fazzari 等，1988；Kaplan 和 Zingales，1997）。企业数字化转型显著提升了对信息数据的处理能力，进而缓解银企之间的信息不对称问题，降低企业债务融资成本。为检验这一渠道，本专题采用三个指标衡量企业信息透明度：分析师关注度（ln$Analysts$）、研报关注度（ln$Reports$）以及深交所信息披露考评得分（$Opacity$）。其中，定义分析师关注度（ln$Analysts$）为当年跟踪该公司的分析师（团队）人数的自然对数；研报关注度（ln$Reports$）为当年对该公司进行过跟踪分析的研报数并取自然对数；深交所对上市公司的信息披露进行 A～D 四档评分，对于评分最低等级 D 的公司，$Opacity$ 定义为 1，评分最高等级 A 的公司，$Opacity$ 定义为 4，该指标越大，代表信息透明度越高。表 6 汇报了企业数字化转型程度对企业信息透明度的回归结果。回归结果表明，企业数字化转型程度（DT）的系数均显著为正，并至少在 5% 水平上显著。说明企业数字化转型程度可以增加企业的信息透明度，进而可以有效降低企业的债务融资成本。

表 6　　机制检验：信息透明度

变量	(1) ln$Analysts$	(2) ln$Reports$	(3) $Opacity$
DT	0.076***	0.103***	0.016**
	(6.892)	(7.476)	(2.462)
Constant	-7.751***	-9.816***	0.312*
	(-25.605)	(-26.221)	(1.710)
观测值	19 467	19 467	14 055
控制变量	是	是	是
行业固定效应	是	是	是
年份固定效应	是	是	是
R^2	0.365	0.362	0.191

注：括号内为经公司层面聚类调整后的 t 统计量，***、** 和 * 分别表示在 1%、5% 和 10% 的水平上显著。

与此同时，企业数字化转型还能够通过降低企业风险和经营风险来降低债务融资成本。本专题采用 Altman（1968）提出的 Z-score 来衡量企业破产风险。Z-score 为负向指标，该值越小代表企业发生财务困境的可能性越大，财务状态越不健康。企业经营风险与企业盈利波动性显著正相关（Acharya 等，2011），因此采用企业的盈利波动程度衡量企业的经营风险。借鉴王竹泉等（2017）的做法，将企业的经营风险（$OperRisk$）定义为过去四年的息税前利润率的标准差。实证结果如表 7 所示，在模型（1）中，核心解释变量 DT 的系数在 1% 水平上显著为正，表明企业数字化转型程度越高，企业陷入财务困境的可能性越低，因而破产风险更低。在模型（2）中，核心解释变量 DT 的系

数在1%水平下显著为负,说明企业数字化转型能够显著降低其经营风险。表7的研究结果表明,企业数字化转型能够通过降低破产风险和经营风险,进而降低企业的债务融资成本。

表7　　　　　　　　　　　机制检验：企业风险

变量	(1) Z-score	(2) OperRisk
DT	0.058***	-0.007***
	(2.627)	(-3.768)
Constant	13.357***	0.329***
	(23.509)	(6.091)
观测值	19 286	18 713
控制变量	是	是
行业固定效应	是	是
年份固定效应	是	是
R^2	0.469	0.199

注：括号内为经公司层面聚类调整后的t统计量,***、**和*分别表示在1%、5%和10%的水平上显著。

六、结论与展望

党的十九大报告指出,要"推动互联网、大数据、人工智能和实体经济深度融合"。随着数字时代的到来,数字经济与实体经济深度融合已经成为未来的发展趋势和必然结果。本专题基于微观企业视角,考察了企业数字化程度对债务融资成本的影响及其机理,主要得到以下研究结论：(1)企业数字化转型显著降低了债务融资成本,该结论在控制内生性问题后依然稳健；(2)企业数字化转型对债务融资成本的影响因企业及地区特征而异,该效应主要集中于民营企业、中小企业以及银行竞争度较高的地区；(3)企业数字化转型降低债务融资成本的内在机制主要是降低银企间信息不对称程度以及减少企业风险。

本专题研究结论对未来企业数字化转型与金融科技发展有两方面的政策启示。其一,金融服务实体经济要立足于解决实体经济的难点、痛点。"融资难、融资贵"一直是困扰中小企业的核心问题,推动实现经济高质量发展,需要通过体制机制、金融工具、技术手段、服务手段的创新,进一步降低中小企业融资成本,提高金融服务效率,促进经济稳定增长。本专题的研究结论为企业数字化转型降低债务融资成本提供经验证据,揭示了金融科技手段有助于推动金融服务模式转型,缓解中小企业和民营企业长期面临的信贷歧视,进而助力经济全面、均衡、高质量发展。在数字科技迅猛发展的背景下,政府应鼓励数字科技与企业在产品、组织结构上的深度融合,支持企业充分把握数字化转型的机遇,助力企业高质量转型与发展。其二,进一步完善信贷市场的信息传导效率，进一步缓解银企间信息不对称问题。本专题研究结论指出，企业自身的数字化程度以及银行对企业数字信息的获取能力共同决定了数字化转型降低债务融资成本的效果。因此，各类银行应积极研发将人工智能等数字科技嵌入信贷业务的技术手段，提高银行贷款技术对中小企业的适应性、加强银行对中小企业的信贷支持，这不仅是健全具有高度适应性、竞争力、普惠性的现代金融体系的关键，更是深化金融供给侧结构性改革的客观要求。

近年来，借助大数据、云计算等科技手段，商业银行逐步拓宽服务范围，降低准入门槛和服务成本，有效地提升了普惠金融服务的精准度、覆盖面与便捷性，特别是在新冠疫情期间为满足"非接触式"金融服务需求发挥了重要作用。然而，在金融科技不断发展迭代的背景下，我国在发展普惠金融过程中也面临以下问题，需要各方协同解决。

第一，中小微企业信息不对称、缺资产少抵押等融资痛点仍然存在。商业银行普惠金融客户以小微企业为主，但其数字化、信息化程度普遍不高，公司治理结构不健全，财务报表不完整，企业征信画像相对模糊，商业银行难以获取"数字足迹"。基于此，要加快中小微企业数字化转型的步伐，推动从生产加工、经营管理，到销售服务等全流程数字化转型，并打通生产过程与金融、物流、交易市场之间的数字通道，通过将内外部数据标准化、关联化，推动数据资产转化为信用信息，破解信息不对称的融资痛点，为小微企业融资有效增信，推动形成数字普惠金融的应用生态。

第二，普惠金融服务数字化水平仍然较低，降低了金融服务效率和风险识别能力。传统信贷业务模式下，商业银行发放普惠小微贷款审核流程多、审批时间长，无法满足小微企业"短小频急"特点的资金使用需求。商业银行要以数字技术与实体经济深度融合为主线，注重金融创新的科技驱动和数据赋能，构建"批量化获客、精准化画像、自动化审批、智能化风控、综合化服务"的普惠金融新模式，促进信贷资金"精准滴灌"和穿透落地。以金融科技赋能商业银行，利用区块链技术实时获取客户信息，基于大数据技术对小微企业进行数据整合与客群特征画像，应用人工智能技术优化信贷流程和客户评价模型，创新普惠金融产品和服务，为中小企业提供便捷优质的金融服务。

第三，尚未建立覆盖全国的公共信用数据库，难以满足普惠金融发展的需要。为解决该问题，迫切需要建立一个覆盖全国的公共征信数据平台，挖掘小微企业水电、燃气、法律诉讼、通信、税务、招投标、海关、违法犯罪记录、出入境、从业人员等非结构化信息，利用多维度数据构筑起商业场景以识别普惠客户的信贷风险，从根本上缓释普惠金融发展的信息获取成本高的问题。进一步优化数字基础设施功能，打破不同部门和机构之间的"信息孤岛"与"数据竖井"，构建统一的信息共享平台，提高数据的通畅性和使用率，不断完善数字化基础设施建设。

专题研究参考文献

［1］白雪石，沈非若．数据密集科技在保险资金宏观策略研究中的应用［J］．保险研究，2021（8）：79－89．

［2］陈辉．保险科技的价值：赋能、增能和产能［J］．中国保险，2022（4）：14－17．

［3］陈辉，鲁阳．保险科技框架与实践［M］．北京：中国经济出版社，2022．

［4］高运胜，王云飞，蒙英华．融入全球价值链扩大了发展中国家的工资差距吗？［J］．数量经济技术经济研究，2017，34（8）：38－54．

［5］黄群慧，余泳泽，张松林．互联网发展与制造业生产率提升：内在机制与中国经验［J］．中国工业经济，2019（8）：5－23．

［6］姜付秀，蔡文婧，蔡欣妮，等．银行竞争的微观效应：来自融资约束的经验证据［J］．经济研究，2019，54（6）：72－88．

［7］姜珂，昌忠泽．人口结构变动对经常账户的影响——基于面板VAR模型的实证分析［J］．中央财经大学学报，2020（2）：117－128．

［8］江小涓，黄颖轩．数字时代的市场秩序、市场监管与平台治理［J］．经济研究，2021（12）：20－41．

［9］李兵，任远．人口结构是怎样影响经常账户不平衡的？——以第二次世界大战为工具变量的经验证据［J］．经济研究，2015，50（10）：119－133．

［10］李广子，刘力．债务融资成本与民营信贷歧视［J］．金融研究，2009（12）：137－150．

［11］李海舰，田跃新，李文杰．互联网思维与传统企业再造［J］．中国工业经济，2014（10）：135－146．

［12］李科，徐龙炳．融资约束、债务能力与公司业绩［J］．经济研究，2011，46（5）：61－73．

［13］李磊，刘斌，丁勇．全球价值链参与对企业工资的影响研究［J］．中南财经政法大学学报，2017（3）：97－105．

［14］李磊，盛斌，刘斌．全球价值链参与对劳动力就业及其结构的影响［J］．国

际贸易问题，2017（7）：27-37.

[15] 李强. 企业嵌入全球价值链的就业效应研究：中国的经验分析[J]. 中南财经政法大学学报，2014（1）：28-35+59.

[16] 林玲，容金霞. 参与全球价值链会拉大收入差距吗——基于各国后向参与度分析的视角[J]. 国际贸易问题，2016（11）：65-75.

[17] 林毅夫，李永军. 中小金融机构发展与中小企业融资[J]. 经济研究，2001（1）：10-18+53-93.

[18] 刘淑春，闫津臣，张思雪，等. 企业管理数字化变革能提升投入产出效率吗[J]. 管理世界，2021，37（5）：170-190+13.

[19] 刘小雪. 斯里兰卡为何陷入"国家破产"[J]. 中国金融，2022（17）：85-86.

[20] 刘瑶. 参与全球价值链拉大了收入差距吗——基于跨国跨行业的面板分析[J]. 国际贸易问题，2016（4）：27-39.

[21] 刘政，姚雨秀，张国胜，等. 企业数字化、专用知识与组织授权[J]. 中国工业经济，2020（9）：156-174.

[22] 吕劲松. 关于中小企业融资难、融资贵问题的思考[J]. 金融研究，2015（11）：115-123.

[23] 吕越，陈帅，盛斌. 嵌入全球价值链会导致中国制造的"低端锁定"吗？[J]. 管理世界，2018，34（8）：11-29.

[24] 吕越，黄艳希，陈勇兵. 全球价值链嵌入的生产率效应：影响与机制分析[J]. 世界经济，2017，40（7）：28-51.

[25] 吕越，吕云龙，莫伟达. 中国企业嵌入全球价值链的就业效应——基于PSM-DID和GPS方法的经验证据[J]. 财经研究，2018，44（2）：4-16.

[26] 吕越，吕云龙. 全球价值链嵌入会改善制造业企业的生产效率吗——基于双重稳健—倾向得分加权估计[J]. 财贸经济，2016（3）：109-122.

[27] 茅锐，徐建炜，姚洋. 经常账户失衡的根源——基于比较优势的国际分工[J]. 金融研究，2012（12）：23-37.

[28] 赛铮. 保险科技发展背景下的保险监管现代化转型[J]. 金融理论与实践，2020（10）：106-111.

[29] 邵飞，陆前进. 贸易条件和经常项目变动："哈伯格—劳尔森—梅茨勒效应"在中国存在吗？[J]. 上海经济研究，2014（2）：11-22.

[30] 锁凌燕，吴海青. 数据要素化与保险监管改革[J]. 保险研究，2021（10）：79-89.

[31] 谭人友，葛顺奇，刘晨. 全球价值链分工与世界经济失衡——兼论经济失衡的

持续性与世界经济再平衡路径选择［J］．世界经济研究，2015（2）：32-42+127.

［32］唐宜红，张鹏杨．中国企业嵌入全球生产链的位置及变动机制研究［J］．管理世界，2018，34（5）：28-46.

［33］田丰，徐建炜，杨盼盼，等．全球失衡的内在根源：一个文献综述［J］．世界经济，2012，35（10）：143-160.

［34］王孝松，田思远．全球价值链分工对贸易失衡的影响探究［J］．经济学家，2020（10）：46-55.

［35］王永进，匡霞，邵文波．信息化、企业柔性与产能利用率［J］．世界经济，2017，40（1）：67-90.

［36］王玉燕，林汉川，吕臣．全球价值链嵌入的技术进步效应——来自中国工业面板数据的经验研究［J］．中国工业经济，2014（9）：65-77.

［37］王直，魏尚进，祝坤福．总贸易核算法：官方贸易统计与全球价值链的度量［J］．中国社会科学，2015（9）：108-127+205-206.

［38］王竹泉，王贞洁，李静．经营风险与营运资金融资决策［J］．会计研究，2017（5）：60-67+97.

［39］魏如青，苏慧，王思语，等．全球价值链分工对全球失衡的影响研究——基于全球生产分解模型下 GVC 参与方式的视角［J］．国际金融研究，2020（4）：3-12.

［40］文东伟．全球价值链分工与中国的贸易失衡——基于增加值贸易的研究［J］．数量经济技术经济研究，2018，35（11）：39-57.

［41］温忠麟，张雷，侯杰泰，等．中介效应检验程序及其应用［J］．心理学报，2004（5）：614-620.

［42］吴非，胡慧芷，林慧妍，等．企业数字化转型与资本市场表现——来自股票流动性的经验证据［J］．管理世界，2021，37（7）：130-144+10.

［43］谢建国，姜珮珊．中国进出口贸易隐含能源消耗的测算与分解——基于投入产出模型的分析［J］．经济学（季刊），2014，13（4）：1365-1392.

［44］杨飞，孙文远，张松林．全球价值链嵌入、技术进步与污染排放——基于中国分行业数据的实证研究［J］．世界经济研究，2017（2）：126-134+137.

［45］杨俊，李小明，黄守军．大数据、技术进步与经济增长——大数据作为生产要素的一个内生增长理论［J］．经济研究，2022（4）：103-119.

［46］袁淳，肖土盛，耿春晓，等．数字化转型与企业分工：专业化还是纵向一体化［J］．中国工业经济，2021（9）：137-155.

［47］张宁．保险科技中的大数据与人工智能［M］．北京：经济科学出版社，2021.

［48］张少军，侯慧芳．全球价值链恶化了贸易条件吗——发展中国家的视角［J］．

财贸经济, 2019, 40 (12): 128-142.

[49] 张少军. 全球价值链降低了劳动收入份额吗——来自中国行业面板数据的实证研究 [J]. 经济学动态, 2015 (10): 39-48.

[50] 张少军, 张少华. 中国国际收支双顺差形成的微观机理探究——基于全球价值链视角的实证分析 [J]. 当代财经, 2008 (9): 107-111.

[51] 张一林, 林毅夫, 龚强. 企业规模、银行规模与最优银行业结构——基于新结构经济学的视角 [J]. 管理世界, 2019, 35 (3): 31-47+206.

[52] 张一林, 郁芸君, 陈珠明. 人工智能、中小企业融资与银行数字化转型 [J]. 中国工业经济, 2021 (12): 69-87.

[53] 赵宸宇, 王文春, 李雪松. 数字化转型如何影响企业全要素生产率 [J]. 财贸经济, 2021, 42 (7): 114-129.

[54] 赵涛, 张智, 梁上坤. 数字经济、创业活跃度与高质量发展——来自中国城市的经验证据 [J]. 管理世界, 2020, 36 (10): 65-76.

[55] 赵玉焕, 史巧玲, 尹斯祺, 等. 中国参与全球价值链分工的测度及对就业的影响研究 [J]. 经济与管理研究, 2019, 40 (2): 13-26.

[56] 郑国姣, 杨来科. 国际贸易利益分配与风险分担研究述评——基于全球价值链的视角 [J]. 技术经济与管理研究, 2016 (2): 94-98.

[57] 郑玉, 姜青克. 全球价值链双向参与下的生产率效应——基于WIOD数据库的实证研究 [J]. 财贸研究, 2019, 30 (8): 26-42.

[58] 周楷唐, 麻志明, 吴联生. 高管学术经历与公司债务融资成本 [J]. 经济研究, 2017, 52 (7): 169-183.

[59] 周运涛. 我国保险科技发展新特征 [J]. 中国金融, 2022 (12): 75-76.

[60] 祝丹涛. 金融体系效率的国别差异和全球经济失衡 [J]. 金融研究, 2008 (8): 29-38.

[61] Acharya, V. V., Amihud, Y. and Litov, L.. Creditor rights and corporate risk-taking [J]. Journal of Financial Economics, 2011, 102 (1), pp. 150-166.

[62] Altman, E. I.. Financial ratios, discriminant analysis and the prediction of corporate bankruptcy [J]. The Journal of Finance, 1968, 23 (4), pp. 589-609.

[63] Antonia L V, Valérie M. Do global value chains amplify global imbalances? [R]. CEPII Working Paper, 2018.

[64] Antràs P, Chor D, Fally T, et al. Measuring the upstreamness of production and trade flows [J]. American Economic Review, 2012, 102 (3): 412-416.

[65] Antràs P, Chor D. Organizing the global value chain [J]. Econometrica, 2013, 81 (6): 2127-2204.

［66］Baldwin J, Yan B. Global value chains and the productivity of Canadian manufacturing firms［R］. Economic Analysis（EA）Research Paper Series, No. 090, 2014.

［67］Brandt, L. and Li, H.. Bank discrimination in transition economies: ideology, information, or incentives? ［J］. Journal of Comparative Economics, 2003, 31（3）, pp. 387 – 413.

［68］Brumm J, Georgiadis G, Gräb J, et al. Global value chain participation and current account imbalances ［J］. Journal of International Money and Finance, 2019（97）: 111 – 124.

［69］Chiarvesio M, Di Maria E, Micelli S. Global value chains and open networks: The case of Italian industrial districts ［J］. European Planning Studies, 2010, 18（3）: 333 – 350.

［70］Chong, T. T. L., Lu, L. and Ongena, S.. Does banking competition alleviate or worsen credit constraints faced by small – and medium – sized enterprises? Evidence from China ［J］. Journal of Banking & Finance, 2013, 37（9）, pp. 3412 – 3424.

［71］Cornelli, G., Frost, J., Gambacorta, L., Rau, P. R., Wardrop, R. and Ziegler, T.. Fintech and big tech credit: a new database ［R］. BIS Working Papers, 2020, No. 887.

［72］Du Q, Wei S. A sexually unbalanced model of current account imbalances ［R］. NBER Working Paper, No. 16000, 2010.

［73］E. H. Halima and T. Yassine. Insurtech & Blockchain: Implementation of Technology in Insurance Operations and its Environmental Impact ［M］. IOP Publishing Ltd., 2022.

［74］Enders W, Lee B. Current account and budget deficits: twins or distant cousins? ［J］. The Review of Eonomics and Statistics, 1990, 72（3）: 373 – 381.

［75］Fazzari, S. M., Hubbard, R. G., Petersen, B. C., Blinder, A. S. and Poterba, J. M.. Financing Constraints and Corporate Investment ［J］. Brookings Papers on Economic Activity, 1988（1）, pp. 141 – 206.

［76］Frost, J., Gambacorta, L., Huang, Y., Shin, H. S. and Zbinden, P.. BigTech and the changing structure of financial intermediation ［J］. Economic Policy, 2019, 34（100）, pp. 761 – 799.

［77］Fuster, A., Plosser, M., Schnabl, P. and Vickery, J.. The role of technology in mortgage lending ［J］. The Review of Financial Studies, 2019, 32（5）, pp. 1854 – 1899.

［78］Gereffi G. International trade and industrial upgrading in the apparel commodity chain ［J］. Journal of International Economics, 1999, 48（1）: 37 – 70.

［79］Gereffi G, Kaplinsky R. The value of value chains ［J］. IDS Bulletin, 2001, 32（3）: 1 – 8.

［80］Gertler M, Rogoff K. North‐South lending and endogenous domestic capital market inefficiencies［J］. Journal of Monetary Economics, 1990, 26（2）: 245‐266.

［81］Hummels D, Ishii J, Yi K M. The nature and growth of vertical specialization in world trade［J］. Journal of International Economics, 2001, 54（1）: 75‐96.

［82］Iván Sosa and Óscar Montes. Understanding the Insurtech dynamics in the transformation of the insurance sector［J］. Risk Management and Insurance Review, 2022, 25（1）: 35‐68.

［83］Johnson R C, Noguera G. Accounting for intermediates: Production sharing and trade in value added［J］. Journal of International Economics, 2012, 86（2）: 224‐236.

［84］Ju J D, Wei S J. When is quality of financial system a source of comparative advantage?［J］. Journal of International Economics, 2011, 84（2）: 178‐187.

［85］Kaplan, S. N. and Zingales, L.. Do investment‐cash flow sensitivities provide useful measures of financing constraints?［J］. The Quarterly Journal of Economics, 1997, 112（1）, pp. 169‐215.

［86］Keller W. International technology diffusion［J］. Journal of Economic Literature, 2004, 42（3）: 752‐782.

［87］Koopman R, Powers W, Wang Z, et al. Give credit where credit is due: Tracing value added in global production chains［R］. NBER Working Paper, No. 16426, 2010.

［88］Koopman R, Wang Z, Wei S J. Tracing value‐added and double counting in gross exports［J］. American Economic Review, 2014, 104（2）: 459‐494.

［89］Krugman P, Cooper R N, Srinivasan T N. Growing world trade: Causes and consequences［J］. Brookings Papers on Economic Activity, 1995（1）: 327‐377.

［90］Modigliani, F. and Miller, M. H.. The cost of capital, corporation finance and the theory of investment［J］. The American Economic Review, 1958, 48（3）, pp. 261‐297.

［91］Nunn, N. and Qian, N.. US food aid and civil conflict［J］. American Economic Review, 2014, 104（6）, pp. 1630‐1666.

［92］O Ricci, F Battaglia. The Development of InsurTech in Europe and the Strategic Response of Incumbents［J］. Disruptive Technology in Banking and Finance, 2021, 31（7）, 135‐160.

［93］Pierpaolo Marano and Michele Siri. Regulating Insurtech in the European Union［J］. Journal of Financial Transformation, 2021, 54（2）, 166‐177.

［94］Stein, J. C.. Information production and capital allocation: Decentralized versus hierarchical firms［J］. The Journal of Finance, 2002, 57（5）, pp. 1891‐1921.

附录　2021年中国金融发展大事记

2021年1月4日　人民银行会同发展改革委、商务部、国资委、银保监会、外汇局联合发布《关于进一步优化跨境人民币政策　支持稳外贸稳外资的通知》，进一步完善人民币跨境投融资、交易结算等制度。

2021年1月4日　国家外汇管理局召开2021年全国外汇管理工作电视会议，深入学习贯彻党的十九届五中全会和中央经济工作会议精神，总结2020年外汇管理工作，分析当前外汇市场形势，研究部署2021年重点工作。

2021年1月5日　中国人民银行、外汇局发布《关于调整境内企业境外放款宏观审慎调节系数的通知》，将境内企业境外放款的宏观审慎调节系数由0.3调至0.5。

2021年1月5日　中国银保监会印发了《保险中介机构信息化工作监管办法》，进一步加强了保险中介监管，提高了保险中介机构信息化工作与经营管理水平，推动构建新型保险中介市场体系和保险中介行业高质量发展。

2021年1月5日　中国银保监会发布《保险资产管理公司监管评级暂行办法》，进一步加强了对保险资产管理公司的机构监管和分类监管，促进了保险资产管理行业合规稳健经营和高质量发展，提升了服务实体经济质效。

2021年1月6日　为提高金融服务实体经济质效，完善市场主体退出制度，维护金融机构债权人合法权益，中国银保监会会同发展改革委、人民银行、证监会发布了《关于印发金融机构债权人委员会工作规程的通知》。

2021年1月6日　中国人民银行与卡塔尔央行续签规模为350亿元人民币/208亿里亚尔的双边本币互换协议。

2021年1月7日　中国人民银行与加拿大央行续签规模为2 000亿元人民币/300亿加拿大元的双边本币互换协议。

2021年1月8日　国家外汇管理局发布《国家外汇管理局关于修订〈银行间外汇市场做市商指引〉的通知》，进一步完善银行间外汇市场做市商制度。

2021年1月8日　中国人民银行行长易纲会见了来访的新任日本驻华大使垂秀夫，双方就中日经济形势、中日金融合作等议题交换了意见。

2021年1月8日　中国银保监会发布了《人身保险公司监管主体职责改革方案》，

进一步强化人身保险监管工作，统筹监管资源，提升监管效能，推动简政放权。

2021年1月8日　中国人民银行与泰国银行（中央银行）续签了双边本币互换协议，互换规模为700亿元人民币/3 700亿泰铢，协议有效期五年，经双方同意可以展期。

2021年1月11日　为贯彻落实国务院常务会议精神，防范金融风险，中国银保监会发布《关于规范短期健康保险业务有关问题的通知》。

2021年1月12日　为提高外汇管理数据发布透明度，进一步方便社会公众获取和使用国际收支及相关数据，国家外汇管理局公布《2021年国家外汇管理局主要统计数据发布时间表》。

2021年1月13日　中国银保监会办公厅、人民银行办公厅联合印发了《关于规范商业银行通过互联网开展个人存款业务有关事项的通知》，加强了对商业银行通过互联网开展个人存款业务的监督管理，进一步维护市场秩序，防范金融风险，保护消费者合法权益。

2021年1月15日　中国人民银行开展了中期借贷便利（MLF）操作，操作金额为5 000亿元，利率为2.95%。

2021年1月15日　为贯彻落实国务院深化"放管服"改革要求，规范外汇管理行政许可行为，国家外汇管理局发布2021年第1号公告，出台《国家外汇管理局行政许可实施办法》。

2021年1月15日　中国银保监会修订发布了《保险公司偿付能力管理规定》。该项规定是银保监会防范化解金融风险、补齐监管制度短板的重要举措，是加强偿付能力监管和保护保险消费者利益的重要手段。

2021年1月18日　中国人民银行定于2021年1月29日发行2021年贺岁普通纪念币一枚。

2021年1月19日　为加强客户备付金监管，切实保障消费者合法权益，中国人民银行发布《非银行支付机构客户备付金存管办法》，该办法自2021年3月1日起施行。

2021年1月20日　为加强对非银行支付机构的监督管理，规范非银行支付机构行为，防范支付风险，保障当事人合法权益，促进支付服务市场健康发展，中国人民银行发布了关于《非银行支付机构条例（征求意见稿）》公开征求意见的通知。

2021年1月20日　为规范储蓄国债（凭证式）管理工作，保障储蓄国债投资者和承销团成员的合法权益，中国人民银行、财政部印发《储蓄国债（凭证式）管理办法》。

2021年1月20日　中国人民银行授权全国银行间同业拆借中心公布贷款市场报价利率（LPR），1年期LPR为3.85%，5年期以上LPR为4.65%。

2021年1月22日　为规范统一银行业保险业许可证管理规则，进一步强化银行保险机构许可证管理要求，中国银保监会起草发布《银行保险机构许可证管理办法（征求意见稿）》。

2021年1月22日　为促进商业银行提升负债业务管理水平，维护银行业体系安全稳健运行，中国银保监会起草发布《商业银行负债质量管理办法（征求意见稿）》。

2021年1月22日　中国银保监会发布《2020年银行保险机构公司治理监管评估结果总体情况》。

2021年1月26日　国务院总理李克强签署国务院令，公布《防范和处置非法集资条例》，自2021年5月1日起施行。

2021年1月28日　中国银保监会、中国人民银行联合发布了《关于简化提取已故存款人小额存款相关事宜的通知》。该通知进一步简化已故存款人小额存款的提取手续，便利群众办理小额存款继承。

2021年1月29日　根据《中华人民共和国公司法》《中华人民共和国商业银行法》《中华人民共和国银行业监督管理法》《中华人民共和国保险法》等法律法规，中国银保监会起草公布了《银行保险机构公司治理准则（征求意见稿）》。

2021年1月29日　中国人民银行面向公开市场业务一级交易商开展了2021年第一期央行票据互换（CBS）操作，费率为0.10%，中标量为50亿元，期限3个月。

2021年2月2日　中国银保监会消费者权益保护局发布2021年第3号通报《关于光大银行侵害消费者权益情况的通报》，通报了对光大银行服务收费、理财产品适当性及消保情况检查发现的侵害消费者权益相关问题。

2021年2月2日　中国人民银行向全国人大财经委员会汇报2020年货币政策执行情况。

2021年2月8日　为提高银行保险机构声誉风险管理水平，有效防范化解声誉风险，维护金融稳定和市场信心，中国银保监会制定了《银行保险机构声誉风险管理办法（试行）》，自印发之日起施行。

2021年2月8日　中国人民银行发布《2020年第四季度中国货币政策执行报告》。

2021年2月10日　国家外汇管理局持续深化"放管服"改革，结合外汇管理改革进展发布《国家外汇管理局关于废止和宣布失效7件外汇管理规范性文件的通知》，进一步优化营商环境。

2021年2月18日　中国人民银行开展了中期借贷便利（MLF）操作，操作金额为2 000亿元，利率为2.95%。

2021年2月19日　为推动有效实施《商业银行互联网贷款管理暂行办法》，进一步规范互联网贷款业务行为，促进业务健康发展，切实防范金融风险，中国银保监会办公厅印发了《关于进一步规范商业银行互联网贷款业务的通知》。

2021年2月19日　中国人民银行在香港成功发行了两期人民币央行票据，其中3

个月期央行票据 100 亿元，1 年期央行票据 150 亿元，中标利率分别为 2.70% 和 2.74%。

2021 年 2 月 20 日　中国人民银行授权全国银行间同业拆借中心公布贷款市场报价利率（LPR），1 年期 LPR 为 3.85%，5 年期以上 LPR 为 4.65%。

2021 年 2 月 24 日　中国银保监会办公厅、中央网信办秘书局、教育部办公厅、公安部办公厅、人民银行办公厅联合印发了《关于进一步规范大学生互联网消费贷款监督管理工作的通知》。

2021 年 2 月 24 日　香港金融管理局、泰国中央银行、阿拉伯联合酋长国中央银行及中国人民银行数字货币研究所宣布联合发起多边央行数字货币桥研究项目（m-CBDCBridge），旨在探索央行数字货币在跨境支付中的应用。该项目得到了国际清算银行香港创新中心的支持。

2021 年 2 月 25 日　为规范保险业董事、监事和高级管理人员监督管理，合理设置任职资格条件要求和任职资格审批范围，持续推进简政放权、优化审批服务，中国银保监会起草了《保险公司董事、监事和高级管理人员任职资格管理规定（征求意见稿）》，并向社会公开征求意见。

2021 年 2 月 25 日　中国人民银行面向公开市场业务一级交易商开展了 2021 年第二期央行票据互换（CBS）操作，费率为 0.10%，中标量为 50 亿元，期限 3 个月。

2021 年 2 月 26 日　为进一步健全金融风险预防、预警、处置、问责制度体系，维护金融安全和稳定，中国银保监会起草了《银行保险机构恢复和处置计划实施暂行办法（征求意见稿）》，并向社会公开征求意见。

2021 年 2 月 26 日　全国外汇市场自律机制电视会议在北京召开，部署引导金融机构和企业落实"风险中性"理念及开展自律评估工作。

2021 年 3 月 1 日　我国首部绿色金融法律法规，同时也是全球首部规范绿色金融的综合性法案——《深圳经济特区绿色金融条例》正式实施。

2021 年 3 月 2 日　国家外汇管理局发布 2020 年《跨境调运外币现钞进出境机构名单》。

2021 年 3 月 10 日　中国银保监会、财政部、中国人民银行、国家乡村振兴局联合印发《关于深入扎实做好过渡期脱贫人口小额信贷工作的通知》，深入推进脱贫人口小额信贷工作。

2021 年 3 月 15 日　中国人民银行开展了中期借贷便利（MLF）操作，操作金额为 1 000 亿元，利率为 2.95%。

2021 年 3 月 18 日　中国银保监会消费者权益保护局发布 2021 年第 5 号通报《关于新网银行侵害消费者合法权益案例的通报》，通报了四川新网银行股份有限公司侵害消费者合法权益的案例。

2021年3月19日　中国银保监会发布《关于修改〈中华人民共和国外资保险公司管理条例实施细则〉的决定》，进一步完善《中华人民共和国外资保险公司管理条例》相关配套制度，进一步明确外国保险集团公司和境外金融机构投资外资保险公司的准入标准。

2021年3月19日　中国人民银行与斯里兰卡央行续签规模为100亿元人民币/3 000亿斯里兰卡卢比的双边本币互换协议。

2021年3月22日　中国人民银行授权全国银行间同业拆借中心公布贷款市场报价利率（LPR），1年期LPR为3.85%，5年期以上LPR为4.65%。

2021年3月22日　中国人民银行召开全国主要银行信贷结构优化调整座谈会。总结交流经验做法，分析研究信贷形势，部署推进下一阶段优化信贷结构工作。

2021年3月22日　中国人民银行定于2021年3月27日发行厦门大学建校100周年金银纪念币一套。该套金银纪念币共2枚，其中金质纪念币1枚，银质纪念币1枚，均为中华人民共和国法定货币。

2021年3月23日　为促进商业银行提升负债质量管理水平，维护银行体系安全稳健运行，中国银保监会制定了《商业银行负债质量管理办法》，自发布之日起施行。

2021年3月25日　中国人民银行在香港成功发行50亿元人民币央行票据，期限为6个月，中标利率为2.60%。

2021年3月26日　中国人民银行面向公开市场业务一级交易商开展了2021年第三期央行票据互换（CBS）操作，费率为0.10%，中标量为50亿元，期限3个月。

2021年3月26日　中国银保监会消费者权益保护局发布2021年第6号通报《关于2020年第四季度保险消费投诉情况的通报》，通报了2020年第四季度中国银保监会及其派出机构接收并转送的保险消费投诉情况。

2021年3月26日　为落实好党中央、国务院关于促进房地产市场平稳健康发展的决策部署，防止经营用途贷款违规流入房地产领域，中国银保监会办公厅、住房和城乡建设部办公厅、中国人民银行办公厅联合印发了《关于防止经营用途贷款违规流入房地产领域的通知》。

2021年3月30日　中国人民银行会同银保监会、财政部、发展改革委、工业和信息化部印发《关于进一步延长普惠小微企业贷款延期还本付息政策和信用贷款支持政策实施期限有关事宜的通知》，将普惠小微企业贷款延期还本付息政策和普惠小微企业信用贷款支持政策的实施期限进一步延长至2021年底。

2021年3月31日　由东盟与中日韩（10+3）财长和央行行长以及中国香港金管局总裁共同签署的清迈倡议多边化（CMIM）协议特别修订稿正式生效。

2021年3月31日　中国人民银行发布《金融控股公司董事、监事、高级管理人员任职备案管理暂行规定》。

2021年3月31日　中国人民银行发布公告，明确所有贷款产品均应明示贷款年化利率。

2021年4月2日　中国银保监会发布了《关于2021年银行业保险业高质量服务乡村振兴的通知》。

2021年4月2日　中国人民银行、中国银行保险监督管理委员会联合就《系统重要性银行附加监管规定（试行）（征求意见稿）》向社会公开征求意见。

2021年4月2日　中国人民银行、发展改革委、证监会印发《绿色债券支持项目目录（2021年版）》。

2021年4月2日　为进一步落实"放管服"改革要求，提升个人经常项目外汇业务便利化水平，国家外汇管理局发布《国家外汇管理局关于进一步推进个人经常项目外汇业务便利化的通知》。

2021年4月2日　中国人民银行发布《修订银行间债券市场债券交易流通有关公告》。

2021年4月9日　中国银保监会印发了《关于2021年进一步推动小微企业金融服务高质量发展的通知》，通知强化了普惠金融服务、增加小微企业和个体工商户活力的决策部署。

2021年4月14日　中国人民银行召开2021年支付结算工作电视会议。会议全面总结了2020年以来支付结算工作成果，深入分析了当前面临的形势与挑战，并就2021年重点工作任务作出部署。

2021年4月15日　中国人民银行开展了中期借贷便利（MLF）操作，操作金额为1 500亿元，利率为2.95%。

2021年4月15日　中国人民银行与国际货币基金组织联合召开"绿色金融和气候政策"高级别研讨会。

2021年4月15日　中国人民银行发布《金融机构反洗钱和反恐怖融资监督管理办法》，自2021年8月1日起施行。

2021年4月20日　中国人民银行授权全国银行间同业拆借中心公布贷款市场报价利率（LPR），1年期LPR为3.85%，5年期以上LPR为4.65%。

2021年4月21日　中国人民银行定于2021年4月26日发行中国能工巧匠金银纪念币（第2组）一套。该套金银纪念币共2枚，其中金质纪念币1枚，银质纪念币1枚，均为中华人民共和国法定货币。

2021年4月28日　为规范统一银行业保险业许可证管理规则，进一步强化银行保险机构许可证管理要求，中国银保监会制定了《银行保险机构许可证管理办法》。

2021年4月28日　中国银保监会召开专题会议，研究部署银行业保险业支持长江经济带发展工作。

2021年4月28日　中国人民银行在重庆市召开中央金融单位定点帮扶助力乡村振兴推进会。会议总结交流金融定点扶贫经验，宣传表扬金融定点扶贫先进典型，安排部署今年金融定点帮扶工作。

2021年4月29日　中国人民银行面向公开市场业务一级交易商开展了2021年第四期央行票据互换（CBS）操作，费率为0.10%，中标量为50亿元，期限3个月。

2021年4月29日　中国人民银行、银保监会、证监会、外汇局等金融管理部门联合对部分从事金融业务的网络平台企业进行监管约谈，人民银行副行长潘功胜主持约谈。腾讯、度小满金融、京东金融、字节跳动、美团金融、滴滴金融、陆金所、天星数科、360数科、新浪金融、苏宁金融、国美金融、携程金融等13家网络平台企业实际控制人或代表参加了约谈。

2021年5月6日　中国人民银行自2021年5月9日起发行2021吉祥文化金银纪念币一套。该套金银纪念币共7枚，其中金质纪念币3枚，银质纪念币4枚，均为中华人民共和国法定货币。

2021年5月11日　中国人民银行发布《2021年第一季度中国货币政策执行报告》。

2021年5月11日　根据《中华人民共和国银行业监督管理法》《中华人民共和国商业银行法》等法律、行政法规，以及《关于规范金融机构资产管理业务的指导意见》《商业银行理财业务监督管理办法》《商业银行理财子公司管理办法》等相关规定，中国银保监会制定了《理财公司理财产品销售管理暂行办法》，自2021年6月27日起施行。

2021年5月17日　为进一步规范保险公司承办大病保险业务行为，提升服务质量和水平，保护参保群众合法权益，中国银保监会印发了《保险公司城乡居民大病保险业务管理办法》。

2021年5月17日　中国人民银行开展了中期借贷便利（MLF）操作，操作金额为1 000亿元，利率为2.95%。

2021年5月20日　中国人民银行授权全国银行间同业拆借中心公布贷款市场报价利率（LPR），1年期LPR为3.85%，5年期以上LPR为4.65%。

2021年5月20日　为进一步规范银行保险机构董事监事履职行为，提升董事监事履职质效，中国银保监会制定了《银行保险机构董事监事履职评价办法（试行）》，该办法自2021年7月1日起施行。

2021年5月21日　中国人民银行印发《中国人民银行　中央农办　农业农村部　财政部　银保监会　证监会关于金融支持新型农业经营主体发展的意见》。

2021年5月21日　中国人民银行在香港成功发行了两期人民币央行票据，其中3个月期央行票据100亿元，1年期央行票据150亿元，中标利率分别为2.48%和2.63%。

2021年5月24日　中国银保监会消费者权益保护局发布2021年第9号通报《关于2021年第一季度保险消费投诉情况的通报》，通报了2021年第一季度中国银保监会及其派出机构接收并转送的保险消费投诉情况。

2021年5月25日　为进一步推动保险业做好长期护理保险制度试点服务工作，规范保险公司经营服务行为，推动行业发挥专业优势参与社会治理，履行社会责任，增强参保群众的获得感和幸福感，中国银保监会印发了《中国银保监会办公厅关于规范保险公司参与长期护理保险制度试点服务的通知》。

2021年5月27日　中国人民银行面向公开市场业务一级交易商开展了2021年第五期央行票据互换（CBS）操作，费率为0.10%，中标量为50亿元，期限3个月。

2021年5月27日　全国外汇市场自律机制第七次工作会议在北京召开，会议审议通过了全国外汇市场自律机制成员分层调整方案以及自律规范修订事宜。

2021年5月27日　为提升金融支持绿色低碳高质量发展的能力，优化绿色金融激励约束机制，中国人民银行制定并印发《银行业金融机构绿色金融评价方案》。

2021年5月28日　为规范保险公司城市定制型商业医疗保险业务开展，切实提高人民群众医疗保障水平，保护消费者合法权益，中国银保监会印发了《中国银保监会办公厅关于规范保险公司城市定制型商业医疗保险业务的通知》。

2021年5月31日　中国人民银行决定，自2021年6月15日起，上调金融机构外汇存款准备金率2个百分点，即外汇存款准备金率由现行的5%提高到7%。

2021年6月1日　中国人民银行市场利率定价自律机制工作会议在北京召开，会议审议通过了优化存款利率自律管理方案和《关于加强公开信息发布管理的自律倡议》，讨论了境内美元浮动利率贷款的推荐协议文本。

2021年6月2日　为推动银行保险机构提高公司治理质效，促进银行保险机构科学健康发展，中国银保监会制定了《银行保险机构公司治理准则》，自印发之日起施行。

2021年6月3日　为规范保险公司董事、监事和高级管理人员监督管理，完善保险公司公司治理机制，促进公司稳健运营，提升监管质效，中国银保监会发布了《保险公司董事、监事和高级管理人员任职资格管理规定》，自2021年7月3日起施行。

2021年6月4日　中国人民银行与土耳其中央银行签署双边本币互换修订协议，将互换规模扩大为350亿元人民币/460亿土耳其里拉。

2021年6月4日　中国人民银行、银保监会出台《金融机构服务乡村振兴考核评估办法》（中国人民银行　中国银行保险监督管理委员会公告〔2021〕第7号）。

2021年6月4日　为加强和改进财产保险公司产品监管，夯实产品监管制度基础，中国银保监会对《财产保险公司保险条款和保险费率管理办法》进行了修订，形成了《财产保险公司保险条款和保险费率管理办法（征求意见稿）》，并向社会公开征求意见。

2021年6月7日　为深入贯彻落实党中央、国务院决策部署，巩固拓展乱象整治成果，夯实银行保险机构稳健合规经营的根基，中国银保监会印发《关于开展银行业保险业"内控合规管理建设年"活动的通知》。

2021年6月8日　中国人民银行发布《中国区域金融运行报告（2021）》。

2021年6月9日　中国人民银行与尼日利亚中央银行续签规模为150亿元人民币/7 200亿尼日利亚奈拉的双边本币互换协议。

2021年6月9日　中国银保监会制定了《银行保险机构恢复和处置计划实施暂行办法》，自公布之日起施行。该办法有利于压实金融机构主体责任和股东责任，强化金融机构审慎经营意识，持续提升防范化解风险能力。

2021年6月11日　为明确银保监会派出机构监管职责，充分发挥派出机构监管作用，中国银保监会起草了《中国银行保险监督管理委员会派出机构监管职责规定（征求意见稿）》，向社会公开征求意见。

2021年6月11日　中国银保监会、中国人民银行联合制定并发布《关于规范现金管理类理财产品管理有关事项的通知》，自发布之日起施行。

2021年6月15日　中国人民银行开展了中期借贷便利（MLF）操作，操作金额为2 000亿元，利率为2.95%。

2021年6月15日　中国人民银行上调金融机构外汇存款准备金率2个百分点，由5%提高到7%。

2021年6月17日　为完善银行保险机构公司治理，加强股东股权监管，有效防范金融风险，中国银保监会制定了《银行保险机构大股东行为监管办法（试行）》，向社会公开征求意见。

2021年6月17日　中国银保监会召开专题会议，研究部署银行业保险业推动京津冀协同发展工作。

2021年6月18日　中国人民银行定于2021年6月21日起陆续发行中国共产党成立100周年纪念币一套。该套纪念币共9枚，其中金质纪念币3枚，银质纪念币5枚，双色铜合金纪念币1枚，均为中华人民共和国法定货币。

2021年6月21日　中国人民银行授权全国银行间同业拆借中心公布贷款市场报价利率（LPR），1年期LPR为3.85%，5年期以上LPR为4.65%。

2021年6月21日　中国人民银行有关部门就银行和支付机构为虚拟货币交易炒作提供服务问题，约谈了工商银行、农业银行、建设银行、邮储银行、兴业银行和支付宝（中国）网络技术有限公司等部分银行和支付机构。

2021年6月21日　根据全面深化改革、全面依法治国和经济社会发展需要，中国银保监会对现行保险业监管规章和规范性文件进行了定期清理，对与民法典不一致的规章和规范性文件进行了专项清理，清理结果以《中国银保监会关于清理规章规范性文件的决定》形式发布。

2021年6月24日　中国人民银行在香港成功发行50亿元人民币央行票据，期限为6个月，中标利率为2.54%。

2021年6月25日　中国银行业协会、中国支付清算协会联合发布《关于降低自动取款机（ATM）跨行取现手续费的倡议书》。

2021年6月25日　中国人民银行面向公开市场业务一级交易商开展了2021年第六期央行票据互换（CBS）操作，费率为0.10%，中标量为50亿元，期限3个月。

2021年6月25日　中国农业农村部、银保监会、国家乡村振兴局联合召开全国脱贫人口小额信贷工作电视电话会议，会议总结扶贫小额信贷工作的成功经验，深入分析当前面临的形势任务，安排部署接续做好脱贫人口小额信贷重点工作。

2021年6月30日　中国人民银行印发《中国人民银行　银保监会　证监会　财政部　农业农村部　乡村振兴局关于金融支持巩固拓展脱贫攻坚成果　全面推进乡村振兴的意见》。

2021年6月30日　中国人民银行发布《中国人民银行关于深入开展中小微企业金融服务能力提升工程的通知》。

2021年6月30日　为进一步提升银行业金融机构中小微企业（含个体工商户）金融服务能力，强化"敢贷、愿贷、能贷、会贷"长效机制建设，推动金融在新发展阶段更好服务实体经济，中国人民银行印发《关于深入开展中小微企业金融服务能力提升工程的通知》。

2021年7月5日　为充实审慎监管与行为监管并重的监管体系，切实保护银行业保险业消费者合法权益，中国银保监会发布《银行保险机构消费者权益保护监管评价办法》。

2021年7月5日　贯彻落实党中央、国务院关于常态化开展扫黑除恶斗争的安排部署，做好银行业和保险业相关工作，中国银保监会制定了《关于银行业保险业常态化开展扫黑除恶斗争有关工作的通知》。

2021年7月6日　中国人民银行与澳大利亚储备银行续签规模为2 000亿元人民币/410亿澳大利亚元的双边本币互换协议。

2021年7月12日　为配合《中国银保监会非银行金融机构行政许可事项实施办法》的有效施行，提升行政许可工作的规范性与有效性。中国银保监会修订发布《非银行金融机构行政许可事项申请材料目录及格式要求》。

2021年7月12日　中国人民银行与马来西亚国家银行续签规模为1 800亿元人民币/1 100亿马来西亚林吉特的双边本币互换协议。

2021年7月13日　中国人民银行与巴基斯坦国家银行续签规模为300亿元人民币/7 300亿巴基斯坦卢比的双边本币互换协议。

2021年7月15日　中国人民银行开展了中期借贷便利（MLF）操作，操作金额为1 000亿元，利率为2.95%。

2021年7月15日　中国人民银行下调金融机构存款准备金率0.5个百分点（不含已执行5%存款准备金率的机构）。

2021年7月16日　中国人民银行定于2021年7月26日发行中国书法艺术（楷书）金银纪念币一套。该套纪念币共5枚，其中金质纪念币1枚，银质纪念币4枚，均为中华人民共和国法定货币。

2021年7月16日　全国碳市场上线交易启动仪式正式举行。作为首批试点企业，2 225家电力行业（纯发电和热电联产）企业获准参与交易。

2021年7月16日　中国银保监会印发了《关于印发深化"证照分离"改革进一步激发市场主体发展活力实施方案的通知》。

2021年7月20日　中国人民银行授权全国银行间同业拆借中心公布贷款市场报价利率（LPR），1年期LPR为3.85%，5年期以上LPR为4.65%。

2021年7月20日　为规范证券公司短期融资券发行和交易，保护投资者合法权益，促进货币市场平稳健康发展，中国人民银行修订并公布了《证券公司短期融资券管理办法》，自2021年9月1日起实施。

2021年7月20日　为深化"放管服"改革，优化营商环境，国家外汇管理局更新发布《现行有效外汇管理主要法规目录（截至2021年6月30日）》，进一步提升外汇管理政策透明度，便利社会公众查询使用。

2021年7月21日　为规范再保险业务经营，有效防范化解风险，推动再保险市场高质量发展，中国银保监会发布了新修订的《再保险业务管理规定》。

2021年7月21日　为治理信托公司非金融子公司市场乱象，防范化解金融风险，促进信托公司回归本源、转型发展，根据《信托公司管理办法》等有关规定，中国银保监会发布《中国银保监会办公厅关于清理规范信托公司非金融子公司业务的通知》。

2021年7月24日　中国银保监会修订了《保险公司偿付能力监管规则——问题解答第1号：偿付能力监管等效框架协议过渡期内的香港地区再保险交易对手违约风险因子》，明确将过渡期内香港地区合格再保险机构分入内地直保公司业务时适用的再保险信用风险因子方案期限延长至2022年6月30日。

2021年7月29日　中国人民银行面向公开市场业务一级交易商开展了2021年第七期央行票据互换（CBS）操作，费率为0.10%，中标量为50亿元，期限3个月。

2021年7月29日　中国人民银行与哈萨克斯坦国家银行举行中哈合作委员会金融合作分委会第十一次视频会议，会议进一步讨论了推动双边本币结算、深化银行间合作，以及在支付系统、金融市场和投融资领域开展合作等议题。

2021年7月30日　中国人民银行指导中国银行间市场交易商协会（NAFMII）联合

国际掉期与衍生工具协会（ISDA），发布了 NAFMII 主协议 IBOR 后备机制标准文本。

2021 年 7 月 30 日　为明确派出机构的监管职责依据，充分发挥派出机构监管作用，提高银行业保险业监管的整体效能，中国银保监会制定了《中国银行保险监督管理委员会派出机构监管职责规定》，自 2021 年 10 月 1 日起实施。

2021 年 8 月 6 日　《中国人民银行　国家发展改革委　财政部　银保监会　证监会关于促进债券市场信用评级行业健康发展的通知》发布。

2021 年 8 月 9 日　中国人民银行发布《2021 年第二季度中国货币政策执行报告》。

2021 年 8 月 10 日　中国人民银行行长易纲签署了《中国人民银行与阿根廷央行合作备忘录》。两国央行同意建立定期信息交流机制，就宏观经济形势、货币政策操作、支付系统发展、全球大宗商品价格及其他议题进行交流。双方商定每年举行一次专家会议探讨上述议题。

2021 年 8 月 10 日　为进一步完善非寿险业务准备金监管制度，增强非寿险准备金监管的科学性和有效性，提升保险公司准备金管理水平，中国银保监会对原保监会印发的《保险公司非寿险业务准备金管理办法（试行）》进行了修订，形成《保险公司非寿险业务准备金管理办法（征求意见稿）》。

2021 年 8 月 11 日　中国人民银行印发《中国人民银行公告〔2021〕第 11 号》，试点取消非金融企业债务融资工具发行环节信用评级的要求。

2021 年 8 月 11 日　中国人民银行定于 2021 年 8 月 16 日发行西藏和平解放 70 周年金银纪念币一套。该套金银纪念币共 2 枚，其中金质纪念币 1 枚，银质纪念币 1 枚，均为中华人民共和国法定货币。

2021 年 8 月 12 日　中国人民银行副行长陈雨露出席东亚及太平洋中央银行行长会议组织（EMEAP）第 26 届行长视频会议。会议讨论了 EMEAP 各工作组工作进展、近期经济金融形势以及危机与复苏中的央行政策沟通等议题。

2021 年 8 月 16 日　中国人民银行开展了中期借贷便利（MLF）操作，操作金额为 6 000 亿元，利率为 2.95%。

2021 年 8 月 18 日　人民银行、发展改革委、财政部、银保监会、证监会、外汇局联合发布《关于推动公司信用类债券市场改革开放高质量发展的指导意见》。

2021 年 8 月 19 日　中国人民银行、银保监会相关部门负责同志约谈恒大集团高管。

2021 年 8 月 20 日　中国人民银行在香港成功发行 250 亿元人民币央行票据，其中 3 个月期央行票据 100 亿元，1 年期央行票据 150 亿元，中标利率分别为 2.60% 和 2.75%。

2021 年 8 月 20 日　中国人民银行与智利中央银行续签规模为 500 亿元人民币/60 000 亿智利比索的双边本币互换协议。

2021 年 8 月 20 日　中国人民银行授权全国银行间同业拆借中心公布贷款市场报价

利率（LPR），1 年期 LPR 为 3.85%，5 年期以上 LPR 为 4.65%。

2021 年 8 月 20 日　中国人民银行定于 2021 年 8 月 30 日发行中国首次火星探测任务成功金银纪念币一套。该套纪念币共 3 枚，其中金质纪念币 2 枚，银质纪念币 1 枚，均为中华人民共和国法定货币。

2021 年 8 月 23 日　中国人民银行、农业农村部、财政部、银保监会、证监会、乡村振兴局联合召开"金融支持巩固拓展脱贫攻坚成果　全面推进乡村振兴电视电话会议"。

2021 年 8 月 23 日　中国人民银行行长、国务院金融稳定发展委员会办公室主任易纲主持召开金融机构货币信贷形势分析座谈会，研究当前货币信贷形势，部署下一步货币信贷工作。

2021 年 8 月 26 日　为加强和改进财产保险公司产品监管，夯实产品监管制度基础，中国银保监会发布了新修订的《财产保险公司保险条款和保险费率管理办法》。

2021 年 8 月 26 日　金砖国家轮值主席国印度主持召开了金砖国家财长和央行行长视频会议，中国人民银行副行长陈雨露出席会议并发言。会议就完善金砖应急储备安排机制等金砖金融合作议题进行了讨论。

2021 年 8 月 27 日　中国人民银行、银保监会、证监会、国家网信办举行媒体吹风会，介绍 2021 年"金融知识普及月　金融知识进万家　争做理性投资者　争做金融好网民"活动情况。

2021 年 8 月 31 日　中国人民银行面向公开市场业务一级交易商开展了 2021 年第八期央行票据互换（CBS）操作，费率为 0.10%，中标量为 50 亿元，期限 3 个月。

2021 年 8 月 31 日　中国银保监会制定并发布《关于开展养老理财产品试点的通知》，自 2021 年 9 月 15 日起施行。

2021 年 9 月 2 日　为进一步提高保险公司分支机构准入管理科学化、规范化水平，引导保险公司持续完善公司治理机制、合理有序设置分支机构，优化准入规则，提升监管质效。中国银保监会发布了《保险公司分支机构市场准入管理办法》。

2021 年 9 月 3 日　中国人民银行印发《关于新增 3 000 亿元支小再贷款额度　支持地方法人金融机构向小微企业和个体工商户发放贷款有关事宜的通知》，向全国新增支小再贷款额度 3 000 亿元，引导地方法人金融机构加大对小微企业和个体工商户的贷款投放，降低融资成本。

2021 年 9 月 3 日　上海合作组织轮值主席国塔吉克斯坦主办第四次财长和央行行长视频会议，中国人民银行副行长陈雨露出席会议。会议主要就成员国宏观经济形势和疫情应对措施，以及区域金融合作相关议题进行了讨论。

2021 年 9 月 3 日　中国证监会召开新闻发布会，就设立北交所的重要意义、定位等进行了说明，并就有关基础制度安排向社会公开征求意见；同日，北京证券交易所有限责任公司注册成立。

2021年9月3日　为加强对保险集团公司的监督管理，促进金融保险业健康发展，中国银保监会对《保险集团公司管理办法（试行）》进行了修订，形成《保险集团公司监督管理办法（征求意见稿）》，向社会公开征求意见。

2021年9月6日　中国人民银行与印度尼西亚银行正式启动中印尼本币结算合作框架，推动使用本币进行双边贸易和直接投资结算。

2021年9月7日　国务院新闻办公室举行支持中小微企业发展国务院政策例行吹风会，中国人民银行副行长潘功胜介绍金融支持中小微企业发展工作有关情况并答记者问。

2021年9月7日　中国银保监会印发《支持国家乡村振兴重点帮扶县工作方案》，对银行业保险业支持国家乡村振兴重点帮扶县工作作出安排部署。

2021年9月8日　根据《中华人民共和国银行业监督管理法》等法律、行政法规，以及《关于规范金融机构资产管理业务的指导意见》《商业银行理财业务监督管理办法》《商业银行理财子公司管理办法》等相关规定，中国银保监会制定了《理财公司理财产品流动性风险管理办法（征求意见稿）》，现向社会公开征求意见。

2021年9月10日　中国人民银行、银保监会、证监会、外汇局、广东省人民政府、香港特别行政区政府与澳门特别行政区政府共同举办了"跨境理财通"业务试点启动仪式，粤港澳三地同时发布《粤港澳大湾区"跨境理财通"业务试点实施细则》。

2021年9月10日　为加强商业银行风险监管，完善商业银行同质同类比较和差异化监管，合理分配监管资源，促进商业银行可持续健康发展，中国银保监会发布《商业银行监管评级办法》。

2021年9月10日　中国银保监会召开专题座谈会，深入学习贯彻习近平总书记关于防灾减灾救灾重要论述精神，回顾总结当前保险业参与风险普查及灾害防治工作，研究进一步落实举措，积极服务国家自然灾害防治能力建设。

2021年9月13日　中国人民银行与南非储备银行续签规模为300亿元人民币/680亿南非兰特的双边本币互换协议。

2021年9月13日　中国人民银行定于2021年9月27日发行辛亥革命110周年银质纪念币1枚，该银质纪念币为中华人民共和国法定货币。

2021年9月14日　中国人民银行和德意志联邦银行联合举办"金融科技与全球支付领域全景—探索新疆域"视频会议，来自中、德两国央行及政府部门、商业银行、金融科技企业、支付机构的代表探讨了金融业的数字化、金融业中的新技术、央行数字货币和支付行业前景等议题。

2021年9月15日　中国人民银行开展了中期借贷便利（MLF）操作，操作金额为6 000亿元，利率为2.95%。

2021年9月15日　中国人民银行、香港金融管理局发布联合公告，开展内地与香港债券市场互联互通南向合作，中国人民银行发布《关于开展内地与香港债券市场互联互通南向合作的通知》。

2021年9月15日　中国人民银行、中央网信办、最高人民法院、最高人民检察院、工业和信息化部、公安部、市场监管总局、银保监会、证监会、外汇局联合发布《关于进一步防范和处置虚拟货币交易炒作风险的通知》。

2021年9月16日　中国人民银行与俄罗斯联邦中央银行举行中俄总理定期会晤委员会金融合作分委会第二十二次视频会议，会议由分委会中方主席、人民银行副行长陈雨露和分委会俄方主席、俄罗斯联邦中央银行副行长斯科别尔金共同主持。会议进一步讨论了推动双边本币结算、深化银行间合作，以及在支付系统、金融市场和保险领域开展合作等议题。

2021年9月17日　为支持有意愿的境内保险公司在香港市场发行巨灾债券，中国银保监会发布《关于境内保险公司在香港市场发行巨灾债券有关事项的通知》。

2021年9月18日　为进一步深化保险资金运用市场化改革，提高服务实体经济质效，中国银保监会制定了《关于资产支持计划和保险私募基金登记有关事项的通知》，将保险资产管理机构的资产支持计划和保险私募基金由注册制改为登记制。

2021年9月22日　中国人民银行授权全国银行间同业拆借中心公布贷款市场报价利率（LPR），1年期LPR为3.85%，5年期以上LPR为4.65%。

2021年9月23日　中国人民银行召开电视会议，推动常备借贷便利操作方式改革，落实3 000亿元支小再贷款政策，人民银行党委委员、副行长刘国强讲话。

2021年9月24日　中国人民银行在香港成功发行50亿元人民币央行票据，期限为6个月，中标利率为2.50%。

2021年9月24日　中国人民银行货币政策委员会召开2021年第三季度例会。

2021年9月24日　内地与香港债券市场互联互通南向合作正式上线运行。

2021年9月26日　为了加强银保监会派出机构规范性文件的备案审查工作，维护银行业保险业监管法制统一，促进依法行政，保障公民、法人和其他组织的合法权益，中国银保监会发布了《派出机构规范性文件备案审查办法》。

2021年9月27日　为贯彻落实党中央、国务院关于征信业规范发展的决策部署，推进征信法治建设，践行"征信为民"理念，加强个人信息保护，中国人民银行发布《征信业务管理办法》，自2022年1月1日起施行。

2021年9月28日　中国人民银行行长易纲与海湾阿拉伯国家合作委员会成员国的央行行长举行首次行长级视频对话，就金融科技监管、央行数字货币以及中国与海湾阿拉伯国家金融合作等议题交换了意见。

2021年9月29日　中国人民银行面向公开市场业务一级交易商开展了2021年第九

期央行票据互换（CBS）操作，费率为 0.10%，中标量为 50 亿元，期限 3 个月。

2021 年 9 月 29 日　中国人民银行、银保监会联合召开房地产金融工作座谈会。会议由人民银行行长易纲主持，住房和城乡建设部、证监会相关部门负责同志及全国 24 家主要银行负责同志参加会议。

2021 年 9 月 29 日　中国人民银行定于 2021 年 10 月 11 日发行 2020 年联合国生物多样性大会金银纪念币一套。该套金银纪念币共 2 枚，其中金质纪念币 1 枚，银质纪念币 1 枚，均为中华人民共和国法定货币。

2021 年 9 月 30 日　中国人民银行会同中国银行保险监督管理委员会制定了《系统重要性银行附加监管规定（试行）》，该规定有助于健全我国宏观审慎政策框架，补齐系统重要性银行监管制度短板，维护金融体系稳定。

2021 年 9 月 30 日　证监会发布《首次公开发行股票并上市辅导监管规定》，其中明确辅导期原则上不少于 3 个月。

2021 年 10 月 4 日　为维护煤电行业和商品市场正常秩序，助力做好保供稳价工作，中国银保监会印发《关于服务煤电行业正常生产和商品市场有序流通　保障经济平稳运行有关事项的通知》。

2021 年 10 月 8 日　为促进人身保险扩面提质稳健发展，满足人民群众多样化保险保障需求，更好服务民生保障和经济社会发展，中国银保监会发布了《关于进一步丰富人身保险产品供给的指导意见》。

2021 年 10 月 9 日　为优化营商环境，推进电信网络诈骗和跨境赌博资金链治理，切实解决小微企业开户难问题，中国人民银行印发《关于做好小微企业银行账户优化服务和风险防控工作的指导意见》，同时印发《小微企业银行账户简易开户服务业务指引》《小微企业银行账户开立服务规范负面清单指引》。

2021 年 10 月 12 日　为加强和改进互联网人身保险业务监管，切实保护保险消费者合法权益，中国银保监会印发了《关于进一步规范保险机构互联网人身保险业务有关事项的通知》。

2021 年 10 月 12 日　为加强支付受理终端及相关业务管理，维护支付市场秩序，保护消费者合法权益，中国人民银行印发《关于加强支付受理终端及相关业务管理的通知》。

2021 年 10 月 13 日　为贯彻落实《关于加快推进意外险改革的意见》（银保监办发〔2020〕4 号）文件精神，深化保险业供给侧结构性改革，中国银保监会印发《意外伤害保险业务监管办法》。

2021 年 10 月 14 日　为进一步加强股东股权监管，完善银行保险机构公司治理，有效防范金融风险，中国银保监会制定了《银行保险机构大股东行为监管办法（试行）》，自印发之日起施行。

2021年10月15日　中国人民银行开展中期借贷便利（MLF）操作，操作金额为5 000亿元，利率为2.95%。

2021年10月15日　中国人民银行、银保监会联合发布我国系统重要性银行名单及《系统重要性银行附加监管规定（试行）》。

2021年10月18日　中国人民银行向全国人大财经委员会汇报2021年前三季度货币政策执行情况。

2021年10月20日　中国人民银行授权全国银行间同业拆借中心公布贷款市场报价利率（LPR），1年期LPR为3.85%，5年期以上LPR为4.65%。

2021年10月20日　中国人民银行办公厅、中央网信办秘书局、工业和信息化部办公厅、银保监会办公厅、证监会办公厅联合发布《关于规范金融业开源技术应用与发展的意见》，该意见有助于规范金融机构合理应用开源技术，提高应用水平和自主可控能力，促进开源技术健康可持续发展。

2021年10月25日　中国人民银行与日本银行续签规模为2 000亿元人民币/34 000亿日元的双边本币互换协议。

2021年10月27日　为进一步增强我国金融体系的稳定性和健康性，保障我国全球系统重要性银行具有充足的损失吸收和资本重组能力，防范化解系统性金融风险，中国人民银行会同银保监会、财政部制定了《全球系统重要性银行总损失吸收能力管理办法》。

2021年10月28日　为对保险中介行政许可及备案事项进行统一规范，保护行政申请人合法权益，中国银保监会发布了《保险中介行政许可及备案实施办法》。

2021年10月29日　中国人民银行面向公开市场业务一级交易商开展2021年第十期央行票据互换（CBS）操作，费率为0.10%，中标量为50亿元，期限3个月。

2021年10月29日　富时罗素公司正式宣布将中国国债纳入富时世界国债指数（WGBI）。

2021年11月2日　为规范保险资金债券投资行为，防范资金运用风险，中国银保监会发布了《关于调整保险资金投资债券信用评级要求等有关事项的通知》。

2021年11月4日　由中欧等经济体共同发起的可持续金融国际平台（IPSF）在联合国气候变化大会（COP26）期间召开IPSF年会，发布了《可持续金融共同分类目录报告——减缓气候变化》。

2021年11月10日　为进一步丰富保险资产配置结构，助力盘活基础设施存量资产，提高直接融资比重，中国银保监会发布《关于保险资金投资公开募集基础设施证券投资基金有关事项的通知》。

2021年11月11日　为进一步深化保险资金运用市场化改革，规范保险资金参与证券出借业务行为，防范风险，中国银保监会发布了《关于保险资金参与证券出借业务有关事项的通知》。

2021年11月12日　中国人民银行印发《关于设立碳减排支持工具有关事宜的通知》，引导金融机构向清洁能源、节能环保、碳减排技术三个碳减排重点领域提供优惠利率融资。

2021年11月12日　中国人民银行与英格兰银行续签规模为3 500亿元人民币/400亿英镑的双边本币互换协议。

2021年11月12日　中国银保监会发布《2021年银行保险机构公司治理监管评估结果总体情况》。

2021年11月15日　中国人民银行开展中期借贷便利（MLF）操作，操作金额为10 000亿元，利率为2.95%。

2021年11月15日　北交所正式开市，81只股票集体亮相。

2021年11月17日　司法部办公厅、中国银行保险监督管理委员会办公厅联合印发《关于规范涉及保险理赔司法鉴定工作的通知》，对规范涉及保险理赔司法鉴定工作提出明确要求。

2021年11月18日　中国人民银行发行2022中国壬寅（虎）年金银纪念币一套。该套金银纪念币共13枚，其中金质纪念币8枚，银质纪念币5枚，均为中华人民共和国法定货币。

2021年11月19日　中国人民银行在香港成功发行250亿元人民币央行票据，其中3个月期央行票据100亿元，1年期央行票据150亿元，中标利率分别为2.59%和2.75%。

2021年11月19日　中国人民银行发布《2021年第三季度中国货币政策执行报告》。

2021年11月19日　为建立健全保险公司非现场监管体系，提高非现场监管的工作效率，中国银保监会制定了《保险公司非现场监管暂行办法（征求意见稿）》，向社会公开征求意见。

2021年11月21日　中国人民银行联合发展改革委、能源局印发《关于设立支持煤炭清洁高效利用专项再贷款有关事宜的通知》，引导金融机构向煤炭大规模清洁生产、清洁燃烧技术运用等七个煤炭清洁高效利用领域提供优惠利率融资。

2021年11月22日　中国人民银行授权全国银行间同业拆借中心公布贷款市场报价利率（LPR），1年期LPR为3.85%，5年期以上LPR为4.65%。

2021年11月23日　中国银保监会办公厅关于持续深入做好银行机构"内控合规管理建设年"有关工作的通知。

2021年11月23日　中国银保监会印发了《关于衍生工具交易对手违约风险资产计量规则有关问题的通知》，明确符合条件的商业银行可以净额计算衍生工具交易对手风险敞口和计提资本。

2021年11月24日　为加强对保险集团公司的监督管理，有效防范保险集团经营风险，促进金融保险业健康发展，中国银保监会修订了《保险集团公司管理办法（试行）》，形成《保险集团公司监督管理办法》，自公布之日起施行。

2021年11月24日　中国人民银行发行北京2022年冬残奥会金银纪念币一套。该套金银纪念币共2枚，其中金质纪念币1枚，银质纪念币1枚，均为中华人民共和国法定货币。

2021年11月25日　中国人民银行行长易纲视频会见了由香港金管局总裁余伟文先生率领的香港银行公会代表团，双方就数字人民币、绿色金融、离岸人民币业务、跨境理财通等议题交换了意见。

2021年11月26日　为推动银行业保险业科技企业金融服务质效提升，中国银保监会印发了《关于银行业保险业支持高水平科技自立自强的指导意见》。

2021年11月30日　中国人民银行面向公开市场业务一级交易商开展2021年第十一期央行票据互换（CBS）操作，费率为0.10%，中标量为50亿元，期限3个月。

2021年11月30日　为进一步规范贸易信贷统计调查工作，国家外汇管理局修订发布《贸易信贷统计调查制度》。

2021年12月3日　中国人民银行行长易纲、前行长周小川出席三十人小组全会视频会议。会议讨论了需求、供应链中断和一些结构性变化对通胀的影响。

2021年12月3日　为切实贯彻落实保险业扩大对外开放有关政策，进一步明确保险中介市场对外开放有关措施，放宽外资保险中介机构准入条件，中国银保监会印发了《关于明确保险中介市场对外开放有关措施的通知》。

2021年12月3日　为进一步完善对外金融资产负债及交易统计，国家外汇管理局修订发布《对外金融资产负债及交易统计制度》。

2021年12月7日　中国人民银行决定，下调支农再贷款、支小再贷款利率0.25个百分点。调整后，3个月、6个月和1年期支农再贷款、支小再贷款利率分别为1.7%、1.9%和2%。

2021年12月8日　中亚、黑海和巴尔干央行行长会议组织线上举行第45届会议，重点讨论了疫情对经济和金融稳定的影响、央行应对气候变化等议题。中国人民银行行长易纲应邀出席，以视频录播形式就气候议题作主旨发言。

2021年12月8日　为有效防范相关领域风险，提升保险资金服务实体经济质效，中国银保监会对部分规范性文件进行了集中修订，发布了《关于修改保险资金运用领域部分规范性文件的通知》。

2021年12月10日　为进一步深化金融供给侧结构性改革，强化保险资产管理公司监管，促进保险资产管理行业高质量发展，中国银保监会对《保险资产管理公司管理暂行规定》进行了修订，形成了《保险资产管理公司管理规定（征求意见稿）》，现向社会公开征求意见。

2021年12月10日　中国银保监会依据相关法律法规制定了《理财公司理财产品流动性风险管理办法》，自2022年5月10日起施行。

2021年12月11日　"2021中国金融学会学术年会"以线上形式召开。本次年会的主题是"金融助力共同富裕和高质量发展"。

2021年12月14日　为做好北京2022年冬奥会、冬残奥会（以下简称北京冬奥会）期间外汇服务，国家外汇管理局批复同意北京冬奥会官方合作伙伴中国银行开辟外汇"绿色通道"，为相关外汇账户开立、资金汇兑、境外个人移动消费等外汇业务办理提供便利。

2021年12月15日　中国人民银行下调金融机构人民币存款准备金率0.5个百分点（不含已执行5%存款准备金率的机构）；上调金融机构外汇存款准备金率2个百分点，由7%提高到9%。

2021年12月15日　中国人民银行开展中期借贷便利（MLF）操作，操作金额为5 000亿元，利率为2.95%。

2021年12月15日　为进一步落实国务院"放管服"改革要求，聚焦风险监管，提高监管质效，中国银保监会印发了《关于精简保险资产管理公司监管报告事项的通知》。

2021年12月16日　中国人民银行行长、国务院金融稳定发展委员会办公室主任易纲主持召开金融机构货币信贷形势分析座谈会，增强信贷总量增长的稳定性。

2021年12月16日　为提升信用卡业务惠民便民服务质效，切实保护金融消费者合法权益，中国银保监会发布《关于进一步促进信用卡业务规范健康发展的通知（征求意见稿）》。

2021年12月17日　中国银保监会印发《关于规范和促进养老保险机构发展的通知》，推动养老保险公司和养老金管理公司走专业化发展道路，更好服务第三支柱养老保险建设。

2021年12月20日　中国人民银行授权全国银行间同业拆借中心公布贷款市场报价利率（LPR），1年期LPR为3.8%，5年期以上LPR为4.65%。

2021年12月21日　中国人民银行发行第24届冬季奥林匹克运动会纪念钞一套，包括冰上运动项目纪念钞和雪上运动项目纪念钞各1张。

2021年12月21日　中国人民银行陆续发行2022年贺岁纪念币一套。该套纪念币共3枚，其中金质纪念币1枚，银质纪念币1枚，双色铜合金纪念币1枚，均为中华人民共和国法定货币。

2021年12月21日　中国人民银行在香港成功发行50亿元人民币央行票据，期限为6个月，中标利率为2.50%。

2021 年 12 月 23 日　中国人民银行、外汇局发布《关于支持新型离岸国际贸易发展有关问题的通知》，鼓励银行优化金融服务，为诚信守法企业开展真实、合规的新型离岸国际贸易提供跨境资金结算便利。

2021 年 12 月 24 日　中国人民银行货币政策委员会召开 2021 年第四季度例会。

2021 年 12 月 27 日　国家外汇管理局以视频形式召开 2022 年全国外汇管理工作会议，深入学习贯彻党的十九届六中全会和中央经济工作会议精神，总结 2021 年外汇管理工作，分析当前外汇形势，研究部署 2022 年重点工作。

2021 年 12 月 28 日　中国人民银行、国家发展改革委发布公告〔2021〕第 24 号，决定废止《境内金融机构赴香港特别行政区发行人民币债券管理暂行办法》。

2021 年 12 月 29 日　中国人民银行面向公开市场业务一级交易商开展 2021 年第十二期央行票据互换（CBS）操作，费率为 0.10%，中标量为 50 亿元，期限 3 个月。

2021 年 12 月 29 日　为落实《国务院关于实施动产和权利担保统一登记的决定》的相关要求，规范动产和权利担保统一登记服务，中国人民银行发布《动产和权利担保统一登记办法》，于 2022 年 2 月 1 日正式施行，《应收账款质押登记办法》同时废止。

2021 年 12 月 30 日　中国银保监会发布《保险公司偿付能力监管规则（Ⅱ）》，标志着偿二代二期工程建设顺利完成。

2021 年 12 月 31 日　中国人民银行印发《关于两项直达货币政策工具转换和接续持续支持小微企业发展有关事宜的通知》，将两项直达实体经济的货币政策工具接续转换为市场化政策工具，持续支持小微企业发展。

2021 年 12 月 31 日　中国人民银行发布《地方金融监督管理条例（草案征求意见稿）》，按照"中央统一规则、地方实施监管，谁审批、谁监管、谁担责"的原则，将地方各类金融业态纳入统一监管框架，强化地方金融风险防范化解和处置。

2021 年 12 月 31 日　中国人民银行发布《宏观审慎政策指引（试行）》，阐明建立健全宏观审慎政策框架，完善宏观审慎政策治理机制的思路及原则。